Jörg Rössel

Sozialstrukturanalyse

Hagener Studientexte zur Soziologie

Herausgeber:
Heinz Abels, Werner Fuchs-Heinritz
Wieland Jäger, Uwe Schimank

Die Reihe „Hagener Studientexte zur Soziologie" will eine größere Öffentlichkeit für Themen, Theorien und Perspektiven der Soziologie interessieren. Die Reihe ist dem Anspruch und der langen Erfahrung der Soziologie an der FernUniversität Hagen verpflichtet. Der Anspruch ist, sowohl in soziologische Fragestellungen einzuführen als auch differenzierte Diskussionen zusammenzufassen. In jedem Fall soll dabei die Breite des Spektrums der soziologischen Diskussion in Deutschland und darüber hinaus repräsentiert werden. Die meisten Studientexte sind über viele Jahre in der Lehre erprobt. Alle Studientexte sind so konzipiert, dass sie mit einer verständlichen Sprache und mit einer unaufdringlichen, aber lenkenden Didaktik zum eigenen Studium anregen und für eine wissenschaftliche Weiterbildung auch außerhalb einer Hochschule motivieren.

Jörg Rössel

Sozialstruktur-analyse

Eine kompakte Einführung

VS VERLAG FÜR SOZIALWISSENSCHAFTEN

Bibliografische Information der Deutschen Nationalbibliothek
Die Deutsche Nationalbibliothek verzeichnet diese Publikation in der
Deutschen Nationalbibliografie; detaillierte bibliografische Daten sind im Internet über
<http://dnb.d-nb.de> abrufbar.

1. Auflage 2009

Lektorat: Frank Engelhardt

VS Verlag für Sozialwissenschaften ist Teil der Fachverlagsgruppe
Springer Science+Business Media.
www.vs-verlag.de

Umschlaggestaltung: KünkelLopka Medienentwicklung, Heidelberg
Druck und buchbinderische Verarbeitung: Krips b.v., Meppel
Gedruckt auf säurefreiem und chlorfrei gebleichtem Papier
Printed in the Netherlands

ISBN 978-3-531-14997-4

Vorbemerkung

Auf dem deutschen Buchmarkt gibt es eine Vielzahl von Einführungen in die Sozialstrukturanalyse und die Ungleichheitsforschung. Warum also noch ein Buch zu diesem Thema? Dafür gibt es vor allem zwei Gründe:

Einerseits kann auch im umfangreichsten Einführungswerk kein Gesamtüberblick über dieses Forschungsgebiet gegeben werden, das mittlerweile stark ausdifferenziert ist und soviel Forschungsliteratur produziert, dass in jedem grundlegenden Buch eine Auswahl der Themen getroffen werden muss. Eine solche Selektion wurde auch in diesem Einführungsbuch vorgenommen. Thematisch wurde neben der klassischen Ungleichheitsforschung ein Schwerpunkt auf die sogenannte neue Sozialstrukturanalyse gelegt, die sich mit Lebensstilen und sozialen Milieus beschäftigt. Dadurch bleiben natürlich auch wichtige Themenbereiche der Sozialstrukturanalyse ausgespart, wie die Demographie oder die Sozialstruktur im Sinne der Institutionen der verschiedenen gesellschaftlichen Felder. Aber auch in formaler Hinsicht wurden Schwerpunkte gesetzt. Eine detaillierte Beschreibung von empirischen Fakten und Prozessen wird in diesem Band nur stellenweise zu finden sein, dagegen wurde ein stärkeres Schwergewicht auf theoretische und konzeptuelle Zugänge sowie auf methodische Fragen gelegt. Gerade die Sozialstrukturanalyse ist ein Forschungsgebiet in dem die angewendeten statistischen Methoden in ihrem Niveau im Regelfall weit über das hinaus gehen, was an den Universitäten in den Statistikpflichtkursen gelehrt wird. Dies kann nicht in diesem Band kompensiert werden, es soll aber zumindest deutlich werden, dass entsprechende Methodenfragen für die Sozialstrukturanalyse von entscheidender Bedeutung sind.

Andererseits zeichnet sich jede Einführung in die Sozialstrukturanalyse oder die Ungleichheitsforschung durch bestimmte Besonderheiten aus. Die wichtigste Besonderheit dieses Bandes ist der Versuch auf rund 350 Seiten einen theoriegeleiteten, kompakten Überblick über die vorgestellten Forschungsbereiche zu geben. Dabei sollte vor allem der aktuelle Stand der Forschung berücksichtigt werden, so dass nur an manchen Stellen auch auf die Klassiker der Soziologie verwiesen wird. Darüber hinaus soll eine internationale Perspektive vermittelt werden, einerseits indem die empirischen Ergebnisse für Deutschland hier und da auch in international vergleichender Perspektive betrachtet werden, andererseits und wichtiger, indem nicht nur die deutschsprachige Forschung, sondern der Stand der internationalen Forschung zumindest in Grundzügen berücksichtigt wird.

Der Band beruht auf Vorlesungen, die ich an der Universität zu Köln und der Universität Zürich gehalten habe sowie auf einem Studienbrief, der für die Fernuniversität Hagen verfasst wurde. Den Studierenden danke ich für ihre vielfältigen Nachfragen und Kommentare, die sicher zur Verbesserung des Manuskripts beigetragen haben.

Inhaltsverzeichnis

1	**Einleitung**	11
1.1	Definition der Grundbegriffe	12
1.2	Was ist eigentlich eine sinnvolle Einheit für die Sozialstrukturanalyse?	29
2	**Strukturierte soziale Ungleichheit: Begriffe und Theorien**	37
2.1	Die Definition sozialer Ungleichheit: Ressourcen und Restriktionen	37
2.2	Gesellschaftliche Felder der Allokation von Ressourcen	53
2.3	Mechanismen der Entstehung sozialer Ungleichheit	59
2.3.1	Das Leistungsprinzip und der Markt	59
2.3.1.1	Leistung und die Funktion sozialer Ungleichheit	60
2.3.1.2	Neoklassische Arbeitsmarkttheorie und Humankapitaltheorie	63
2.3.2	Soziale Schließung, Diskriminierung und Ausbeutung	69
2.3.2.1	Soziale Schließung	69
2.3.2.2	Diskriminierung und Stereotypenbedrohung	74
2.3.2.3	Ausbeutung	80
2.3.3	Soziale Institutionen und Ungleichheit	85
2.3.4	Ressourcenausstattung und die Reproduktion von Ungleichheit	89
2.3.5	Kumulative Prozesse der Ressourcenverteilung	97
2.4	Strukturen und Dimensionen der sozialen Ungleichheit	103
2.4.1	Klassen, Schichten und soziale Lagen	103
2.4.1.1	Soziale Klassen	106
2.4.1.2	Soziale Schichten und Statusskalen	126
2.4.1.3	Das Ende der Strukturierung durch Klassen und Schichten?	142
2.4.1.4	Soziale Lagen und Lebenslagen als Alternative?	149

2.4.1.5 Klassen, Schichten, Lagen und Statusskalen: Was ist nun die richtige Beschreibung der Struktur sozialer Ungleichheit? ... 153
2.4.1.6 Dimensionen der sozialen Ungleichheit jenseits von Klassen und Schichten: Geschlecht, Ethnie und Region ... 160

3 Strukturierte soziale Ungleichheit: Befunde und Erklärungen ... 173
3.1 Ungleichheit der Bildungschancen ... 173
3.1.1 Bildung: Definition und Messung ... 173
3.1.2 Bildungsexpansion und Bildungssystem ... 178
3.1.3 Ungleichheit der Bildungschancen ... 185
3.1.4 Gibt es eine Bildungsinflation? ... 213
3.2 Die Allokation monetärer Ressourcen ... 218
3.2.1 Die Investition von Ressourcen auf Märkten ... 218
3.2.2 Entwicklung und Struktur der Einkommensverteilung ... 227
3.2.3 Einkommen und Armut ... 251
3.2.4 Entwicklung und Struktur der Vermögensverteilung ... 263
3.3 Strukturierte soziale Ungleichheit: Eine Bilanz ... 274

4 Strukturierte soziale Ungleichheit: Von der Statik zur Dynamik ... 279
4.1 Grundbegriffe der Mobilitätsforschung ... 280
4.2 Die Analyse intergenerationaler Mobilität ... 284
4.3 Die Analyse intragenerationaler Mobilität ... 296

5 Lebensstile, Geschmack und soziale Ungleichheit ... 303
5.1 Lebensstile und Geschmack – Begriffsklärungen ... 303
5.2 Die sozio-kulturelle Klassentheorie von Pierre Bourdieu ... 309

5.3 Lebensstil- und Geschmacksdimensionen im Wandel ... 317
5.4 Lebensstile zwischen strukturierter sozialer Ungleichheit und Entstrukturierung ... 323
5.5 Die soziologische Relevanz von Lebensstilen ... 329

6 Soziale Milieus ... 335
6.1 Soziale Milieus und soziale Netzwerke: Grundbegriffe und Theorien ... 335
6.2 Erlebnismilieus ... 342
6.3 Von der Marktforschung zu Klassenmilieus ... 347
6.4 Die Entwicklung sozialer Milieus in Deutschland ... 352

7 Dominante Merkmale der Sozialstruktur ... 359

8 Literatur ... 365

Verzeichnis der Kästen mit weiterführenden Informationen

Prestige und Macht ... 43
Die Logik von Handlungsrestriktionen ... 48
Bildung: Humankapital oder Schließungsmechanismus? ... 71
Der Relativalterseffekt ... 98
Erklärungskraft ... 105
Berufsklassifikationen ... 136
Messniveaus ... 154
Mikrozensus ... 172
Segregation ... 193
Messung sozialer Ungleichheit: absolut oder relativ? ... 200
Äquivalenzgewichtung von Einkommen ... 227
Jenseits des Ginikoeffizienten ... 232
Weltweite Ungleichheit der Einkommen ... 239
Armut in der gegenwärtigen Gesellschaft: Unterklasse, Exklusion oder Prekariat ... 261
EVS und SOEP ... 272

1 Einleitung

Die Themen Sozialstrukturanalyse und soziale Ungleichheit gehören zu den Kerngebieten der Soziologie. An den meisten soziologischen Instituten an deutschen Universitäten gibt es entweder eine Professur für Sozialstrukturanalyse oder zumindest regelmäßige Einführungsvorlesungen, die sich mit diesem Gebiet beschäftigen. Dieses Buch soll eine knappe, kompakte Einführung in dieses Thema bieten. Hierbei konzentriert sich der vorliegende Band vor allem auf drei Themenkomplexe: strukturierte soziale Ungleichheit, Lebensstilforschung und die Analyse sozialer Milieus. Diese haben die Diskussion in der Sozialstrukturanalyse in den vergangenen zwei Jahrzehnten in hohem Maße bestimmt (Rössel 2005: 12). Andere Themen, die häufig auch unter dem Oberbegriff der Sozialstrukturanalyse behandelt werden, müssen daher leider aus Platzgründen außen vor bleiben. Dazu gehört die Analyse von Bevölkerungsprozessen und Haushaltsstrukturen einerseits, die Betrachtung der institutionellen Ordnungen verschiedener Teilbereiche der Gesellschaft andererseits. Aber nicht nur thematisch gilt es in einer kompakten Einführung Abstriche zu machen, auch die Detail- und Informationsfülle kann in einem solchen Band nicht das Ausmaß erreichen, das in gängigen Einführungen in die Sozialstrukturanalyse oder die Ungleichheitsforschung erreicht wird. In diesem Buch sollen auf knappem Raum für die drei betrachteten Themengebiete das theoretische Handwerkzeug zur Analyse vorgestellt werden und die wichtigsten methodischen Gesichtspunkte zur Messung und empirischen Analyse dargestellt sowie selbstverständlich auch empirische Informationen zur Sozialstruktur der Bundesrepublik Deutschland präsentiert werden.

1.1 Definition der Grundbegriffe

Nahezu jedes wissenschaftliche Lehrbuch, das in einen bestimmten Themenbereich einführen will, beginnt mit einer ausgesprochen trockenen Aufgabe, nämlich der Definition der verwendeten Grundbegriffe: in unserem Fall also der Definition von Sozialstruktur und sozialer Ungleichheit. Bei dieser Aufgabe ist zu beachten, dass einzelne Begriffe in der wissenschaftlichen Landschaft nicht einfach isoliert dastehen, sondern zumeist in theoretische Zusammenhänge eingebettet sind. Dies kann am Beispiel des Klassenbegriffs illustriert werden: Einerseits haben Soziologen bestimmte theoretische Vorstellungen darüber, warum es überhaupt soziale Klassen gibt und wie sie entstehen, andererseits haben sie auch Theorien über die Konsequenzen der Klassenzugehörigkeit. Wie dementsprechend der Begriff der sozialen Klasse definiert wird, hängt eben auch von den Theorien ab, die man von der Entstehung sozialer Klassen und von ihrer gesellschaftlichen Relevanz hat. Daher sollen auch in diesem Buch die Grundbegriffe nicht isoliert definiert werden, sondern in ihren theoretischen Kontext eingebettet werden. Da es sich bei der Sozialstrukturanalyse und der Ungleichheitsforschung um ganz zentrale Themenbereiche der Soziologie handelt, muss bei diesen Definitionen sehr grundlegend vorgegangen werden. Insofern treten wir einen Schritt von den Begriffen zurück, die im Mittelpunkt der Diskussion stehen und fangen noch einmal ganz von vorn an: Was ist eigentlich Soziologie? Dazu möchte ich einen der Klassiker der Soziologie, Max Weber, zitieren: „Soziologie (...) soll heißen: eine Wissenschaft, welche soziales Handeln deutend verstehen und dadurch in seinem Ablauf und seinen Wirkungen ursächlich erklären will" (Weber 1985: 1). Im Fokus der Soziologie stehen also das Verstehen und die Erklärung von sozialem Handeln und dessen Wirkungen bzw. Konsequenzen. Aber das dürfte als Bestimmung der Soziologie als Wissenschaft noch nicht ausreichen. Meistens interessieren sich Soziologen ja nicht für die Frage, warum einzelne Personen so und nicht anders gehandelt haben. Nicht die Frage, warum Herr oder Frau Schmitz keinen Hauptschulabschluss erworben haben, ist eine typisch soziologische Fragestellung, sondern warum spezifische Gruppen der

Bevölkerung ohne Schulabschluss bleiben und welche Auswirkungen dies für den Arbeitsmarkt oder den Wohlfahrtsstaat hat. Es geht der Soziologie also um kollektives bzw. aggregiertes soziales Handeln und dessen Folgen (Esser 1993: 4). Als Wissenschaftler ist man aber meist nicht damit zufrieden, dass ein bestimmtes Phänomen richtig beschrieben wurde, z. B. dass Migranten in Deutschland häufiger ohne Schulabschluss bleiben als Personen ohne Migrationshintergrund, sondern man möchte darüber hinaus auch wissen, warum das der Fall ist, d. h. man möchte eine Erklärung für diesen Prozess. Erklärungen geben typischerweise eine Antwort auf die Frage, warum es zu einem bestimmten Ereignis oder zu einem bestimmten Prozess gekommen ist, sie nennen also eine oder mehrere Ursachen. Um eine solche Antwort geben zu können, benötigen wir eine Theorie, die uns angibt unter welchen Bedingungen Menschen allgemeinbildende Schulen ohne einen Abschluss verlassen und unter welchen Bedingungen sie den jeweiligen Abschluss schaffen. Das bedeutet, dass wir eine Theorie brauchen, die uns das Handeln von menschlichen Akteuren erklärt. Da es ja immer menschliche Akteure sind, die sozial handeln und damit kollektive Formen des Handelns und ihre Konsequenzen hervorbringen, könnte man auch sagen, dass die Handlungstheorie das zentrale Theoriestück der Soziologie darstellt. Daher soll in diesem Buch auch die Herleitung der Definition von Sozialstruktur und sozialer Ungleichheit an diesen handlungstheoretischen Kern der Soziologie anknüpfen.

Was Sozialstruktur und soziale Ungleichheit bedeutet, wird hier also aus einem handlungstheoretischen Kontext hergeleitet (vgl. auch Kreckel 1982; Hradil 1992). In einer multiparadigmatischen Wissenschaft wie der Soziologie, die im Gegensatz zu Wissenschaften wie z. B. der Biologie (Evolutionstheorie) oder der Geologie (Plattentektonik) nicht eine einzige allgemein anerkannte Grundlagentheorie aufweist, stellt sich jetzt allerdings die Frage, welche der unzähligen Handlungstheorien denn nun zur Grundlage gemacht werden soll. Will man die Sozialstrukturanalyse eher auf der Basis des Symbolischen Interaktionismus oder eher auf der Basis der Theorie rationalen Handelns entwickeln? In diesem Buch wird der Vorschlag gemacht, dass man an dieser Stelle nicht auf eine einzige klar spezifizierte Theorie zurückgreift, sondern sich unabhängig von einzelnen Theorien ansieht, was denn eigentlich die wichtigsten Determinanten menschlichen Handelns sind, die in ganz unterschiedlichen soziologischen Theorien übereinstimmend angesprochen werden. Hier sollen als Ausgangspunkt zwei große Theorieströmungen in der Soziologie betrachtet werden: Erstens die Theorie des rationalen Handelns, die stark von den Wirtschaftswissenschaften geprägt wurde. Daher wird das zugrundeliegende Menschenbild auch häufig als Homo Oeconomicus bezeichnet. Diese Theorie ist durch drei Kernannahmen charakterisiert (Kunz 2004: 36):

1. Menschliches Handeln ist zielgerichtet und wird daher durch spezifische Präferenzen oder Motive bestimmt.
2. In der Verfolgung ihrer Ziele unterliegen menschliche Akteure bestimmten Restriktionen, d. h. Einschränkungen. Wenn wir z. B. das Ziel haben ein Erdbeereis zu essen, es aber in der näheren und weiteren Umgebung keine Eisdiele gibt, die Eis mit dieser Geschmacksrichtung führt, dann sind wir ganz offensichtlich in der Möglichkeit der Zielerreichung stark eingeschränkt. Als Handlungsrestriktion kann sich natürlich auch die Ressourcenausstattung eines menschlichen Akteurs erweisen: wenn eine Kugel Erdbeereis 1 € kostet, wir aber nur 50 Cent in der Geldbörse haben, dann sind wir in der Realisierung unserer Wünsche wiederum eingeschränkt.
3. Schließlich geht die Theorie des rationalen Handelns davon aus, dass Menschen in ihrem Handeln unter Berücksichtigung ihrer Ziele und der jeweiligen Handlungsrestriktionen ihren Nutzen maximieren, d. h. rational handeln. Diese Annahme ist sicherlich der umstrittenste Teil dieser Theorie. Es wurde häufig argumentiert, dass damit übersehen wird, dass Menschen nicht in jeder Situation eine neue, rationale Entscheidung vornehmen, sondern sich häufig an Routinen orientieren und dass generell die Fähigkeit der Menschen zu einer rationalen Entscheidungsfindung in dieser Theorie überschätzt wird (Frey 1990: 125-138; 162-180). Da wir hier jedoch nur nach den wichtigsten Determinanten von Handlungsentscheidungen

fragen, können wir diese Problematik in diesem Buch zum Glück außer Acht lassen.

Sehr knapp zusammengefasst kann man also sagen, dass in der Theorie des rationalen Handelns vor allem zwei Determinanten von Handlungen in den Blick kommen: einerseits die Handlungsziele, andererseits ihre Restriktionen. Im zweiten Schritt soll nun noch ein Blick auf das Modell des sogenannten Homo Sociologicus geworfen werden, den klassischen Gegenspieler des Homo Oeconomicus, der stärker die soziologische Wahrnehmung von menschlichem Handeln berücksichtigt (Schimank 2002: 37-69). Dieses Modell geht zurück auf die großen soziologischen Theoretiker wie Emile Durkheim und Talcott Parsons, die versucht haben, die Soziologie und ihre theoretischen Anstrengungen gegen die Wirtschaftswissenschaften und ihr Modell des Homo Oeconomicus abzugrenzen. Dies wird besonders gut deutlich im sogenannten handlungstheoretischen Bezugsrahmen von Talcott Parsons (Joas/Knöbl 2004: 64-66; Schaubild 1.1). Parsons' zentrales Argument gegen den Homo Oeconomicus ist, dass man mit Hilfe des Modells nicht erklären kann, warum es überhaupt so etwas wie eine soziale Ordnung gibt. Wenn man unterstellt, dass alle Akteure sich nur an ihren individuellen und egoistischen Zielen orientieren, dann resultiert daraus laut Parsons nur ein Kampf aller gegen alle, aber keine soziale Ordnung. Das faktische Bestehen einer sozialen Ordnung könne man daher nur erklären, wenn man berücksichtigt, dass die Akteure sich in ihrem Handeln auch an kulturellen Werten und sozialen Normen orientieren. Daraus resultiert dann eine neue und vom Modell des Homo Oeconomicus abweichende Vorstellung vom menschlichen Handeln, die in Parsons' handlungstheoretischem Bezugsrahmen zusammengefasst wurde, der in Schaubild 1.1 schematisch dargestellt ist (in Anlehnung an Joas/Knöbl 2004: 65). Auch Parsons betrachtet den menschlichen Akteur als ein Wesen, das in einer bestimmten Situation bestimmte Ziele verfolgt, wobei die Situation in zweierlei Hinsichten die Möglichkeit der Zielerreichung strukturiert. Einerseits verfügen Akteure in einer Situation über bestimmte Handlungsmittel, die in ihrer Kontrolle sind, um bestimmte Ziele zu erreichen. Das einfachste

Beispiel wäre das Geld in der Geldbörse, das man als Mittel einsetzen kann, um bestimme Ziele zu verfolgen. Für bestimmte Ziele mag die Ausstattung mit Handlungsmitteln ausreichend sein, z. B. die Kugel Erdbeereis, für andere Ziele, wie den Luxusurlaub in der Südsee, mag die Mittelausstattung in der Geldbörse nicht hinreichen. Andererseits sind alle Situationen auch durch Handlungsbedingungen charakterisiert, die wir nicht unter Kontrolle haben. Im Hinblick auf unsere Handlungsmittel können wir selbst entscheiden und kontrollieren, in welchem Ausmaß wir sie für das Erreichen eines bestimmten Zieles einsetzen. Die Handlungsbedingungen sind aber in der Situation der Handlung externe Restriktionen, die wir nicht beeinflussen können. Ein Beispiel dafür wäre der Preis für eine Kugel Erdbeereis oder die Kosten für einen Luxusurlaub in der Südsee. In der unmittelbaren Handlungssituation sind diese einfach gegeben und nicht ohne weiteres zu ändern. Da es uns um die Feststellung von Gemeinsamkeiten verschiedener Handlungstheorien geht, sind wir an dieser Stelle an einem ausgesprochen spannenden Punkt angelangt. Insgesamt kann man nämlich feststellen, dass sowohl die Theorie des rationalen Handelns als auch der handlungstheoretische Bezugsrahmen von Talcott Parsons die Ziele und die Handlungsrestriktionen als zentrale Determinanten des Handelns betrachten. Parsons hat uns darüber hinaus noch eine wichtige Differenzierung der Handlungsrestriktionen genannt: hier kann unterschieden werden zwischen den Handlungsmitteln einerseits, die zwar auch unsere Handlungsmöglichkeiten beschränken, die aber unter unserer Kontrolle stehen und den Handlungsbedingungen andererseits, die in der jeweiligen Situation schlicht als gegeben angenommen werden müssen. Damit enden nun aber vordergründig an dieser Stelle auch die Gemeinsamkeiten. In Parsons' handlungstheoretischem Bezugsrahmen finden sich noch zwei entscheidende Ergänzungen, die das Bild vom menschlichen Handeln deutlich erweitern. Erstens geht er davon aus, dass Menschen in der Wahl ihrer Handlungsziele nicht völlig frei sind, sondern durch die kulturellen Werte ihrer Gesellschaft vorgeprägt sind. Nicht die biologisch gegebene Sexualität prägt z. B. demnach unsere Zielverfolgung, sondern unsere kulturell strukturierten Vorstellungen von Liebe und Leidenschaft. Doch nicht nur in ihren Zielen sind die Menschen kulturell und sozial vorgeprägt, sondern auch in der Verwendung bestimmter Handlungsmittel. So ist es zwar in der Wissenschaft völlig legitim, wenn man seine eigene Karriere durch möglichst viele Publikationen und durch erfolgreiche Forschung vorantreibt, es gibt aber Mittel, die normativ verboten sind. So ist es – um ein drastisches Beispiel zu verwenden – nicht erlaubt, einen Konkurrenten um wissenschaftliche Positionen einfach zu ermorden. Aber selbst bei den Publikationen und der Forschung sind normative Vorschriften der wissenschaftlichen Redlichkeit einzuhalten. Ganz zu Recht verweist also Parsons darauf, dass Menschen häufig Ziele verfolgen, die durch kulturelle Werte überformt sind und in ihrer Wahl der Mittel auch nicht völlig frei sind, sondern an moralische Normen gebunden sind. Allerdings zeigt sich an dieser Stelle, dass die Theorie des rationalen Handelns in ihren neueren und weiteren Varianten (Opp 1999) gar nicht so weit vom Konzept des Homo Sociologicus, wie es im handlungstheoretischen Bezugsrahmen deutlich wird, entfernt ist. Auch dort wird berücksichtigt, dass Werte und Normen die Ziele von Akteuren überformen können bzw. eigenständige Ziele sein können. Auch die Tatsache, dass sanktionsbewehrte Normen eine zusätzliche Handlungsrestriktion darstellen, wird dort anerkannt.[1] Insofern können wir also eine recht große Übereinstimmung zwischen diesen beiden Theorietraditionen feststellen, was die zentralen Handlungsdeterminanten angeht.

1 Freilich sind diese Konzepte in der Theorie des rationalen Handelns und im handlungstheoretischen Bezugsrahmen von Talcott Parsons in ganz unterschiedliche theoretische Kontexte eingebettet. Das ist aber für unsere Diskussion an dieser Stelle nicht relevant.

Schaubild 1.1: Der handlungstheoretische Bezugsrahmen

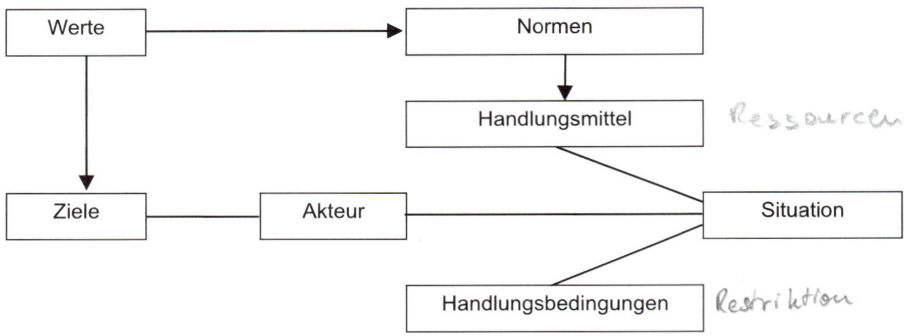

Unser Blick auf die Theorie des rationalen Handelns und den handlungstheoretischen Bezugsrahmen von Talcott Parsons hat ergeben, dass man mindestens drei zentrale Determinanten des menschlichen Handelns unterscheiden kann: erstens die – häufig kulturell geprägten – Handlungsziele der Akteure, zweitens die den Akteuren zur Verfügung stehenden Handlungsmittel und drittens die verschiedenen Formen von Handlungsbedingungen, seien sie nun eher ökonomischer (Preise) oder sozialer (Normen) Natur. Im Folgenden sollen die Handlungsmittel generell als Ressourcen und die Handlungsbedingungen als Restriktionen bezeichnet werden.

An dieser Stelle muss man aber meines Erachtens ergänzen, dass sowohl die Theorie des rationalen Handelns, wie auch der handlungstheoretische Bezugsrahmen von Talcott Parsons noch eine erstaunliche Lücke aufweisen. Beide gehen im Grunde von einem einsamen Akteur aus, der still für sich seine jeweiligen Handlungsziele in einer bestimmten Situation verfolgt. Dabei fällt in gewisser Hinsicht das „soziale" am sozialen Handeln, nämlich die damit verbundene Orientierung an einem anderen Akteur, durch das theoretische Begriffsraster hindurch. Dabei gibt es in der Soziologie natürlich eine lange Theorietradition, die von Georg Simmel und seinem Begriff der Wechselwirkung ausgehend, über den Symbolischen Interaktionismus bis hin zu neueren Diskussionen der Netzwerkanalyse, genau diesen Punkt zu ihrem Zentrum macht. Dabei wird deutlich, dass es einen sehr großen Unterschied macht, mit welchen anderen Akteuren eine Person zusammen handelt und welche anderen Personen für Interaktionen überhaupt zur Verfügung stehen (Stauder 2008). Diesen Punkt, also die Anderen, mit denen ein Mensch gemeinsam handelt oder an denen er sich orientiert, möchte ich an dieser Stelle daher als vierte zentrale Handlungsdeterminante aufgreifen und damit auch die Liste der Handlungsdeterminanten abschließen.

Wie kommt man aber nun von den vier Handlungsdeterminanten zur Definition der Begriffe Sozialstruktur und soziale Ungleichheit? Meine These ist, dass sich diese beiden Konzepte mit Verweis auf die vier Handlungsdeterminanten sinnvoll definieren lassen. Sowohl die Sozialstrukturanalyse, wie auch die Ungleichheitsforschung hat es, wie die Soziologie generell, nicht mit Einzelpersonen zu tun, sondern mit Kollektiven. Dabei steht zumeist bei der Sozialstrukturanalyse und der Ungleichheitsforschung die Bevölkerung eines oder mehrerer Länder im Zentrum der Analyse (zu den Einheiten der Sozialstrukturanalyse mehr unter Abschnitt 1.2). Daraus ergibt sich meines Erachtens folgende Definition von Sozialstruktur: *Unter Sozialstruktur soll die Verteilung der vier zentralen Handlungsdeterminanten (Handlungsziele, Handlungsressourcen, Handlungsrestriktionen und Handlungspartner) auf die Bevölkerung der zu untersuchenden Einheit verstanden werden.*[2] Damit steht das Konzept der Sozialstruktur in engem Zusammenhang mit den handlungstheoretischen Grundlagen. Es geht dabei ganz offensichtlich um die Strukturen, die auch tatsächlich das Handeln der Menschen in einer Bevölkerung bestimmen. Aus der Perspektive einer handlungstheoretischen Soziologie ist es natürlich keineswegs so, dass nur die Sozialstruktur einseitig das Handeln der Menschen bestimmen würde. Auch die Sozialstruktur ist

---

2 In seinem Lehrbuch definiert Geissler (2006: 18-19) den Begriff abweichend von der hier vorgestellten Definition wie folgt: „Auf einer abstrakt-formalen Ebene umfasst die Sozialstruktur die Wirkungszusammenhänge in einer mehrdimensionalen Gliederung der Gesamtgesellschaft in unterschiedliche Gruppen nach wichtigen sozial relevanten Merkmalen sowie in den relativ dauerhaften sozialen Beziehungen dieser Gruppen untereinander".

nur als Resultat des Handelns von Menschen erklärbar. Es sind nicht die Strukturen oder die Systeme, die bestimmte soziale Prozesse vorantreiben, sondern immer die Menschen mit ihren spezifischen Entscheidungen und Handlungen (Esser 1993). So ist die Bildungsexpansion und die damit verbundene Verbreitung höherer Bildungsabschlüsse in der Bevölkerung (Hadjar/Becker 2006) nicht zu erklären, ohne dass man betrachtet, warum auf der einen Seite Interessenverbände, Parteien und Politiker eine Ausweitung des Bildungsangebotes forciert haben und auf der anderen Seite immer mehr Familien und Jugendliche sich für eine höhere Bildungslaufbahn entschieden haben. Eine solche Perspektive wird sich in diesem Buch an vielen Stellen wiederfinden: Die unterschiedlichen Typen von Sozialstrukturen werden immer als aggregiertes Resultat von menschlichem Handeln erklärt. Dabei muss im ersten Schritt einer soziologischen Erklärung immer berücksichtigt werden, welche Strukturen das Handeln der einzelnen Akteure prägen. Im zweiten Schritt wird betrachtet, welche Handlungsalternativen die Personen unter diesen Bedingungen auswählen. Erst im dritten Schritt kann dann betrachtet werden, wie sich die Sozialstruktur als Ergebnis des Handelns vieler Personen verändert. In Anlehnung an den amerikanischen Soziologen James Coleman spricht man hier auch von der Colemanschen Badewanne.

Die verschiedenen Bereiche der Sozialstrukturanalyse, die in diesem Buch behandelt werden, untersuchen jeweils ausgewählte Aspekte der Sozialstruktur, die in dieser Definition genannt werden. Die Ungleichheitsforschung beschäftigt sich mit der Verteilung von Handlungsressourcen und Handlungsrestriktionen in der Bevölkerung der jeweils ausgewählten Untersuchungseinheit. Die Ressourcen, die einer Person zur Verfügung stehen und die Handlungsrestriktionen, denen sie sich gegenüber sieht, strukturieren in eklatantem Maße ihre Möglichkeiten, ihr Leben eigenständig zu gestalten und Lebenschancen zu entfalten. Dies ist der traditionelle Gegenstand der Ungleichheitsforschung. Deren Gegenstand kann man daher folgendermaßen definieren: *Soziale Ungleichheit ist die sozial erzeugte Verteilung von Handlungsressourcen und Handlungsrestriktionen in der Bevölkerung der untersuchten Einheit.*[3] Die Verbindung dieser Definition zur Handlungstheorie macht auch die außerwissenschaftliche Relevanz der Ungleichheitsforschung deutlich. Die Verteilung von Ressourcen und Restriktionen bestimmt in entscheidender Weise über die Handlungsmöglichkeiten von Menschen und damit über ihre Chancen, ihr Leben zu gestalten.

Im Anschluss an diese Definition der Ungleichheitsforschung müssen an dieser Stelle aber noch zwei Punkte behandelt werden: erstens die Unterscheidung zwischen Ungleichheit und Ungerechtigkeit und zweitens die Fragen nach den Strukturdimensionen der sozialen Ungleichheit.

Erstens: Der Begriff der Ungleichheit wird häufig in einem Atemzug mit dem Begriff der Ungerechtigkeit genannt. Hier müssen für die Ungleichheitsforschung als Teil der empirischen Sozialstrukturanalyse zwei Präzisierungen formuliert werden. a) Die Konzepte Ungleichheit und Ungerechtigkeit haben nicht den gleichen wissenschaftlichen Status: Der Ungleichheitsbegriff kann in einer empirischen Wissenschaft präzise definiert und empirisch operationalisiert werden.[4] Auf diese Weise kann ein Sozialforscher daher auch auf nachprüfbare Weise feststellen, ob Ungleichheit bei einer gegebenen Definition unter Verwendung bestimmter empirischer Indikatoren vorliegt oder nicht. Auf diese Weise gehen z. B. die üblichen Maßzahlen für die Einkommensverteilung vor. Diese messen die Ungleichheit der Verteilung der Einkommen als Abweichung von einer mathematisch definierten Gleichverteilung (jede Person hat das gleiche Einkommen). Der Begriff der Gleichheit bzw. Ungleichheit kann so definiert und empirisch operationalisiert werden, dass klare Bedin-

3 In seinem Lehrbuch definiert Hradil (2001: 30) den Begriff mit geringen Abweichungen von der hier vorgestellten Definition: „Soziale Ungleichheit liegt dann vor, wenn Menschen aufgrund ihrer Stellung in sozialen Beziehungsgefügen von den ‚wertvollen Gütern' einer Gesellschaft regelmäßig mehr als andere erhalten".

4 Selbstverständlich gibt es unterschiedliche Vorstellungen darüber, wie Ungleichheit genau zu definieren und operationalisieren ist (Atkinson/Brandolini 2004; Allison 1978). Das ist aber an dieser Stelle nicht relevant.

gungen für das empirische Vorliegen von Gleichheit bzw. Ungleichheit angegeben werden können. Dies unterscheidet den Ungleichheitsbegriff aber vom Konzept der Ungerechtigkeit, da es sich hier um einen normativen Begriff handelt, der eine moralische Wertung mit einschließt. Ob also eine Verteilungssituation als gerecht oder ungerecht einzuschätzen ist, kann man nicht allein anhand von empirischen Indikatoren feststellen. Darüber hinaus benötigt man normative Kriterien, die sich jedoch per definitionem empirisch nicht prüfen lassen (Albert 1965). Insofern kann eine empirische Sozialwissenschaft zwar die Ungleichheit der Verteilung bestimmter Ressourcen in der Bevölkerung feststellen, nicht aber die Ungerechtigkeit dieser Verteilung. Die letztgenannte Frage muss die Soziologie der Moral- und Sozialphilosophie überlassen. b) Die Problematik der Verwendung der Begriffe Ungleichheit und Ungerechtigkeit in einem Atemzug wird noch deutlicher, wenn man sich vor Augen hält, dass eine identische Verteilungssituation aus unterschiedlichen normativen Perspektiven betrachtet einmal als gerecht und einmal als ungerecht erscheinen könnte. So erwarten offensichtlich die meisten Europäer, dass der Staat eine gewisse Mindestabsicherung, zum Teil sogar eine gewisse Umverteilung von Einkommen vornimmt (vgl. dazu noch Abschnitt 3.2.2), dafür aber relativ hohe Steuern von ihnen erheben muss. Diese Vorstellung von sozialer Gerechtigkeit erscheint jedoch aus der Perspektive vieler US-Amerikaner als ein inakzeptabler Eingriff in die individuelle Freiheit und damit als ungerecht (Höffe 2005). Wer hat hier nun Recht? Wie schon unter a) verdeutlicht, können wir als empirische Soziologen diese Frage nicht entscheiden. Diese wird daher auch in diesem Lehrbuch nicht weiter auftauchen. Es wird sich auf die Fragen der Ungleichheitsforschung beschränken, mit denen sich die empirische Sozialforschung sinnvoll beschäftigten kann.

Zweitens: Auch wenn es um die Verteilung von Ressourcen und Handlungsrestriktionen in der Bevölkerung geht, stellt sich die Frage nach dem Fokus der Ungleichheitsforschung. Soll nun für jede Person individuell festgehalten werden, wie hoch ihr Einkommen, ihre Bildung und ihr Vermögen ist? In empirischen Studien müssen natürlich diese und weitere Angaben möglichst für jede einzelne Person in einer Stichprobe erhoben werden. Dennoch interessieren wir uns als Soziologen auch jetzt nicht für die Frage, wie hoch nun das Einkommen von Frau oder Herrn Schmitz ist, sondern wir richten unseren Blick typischerweise auf kollektive Phänomene. Das bedeutet, dass in einem Buch über die Sozialstruktur der Bundesrepublik Deutschland häufig die Verteilung bestimmter Merkmale für die gesamte Bevölkerung dieses Landes beschrieben wird. Um die entsprechenden Werte besser einordnen zu können, wird darüber hinaus häufig ein Zeitvergleich vorgenommen, d. h. es wird betrachtet ob sich die Verteilungen in den vergangenen Jahrzehnten verändert haben oder es wird ein internationaler Vergleich durchgeführt, d. h. es wird untersucht wie hoch oder niedrig die Ungleichheit in Deutschland in bestimmten Bereichen im Vergleich zu anderen Ländern ist. Allerdings ist darüber hinaus auch die Frage nach den Strukturmustern der Verteilung innerhalb der Bevölkerung von zentralem Interesse. Die klassische Ungleichheitsforschung hat dabei ihr Augenmerk vor allem auf die sogenannte vertikale Dimension der Ungleichheit gerichtet. Eine solche Vorstellung des „Oben" und des „Unten" in einer Gesellschaft ist laut Schwartz (1981) ein universelles Phänomen, das in allen Gesellschaften existiert. Typische Beispiele für einen solchen Fokus auf die vertikale Dimension der Sozialstruktur sind die klassischen Konzepte von Schicht und Klasse, aber auch von Bildungs- oder Berufsschichtung (vgl. Abschnitt 2.4.1). Selbst sprachlich wird diese vertikale Orientierung deutlich, wenn wir von Ober-, Mittel- und Unterschicht sprechen. Schon in den siebziger und achtziger Jahren wurde aber darauf hingewiesen, dass nicht alle sozialen Ungleichheiten sich auf einer vertikalen Achse, sei diese nun als Schicht- oder Klassenachse bezeichnet, abbilden lassen (Hradil 1987; Kreckel 2004). Dabei hatte man vor allem die Ungleichheiten zwischen den Geschlechtern, ethnischen Gruppen, Regionen und Altersgruppen im Blick. Da sich diese nicht auf der vertikalen Schichtungsdimension abbilden ließen, wurde hier auch häufig von sogenannten horizontalen Ungleichheiten gesprochen. In diesem Buch soll neben der Ungleichheit entlang der vertikalen Dimension vor allem die geschlechtsspezifische, die ethnische und die regionale Ungleichheit betrachtet werden. Damit soll verdeutlich werden, dass die Ungleichverteilung von

Ressourcen nicht nur für die gesamte Bevölkerung durch bestimmte Maßzahlen beschrieben werden kann, sondern dass diese innerhalb der Bevölkerung nach bestimmten Merkmalen wie Klassenzugehörigkeit, Geschlecht, Ethnie und Region relativ stabil strukturiert ist. Dies ist auch der Grund für die Verwendung des Begriffs strukturierte soziale Ungleichheit. Die Verteilung von Ressourcen und Handlungsrestriktionen in der Bevölkerung entspricht nicht dem Zufallsprinzip, sondern sie folgt klar bestimmbaren sozialen Dimensionen.

Neben die klassische Ungleichheitsforschung, die sich mit der Verteilung der Ressourcen und Restriktionen beschäftigt, sind nun aber in den vergangenen zwei bis drei Jahrzehnten neue Formen der Sozialstrukturanalyse getreten, die ihren Fokus von den Ressourcen und Restriktionen wegbewegt haben und sich stärker der Verwendung von Ressourcen und den damit verbundenen subjektiven Handlungszielen sowie den Handlungspartnern zugewandt haben. Hier ist einmal die Lebensstilforschung zu nennen (Otte 2004; 2005a), die sich eben nicht mehr so sehr für die Verteilung der Ressourcen und Restriktionen interessiert, sondern sehr viel stärker an der Frage orientiert ist, was denn die Menschen eigentlich mit den ihnen zur Verfügung stehenden Handlungsmitteln unter den jeweils gegebenen Handlungsbedingungen erreichen wollen. Und hier ist festzustellen, dass Menschen in ganz ähnlichen Lebenssituationen daraus ganz offensichtlich sehr verschiedene Dinge machen können: „Man stelle sich vor: Zwei Männer, beide 1948 geboren und in Großbritannien aufgewachsen, beide verheiratet und mit inzwischen fast erwachsenen Kindern, beide beruflich erfolgreich und sehr vermögend, beide leben nicht mehr mit ihren Frauen zusammen … Es handelt sich um den Hardrocker Ozzy Osbourne und den Blaublüter Prinz Charles“ (Schlögel 2003: 14). Es ist offensichtlich, dass wir es hier mit zwei Personen zu tun haben, die bestimmte Ähnlichkeiten in ihrer Ressourcenausstattung und ihren Handlungsrestriktionen aufweisen, die auf dieser Grundlage aber ganz unterschiedliche Ziele verfolgen und ihr Leben auf ganz verschiedene Weise gestalten.[5] Der Lebensstilforschung geht es daher vor allem um die Frage, wie die Akteure ihre Ressourcen verwenden und welche Ziele und Präferenzen sie unter Berücksichtigung der jeweiligen Handlungsrestriktionen eigentlich verfolgen wollen. Denn wie das Beispiel verdeutlicht, können die Handlungsressourcen und die Restriktionen allein das Handeln der Akteure kaum erklären. An dieser Stelle müssen aber sogleich zwei Einschränkungen für den Geltungsbereich der Lebensstilforschung formuliert werden. Faktisch hat sich dieser Teilbereich der Sozialstrukturanalyse vor allem auf das Verhalten im Bereich der Freizeit und des Konsums konzentriert, d. h. es wurde überwiegend analysiert wofür und wie die Akteure ihre Ressourcen in diesen Handlungsbereichen verwenden. Dabei ist aber außen vor geblieben, dass Menschen sich in anderen Bereichen an ganz anderen Zielvorstellungen orientieren können. Einerseits ist hier ergänzend auf die Wertforschung zu verweisen, die sich viel übergreifender mit den Zielen beschäftigt hat, die die Akteure haben und teilweise in ihrem Handeln verfolgen (Inglehart 1990). Eine Klärung des Verhältnisses von Lebensstilen und Werten steht in der Forschung noch überwiegend aus und kann innerhalb dieses Lehrbuchs nicht vorgenommen werden (Hermann 2004). Andererseits ist hier auf die makrosoziologische Differenzierungstheorie zu verweisen. Diese hat immer wieder darauf hingewiesen, dass Menschen in unterschiedlichen Teilbereichen der Gesellschaft unterschiedliche, institutionell vorgegebene Ziele verfolgen und dabei typischerweise auch durch die jeweiligen normativen Restriktionen in diesen Bereichen beschränkt sind. So mag für den gesellschaftlichen Bereich der Kunst vor allem das Ziel der Herstellung oder des Genusses von ästhetischen Objekten im Zentrum der Aufmerksamkeit stehen, während es in der Politik in stärkerem Maße um die Erlangung von Macht und die dadurch mögliche Durchsetzung von Interessen geht. Auch die Analyse dieser verschiedenen Bereiche, der dort gültigen Ziele und institutionellen Ordnungen

5 Selbstverständlich gibt es auch deutliche Unterschiede zwischen diesen Personen, die vermutlich einen großen Teil der Unterschiede im Verhalten erklären können.

und ihrer Relevanz für die Sozialstrukturanalyse kann in diesem Buch nicht vorgenommen werden (Schwinn 2007; Burzan et al. 2008).

Neben dem Lebensstilkonzept wurde noch ein weiterer zentraler Begriff der Sozialstrukturanalyse in den vergangenen Jahrzehnten wieder entdeckt und weiter entwickelt, der zwar häufig im Zusammenhang mit der Lebensstilforschung genannt wird, der aber einen eigenständigen Bedeutungsgehalt aufweist: das Milieukonzept. Im Begriff der sozialen Milieus geht es um die vierte und letzte Handlungsdeterminante, die weiter oben angesprochen wurde, um die Handlungspartner. Die Milieuforschung beschäftigt sich also mit der Frage, mit welchen anderen Akteuren bestimmte Typen von Personen besonders häufig interagieren. Daher hat die Milieuanalyse auch eine gewisse Nähe zur Netzwerkanalyse, die sich mit Beziehungsmustern von Einzelpersonen oder innerhalb von abgegrenzten Bevölkerungen beschäftigt (Jansen 2003). Die von der Milieuforschung betrachteten Beziehungs- und Interaktionsmuster zwischen Personen sind in der Sozialstrukturanalyse von besonderer Bedeutung: sie sind für alle anderen Handlungsdeterminanten relevant. So entstehen und ändern sich Handlungsziele häufig in Interaktionen mit anderen Personen, Handlungsressourcen, wie Informationen, werden häufig über soziale Netzwerke und in sozialen Milieus mobilisiert und schließlich stellen die Handlungspartner häufig auch eine Beschränkung der Handlungsmöglichkeiten eines Akteurs dar (vgl. Rössel 2005: 256).

Vor dem Hintergrund der hier entwickelten Definition von Sozialstruktur und sozialer Ungleichheit kann nun auch ein Überblick über die weitere Marschroute in diesem Buch gegeben werden. In den Kapiteln 2 bis 4 wird es vor allem um die Ungleichheitsforschung gehen und damit um die Verteilung der Handlungsressourcen und der Handlungsrestriktionen. Während in Kapitel 2 vor allem theoretische Konzepte und Mechanismen zur Erfassung und Erklärung von Ungleichheit vorgestellt werden, geht es in Kapitel 3 um die empirischen Befunde für die bundesdeutsche Gesellschaft. Im darauffolgenden Kapitel soll verdeutlich werden, dass die Sozialstruktur kein statisches Gebilde ist, sondern dass sich die Menschen im Zeitverlauf durch diese Struktur bewegen und sie dabei auch verändern. Erst Kapitel 5 wird dann einen Überblick über die

Lebensstilforschung und ihre Analyse der Verwendung von Ressourcen und der zugrundeliegenden Handlungsziele geben und schließlich wird dann im sechsten Kapitel die Milieuanalyse vorgestellt, die sich überwiegend mit der typischen Verteilung von Handlungspartnern beschäftigt.

Teilbereiche der Sozialstrukturanalyse

Handlungsdeterminanten	Teilbereich	Kapitel
Handlungsressourcen	Ungleichheitsforschung	Kapitel 2-4
Handlungsrestriktionen	Ungleichheitsforschung	Kapitel 2-4
Handlungsziele	Lebensstilforschung	Kapitel 5
Handlungspartner	Milieuanalyse	Kapitel 6

Zusammenfassung

Hier wurde vorgeschlagen, dass man die Definition der Begriffe Sozialstrukturanalyse und soziale Ungleichheit in einen weiteren theoretischen Kontext einbetten sollte. Da es die Soziologie als Wissenschaft vor allem mit der Erklärung von sozialem Handeln und seinen Konsequenzen zu tun hat, wurden die wichtigsten Determinanten des sozialen Handelns in zwei zentralen handlungstheoretischen Ansätzen herausgearbeitet: Handlungsressourcen, Handlungsrestriktionen, Handlungsziele und Handlungspartner. Die Sozialstrukturanalyse beschäftigt sich mit der Verteilung dieser Handlungsdeterminanten in der Bevölkerung und damit mit den wichtigsten Elementen, die das Verhalten der Akteure erklären können. Die verschiedenen, in diesem Buch behandelten Teilbereiche der Sozialstrukturanalyse fokussieren jeweils auf bestimmte dieser Determinanten: in der Ungleichheitsforschung geht es vor allem um die Verteilung von Handlungsressourcen und -restriktionen, in der Lebensstilforschung um die Handlungsziele der Akteure und in der Milieuanalyse um die Handlungspartner.

Weiterführende Literaturhinweise

Umfassende, detailreiche Überblicke zur Sozialstrukturanalyse und Ungleichheitsforschung sind:

- Stefan Hradil, unter Mitarbeit von Jürgen Schiener, 2005: Soziale Ungleichheit in Deutschland. Nachdruck der 8. Auflage. Wiesbaden: VS-Verlag.
- Rainer Geißler, 2006: Die Sozialstruktur Deutschlands: Zur gesellschaftlichen Entwicklung mit einer Bilanz zur Vereinigung. 4. überarbeitete und aktualisierte Auflage. Wiesbaden: VS-Verlag.

Auch sehr umfassend, mit einem stärkeren Schwerpunkt auf Fragen der Bevölkerungssoziologie und vor allem methodisch sehr präzise ist:

- Thomas Klein, 2005: Sozialstrukturanalyse. Eine Einführung. Reinbek: Rowohlt.

Einen hervorragenden Überblick über die klassische und aktuelle Diskussion in der Sozialstrukturanalyse vermittelt der umfangreiche Reader:

- David B. Grusky (Hg.), 2008: Social Stratification. Class, Race and Gender in Sociological Perspective. Boulder: Westview.

Ein vergleichbarer Reader ist auch auf Deutsch verfügbar:

- Heike Solga, Justin Powell und Peter A. Berger (Hg.), 2009: Soziale Ungleichheit. Klassische Texte zur Sozialstrukturanalyse. Frankfurt: Campus.

Eine differenzierungstheoretische Perspektive auf das Phänomen der sozialen Ungleichheit findet sich bei:

- Thomas Schwinn, 2007: Soziale Ungleichheit. Bielefeld: transcript.

Wiederholungsfragen

- Wie wird soziale Ungleichheit und Sozialstrukturanalyse definiert?

- Wie kann die Definition dieser Begriffe handlungstheoretisch begründet werden?
- Was sind die Unterschiede zwischen dem Begriff der Ungleichheit und dem Konzept der Ungerechtigkeit?
- Welche Dimensionen der Struktur sozialer Ungleichheit können betrachtet werden?

1.2 Was ist eigentlich eine sinnvolle Einheit für die Sozialstrukturanalyse?

In der Definition von Sozialstruktur und sozialer Ungleichheit wurde schon deutlich, dass die jeweilige Bevölkerung, auf die sich diese Begriffe beziehen, unterschiedlich ausgewählt werden kann. Damit geht im Prinzip einher, dass man eine Sozialstrukturanalyse der Bewohner eines Dorfes, einer Region, eines Landes oder der Welt durchführen kann, aber auch die Mitglieder eines Fußballvereins, einer Partei oder der katholischen Kirche zum Gegenstand wählen kann. Angesichts dieser Vielfalt von möglichen Gegenständen muss es etwas verwundern, dass ganz überwiegend die Bevölkerungen von Nationalstaaten zum Thema der meisten Lehrbücher der Sozialstrukturanalyse geworden sind. Dies ist ein typisches Beispiel für den sogenannten methodologischen Nationalismus innerhalb der Soziologie (Smith 1983). Damit ist gemeint, dass die Soziologie den Gesellschaftsbegriff sehr eng mit dem Konzept des Nationalstaates verquickt hat, so dass man häufig ohne Bedenken z. B. von einer deutschen oder einer französischen Gesellschaft spricht. Außen vor bleibt dabei aber die Frage, warum Gesellschaften in einer bestimmen historischen Phase so stark nationalstaatlich geprägt wurden, wie eindeutig die nationalstaatlichen Grenzen von Gesellschaften tatsächlich sind und wie dies soziologisch überhaupt zu konzeptualisieren ist (Mann 1993).

Innerhalb der Sozialstrukturanalyse ist allerdings dieser Fokus auf die nationalstaatlichen Gesellschaften zunehmend in Frage gestellt worden. Ein erster wichtiger Schritt dieser Infragestellung ist schon in den siebziger Jahren gegangen worden, als Sozialwissenschaftler aus dem Lager der Dependenz- und Weltsystemtheorien die Bedeutung der Abhängigkeits- und Ausbeutungsstrukturen der Weltwirtschaft hervorgehoben haben und ihre Bedeutung für die weltweite Ungleichheit betont haben (vgl. Kreckel 1982; 1985). Damit wurde deutlich, dass einzelne Länder nicht einfach unabhängige Einheiten sind, sondern zwischen ihnen Abhängigkeitsbeziehungen bestehen können. Ein zweiter Schritt kommt aus einer ganz anderen Richtung: Vor allem im Rahmen der EU-Integration wird die Frage nach Ungleichheiten als Barrieren der Integration innerhalb der Europäischen Union politisch immer wichtiger (Heidenreich 2006; Hradil 2004). Ein nicht unerheblicher Teil der Lehrbücher zur Sozialstrukturanalyse und der Einführungsveranstaltungen zu diesem Thema beziehen sich daher zumeist auf die Sozialstruktur der EU und nicht mehr auf einzelne Länder. Schließlich muss drittens auf die seit Mitte der neunziger Jahre anhaltende Diskussion über weltweite Ungleichheiten verwiesen werden. In dieser – zumeist unter Wirtschaftswissenschaftlern – ausgefochtenen Streitfrage, geht es vor allem um den Einfluss der Globalisierung auf die weltweite Verteilung der Einkommen (Anand/Segal 2008; Firebaugh 2003). Dieser Forschungszweig führt vor Augen wie groß die weltweiten Ungleichheiten im Vergleich zu binnennationalen Ungleichheiten sind. Ohne auf diese Diskussionen genauer einzugehen, kann aber festgehalten werden, dass Sozialstrukturanalysen sich gegenwärtig nicht mehr notwendigerweise auf Nationalstaaten beziehen.

Angesichts dieser Diskussionslage kann man sich jetzt natürlich fragen: Ist die Bevölkerung eines Nationalstaates denn überhaupt noch die geeignete Einheit für die Sozialstrukturanalyse? Schließlich soll sich dieses Lehrbuch ja auf die Bevölkerung der Bundesrepublik Deutschland beziehen. Die Beantwortung dieser Frage ist letztlich immer von der jeweiligen Fragestellung abhängig, es gibt aber einige Gesichtspunkte, die man bei der Beantwortung dieser Frage in Rechnung stellen kann.

Kontra Nationalstaat

1. Selbst Nationalstaaten sind in vielen Hinsichten zu heterogen, um eine sinnvolle Analyse der Sozialstruktur durchführen zu können (Breen/ Rottman 1998). Neuere Studien zeigen sogar, dass innerhalb der europäischen Staaten die Ungleichheit zwischen den Regionen wächst (Heidenreich/Wunder 2008). Damit wäre also der Nationalstaat eine Einheit, die eigentlich schon zu umfangreich und heterogen für eine Sozialstrukturanalyse ist. Gerade am deutschen Beispiel kann man dies sehr gut illustrieren: die historischen Bedingungen und Strukturen in Ost- und Westdeutschland sind in bestimmten Hinsichten so unterschiedlich, dass eine Behandlung dieser beiden Regionen als eine Einheit in der Sozialstrukturanalyse zumindest nicht selbstverständlich ist. Dies wird z. B. in der Armutsforschung deutlich, die bis heute häufig einen separaten Armutsstandard für Ost- und Westdeutschland verwendet (vgl. Abschnitt 3.2.3).

2. Nationalstaatliche Regelungen und Institutionen sind für die Erklärung von Sozialstrukturen und sozialer Ungleichheit immer unwichtiger. An deren Stelle treten zunehmend transnationale und globale Einflüsse, die von den jeweiligen Nationalstaaten kaum noch kontrolliert werden können. So wird z. B. behauptet, dass Unternehmen heute so mobil sind, dass sie mit nur geringen Schwierigkeiten die Standorte mit den geringsten Lohnkosten und den niedrigsten Sozialabgaben auswählen können. Diese weltweite Konkurrenz um die günstigsten Standortbedingungen hat natürlich auch Folgen für die Lebensbedingungen der Arbeitnehmer. Dies ist ein klassisches Argument der Globalisierungsthese (Strange 1996).

3. Dieses Argument trifft innerhalb der Europäischen Union in noch viel stärkerem Maße zu, da hier nicht nur ungeplante wirtschaftliche und kulturelle Prozesse die Grenzen von Nationalstaaten durchlöchern, sondern auch die politische Sphäre immer stärker europäisiert wird. Die EU übernimmt klassische Entscheidungskompetenzen und Aufgaben der Nationalstaaten, so dass wichtige institutionelle Entscheidungen nicht mehr innerhalb dieser Einheiten getroffen werden (Wessels 2008). Für

Studierende kann man die Konsequenzen dieser Entwicklung sehr deutlich am Beispiel der 1999 unterzeichneten Bolognadeklaration ablesen, die die Schaffung eines einheitlichen europäischen Hochschulraums zum Ziel hat und zu massiven Veränderungen der Studiengänge und Studienstrukturen in vielen europäischen Ländern geführt hat. Damit wäre eben auch die Sozialstrukturanalyse und die Ungleichheitsforschung auf eine stärkere Berücksichtigung der Ebene der Europäischen Union verwiesen.

4. Ein besonders bedeutsames Argument für die Analyse der Sozialstruktur und Ungleichheit auf einer weltweiten Ebene ist die Tatsache, dass die weltweite Ungleichheit sehr viel höher ist als die Ungleichheit innerhalb von einzelnen Ländern (vgl. dazu den Exkurs in Abschnitt 3.2.2). Bei der Betrachtung der weltweiten Verteilung der Einkommen kann man eine Art von Zweiteilung vornehmen: man kann die Ungleichheit der individuellen Einkommen innerhalb eines Landes separieren von der Ungleichheit der durchschnittlichen Einkommen zwischen den Ländern. Nimmt man eine solche Analyse vor, dann kann festgestellt werden, dass die Verteilungsungleichheit der Einkommen zu 61-64 % von Unterschieden zwischen den Ländern herrührt und nur zu 36-39 % von Verteilungsungleichheiten innerhalb der Länder (Sala-I-Martin 2006: 389). Das bedeutet aber, dass es für die Einkommensposition einer Person sehr viel wichtiger ist, in welchem Land sie lebt und nur von sekundärer Bedeutung, welche Position sie in dem betreffenden Land einnimmt. Allerdings muss man an dieser Stelle anfügen, dass sich dieses Verhältnis geändert hat: Im Jahr 1970 entfiel noch zwischen 69 und 71 % der weltweiten Einkommensungleichheit auf die Ungleichheit zwischen den Ländern. Es scheint also eine gewisse Konvergenz der Einkommen zwischen den Ländern zu geben und eine tendenzielle Steigerung der Einkommensungleichheit innerhalb der Länder (Sala-I-Martin 2006; Firebaugh 2003; Heidenreich/Wunder 2008). Damit könnte man davon sprechen, dass die Ungleichheit innerhalb der Länder relativ betrachtet wichtiger wird, was natürlich ein Argument für eine nationalstaatsbezogene Ungleichheitsforschung wäre. Anderen Gründen für eine solche Analyse möchte ich mich nun zuwenden.

Pro Nationalstaat

1. Auch wenn die weltweite Ungleichheit zwischen den Ländern größer ist als die Ungleichheit innerhalb von Nationalstaaten, so ist sie doch soziologisch in bestimmten Hinsichten weniger konsequenzenreich. Die globale Ungleichheit ist in sehr viel stärkerem Maß als die nationale Ungleichheit ein statistisches Konstrukt (Schwinn 2007: 131). Die meisten Menschen interpretieren ihre eigene Lebenssituation nicht im Vergleich zu anderen Menschen, die an anderen Orten des Globus leben, sondern im Vergleich zu den Anderen in ihrer jeweiligen Nationalgesellschaft. Dies kann sehr schön an den Ergebnissen der Forschung zu Lebenszufriedenheit und Glück illustriert werden. Das Ausmaß von Lebenszufriedenheit oder Glück hängt eben nicht von der absoluten Höhe des Einkommens im weltweiten Vergleich ab, sondern von der relativen Höhe des Einkommens im Vergleich mit den anderen Menschen in einer Gesellschaft (Frey/Stutzer 2002). Vergleichbares gilt auch für die Herausbildung von Klassen oder Schichten mit gemeinsamem Bewusstsein oder gemeinsamen Lebensstilen. Dieser Prozess ist ganz offensichtlich an den Referenzrahmen einer gemeinsamen nationalstaatlichen Gesellschaft gebunden (Schwinn 2007: 121-131; Mann 1993). In vielen Zusammenhängen sind also die für Soziologen spannenden Konsequenzen und Folgen der sozialen Ungleichheit vor allem im Rahmen des Nationalstaats zu beobachten.[6]

2. Weiterhin kann man sich auch fragen, welche Institutionen und Prozesse den Lebensverlauf eines Menschen und seine Position in der Sozialstruktur prägen. Wie von der neueren Literatur über Globalisierung und Transnationalisierung betont, sind hier auch Prozesse im Spiel, die die Grenzen des jeweiligen Nationalstaates überschreiten: Handelsbeziehungen, internationale Direktinvestitionen, europäische Prozesse

[6] Allerdings muss man an dieser Stelle darauf hinweisen, dass das Ausbleiben dieser Konsequenzen bei Ungleichheitsverhältnissen zwischen den Nationalstaaten selbstverständlich auch ein spannendes Thema für Sozialwissenschaftler ist.

der Bildungsintegration oder Vorschriften der EU im Hinblick auf Gleichstellungsregelungen auf dem Arbeitsmarkt. Allerdings darf man nicht vergessen, dass die meisten Institutionen, mit denen es die Bevölkerung eines Landes im Laufe ihres Lebens zu tun hat, nationalstaatliche Institutionen sind. Es ist eben das deutsche Bildungssystem, das die Schüler nach dem vierten Schuljahr in unterschiedliche weiterführende Schulen sortiert, die duale Ausbildung nach dem Schulabschluss sowie die Hochschulen in Deutschland sind Institutionen, die nationalspezifisch geprägt sind. Auch außerhalb des Bildungssystems sind die Arbeitsmärkte, Tarifverhandlungen und industriellen Beziehungen zwischen Arbeit und Kapital sowie der Wohlfahrtsstaat durch nationale Regelungen geprägt. Man könnte davon sprechen, dass diese nationalen Institutionen die Wirkungen der Globalisierung nationalspezifisch brechen (Breen/Rottman 1998). Insofern wird man auch bei der Erklärung der Sozialstruktur und von Ungleichheiten kaum auf die Berücksichtigung der jeweiligen nationalen Institutionen und Strukturen verzichten können.

Welche Schlussfolgerungen kann man nun aus diesen Argumenten ziehen? Im Grunde sprechen die genannten Punkte dafür, dass man im Hinblick auf die jeweilige Einheit der Sozialstrukturanalyse keine dogmatischen Festlegungen vornehmen sollte. Man kann eben genauso gut eine Sozialstrukturanalyse eines Dorfes, wie der gesamten Weltbevölkerung vornehmen, aber eben auch der Bevölkerung eines Nationalstaates. Die Untersuchungseinheit hängt von der jeweiligen Fragestellung ab. Insofern kann auch in diesem Buch ohne weiteres die Bevölkerung der Bundesrepublik Deutschland zum Gegenstand einer Sozialstrukturanalyse gemacht werden. Dabei sind aber die oben aufgeführten Argumente für und gegen eine nationalstaatszentrierte Sozialstrukturanalyse zu berücksichtigen. Diese haben vor allem zwei Konsequenzen: erstens sollte auch eine nationalstaatszentrierte Sozialstrukturanalyse ab und zu den Blick über den Tellerrand werfen und bestimmte, ausgewählte Merkmale der Sozialstruktur im internationalen Vergleich betrachten. Wenn man z. B. nur die Armutsquote der Bundesrepublik Deutschland kennt, dann hat man keinen Maßstab für deren Einschätzung. Erst wenn man auch die Armutsquoten anderer OECD- oder EU-Länder zur Kenntnis nimmt, bekommt man einen Eindruck, ob die deutsche Quote relativ hoch oder niedrig ist. Zweitens muss auch in einer nationalstaatszentrierten Sozialstrukturanalyse berücksichtigt werden, dass es grenzüberschreitende Prozesse gibt, die bestimmte Merkmale dieser Struktur prägen: sei dies nun grenzüberschreitende Migration, weltweite wirtschaftliche Konkurrenz oder die Diffusion britischer und US-amerikanischer Popmusik, die auch die Lebensstile in der Bundesrepublik kräftig beeinflussen.

Zusammenfassung

Eine Sozialstrukturanalyse kann sich je nach Fragestellung auf die Bevölkerung ganz unterschiedlicher Einheiten richten. Traditionell hatten aber die Ungleichheitsforschung und die Sozialstrukturanalyse einen Fokus auf die Bevölkerung von Nationalstaaten. Dagegen spricht nun, dass die weltweite Ungleichheit sehr viel größer ist als die Ungleichheit innerhalb von Staaten und dass die Entstehung von Sozialstrukturen immer häufiger auch unter Berücksichtigung von grenzüberschreitenden Prozessen erklärt werden muss. Auf der anderen Seite bleiben die nationalstaatlichen Institutionen die wichtigsten Rahmenbedingungen, die einen Einfluss auf die Entstehung und den Wandel von Sozialstrukturen und ihre Konsequenzen haben. Insofern bleibt eine nationalstaatsorientierte Sozialstrukturanalyse, wie sie in diesem Buch vorgenommen wird, weiterhin sinnvoll. Sie muss jedoch die Konsequenzen aus den realen Globalisierungsprozessen und der globalen Blickerweiterung der Sozialwissenschaften mit in Betracht ziehen.

Weiterführende Literaturhinweise

Einen guten Überblick zu den Pro- und Kontraargumenten einer nationalstaatsorientierten Sozialstrukturanalyse bekommt man in dem folgenden Text:

- Reinhard Kreckel, 2004: Politische Soziologie der sozialen Ungleichheit. 3., erweiterte Auflage. Frankfurt: Campus. Kapitel VI: Materielle Verteilungsungleichheiten in der globalisierten Weltgesellschaft.

Einen Überblick der Sozialstruktur der europäischen Gesellschaften erhält man bei:

- Steffen Mau und Roland Verwiebe, 2009: Die Sozialstruktur Europas. Stuttgart: UTB.

Wiederholungsfrage

- Welche Argumente sprechen für und welche gegen eine Sozialstrukturanalyse der Bevölkerung eines Nationalstaates?

2 Strukturierte soziale Ungleichheit: Begriff und Theorien

2.1 Die Definition sozialer Ungleichheit: Ressourcen und Restriktionen

In diesem Kapitel wird das klassische und zentrale Gebiet der Sozialstrukturanalyse, die Ungleichheitsforschung in den Blick genommen. Der Gegenstand dieses Forschungsgebietes, die soziale Ungleichheit, ist im ersten Kapitel folgendermaßen definiert worden: *Soziale Ungleichheit ist die sozial erzeugte Verteilung von Handlungsressourcen und Handlungsrestriktionen in der Bevölkerung der untersuchten Einheit.* Diese Definition hat den Vorteil, dass sie an eine einfache Handlungstheorie anschlussfähig ist und damit innerhalb der Soziologie in einen bedeutsamen allgemeineren theoretischen Kontext eingebettet werden kann. Andererseits greift sie aber die übliche Bedeutung von sozialer Ungleichheit auf und weicht daher auch nicht erheblich von den Definitionen ab, die sich an anderer Stelle finden. So heißt es in dem Standardlehrbuch von Hradil (2001: 30): „Soziale Ungleichheit liegt dann vor, wenn Menschen aufgrund ihrer Stellung in sozialen Beziehungsgefügen von den wertvollen Gütern einer Gesellschaft regelmäßig mehr als andere erhalten." Im Gegensatz zu dem Ausdruck „sozial erzeugte" wird hier auf die Stellung von Menschen in sozialen Beziehungsgefügen als Ursache von sozialer Ungleichheit verwiesen, in beiden Definitionen wird aber deutlich gemacht, dass es sich um eine sozial bedingte Ungleichheit handelt. In der Definition von Hradil wird nicht von Ressourcen und Restriktionen gesprochen, sondern von wertvollen Gütern. Hier zeigt sich die deutlichste Abweichung der hier entwickelten, handlungstheoretischen Definition von Hradils Konzept. Wir werden aber weiter unten bei der Definition von Ressourcen und Restriktionen sehen, dass diese Begriffe vom Konzept der wertvollen Güter gar nicht so weit entfernt sind. Schließlich wird bei Hradil darauf verwiesen, dass bestimmte Menschen von diesen Gütern regelmäßig mehr erhalten als andere, hier geht es also um die Verteilung dieser Güter, genau wie in der hier entwickelten Definition. Auch wenn manchem die theoretische Herleitung des Begriffs der sozialen Ungleichheit im ersten Kapitel etwas umständlich vorgekommen sein mag, so wird hier deutlich, dass zwei Dinge miteinander verbunden werden konnten: einerseits die handlungstheoretische Einbettung dieses Konzepts und andererseits eine Definition, die sich nicht besonders weit von der üblichen Verwendung dieses Begriffs entfernt.

Die vorgestellte Definition von sozialer Ungleichheit ist zwar auf den ersten Blick recht eindeutig, doch sie enthält mindestens drei Punkte, die noch zu erläutern sind: erstens muss geklärt werden, warum in der Definition der Ausdruck „sozial erzeugt" auftaucht, zweitens und drittens sind die beiden Begriffe Ressourcen und Restriktionen im ersten Kapitel allenfalls implizit definiert worden, aber sie haben keine explizite Definition erhalten. Beginnen wir mit dem Ausdruck „sozial erzeugt". Damit wird eine Einschränkung für die Ungleichheitsforschung vorgenommen. Sie beschäftigt sich mit jenen Ungleichheiten, die eine soziale Ursache haben. Dagegen werden Ungleichheiten, die auf eine natürliche oder biologische Ursache zurückzuführen sind, eher ausgeblendet. Primär nicht zu den sozialen Ungleichheiten würden dementsprechend die Betroffenheit von Naturkatastrophen, die Vorteile, die Menschen aufgrund ihrer Körpergröße oder ihrer physischen Attraktivität auf dem Arbeitsmarkt haben und die Bedeutung des Intelligenzquotienten für die Bildungschancen gerechnet werden, um nur einige Beispiele zu nennen. Diese machen aber zugleich auch deutlich, dass die Abgrenzung zwischen sozialen und nichtsozialen Ursachen der sozialen Ungleichheit gar nicht so einfach ist. Zwar sind Naturkatastrophen relativ eindeutig natürliche Phänomene, aber die Betroffenheit hängt eben häufig auch von sozialen Ursachen ab: so mag es für einkommensschwächere Personen schwieriger sein, sich eine Unterkunft außerhalb der Zonen zu suchen, die besonders riskant sind. Auch die Körpergröße und die physische Attraktivität mögen auf der einen Seite unzweifelhaft von den Erbanlagen einer Person abhängen, auf der anderen Seite werden sie aber auch von den Lebensumständen und vor allem der Ernährungssituation einer Person beeinflusst. Dies wird sehr schön deutlich an der Tatsache, dass die Körpergröße von Erwachsenen im Verlauf der vergangenen Jahrzehnte deutlich zugenommen hat: westdeutsche Männer, die in den vierziger Jahren des 20. Jahrhunderts geboren wurden, waren als Erwachsene durchschnittlich 172 cm groß. Dieser Wert steigt über die Geburtskohorten hinweg relativ linear bis zu den in den siebziger Jahren geborenen Männern an, die im Durchschnitt eine Körpergröße von 178 cm erreichen (Kriwy/Komlos/Baur 2003). Nicht nur die historische Veränderung des Lebensstandards, auch die Unterschiede zwischen den Schichten haben einen Einfluss auf die Körpergröße: so sind Männer aus der Oberschicht im Durchschnitt 4 cm größer als Männer aus der Unterschicht. Ähnlich wie für die Körpergröße und die physische Attraktivität sieht es auch für den Intelligenzquotienten aus. Auch hier spielen ohne Zweifel die Erbanlagen einer Person eine Rolle, aber eben auch ihr jeweiliges, sozial geprägtes Lebensumfeld (Fischer/Voss/Swidler 1996). Auch in diesem Bereich ist festzustellen, dass die Testergebnisse in Intelligenztests über die Kohorten hinweg historisch ansteigen. In der Psychologie spricht man hier vom sogenannten Flynneffekt, der vermutlich weitgehend durch die verbesserten Lebensbedingungen der Menschen erklärt werden kann. Festzuhalten bleibt an dieser Stelle, dass in der soziologischen Ungleichheitsforschung vor allem die sozialen Ursachen von Ungleichheit betrachtet werden. Die Abgrenzung von sozialen und nichtsozialen Quellen der Ungleichheit ist allerdings weniger einfach, als man auf den ersten Blick denken könnte. Die genannten Beispiele zeigen, dass man sehr genau betrachten muss, wie soziale und nichtsoziale Ursachen abgegrenzt werden können und wie sie in vielen Fällen auch gemeinsam an der Herstellung von Ungleichheit beteiligt sind.

Die Ungleichheitsforschung beschäftigt sich also mit der primär sozial erzeugten Verteilung von Ressourcen und Restriktionen. Nun gilt es im nächsten Schritt zu klären, was denn Ressourcen und Restriktionen genau sind. Den Begriff der Ressource möchte ich hier in Anlehnung an den schwedischen Sozialwissenschaftler Walter Korpi definieren: *Unter dem Begriff der Ressource soll jede Fähigkeit und jeder Gegenstand unter der Kontrolle des Akteurs verstanden werden, die ihm das Erreichen seiner Ziele ermöglicht. Häufig dienen Ressourcen dem individuellen Konsum, also der Befriedigung von Bedürfnissen. In Interaktionssituationen werden sie aber typischerweise zur Bestrafung oder Belohnung anderer Akteure eingesetzt werden* (Korpi 1985: 33). Es wird deutlich, dass unter den Begriff der Ressource ganz unterschiedliche Dinge fallen können: das Geld, das man im Austausch für andere Güter dem Verkäufer als „Belohnung" gibt, das Brot, das man verzehrt, das eigene Wissen, das man in verschiedensten Feldern der Gesellschaft einsetzen kann oder auch die Körperkraft und Schnelligkeit, die einen Menschen besonders zur Jagd oder zum Sport befähigen. In dieser Definition wird noch einmal die Bedeutung von Ressourcen als Handlungsmitteln ersichtlich. Sie ermöglichen einem menschlichen Akteur ganz offensichtlich in der Interaktion mit Anderen seine Ziele zu verfolgen und möglicherweise auch zu erreichen. Dagegen haben Restriktionen eher einen beschränkenden Charakter: *Unter dem Begriff Handlungsrestriktion soll jedes soziale und materielle Phänomen verstanden werden, dass den Handlungsspielraum der Akteure einschränkt und nicht unter ihrer Kontrolle steht* (vgl. Diekmann/Voss 2004). Wie in der Definition schon angedeutet, können diese Einschränkungen ganz unterschiedlicher Art sein: sie können natürlicher Art sein, Menschen können eben im Gegensatz zu den meisten Vögeln ohne Hilfsmittel nicht fliegen, sie können technischer Art sein, wie die Höchstgeschwindigkeit, die ein Fahrer mit seinem Auto erreichen kann, sie können ökonomisch sein, wie die Preise, die einem den Kauf eines bestimmten Hauses als möglich erscheinen lassen oder eben sozial, wie die normativen oder gesetzlichen Regeln, die bestimmte Handlungsmöglichkeiten einschränken. Zusammengefasst kann man festhalten, dass Ressourcen die Ausführung bestimmter Handlungen ermöglichen, während Restriktionen die Palette der ausführbaren Handlungen beschränken.[7]

Sowohl bei den Ressourcen, wie auch bei den Restriktionen handelt es sich um Konzepte, die einen ausgesprochen breiten Bedeutungsbereich haben und zahlreiche Phänomene unter sich versammeln. Daher stellt sich jetzt die Frage, welche Gegenstände in den Kapiteln über strukturierte Ungleichheit überhaupt betrachtet werden sollen. Wenn man die Verteilung aller Ressourcen und Restriktionen analysieren wollte, würde dieses Buch nicht nur unendlich lang, sondern vermutlich auch ziemlich langweilig werden. Insofern muss an dieser Stelle versucht werden, zwischen wichtigeren und weniger wichtigen Ressourcen zu unterscheiden. Wiederum in Anschluss an Walter Korpi möchte ich hier den Begriff des Anwendungsbereichs von Ressourcen einführen [bei Korpi (1985: 33) domain und scope]: damit ist gemeint, wie groß die Anzahl der Akteure ist, die durch eine bestimmte Ressource bestraft oder belohnt werden können und die Vielzahl der Situationen, in denen eine Ressource verwendet werden kann. Eine CD einer historischen Aufnahme einer von Toscanini dirigierten Oper ist nur für einen kleinen Ausschnitt von Menschen eine Belohnung, alle anderen sind für diese Ressource weniger empfänglich. Auch das Originaltrikot eines bestimmten Fußballers ist wiederum nur für manche Menschen eine Ressource. Dagegen gibt es andere Ressourcen, die einen sehr breiten Anwendungsbereich haben: dies sind in modernen Gesellschaften vor allem Geld in Form von Einkommen und Vermögen sowie Wissen (vgl. Kreckel 2004). Hier handelt es sich um Ressourcen, die erstens für praktisch die gesamte Bevölkerung anwendbar sind und die darüber hinaus in sehr vielen Typen von Situa-

---

7 Letztlich hängt die Abgrenzung von Ressourcen und Restriktionen auch immer von der jeweiligen Fragestellung ab (Diekmann/Voss 2004). Die mir zur Verfügung stehende Menge von Ressourcen beschränkt natürlich auch meine Handlungsmöglichkeiten, wie auch die externen Handlungsrestriktionen bestimmte Handlungen ermöglichen. Letztlich bleibt als Abgrenzungskriterium immer die Frage, ob der Akteure bestimmte Handlungsbedingungen unter seiner Kontrolle hat, dann sind es Ressourcen, oder nicht: dann handelt es sich um Handlungsrestriktionen.

tionen verwendbar sind. Geld kann man nicht nur nutzen, um historische Aufnahmen von Toscanini oder das Originaltrikot eines bestimmten Fußballers zu kaufen, man kann damit eine Vielzahl von Gütern und Dienstleistungen erwerben, die für den Lebensstandard von Personen in gegenwärtigen Gesellschaften von zentraler Bedeutung sind. Darüber hinaus kann Geld auch auf Märkten eingesetzt werden, um damit die Arbeit anderer Personen zu entlohnen oder um damit Kapitalerträge zu erwirtschaften. Man kann also Geld nicht nur für Güter ausgeben, die dann konsumiert werden, sondern man kann es investieren, um am Ende mehr Geld zu erhalten. Vergleichbares gilt auch für das Wissen, sei es in Form von Erfahrungswissen oder von Wissensgehalten, die im Rahmen von institutionalisierten Bildungslaufbahnen erworben wurden. Dieses ist nicht nur für nahezu alle Bevölkerungsmitglieder von zentraler Relevanz für ihren Lebensstandard, es ist auch in einer Vielzahl von Situationen einsetzbar. Auf den ersten Blick mag Bildung vor allem für den Arbeitsmarkt relevant sein. Betrachtet man aber die soziologische Literatur, so wird man feststellen, dass höhere Bildung in ganz unterschiedlichen Kontexten eine Ressource darstellt: sei es im Umgang mit Behörden, bei der Organisation von politischen Initiativen, der Suche nach einem Heiratspartner, der Gestaltung einer gesunden Lebensführung und in vielen anderen Bereichen (vgl. Hadjar/Becker 2006). Insofern kann man davon sprechen, dass sowohl monetäre Ressourcen, wie auch das Wissen bzw. die Bildung einen breiten Anwendungsbereich haben. Darüber hinaus sind sie für die Lebensführung von zentraler Bedeutung. Andere Ressourcen mit einem ähnlich breiten Anwendungsbereich werden sich nur schwer finden lassen. In zahlreichen Lehrbüchern der Ungleichheitsforschung oder der Sozialstrukturanalyse werden auch Macht und Prestige als zusätzliche bedeutsame Dimensionen von Ungleichheit behandelt. Beides sind sicherlich Phänomene, die in der Interaktion mit den meisten Menschen von Bedeutung sind. Während aber Geld und Wissen Dinge bezeichnen, die über die Akteure in einer Bevölkerung verteilt sind, handelt es sich sowohl bei Macht als auch bei Prestige um Merkmale der Beziehungen zwischen Akteuren, die von der zugrundeliegenden Struktur der Ressourcenverteilung abgeleitet sind. Prestige ist das Resultat der

Wahrnehmung und Bewertung einer bestimmten Person bzw. Personengruppe mit ihrer jeweiligen Ressourcenausstattung durch andere Akteure. Dagegen ist das Machtverhältnis zwischen zwei Personen durch ihre jeweilige Ausstattung mit Ressourcen bestimmt (Korpi 1985; Emerson 1962). Insofern basieren zwar sowohl Prestige als auch Macht auf der Verteilung von Ressourcen, es sind aber keine distributiven, d. h. in der Bevölkerung verteilten Merkmale der Akteure, sondern relationale Merkmale der Beziehungen zwischen Akteuren (Meulemann 2006). Es sind Folgen sozialer Ungleichheit, aber nicht Bestandteile sozialer Ungleichheit (siehe Kasten: Prestige und Macht).

Prestige und Macht

Soziale Ungleichheit wird in diesem Buch als die sozial erzeugte Verteilung von Ressourcen und Handlungsrestriktionen definiert, wobei vor allem Bildung und monetäre Ressourcen in den Blick genommen werden. Damit differiert das Lehrbuch stark von vielen anderen Einführungswerken, die auch Prestige und Macht als wichtige Aspekte sozialer Ungleichheit untersuchen. Hier werden diese beiden Konzepte nicht systematisch berücksichtigt, da es sich bei ihnen weder um Ressourcen, noch um Handlungsrestriktionen handelt und sie damit auch nicht unter den Begriff der sozialen Ungleichheit fallen. Diese soll für beide Konzepte hier kurz begründet werden.

Der Begriff des *Prestiges* verweist auf die Wertschätzung und Anerkennung, die bestimmten Personen oder Gruppen in einer Gesellschaft entgegengebracht werden. Damit ist verbunden, dass Prestige keine Ressource ist, die in der Gesellschaft verteilt werden kann, die im Besitz von Personen befindlich ist und ausgetauscht werden kann. Während es sich bei Ressourcen um distributive Merkmale handelt, die über die Personen einer Bevölkerung verteilt sind, handelt es sich bei Prestige um ein relationales Merkmal, das von der Beziehung zwischen Personen bzw. Personengruppen abhängig ist (Meulemann 2006: Kapitel 7 und 8). Beim Prestige handelt es sich um eine Relation, also eine Beziehung, zwischen einer

Person (oder Personengruppe) die bewertet und geschätzt wird und einer anderen Person (oder Personengruppe) die diese Bewertung und Wertschätzung erbringt. Damit ist das Prestige nicht einfach ein Merkmal einer Person, sondern das Merkmal einer Beziehung. Überwiegend wird in der Soziologie das Prestige von Berufen untersucht (vgl. Abschnitt 2.4.1.2). Einerseits indem man in Umfragen direkt nach der Wertschätzung dieser Berufe fragt und andererseits indem man die sozialen Beziehungen (Heirat, Freundschaft) zwischen Personen aus unterschiedlichen Berufsgruppen analysiert. Dabei finden sich am oberen Ende solcher Prestigeskalen zumeist akademische und freie Berufe wie der Professor oder der Arzt, dagegen am unteren Ende zumeist ungelernte Arbeiter und Handlanger. Diese Ergebnisse unterscheiden sich zwischen den verschieden Prestigemessungen kaum und sind auch im internationalen Vergleich außerordentlich stabil (Wolf 1995; Treiman 1977). Dabei korrelieren diese Prestigeskalen zumeist recht stark mit dem sozioökonomischen Status der Berufe, also der Ressourcenausstattung der jeweiligen Berufsgruppen (Wolf 1995: 115). Dies weist darauf hin, dass bei der Bewertung der Berufe die Bildungsvoraussetzungen und die mit dem Beruf verbundene monetäre Vergütung eine zentrale Rolle spielt. Die unterschiedliche Ausstattung mit Ressourcen liegt also den Bewertungsprozessen zugrunde. Goldthorpe und Hope (1972) haben daher auch die These vertreten, dass Prestigeskalen vor allem die Attraktivität von Berufen messen.

Vergleichbar dem Prestige ist auch die Macht ein Merkmal von Beziehungen und nicht von Personen. Dies wird deutlich, wenn wir die klassische Definition von Macht von Max Weber betrachten: „*Macht* bedeutet jede Chance, innerhalb einer sozialen Beziehung den eigenen Willen auch gegen Widerstreben durchzusetzen, gleichviel worauf diese Chance beruht“ (Weber 1985: 28). Weber lässt zwar in dieser Definition offen, worauf Macht beruht, aber in der soziologischen Theoriebildung ist die Antwort relativ klar. Die Macht von Personen in sozialen Beziehungen beruht auf ihrer relativen Ausstattung mit Ressourcen, die sie für die Belohnung oder Bestrafung der Interaktionspartner in Beziehungen einsetzen können (für einen Überblick Rössel 2004). Insofern ist Macht nicht nur wie Prestige ein relationales Phänomen, sondern es ist ein von der Verteilung von Ressourcen, also der sozialen Ungleichheit in der Gesellschaft abgeleitetes Phänomen. In Lehrbüchern der sozialen Ungleichheit und der Sozialstrukturanalyse wird der Aspekt der Macht häufig analysiert, indem die Partizipation unterschiedlicher sozialer Gruppen an einflussreichen politischen Positionen oder in Leitungsfunktionen von wichtigen gesellschaftlichen Organisationen betrachtet wird. Dabei wird dann deutlich, dass z. B. Personen aus Arbeiterfamilien von diesen Elitepositionen stark und in zunehmendem Maße ausgeschlossen sind, während Frauen zwar auch relativ stark ausgeschlossen sind, aber immer stärker an diesen Positionen teilhaben. Dies ist ein wichtiger Forschungszweig, der die Teilhabechancen von unterschiedlichen sozialen Gruppen analysiert. Es stellt sich aber die Frage, ob damit tatsächlich die Machtstruktur der Gesellschaft erfasst werden kann. Einerseits geraten damit mächtige Gruppen aus dem Blick, die ohne ein Amt innezuhaben, ihren Willen auf der Grundlage ihrer Ressourcenausstattung häufig durchsetzen können. Ein Beispiel dafür sind die Eigentümer des außerordentlich ungleich verteilten Betriebsvermögens in Deutschland, die selbstverständlich über eine relativ große Macht verfügen (vgl. Abschnitt 3.2.4). Andererseits gerät damit aber auch die Vielgestaltigkeit von Macht aus dem Blick. Alle sozialen Beziehungen können in unterschiedlichem Ausmaß von Macht geprägt sein. Nicht von ungefähr verwendet Richard Emerson (1962) in einem der meistzitierten Aufsätze über Macht als Beispiele Freundschafts- und Partnerbeziehungen (vgl. auch Abschnitt 2.2.1 über den Haushalt als Feld der Ressourcenverteilung). Damit wird deutlich, dass Macht zwar ein zentrales Merkmal von sozialen Beziehungen ist, dass man sie aber nicht für eine ganze Gesellschaft in wenigen Ziffern oder Indizes aufsummieren kann. Man wird sich typischerweise damit begnügen müssen Macht für spezifische Teilbereiche der Gesellschaft oder für spezifische Beziehungen zu analysieren.

Zusammenfassend ist festzuhalten, dass sowohl Macht als auch Prestige aufgrund ihrer relationalen Struktur nicht als Ressource zu betrachten sind und daher auch nicht unter die hier verwendete Definition von sozialer Ungleichheit fallen. Beide Phänomene sind aber abgeleitet von der Verteilung von Ressourcen und damit von der Struktur sozialer Ungleichheit in einer Gesellschaft. Sie sind natürlich zentral, um das Verhalten von Akteuren in Interaktionen zu analysieren, da dieses zumeist von der Machtposition und dem Ansehen einer Person bestimmt ist (Kemper/Collins 1990). Insofern handelt es sich bei den Begriffen Macht und Prestige um zentrale Konzepte, wenn man soziale Ungleichheit einerseits, menschliche Beziehungen und Interaktionen andererseits, theoretisch miteinander verknüpfen will (Rössel 2004).

An dieser Stelle soll nun noch eine andere, sehr prominente Konzeptualisierung von Ressourcen vorgestellt werden, die sich teilweise mit den hier vorgestellten Überlegungen deckt. Der französische Soziologe Pierre Bourdieu hat eine Klassifikation von Ressourcen entwickelt (1983, vgl. Müller 1986; Fröhlich 1994), die in der Literatur mittlerweile sehr häufig verwendet wird und daher an dieser Stelle vorgestellt werden muss. Allerdings schließt Bourdieu an die marxistische Wirtschaftstheorie an und spricht daher nicht von Ressourcen, sondern von Kapitalsorten. Mit diesem Begriff will er darauf verweisen, dass Ressourcen nicht einfach wie Chips in einem Glückspiel fungieren, sondern typischerweise durch das praktische Handeln von Akteuren – also durch vergangene Arbeit – geschaffen wurden. Dabei überträgt er aber den Kapitalbegriff auf die unterschiedlichen Felder der Gesellschaft und unterscheidet zumeist vier verschiedene Arten von Kapital:

1. *Ökonomisches Kapital,* das mit den oben schon erwähnten monetären Ressourcen weitgehend identisch ist und durch das staatliche garantierte Eigentumsrecht abgesichert ist. Bourdieu spricht dieser Form des Kapitals in der Gesellschaft eine dominante Rolle zu.

2. *Kulturelles Kapital,* das zwar dem Primat des ökonomischen Kapitals tendenziell untergeordnet ist, das aber dennoch von steigender Bedeutung in der Gesellschaft ist. So wird z. B. Bildung für die Reproduktion der Klassenstruktur immer wichtiger (Bourdieu 2004). Beim kulturellen Kapital unterscheidet Bourdieu drei verschiedene Erscheinungsformen:

a) Das *inkorporierte kulturelle Kapital* besteht aus erlernten Fertigkeiten und Dispositionen, die nur durch Investition von Zeit und Geld dem Körper einverleibt werden können. Es entsteht allerdings nicht nur durch geplante Formen der Erziehung und des Unterrichts, sondern auch nicht-intendiert durch das Leben in einer bestimmten soziokulturellen Umwelt. Einer der wichtigsten Mechanismen der Entstehung von kulturellem Kapital ist die Übertragung desselben von den Eltern auf ihre Kinder, die häufig ungeplant und nebenbei durch das Zusammenleben und -handeln in einem Haushalt geschieht.

b) Das *objektivierte kulturelle Kapital* besteht aus Gegenständen, die einerseits zwar durch die Weitergabe von Eigentumsrechten materiell übertragbar sind, die sich aber eine Person nur unter Verwendung ihres inkorporierten kulturellen Kapitals wirklich aneignen kann. Beispiele dafür wären Musikinstrumente, Gemälde oder Bücher, mit denen man wenig anfangen kann, solange man nicht die entsprechenden Fertigkeiten zur Nutzung bzw. zum Verständnis dieser Objekte besitzt.

c) *Institutionalisiertes kulturelles Kapital* in Form von Bildungstiteln. Dieses wird typischerweise in Bildungseinrichtungen erworben und ist sozial anerkannt und durch juristische Regelungen garantiert. Eine zentrale Voraussetzung für den Erwerb von Bildungstiteln ist typischerweise das im elterlichen Haushalt erworbene inkorporierte kulturelle Kapital. Daher haben nach Bourdieu Kinder einen Startvorteil in der Schule, wenn sie im Elternhaus bereits viel inkorporiertes kulturelles Kapital erwerben konnten.

3. *Soziales Kapital,* worunter Bourdieu diejenigen Ressourcen versteht, die ein Akteur auf der Grundlage seiner Gruppen- oder Netzwerkzugehörigkeit mobilisieren kann. Hier wird eine klare Nähe zu dem oben entwickelten Milieukonzept deutlich. Allerdings fokussiert Bourdieu hier weniger auf die Netzwerke selbst, sondern vor allem auf die Möglichkeit darüber andere Kapitalsorten zu mobilisieren.

4. *Symbolisches Kapital,* das sich aus der Wahrnehmung und Anerkennung der Ausstattung einer Person mit den anderen Kapitalsorten ergibt. Es hat insofern eine große Ähnlichkeit mit dem oben entwickelten Begriff des Prestiges.

Die Logik von Handlungsrestriktionen

Als Handlungsrestriktionen sollen hier alle sozialen oder materiellen Phänomene betrachtet werden, die den Handlungsspielraum von Akteuren einschränken. Zahlreiche Handlungsrestriktionen stellen sich allen Personen in einer Bevölkerung in gleichem Maße. Eine Person, die ein Auto erwerben will, muss im Regelfall unabhängig von Einkommen, Bildung, ethnischer Zugehörigkeit, Geschlecht oder regionaler Herkunft die gleichen Preise für unterschiedliche Modelle bezahlen. Für einen Rolls-Royce muss man dementsprechend höhere Kosten einplanen als für einen japanischen Kleinwagen. Genau wie die Kosten für Konsumgüter und Dienstleistungen sind aber auch die Handlungsrestriktionen in anderen Feldern der Gesellschaft für alle Akteure im Prinzip gleich. Die Anzahl der verfügbaren Schulen, die Zulassungsbedingungen zu Hochschulen, die Anforderungen an bestimmte Arbeitsplätze sind unabhängig von persönlichen Merkmalen. Dieser Blick ändert sich aber, wenn man die spezifische Ressourcenausstattung der Akteure mitberücksichtigt. Diese verändert jeweils die Bedeutung von Handlungsrestriktionen und ihre Reichweite. Für eine superreiche Person sind die Kostenunterschiede zwischen einem Rolls-Royce und einem japanischen Kleinwagen bei der Kaufentscheidung im Vergleich zu anderen Faktoren eher irrelevant, Zulassungsbedingungen zu Schulen, Hochschulen und Ausbildungsanforderungen von Berufen eröffnen je nach Ressourcenausstattung der Akteure unterschiedliche Handlungsmöglichkeiten. Den tatsächlichen Handlungsspielraum eines Akteurs kann man immer erst bestimmen, wenn man einerseits seine Ressourcenausstattung kennt und andererseits die im Prinzip für alle gültigen Handlungsrestriktionen, die aber eben in Abhängigkeit von der jeweiligen Ressourcenausstattung unterschiedlich restriktiv und relevant sind.

In zwei Dimensionen können aber die Handlungsrestriktionen sich für verschiedene Akteure auch deutlich unterscheiden. Erstens können sich die Handlungsrestriktionen für Menschen in der räumlichen Dimension unterscheiden. So sind Freizeit-, Kultur- und Bildungsangebote im Raum relativ ungleich verteilt. Vor allem in den neuen Bundesländern und in Bayern sind z. B. weiterführende Schulen räumlich stark konzentriert, so dass es ländliche Regionen gibt, in denen diese Schulen nur unter großem Zeit- und Kostenaufwand erreichbar sind. Dies führt typischerweise dazu, dass gerade Kinder und Jugendliche aus weniger hoch gebildeten Elternhäusern nicht auf die weiterführende Schule gehen, während die Sprösslinge von höher gebildeten Eltern dennoch die weiterführende Schule besuchen (Kramer 1998). Allerdings gibt es in bestimmter Hinsicht in ländlichen Regionen wiederum günstigere Handlungsrestriktionen, so z. B. beim Erwerb eines Eigenheims. Die niedrigeren Bodenpreise auf dem Land erlauben es dort auch Arbeitern und einfachen Angestellten sich ein Haus zu kaufen oder zu bauen (Kurz/Blossfeld 2004). Zweitens können sich die Handlungsrestriktionen auch in zeitlicher Hinsicht verändern. So hängen die Berufschancen von bestimmten Alterskohorten (Personen, die im gleichen Zeitraum, z. B. 1969-1971, geboren wurden) von den Arbeitsmarktbedingungen zum Zeitpunkt ihres Eintritts in das Erwerbsleben ab, aber auch von den konjunkturellen Veränderungen der Arbeitsmarktlage im Zeitverlauf (Blossfeld 1987; Gangl 2002). Es sind allerdings nicht allein die offenen Stellen und ihre Struktur entscheidend, sondern auch die Größe der jeweiligen Alterskohorten, die in den Arbeitsmarkt eintreten. So wurde in einigen Bundesländern in den vergangenen Jahren das zwölfjährige Gymnasium eingeführt. Das wird möglicherweise dazu führen, dass in einem Jahr die Abiturientenanzahl in den betreffenden Bundesländern ungefähr doppelt so hoch wie gewöhnlich ist. Dies wird zu einer größeren Konkurrenz auf dem Lehrstellenmarkt, aber auch um Studienplätze an den Universitäten führen. Dieses Beispiel zeigt noch einmal sehr deutlich, dass die eigenen Handlungsmöglichkeiten nicht allein von der Ressourcenausstattung bestimmt werden, sondern auch von den jeweiligen Handlungsrestriktionen. Aber auch für dieses Thema lässt sich zeigen, dass die Arbeitsmarktbedingungen in ihren Auswirkungen von der Ressourcenausstattung der Akteure abhängig sind. So werden in wirtschaftlichen Krisen und Rezessionen vor allem Arbeitnehmer ohne Ausbildung aus dem Arbeitsmarkt verdrängt, während besser qualifizierte Arbeitnehmer stärker vor Arbeitslosigkeit geschützt sind (Pollmann-Schult 2005).

Zusammenfassend lässt sich festhalten, dass zahlreiche Handlungsrestriktionen für alle Bevölkerungsmitglieder im Prinzip in gleichem Maße gelten. Allerdings sind sie in Zeit und Raum variabel, so dass Menschen an unterschiedlichen Wohnorten und in verschiedenen Altersgruppen häufig verschiedenen Handlungsrestriktionen ausgesetzt sind. Darüber hinaus ist die Wirkung von externen Handlungsrestriktionen immer von der jeweiligen Ressourcenausstattung der Akteure abhängig.

Alle Punkte, die in Bourdieus Klassifikation der Kapitalsorten auftauchen, werden auch in diesem Buch behandelt. Das ökonomische und das kulturelle Kapital werden im nächsten Kapitel eingehend behandelt werden. Das soziale Kapital wird im Kapitel über Milieus noch diskutiert. Das symbolische Kapital im Sinne von Prestige wurde im Kasten über Prestige und Macht angesprochen. Insofern konnten wir offensichtlich für den Ressourcenbegriff in Übereinstimmung mit der vorliegenden Literatur eine befriedigende Einengung vornehmen, die es ermöglicht im Rahmen dieses Buches mit der unüberschaubaren Vielfalt der faktisch unter den Ressourcenbegriff fallenden Gegenstände umzugehen. Dies ist leider für das Konzept der Handlungsrestriktionen nicht ohne weiteres möglich. Diese sind gerade dadurch charakterisiert, dass sie für jedes gesellschaftliche Feld spezifisch sind (Schwinn 2007; Burzan et al. 2008). Die Handlungseinschränkungen für eine Person im Feld der Kunst sehen anders aus als die Einschränkungen im Bereich der Politik oder der Gesundheit. Während im Bereich der Handlungsressourcen also die Möglichkeit besteht die Ressourcen mit dem breitesten Anwendungsbereich und der größten Zentralität zum Gegenstand dieses Kapitels zu machen, können die Handlungsrestriktionen hier nur exemplarisch angesprochen werden (siehe Kasten: Die Logik von Handlungsrestriktionen).

Bevor wir allerdings zur Betrachtung der empirischen Verteilung von Ressourcen in der Bundesrepublik kommen, müssen noch drei weitere Punkte behandelt werden. Erstens soll in Abschnitt 2.2 betrachtet werden, welches denn eigentlich die wichtigsten institutionellen Felder der Allokation, also der Verteilung, von Ressourcen sind. Hier werden vor allem vier besonders wichtige Bereiche in den Blick genommen: wirtschaftliche Märkte, das Bildungssystem, private Haushalte und der Wohlfahrtsstaat. Die Existenz von vier institutionellen Feldern, in denen Ressourcen verteilt werden, macht schon deutlich, dass es eine einzige Theorie der sozialen Ungleichheit kaum geben kann, da in diesen Bereichen Ressourcen nach sehr unterschiedlichen Prinzipien und Mechanismen verteilt werden. Eine Auswahl der wichtigsten Mechanismen und Theorieelemente, die zur Erklärung der Ungleichverteilung von Ressourcen herangezogen werden können, wird dann zweitens im Abschnitt 2.3 vorgestellt. Ich verzichte hier auf einen detaillierten Überblick über die Geschichte der Theorien der sozialen Ungleichheit, da dieser einerseits zu umfangreich wäre und andererseits für ein Lehrbuch nicht besonders relevant wäre. Die dargestellten Mechanismen haben sich ganz überwiegend in der empirischen Forschung bewährt und können daher als eine Art Werkzeugkasten betrachtet werden, der die Instrumente für die Erklärung von sozialer Ungleichheit in ganz unterschiedlichen Situationen enthält. Je nach untersuchter Fragestellung kann sich allerdings die notwendige Zusammenstellung von Werkzeugen durchaus unterscheiden. Drittens soll vor der Betrachtung der Verteilung unterschiedlicher Ressourcen in der Bevölkerung noch in den Blick genommen werden, entlang welcher Strukturdimensionen diese Verteilung betrachtet werden soll. Schon im ersten Kapitel wurde darauf verwiesen, dass hier die klassische vertikale Struktur sozialer Ungleichheit sowie geschlechtsspezifische, ethnische und regionale Ungleichheiten für die Analyse leitend sein sollen. Dabei mögen die letzten drei Begriffe relativ selbsterklärend sein, doch muss man hier die Frage stellen, wie denn die vertikale Struktur sozialer Ungleichheit begrifflich erfasst werden soll. Daher werden in Abschnitt 2.4 die Vor- und Nachteile verschiedener Konzepte zur Erfassung dieser vertikalen Dimension diskutiert: Klasse, Schicht, Statusskalen und soziale Lage.

Zusammenfassung

In diesem Abschnitt wurden einige Punkte aus der in Kapitel 1 entwickelten Definition von sozialer Ungleichheit vertieft. Erstens wurde darauf hingewiesen, dass in der soziologischen Ungleichheitsforschung vor allem sozial verursachte Formen der Verteilung von Ressourcen betrachtet werden. Zweitens wurden die Begriffe der Handlungsressource und Handlungsrestriktion geklärt. Angesichts der empirischen Vielfalt von Ressourcen und Handlungsrestriktionen wurden zumindest für den Bereich der Ressourcen zwei soziale Phänomene ausgewählt, die einen besonders breiten Anwendungsbereich haben und darüber hinaus für den Lebensstandard der meisten Menschen in gegenwärtigen Gesellschaften von zentraler Bedeutung sind: monetäre Ressourcen und Wissen/Bildung. Die Verteilung dieser Ressourcen wird den primären empirischen Bezugspunkt in diesem Buch darstellen.

Weiterführende Literatur

Zur Abgrenzung von Ressourcen und Handlungsrestriktionen:

- Andreas Diekmann und Thomas Voss, 2004: Die Theorie rationalen Handelns. Stand und Perspektiven. S. 13-29 in: dies. (Hrsg.): Rational Choice Theorie in den Sozialwissenschaften. München: Oldenbourg.
- Volker Kunz, 2004: Rational Choice. Frankfurt: Campus.

Einführende Texte zu Pierre Bourdieu:

- Hans-Peter Müller, 1986: Kultur, Geschmack und Distinktion. Grundzüge der Kultursoziologie Pierre Bourdieus. S. 162-190 in: Friedhelm Neidhardt, Rainer M. Lepsius und Johannes Weiß (Hrsg.): Kultur und Gesellschaft (Sonderband 27 der Kölner Zeitschrift für Soziologie und Sozialpsychologie). Opladen: Westdeutscher Verlag.
- Gerhard Fröhlich, 1994: Kapital, Habitus, Feld, Symbol. Grundbegriffe der Kulturtheorie bei Pierre Bourdieu. S. 31-54 in: ders. und Ingo

Mörth (Hrsg.): Das symbolische Kapital der Lebensstile. Frankfurt: Campus.

Wiederholungsfragen

- Wie kann der Ressourcenbegriff definiert werden?
- Wie wird das Konzept der Handlungsrestriktionen definiert?
- Warum sind monetäre Ressourcen und Wissen in gegenwärtigen Gesellschaften von besonders großer Bedeutung?
- Welche Kapitalsorten unterscheidet Pierre Bourdieu in seiner Theorie?

2.2 Gesellschaftliche Felder der Allokation von Ressourcen

Im nächsten Kapitel wird die Allokation von zumeist zwei Typen von Ressourcen betrachtet, erstens monetären Ressourcen und zweitens Wissen/Bildung. Hier geht es aber vorerst um die Frage, in welchen gesellschaftlichen Feldern diese verteilt werden. Betrachtet man die zweitgenannte Ressource, so ist offensichtlich, dass es ein gesellschaftliches Feld gibt, in dem Wissen/Bildung erworben wird und dies ist vor allem das *Bildungssystem*. Dieses ist daher eines der wichtigsten institutionellen Felder, in denen die Akteure in der Bundesrepublik Deutschland Ressourcen erwerben können, die ihre Handlungschancen in anderen Handlungsfeldern nachdrücklich mitbestimmen. Allerdings verweist der Begriff des Wissens oder des inkorporierten kulturellen Kapitals, wie wir ihn bei Bourdieu kennengelernt haben, darauf, dass Wissen und kulturelles Kapital nicht nur im Bildungssystem erworben werden. Schon im elterlichen *Haushalt* beginnen Kinder und Jugendliche zu lernen, dies wird in der jugendlichen Clique und am Arbeitsplatz weitergeführt. Insofern ist es zwar durchaus zulässig bei der Analyse des Bildungserwerbs in der Gesellschaft der Bundesrepublik Deutschland einen Fokus auf das Bildungssystem zu legen, darüber darf aber nicht vergessen werden, dass

Wissen respektive kulturelles Kapital auch in anderen institutionellen Feldern erworben wird.

Während der Bildungserwerb in unserer Gesellschaft tendenziell einem ausdifferenzierten institutionellen Feld zugeschrieben wird, gilt dies für die Verteilung von monetären Ressourcen nicht. Zwar denken wir beim Erwerb von monetären Ressourcen zuerst vielleicht an Arbeitseinkommen. Doch schon nach kurzem Nachdenken sollte uns deutlich werden, dass dies nur ein Teil der Geschichte ist. Viele Haushalte beziehen natürlich ihren Lebensunterhalt vor allem aus Einkommen, das sie mit abhängiger Arbeit erwerben. Daneben gibt es aber Haushalte, in denen keine Person einer abhängigen Erwerbsarbeit nachgeht. Dies sind einerseits die Haushalte von Selbständigen und Personen, die von ihren Vermögenseinkünften leben, andererseits Haushalte von Empfängern öffentlicher Transfereinkommen, also z. B. Renten, Pensionen oder Arbeitslosengeld. Selbstverständlich können diese verschiedenen Einkommensarten innerhalb von Haushalten und Personen auch kombiniert auftauchen. Tabelle 2.1 macht die Bedeutung dieser unterschiedlichen Arten von Einnahmen aus den verschiedenen Quellen deutlich. Zwar machen die Einnahmen aus unselbständiger Arbeit mit 52,3 % den größten Anteil der Haushaltseinkünfte der privaten Haushalte aus, doch dahinter kommen mit 30,5 % schon öffentliche und nichtöffentliche Transferzahlungen. Einnahmen aus Vermögen haben einen Anteil von 11,2 % und Einkünfte aus selbständiger Tätigkeit von 5,9 % an den gesamten Bruttoeinnahmen der Haushalte. Die Angaben machen deutlich, dass Einkommen offensichtlich nicht gleich Einkommen sind. Erstens werden sie in unterschiedlichen institutionellen Feldern erzielt, manche auf dem Arbeitsmarkt, manche auf dem Kapital- oder Immobilienmarkt, andere wiederum über die Institutionen des *Wohlfahrtsstaates*. Neben den *Arbeitsmärkten* müssen also offensichtlich andere *wirtschaftliche Märkte* berücksichtigt werden und auch dem Wohlfahrtsstaat kommt eine nicht unerhebliche Rolle bei der Verteilung der Bruttoeinkommen zu. Aus der Perspektive des hier zugrundeliegenden handlungstheoretischen Ansatzes ist allerdings die Tatsache fast noch wichtiger, dass die Akteure unterschiedliche Handlungsmittel einsetzen müssen und können, um Einkommen zu erzielen.

Während die Personen auf dem Arbeitsmarkt ihre Arbeitskraft und ihre jeweils unterschiedlichen Qualifikationen als Ressource einsetzen, werden Vermögenseinkommen dadurch erzielt, dass die betreffenden Personen überhaupt Vermögen als Ressourcen zur Einkommenserzielung einsetzen können. Auch Einkommen aus Unternehmertätigkeit setzt typischerweise eine gewisse Ausstattung mit Kapitalvermögen voraus. Schließlich können die Bezieher von Transfereinkommen sich auf die jeweilig gesetzlich kodifizierten Ansprüche stützen, um Einkommen zu erzielen.

Tabelle 2.1: Struktur des Haushaltsbruttoeinkommens privater Haushalte 2003

Einkommensquelle	**Anteil in %**
Bruttoeinkommen aus unselbständiger Arbeit	52,3
Bruttoeinkommen aus selbständiger Arbeit (Unternehmertätigkeit)	5,9
Einnahmen aus Vermögen (Vermietung, Zinsen, Dividenden)	11,2
Einnahmen aus öffentlichen Transferzahlungen (Renten, Kindergeld, Pensionen, Arbeitslosengeld)	25,4
Einnahmen aus nichtöffentlichen Transferzahlungen (Werks-, Betriebsrenten)	5,1

Quelle: Einkommens- und Verbrauchsstichprobe 2003, nach Statistisches Bundesamt 2006a: 110, 115.

Nun sagen die Ergebnisse aus Tabelle 2.1 nur, wie hoch der Anteil der Gesamteinnahmen der Haushalte aus verschiedenen Einnahmequellen ist, sie sagen aber nichts über den Anteil der Personen oder Haushalte aus, die vorwiegend aus bestimmten Einnahmequellen leben. Hierzu ist festzuhalten, dass im Jahr 2004 lediglich 39,4 % der Bevölkerung Deutschlands ihren Lebensunterhalt überwiegend aus eigener Erwerbstätigkeit (selbständig und unselbständig) bestritten haben, dagegen 31,4 % von Transferzahlungen unterschiedlicher Art abhängig waren (Renten, Pensionen, Arbeitslosengeld usw.). Schließlich tauchen in der Statistik noch 29,2, % Personen auf, die vorwiegend durch Angehörige unterstützt werden (Eigene Berechnungen nach: Statistisches Bundesamt 2006a: 88). Die letztgenannte Gruppe erweitert noch einmal das Spektrum möglicher

Felder der Entstehung von sozialer Ungleichheit und damit der Verteilung von Ressourcen. Einkommen werden eben nicht nur auf verschiedenen Märkten erzielt oder von staatlicher Seite bezogen, sondern sie werden typischerweise auch innerhalb von *Haushalten* verteilt. So werden nicht erwerbstätige Frauen und Männer zumeist von ihren Lebenspartnern unterstützt und genauso Kinder, die im jeweiligen Haushalt leben.[8] Insofern hat also schon die Entstehung von Haushalten, ihre Vergrößerung durch die Gründung von Familien und auch ihre Auflösung, z. B. durch Scheidung, einen wichtigen Einfluss auf die zur Verfügung stehenden monetären Ressourcen. Je größer z. B. die Kinderanzahl einer Familie bei gleichem Einkommen, desto geringer wird das Pro-Kopfeinkommen sein. Neben der Höhe der Einkommen ist auch deren Verteilung relevant. Die klassische Poolannahme geht davon aus, dass die Einkommen eines Haushaltes zusammengelegt (gepooled) werden und dann von den Mitgliedern des Haushaltes gemeinsam verwendet werden. Damit wäre in gewisser Hinsicht auch die Frage nach der Entstehung sozialer Ungleichheit im Haushalt irrelevant. Allerdings hält diese Annahme einer genaueren Betrachtung wohl nicht stand. Die Ungleichheitsforschung muss sehr genau betrachten, wer im Haushalt letztlich die Kontrolle über die Verwaltung der monetären Ressourcen hat und für wen diese Finanzmittel ausgegeben werden (Vogler/Pahl 1994). Ein klassisches Beispiel dafür findet sich in Arbeiterfamilien mit niedrigen Einkommen. Hier haben häufig die Hausfrauen in Zeiten der finanziellen Knappheit lieber an ihrem eigenen Essen und dem der Kinder gespart, um dem Mann eine gleichbleibende Versorgung zu ermöglichen (Kerr/Charles 1986). Dies verweist darauf, dass wir auch den Haushalt als mögliche Quelle von sozialen Ungleichheiten in Betracht

8 Selbstverständlich kann sich eine Unterstützung von Angehörigen auch zwischen Haushalten vollziehen. Der häufigere Fall dürfte aber die Unterstützung von Personen im eigenen Haushalt sein. Darüber hinaus kann man auch die nicht unerheblichen Summen betrachten, die durch Schenkungen und Erbschaften weitergegeben werden. Diese dienen aber im Regelfall nicht der laufenden Finanzierung eines Haushaltes bzw. einer Person (Kohli et al. 2005).

ziehen müssen. Leider ist hier bisher die Forschungslage mehr als dürftig, so dass dieses Thema nicht in angemessenem Umfang behandelt werden kann (Lott 2007). In einer Studie von Ludwig-Mayerhofer et al. (2006) wurde aber deutlich, dass die Geldverwendung in Haushalten relativ egalitär ist. Im Durchschnitt haben Männer und Frauen in je gleichem Umfang Geld für persönliche Ausgaben (vgl. auch Browning/Bonke 2006 für Dänemark). Allerdings gibt es deutliche Abweichungen von diesem Durchschnitt. Personen, die viele Ressourcen, in Form von Bildung und Einkommen in einen Haushalt einbringen, erhalten zumeist auch einen höheren Anteil des frei verfügbaren Einkommens. Etwas anders sieht es mit der Zeitverwendung in Haushalten und Partnerschaften aus. Erstens kann man generell feststellen, dass Frauen weiterhin in stärkerem Maße als Männer Zeit für Hausarbeit und Kinderbetreuung aufwenden. Zweitens unterscheidet sich die Gesamtzeit, die erwerbstätige Männer oder Frauen für Erwerbsarbeit und unbezahlte Arbeit (Haushalt, Kinderbetreuung) aufwenden, nicht (Statistisches Bundesamt 2003: 15). Es ist also ganz offensichtlich, dass es eine geschlechtsspezifische Prioritätensetzung gibt, die Frauen in stärkerem Maße als Männern dem Bereich der Haushaltsarbeit und Kinderbetreuung und Männern die Sphäre der Erwerbsarbeit zuweist. So wenden sowohl bei Paaren mit und ohne Kindern Frauen mehr Zeit für unbezahlte Arbeit in Haushalt und Familie auf, während Männer im Gegenzug mehr Zeit in Erwerbsarbeit investieren (Drobnic/Blossfeld/Rohwer 1999). Mit dieser spezifischen Rollenverteilung im Haushalt sind freilich auch Nachteile für Frauen in ihrer Arbeitsmarktpartizipation verbunden (vgl. die Abschnitte 3.2.1 und 3.2.2).

Insgesamt konnten wir in diesem Abschnitt feststellen, dass in zumindest vier institutionellen Feldern, dem Bildungssystem, den verschiedenen wirtschaftlichen Märkten, dem Wohlfahrtsstaat und dem privaten Haushalt Ressourcen verteilt werden. Dies ist auch bei der Formulierung von Theorien in Rechnung zu stellen, die soziale Ungleichheit erklären möchten. Diese müssen nämlich berücksichtigen, dass Ressourcen eben nicht nur in einem gesellschaftlichen Bereich distribuiert werden, sondern in unterschiedlichen. Daher wird im folgenden Teil dieses Buchs auch nicht versucht eine einheitliche Theorie der sozialen Ungleichheit vorzustellen oder zu entwickeln. Vielmehr wird eine Reihe von theoretischen Mechanismen und Theorieelementen dargestellt, die in unterschiedlichen Feldern wirksam werden können. Diese haben sich in der bisherigen empirischen Forschung als relevant erwiesen und können vom Soziologen als eine Art von Werkzeugkasten für die Erklärung der Entstehung sozialer Ungleichheit in verschiedenen gesellschaftlichen Feldern verwendet werden.

Zusammenfassung

Wir können festhalten, dass Handlungsressourcen in ganz unterschiedlichen institutionellen Feldern verteilt werden. So wird Wissen/Bildung vor allem, aber nicht nur im Rahmen des Bildungssystems erworben, monetäre Ressourcen werden dagegen auf verschiedenen wirtschaftlichen Märkten, seitens des Wohlfahrtsstaates und innerhalb von Haushalten verteilt. Die Existenz und Relevanz unterschiedlicher institutioneller Felder der Verteilung von Ressourcen lassen es als schwierig erscheinen mit lediglich einer Theorie die Ungleichverteilung von Ressourcen zu erklären.

Weiterführende Literatur

Ein ausgesprochen avancierter Versuch der Analyse des Zusammenspiels von Marktgeschehen, Wohlfahrtsstaaten und Haushaltsstrukturen bei der Entstehung von sozialen Ungleichheiten im Lebensverlauf findet sich in:

- Thomas DiPrete, 2002: Life Course Risks, Mobility Regimes, and Mobility Consequences: A Comparison of Sweden, Germany, and the United States. American Journal of Sociology 108: 267-309.

Wiederholungsfragen

- In welchen gesellschaftlichen Feldern findet die Allokation zentraler Ressourcen statt?
- Welche Ressourcen werden in welchen gesellschaftlichen Feldern verteilt?

2.3 Mechanismen der Entstehung sozialer Ungleichheit

2.3.1 *Das Leistungsprinzip und der Markt*

In gegenwärtigen Gesellschaften ist das *Leistungsprinzip* die wohl wichtigste normative Rechtfertigung sozialer Ungleichheit. Die Belohnungen, die bestimmte Personen erhalten, sollen sich an den Beiträgen orientieren, die diese Personen durch größeren Fleiß, mehr Engagement oder eine höhere Qualifikation erbracht haben. So ist es völlig legitim, dass eine Person, die 40 Stunden arbeitet, doppelt soviel verdient wie eine Person, die nur 20 Stunden arbeitet, um ein ganz simples Beispiel zu wählen. Die Bedeutung des Leistungsprinzips in unserer Gesellschaft wird auch in Umfrageergebnissen deutlich. Mehr als 90 % der Befragten in Ost- und Westdeutschland gehen davon aus, dass Menschen in Deutschland es durch ihre individuellen Fähigkeiten (Leistung, Fleiß, Bildung, Initiative, Durchsetzungsvermögen, Intelligenz) in der Gesellschaft zu etwas bringen können (Statistisches Bundesamt 2006a: 626-627). Dabei unterstellen die meisten Bürger nicht nur, dass man es in Deutschland durch individuelle Leistung zu etwas bringen kann, sie halten das auch ganz überwiegend für richtig. Mehr als 85 % der Menschen in West- und Ostdeutschland halten eine leistungsorientierte Bezahlung für fair (Gerhards/Hölscher 2005: 147).[9] Die Vorstellung, dass bei gleicher Leistung

---

[9] Diese Einstellungen wurden durch die Beurteilung der folgenden Situation abgefragt: „Zwei Sekretärinnen sind gleich alt und tun praktisch die gleiche Arbeit, aber eines

auch gleiche Löhne zu zahlen sind, ist nicht nur eine gesellschaftlich akzeptierte Norm, sondern auch im deutschen Recht und in den EU-Verträgen vor allem mit Blick auf die Gleichbehandlung der Geschlechter festgeschrieben (Gerhards/Hölscher 2005: 105). Insofern werden Ungleichheiten auch häufig an dieser Norm gemessen. Nicht geschlechtsspezifische oder ethnische Ungleichheiten an sich sind nach der Vorstellung des Leistungsprinzips problematisch, sondern geschlechtsspezifische oder ethnische Ungleichheiten bei gleicher Leistung. Doch das Leistungsprinzip ist nicht nur eine normative Vorgabe, an der gesellschaftliche Ungleichheiten gemessen werden, es ist auch impliziter Bestandteil einiger sozialwissenschaftlicher Theorien, die das Zustandekommen von sozialer Ungleichheit erklären wollen. Im ersten Schritt wird nun die eher soziologische Variante der funktionalistischen Ungleichheitstheorie erläutert, während dann im zweiten Schritt auf die aus den Wirtschaftswissenschaften stammende Humankapitaltheorie eingegangen wird.

2.3.1.1 Leistung und die Funktion von sozialer Ungleichheit

Die funktionalistische Ungleichheitstheorie von Moore und Davis (1945) lässt sich in einigen Punkten knapp zusammenfassen. Die beiden Autoren gehen von der Frage aus, welche Funktion soziale Ungleichheit in einer Gesellschaft übernimmt. Dabei legen sie eine Gesellschaft zugrunde, die durch Arbeitsteilung gekennzeichnet ist. Die zentrale Aufgabe von sozialer Ungleichheit ist es danach, Personen zur Übernahme bestimmter Positionen im System der Arbeitsteilung zu motivieren und sie darüber hinaus auch zu einer pflichtgemäßen Erfüllung der Aufgaben in diesen Positionen zu bringen. Doch warum benötigt man dafür ungleiche Belohnungen? Würde es nicht ausreichen, wenn alle Positionsinhaber für

Tages stellt die eine fest, dass die andere 400 DM im Monat mehr bekommt. Die besser bezahlte Sekretärin ist jedoch tüchtiger, zuverlässiger und arbeitet rascher. Halten Sie es für gerecht, dass eine mehr bekommt, oder halten Sie es für nicht gerecht?" (Gerhards/Hölscher 2005: 145).

ihre Aufgabenerfüllung in gleichem Maße belohnt werden? Hier führen Davis und Moore zwei weitere, entscheidende Variablen ein: erstens gehen sie davon aus, dass nicht alle Positionen in einer Gesellschaft gleich wichtig sind. Es mag daher eine gewisse Differenzierung der Belohnungen, also soziale Ungleichheit, nötig sein, um die Übernahme der besonders wichtigen Positionen zu garantieren. Zweitens erfordern die unterschiedlichen Aufgaben zu ihrer Bewältigung in verschiedenem Ausmaß bestimmte Talente und Qualifikationen. Dabei könnte es vor allem zwei Probleme geben: einerseits können die notwendigen Talente für bestimmte Aufgaben in der Gesellschaft knapp sein und andererseits könnte die Ausbildung so zeitaufwendig und kostenintensiv sein, dass nur bei einer entsprechenden Belohnung den jeweiligen Positionsinhabern die Ausbildung und die Übernahme der entsprechenden Aufgabe als lohnend erscheint. In dieser Theorie wird ganz offensichtlich die soziale Ungleichheit auf die besonderen Leistungen zurückgeführt, die im Rahmen einer bestimmten Position und auf der Grundlage einer bestimmten Ausbildung erbracht werden können. Sie macht also das Leistungsprinzip zum Kern einer soziologischen Theorie der Ungleichheit.

Insgesamt ist die funktionalistische Theorie sozialer Ungleichheit Gegenstand scharfer und überzeugender Kritik geworden, so dass sie hier mehr der Vollständigkeit halber genannt wurde und weniger wegen ihrer Zentralität für die gegenwärtige Diskussion. Erstens muss in Frage gestellt werden, ob es tatsächlich möglich ist die funktionale Wichtigkeit von unterschiedlichen Aufgaben in einer arbeitsteiligen Gesellschaft zu bestimmen und daraus bestimmte Bewertungen abzuleiten (Tumin 1953; Schwinn 2007). Können wir auf die Müllabfuhr leichter als auf Ärzte verzichten? Zweitens ist aber auch die Frage zu stellen, ob Talent und die Bereitschaft zum Absolvieren bestimmter Ausbildungen in der Gesellschaft wirklich so knapp ist, wie dies in der Theorie unterstellt wird (Tumin 1953). Könnte man nicht umgekehrt die These formulieren, dass zwar das Talent in der Gesellschaft breit gestreut ist, aber nicht die Ressourcen, um eine kostspielige und zeitaufwendige Ausbildung zu absolvieren? Damit sind wir auch beim dritten Punkt, dem Funktionalismus der funktionalistischen Schichtungstheorie. Hier wird die Existenz sozialer Ungleichheit X durch die Funktionen Y erklärt, die sie in der Gesellschaft ausübt. In der funktionalistischen Schichtungstheorie wird letztlich die Existenz sozialer Ungleichheit dadurch erklärt, dass sie für eine funktionierende Arbeitsteilung notwendig ist.

Schaubild 2.1: Die Struktur funktionalistischer Erklärungen

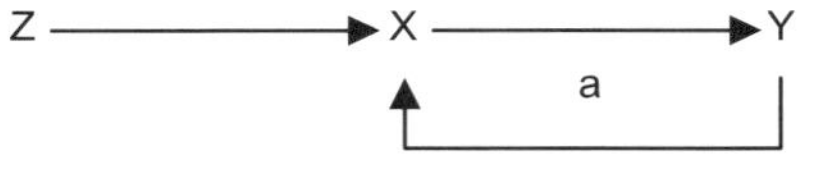

X: Soziale Ungleichheit
Y: Funktionierende Arbeitsteilung
Z: Ursachen der Ungleichheit
a: Reproduktionsmechanismus

Dies ist aber eine höchst merkwürdige Form von Erklärung (vgl. Stinchcombe 1987). Soziale Ungleichheit X führt zu bestimmten Konsequenzen Y, also z. B. zu einer adäquaten Besetzung von Positionen und damit einer funktionierenden Arbeitsteilung. Wie aber kann eine Folge eines bestimmten Phänomens die Existenz dieses Phänomens erklären? Im Prinzip müsste man einen Mechanismus a angeben können, der von Y wiederum zu X zurückführt und die Entstehung bzw. Aufrechterhaltung von X erklärt. Dies ist aber in der Theorie von Davis und Moore nicht berücksichtigt. Wenn wir in der Soziologie die Entstehung eines Phänomen X erklären wollen, dann betrachten wir gewöhnlich nicht die Konsequenzen oder Funktionen Y dieses Phänomens, sondern wir suchen nach seiner Ursache Z. Im Anschluss an die funktionalistische Schichtungstheorie bräuchte man z. B. Informationen darüber, wer denn eigentlich festlegen kann, welche Positionen in der Gesellschaft als wichtig anzusehen sind oder wer eigentlich über die Ressourcen verfügt, um die entsprechenden Ausbildungsgänge zu durchlaufen. Diese Informationen könnten uns dann möglicherweise die ungleiche Bewertung von Positionen und die ungleichen Investitionen in Ausbildung ursächlich erklären. Insofern zeigt sich hier sehr deutlich, dass uns die funktionalistische Theorie sozialer Ungleichheit bei der Erklärung der Existenz sozialer Ungleichheit wenig weiterhilft, höchstens bei der Analyse ihrer Konsequenzen, aber auch dort sind die Probleme ausgesprochen gewichtig. Viele dieser problematischen Punkte werden lematischen Punkte werden aber von der Humankapitaltheorie aufgegriffen, die im nächsten Abschnitt behandelt wird.

2.3.1.2 Neoklassische Arbeitsmarkttheorie und Humankapitaltheorie

In der neoklassischen Wirtschafts- und Arbeitsmarkttheorie, die man ausführlich in den jeweiligen Lehrbüchern dargestellt bekommt (z. B. Varian 1995; Ott 1979), ist der *Markt* die zentrale Arena, in der die Verteilung von Dienstleistungen, Gütern und anderen Ressourcen stattfindet. Das ist der Ort, an dem Anbieter und Nachfrager von spezifischen Gütern und Dienstleistungen zusammenkommen, um Tauschhandlungen vorzunehmen. Dabei gelten für diese Märkte innerhalb der neoklassischen Wirtschaftstheorie spezifische Modellannahmen: Erstens wird davon ausgegangen, dass man es mit perfekten Märkten zu tun hat, auf denen im Prinzip unendlich viele Marktteilnehmer in Konkurrenz zueinander stehen, so dass keiner den Preis eines Gutes beeinflussen kann. Alle Marktteilnehmer sind sogenannte Preisnehmer. Dabei werden die Preise zweitens als völlig flexibel angenommen, sie reagieren also unmittelbar auf Veränderungen des Angebots oder der Nachfrage. Diese Flexibilität gilt drittens auch für alle Marktteilnehmer, die ohne Beschränkungen mobil sind, um Arbeitsangebote anzunehmen. Viertens ist das Gut „Arbeit" homogen und teilbar, d. h. alle Arbeitnehmer sind in ihren relevanten Eigenschaften gleich und Arbeit kann in beliebigem Umfang angeboten oder nachgefragt werden. Fünftens haben die Akteure auf dem Markt keine Vorlieben für bestimmte Tauschpartner. Schließlich wird sechstens, wie in der in Kapitel 1 schon vorgestellten Theorie des rationalen Handelns, angenommen, dass die Akteure rational ihren Nutzen maximieren und dabei vollständig informiert sind. Unter diesen Bedingungen werden Märkte immer ein Gleichgewicht von Angebot und Nachfrage und damit auch markträumende Preise herstellen. Auf dem Arbeitsmarkt bedeutet dies, dass im Gleichgewicht erstens der Lohn eines Arbeitnehmers seiner Produktivität – im Sinne der Überschrift könnte man auch sagen, seiner Leistung – entspricht (die Produktivität ist allerdings nach Annahme 4 für alle Arbeitnehmer gleich) und zweitens keine unfreiwillige Arbeitslosigkeit existiert. Die Annahmen des Modells klingen für einen Nichtwirtschaftswissenschaftler vermutlich recht unrealistisch, doch mit Hilfe der Annahmen können ökonomische Prozesse in relativ einfachen Modellen konzipiert werden (Varian 1995: 1-2). Allerdings sind die Wirtschaftswissenschaften bei weitem nicht so naiv, wie ihnen gerade von Seiten der Soziologie immer wieder gerne unterstellt wird. Diese haben auch Modelle aufgestellt, die gerade auf der Verletzung der sechs oben genannten Prämissen basieren. Dadurch werden sie aber zumeist auch formal sehr komplex.

Die gegenwärtig wohl bedeutsamste ökonomische Theorie des Arbeitsmarktes, die Bildungserwerb und Arbeitsmarktverhalten in einem Modell zusammenfasst, basiert auf der Ablehnung einer der zentralen Prämissen des neoklassischen Arbeitsmarktmodells. Die Humankapitaltheorie geht nicht davon aus, dass alle Arbeitnehmer in allen relevanten Hinsichten gleich sind, sondern dass sie sich in ihrer Produktivität unterscheiden. Insofern kann die Humankapitaltheorie auch zur Erklärung von sozialer Ungleichheit beitragen. Da im Gleichgewicht des Arbeitsmarktes die Produktivität eines Arbeitnehmers seiner Entlohnung entspricht, gibt es also in diesem Modell auch eine soziale Ungleichheit der Arbeitslöhne, die aber auf unterschiedlicher Leistung bzw. Produktivität beruht. Die Produktivität eines Arbeitnehmers kann wiederum von einer ganzen Reihe von Determinanten beeinflusst werden, im Zentrum der Humankapitaltheorie steht aber die Bedeutung von erworbenem Wissen und Fähigkeiten, also von sogenanntem *Humankapital*. Je höher das Humankapital eines Arbeitnehmers und damit seine *Produktivität* ist, desto höher wird auch sein Einkommen sein. Dieser Zusammenhang wird empirisch meist im Anschluss an die von Jakob Mincer (1974) entwickelten Regressionsmodelle[10] analysiert, die das (logarithmierte) Einkommen

10 Bei der Regression handelt es sich um ein statistisches Verfahren, das den Einfluss verschiedener Faktoren bzw. Variablen auf eine abhängige Variable – hier das Einkommen – gleichzeitig prüfen kann (Krebs/Kühnel 2001: Kapitel 16 und 17).

(Y)[11] als Funktion der Ausbildung (EDU) und des auf Berufserfahrung basierenden Wissens (EXP) betrachten. Die Berufserfahrung taucht in diesem Modell zweimal auf: einmal um den positiven Einfluss der wachsenden Berufserfahrung und des berufsspezifischen Wissens auf die Produktivität und damit das Einkommen zu modellieren, zweitens aber auch als quadrierter Term. Dieser soll erfassen, dass zunehmende Berufserfahrung ab einem bestimmten Punkt nicht mehr notwendigerweise zu mehr produktivitätsrelevantem Wissen führt. Das Humankapitalmodell hat sich in der empirischen Forschung hervorragend bewährt. Selbst unter Kontrolle einer Vielzahl von anderen Variablen sind es typischerweise die im Modell von Mincer berücksichtigten Variablen, die den größten Teil der Einkommensunterschiede zwischen Personen erklären können (Szydlik 1993; Lorenz/Wagner 1993).

Gleichung 1: $Ln\ (Y) = b_0 + b_1\ EDU + b_2\ EXP + b_3 EXP^2$

Mit Hilfe dieser statistischen Modelle kann man im Prinzip die Geltung des oben erläuterten Leistungsprinzips empirisch prüfen. So kann man z. B. in diese Regressionsgleichung noch eine Variable aufnehmen, die die Einkommensunterschiede von Frauen und Männern oder von unterschiedlichen Ethnien modelliert. Sollten sich für diese Variablen im statistischen Modell statistisch signifikante Effekte zeigen, dann liegt offensichtlich eine Verletzung des Leistungsprinzips, also der Gleichbehandlung von unterschiedlichen Personen bei gleicher Leistung vor (vgl. Diekmann/Engelhardt/Hartmann 1993). In Gleichung 1 sind die wichtigsten produktivitätsrelevanten Faktoren schon berücksichtigt. Wenn auch unter Kontrolle dieser Faktoren noch Einkommensunterschiede zwischen Frauen und Männern oder unterschiedlichen Ethnien auftreten, dann können diese nicht ohne weiteres durch Produktivitätsunterschiede er-

---

11 Das Einkommen wird in diesen statistischen Modellen zumeist logarithmiert. Erstens entsprechen die statistischen Modelle dann in stärkerem Maße den Prämissen des Regressionsmodells und zweitens lassen sich die geschätzten Parameter b_1, b_2 und b_3 leichter interpretieren.

klärt werden und stellen damit eine Verletzung des Leistungsprinzips dar. Aus der Perspektive der neoklassischen Wirtschaftstheorie sollte es allerdings nicht zu einer solchen Verletzung des Leistungsprinzips kommen. Da die Unternehmen sich auf Märkten mit vollständiger Konkurrenz behaupten wollen, wäre es aus ihrer Sicht irrational, nicht allein auf die Produktivität der Beschäftigten zu achten, sondern auf Merkmale wie Ethnie oder Geschlecht. Insofern sollte es unter Bedingungen vollkommener Konkurrenz und vollständiger Information über die Produktivität der Beschäftigten auch nicht zu Diskriminierung kommen.

Die Humankapitaltheorie hat offensichtliche Ähnlichkeiten mit der funktionalistischen Schichtungstheorie. Beide gehen davon aus, dass Lohnunterschiede und damit soziale Ungleichheit leistungsbasiert entstehen. Darüber hinaus teilen sie auch die Einschätzung, dass die Bereitschaft zu einer Ausbildung von den zu erwartenden Belohnungen im späteren Berufsleben abhängt. Während die funktionalistische Schichtungstheorie aber kaum erklären kann, warum es zu diesen unterschiedlichen Belohnungen kommt, ist dies für die Humankapitaltheorie relativ einfach. Da die Unternehmen ein Interesse an der Maximierung ihres Gewinnes auch in der Konkurrenz mit anderen Unternehmen haben, werden sie möglichst produktive Arbeitnehmer einstellen wollen, die sie nach dem Gleichgewichtslohn entsprechend ihrer Produktivität entlohnen. Insofern kann die Humankapitaltheorie auch erklären, warum es überhaupt zu einer Lohndifferenzierung für Akteure mit unterschiedlichem Wissen und unterschiedlichen Fähigkeiten kommt.

Die Humankapitaltheorie untersucht allerdings nicht nur die Entstehung von Lohnungleichheiten zwischen Personen mit unterschiedlich hoher humankapitalbasierter Produktivität, sondern auch die Frage, warum eigentlich Akteure in unterschiedlichem Ausmaß in Humankapital, also in ihr eigenes Wissen und ihre eigenen Fähigkeiten, investieren. Der Ausdruck *„investieren"* macht deutlich, dass der Erwerb von Humankapital Kosten verursacht: einerseits direkte Kosten in Form von Lehrmaterial, Schulgeld, Kursgebühren etc., andererseits aber auch Opportunitätskosten. Die *Opportunitätskosten* ergeben sich aus der Investition von Zeit in die jeweilige Ausbildung, die natürlich auch in anderer Hinsicht hätte genutzt werden können. So könnte man die fünf Jahre eines Studiums auch mit Erwerbsarbeit und damit dem Einkommenserwerb zubringen. Genau dieses entgangene Einkommen bildet die Opportunitätskosten des Bildungserwerbs. Unter Berücksichtigung der direkten und der Opportunitätskosten kann die Humankapitaltheorie auch Hypothesen über den Bildungserwerb aufstellen. Erstens sollten nach dieser Theorie die zur Verfügung stehenden Ressourcen einen Einfluss auf den Erwerb von Humankapital haben. Familien bzw. Jugendliche mit wenig ökonomischen Ressourcen werden sich diese Investitionen typischerweise nicht leisten können. Zweitens sollten aber auch die erwarteten *Renditen* einen Einfluss auf den Bildungserwerb haben. Der Begriff der Rendite verweist darauf, dass auch die Investition in Humankapital darauf hin betrachtet wird, ob sie sich finanziell überhaupt lohnt. Wenn der Einkommensvorsprung für höher gebildete Personen steigt, dann sollte auch die Bereitschaft zur Investition in Humankapital steigen. Dies müsste im Prinzip auch für die Spezialisierung auf bestimmte Studienfächer gelten. Bei einer sinkenden Rendite sollte die Nachfrage nach diesen Fächern zurückgehen und bei einer steigenden Rendite zunehmen. Doch nicht nur die Renditen für bestimmte Ausbildungsgänge sollten die Bereitschaft zur Investition in bestimmte Arten von Humankapital beeinflussen, sondern auch gruppenspezifische Renditen. So prognostiziert die Humankapitaltheorie für Frauen eine durchschnittlich niedrigere Investition in Bildung, da Frauen aus familiären Gründen im Durchschnitt häufiger als Männer ihre Erwerbslaufbahn unterbrechen und daher insgesamt eine niedrigere Rendite für ihre Investition in Humankapital erwarten können.

Zusammenfassung

Es lässt sich festhalten, dass sowohl die funktionalistische Schichtungstheorie, wie auch die Humankapitaltheorie unterstellen, dass soziale Ungleichheit vor allem aufgrund von unterschiedlicher Leistung entsteht. Die Humankapitaltheorie zeigt unter Berücksichtigung bestimmter Modellannahmen, dass Arbeitnehmer entsprechend ihrer Produktivität entlohnt werden und dass diese Produktivität wiederum vor allem eine Funktion ihres Wissens und ihrer Fähigkeiten ist. Daher hat der Bildungserwerb einen Investitionscharakter, da mit höherer Bildung eine höhere Produktivität und damit höhere Einkommen auf dem Arbeitsmarkt erzielt werden können. Die Entscheidung für den Erwerb von Humankapital wird vor allem durch die direkten Kosten des Bildungserwerbs, seine Opportunitätskosten und die jeweiligen Bildungsrenditen beeinflusst.

Weiterführende Literatur

Die Diskussion über die funktionalistische Schichtungstheorie findet sich in:

- David B. Grusky (Hg.), 2008: Social Stratification. Class, Race and Gender in Sociological Perspective. Boulder: Westview: 30-60.

Einen Überblick zur wirtschaftswissenschaftlichen Bildungsforschung gibt:

- Dieter Timmermann, 2002: Bildungsökonomie, S. 81-122 in: Rudolf Tippelt (Hg.): Handbuch Bildungsforschung. Opladen: Leske + Budrich.

Wiederholungsfragen

- Welche Funktionen erfüllt soziale Ungleichheit in arbeitsteiligen Gesellschaften?
- Was sind die zentralen Annahmen der neoklassischen Wirtschaftstheorie über den Arbeitsmarkt?
- Welche Annahme der neoklassischen Wirtschaftstheorie wird in der Humankapitaltheorie aufgegeben?
- Wovon hängt die individuelle Entlohnung in der Humankapitaltheorie ab?

- Welche Determinanten bestimmen in der Humankapitaltheorie die Investition in Bildung?

2.3.2 *Soziale Schließung, Diskriminierung und Ausbeutung*

Im vorhergehenden Abschnitt wurde deutlich, dass die Humankapitaltheorie an einer der zentralen Annahmen der neoklassischen Wirtschaftstheorie ansetzt, nämlich der Annahme, dass alle Anbieter von Arbeitskraft die gleichen Merkmale aufweisen. In der Humankapitaltheorie wird dagegen die These vertreten, dass Personen mit unterschiedlichem Wissen und unterschiedlichen Fähigkeiten eine verschieden hohe Produktivität aufweisen und damit ungleiche Einkommen erzielen. In diesem Abschnitt, in dem es vor allem um Prozesse der sozialen Schließung und darauf aufbauende Mechanismen der Ungleichheitserzeugung geht, wird vor allem die erste Annahme der neoklassischen Wirtschaftstheorie aufgegeben, dass nämlich Märkte durch vollkommene Konkurrenz gekennzeichnet sind. Alle in diesem Abschnitt diskutierten Punkte basieren gerade darauf, dass es zu Beschränkungen dieser Konkurrenz kommt. Im ersten Schritt soll das Konzept der sozialen Schließung selbst erläutert werden, um dann in den folgenden Schritten die damit zusammenhängenden Begriffe der Diskriminierung und der Ausbeutung zu erklären.

2.3.2.1 Soziale Schließung

Die Theorie sozialer Schließung beschäftigt sich mit der Frage, wie es Akteuren gelingt bestimmte Chancen oder Ressourcen zu monopolisieren und andere Personengruppen von deren Nutzung bzw. von der Konkurrenz um sie auszuschließen. Diese Überlegungen knüpfen an Webers Definition einer offenen und geschlossenen sozialen Beziehung an. Während die offene Beziehung jeder Person offensteht, die tatsächlich in der Lage und geneigt ist daran zu partizipieren, wird die Teilnahme an der geschlossenen Beziehung beschränkt und an bestimmte Bedingungen geknüpft (Weber 1985: 23). Dabei wird von Weber als ein zentrales Merkmal der *geschlossenen Beziehung* betrachtet, dass sie den Beteiligten bestimmte Chancen oder Ressourcen monopolisiert. Dabei muss Ausschließung oder Monopolisierung an dieser Stelle nicht im Sinne eines „entweder-oder" verstanden werden, diese kann auch graduell sein, da sie an bestimmte Voraussetzungen geknüpft ist (Mackert 2004: 16). Soziale Schließung bedeutet natürlich in diesem Zusammenhang immer auch, dass die Monopolisierung der Chancen bei einer Gruppe zu einer höheren Ressourcenausstattung führt, während andere Gruppen eine geringere Ausstattung erreichen können – es entsteht also aufgrund von Prozessen sozialer Schließung soziale Ungleichheit. In der sozialen Realität kommen derartige Phänomene der Beschränkung von Konkurrenz oder der Monopolisierung von Chancen und Ressourcen an ausgesprochen vielen Stellen vor. Dies beginnt damit, dass die Chance zur Beteiligung auf dem Arbeitsmarkt und zum Bezug bestimmter Sozialleistungen an den Aufenthaltsstatus einer Person in einem Nationalstaat gebunden ist. Hier sind Personen mit der jeweiligen Staatsbürgerschaft oder mit einem bestimmten Aufenthaltsstatus bevorzugt. Alle anderen Personen sind von der Konkurrenz und der Chance zur Erlangung bestimmter Ressourcen ausgeschlossen. Diese Bevorzugung von Personen mit der eigenen Staatsbürgerschaft wird von den Bürgern in vielen Ländern auch deutlich unterstützt. Nur 29,5 % der Westdeutschen und 16,8 % der Ostdeutschen sind der Meinung, dass Deutsche Ausländern bei der Vergabe eines Jobs nicht vorgezogen werden sollten (Gerhards 2008: 127), d. h. nur ein kleiner Teil der Bevölkerung unterstützt eine freie Konkurrenz. Wir finden sozial geschlossene Situationen aber auch in anderen Bereichen. Betrachtet man z. B. Aufstiegsprozesse in den staatssozialistischen Gesellschaften, dann ist zu beobachten, dass die Vergabe höherer Positionen nicht allein von Leistungskriterien abhing, sondern vor allem durch die Systemloyalität in Form von Mitgliedschaft in den jeweiligen kommunistischen Parteien bedingt war (Solga 1994). Aber auch innerhalb von gegenwärtigen Gesellschaften sind Phänomene der Schließung zu finden: So ist die Behandlung gesetzlich versicherter Patienten in Deutschland an die Zulassung als Vertragsarzt durch die kassenärztlichen Vereinigungen gebunden, die aber natürlich die Anzahl von zugelassenen Ärzten und damit die Konkurrenz beschränken. Aber auch Arbeitsmarktregelungen, die Beschäftigte vor Kündigungen schützen, sind als soziale Schließung zu betrachten, die die Inhaber eines Arbeitsplatzes vor der Konkurrenz durch Arbeitslose oder andere Beschäftigte schützt und damit die Berufschancen von jüngeren Kohorten auf dem Arbeitsmarkt verschlechtert (Gangl 2003). Besonders ausgeprägt ist dieses Phänomen in Deutschland im Bereich des öffentlichen Dienstes, in dem nach einer Zugehörigkeit von 15 Jahren keine ordentliche Kündigung mehr ausgesprochen werden kann (Haller 1986). Auch Ausbildungsanforderungen für bestimmte Berufe können als ein Hinweis auf Prozesse der sozialen Schließung verstanden werden (siehe Kasten: Bildung: Humankapital oder Schließungsmechanismus?).

Bildung: Humankapital oder Schließungsmechanismus?

Der amerikanische Soziologie Randall Collins vertritt im Gegensatz zur Humankapitaltheorie die These (1971; 1979), dass Personen mit höherer Ausbildung nur in beschränktem Ausmaß produktiver sind als Akteure mit niedrigerer Ausbildung. Aus seiner Perspektive stellen Bildungsanforderungen für Berufspositionen vor allem eine Konkurrenzbeschränkung dar. Da der Erwerb von Bildungsabschlüssen darüber hinaus vor allem von der Ausstattung einer Familie bzw. eines Jugendlichen mit entsprechendem ökonomischem und kulturellem Kapital abhängig ist, schützen höhere Bildungsanforderungen vor allem die Mitglieder und Nachkommen der Mittelklasse vor der Arbeitsmarktkonkurrenz der Angehörigen der Arbeiter- und Unterklassen. Die Entwicklung der Zugangsbeschränkungen für die Eliteuniversitäten in den Vereinigten Staaten hat Karabel (2005) in einer beeindruckenden historischen Studie verdeutlicht. Dabei kann er tatsächlich aufzeigen, dass die angewandten Kriterien des Zugangs immer auch von sozialen Konflikten zwischen sozialen Klassen und Klassenfraktionen beeinflusst wurden.

Die empirischen Ergebnisse einer Mincerregression (siehe Abschnitt 2.3.1.2) würde Collins nicht als Beleg für die Gültigkeit der Humankapitaltheorie sehen, sondern als Indikator für den Erfolg von Ausschließungsstrategien. Welche der beiden Theorien in welchem Maße richtig ist, die Humankapitaltheorie oder die Theorie der sozialen Schließung durch Bildungszertifikate (Credentialism), hängt davon ab, ob Humankapital tatsächlich den erwarteten Einfluss auf die Produktivität von Arbeitnehmern hat. In der Makroökonomie wurde die Rolle von Humankapital für das wirtschaftliche Wachstum von Nationen ausführlich untersucht. Hier kann man durchaus davon sprechen, dass die Humankapitalausstattung von Ländern einen Einfluss auf deren Produktivität und damit ihr wirtschaftliches Wachstum hat – auch wenn immer noch Probleme bei der Messung von Humankapital bestehen (Barro 2001; Rogers 2003; Wössmann 2003). Betrachtet man aber die Frage, in welchem Ausmaß die Ausstattung mit Humankapital die individuelle Produktivität von Akteuren beeinflusst, dann findet sich einerseits nur wenig Forschung, andererseits scheint der Zusammenhang nicht besonders stark zu sein (Medoff/Abraham 1980; Nollen/Gaertner 1991; Bowles/Gintis/Osborne 2001), d. h. höhere Bildungs- oder Ausbildungsqualifikationen sind mit der tatsächlichen Produktivität von Arbeitnehmern nur schwach korreliert. Ergänzend kann man hier noch auf eine ausgesprochen systematische Studie von Kim Weeden (2002) verweisen. Diese hat sich in ihrer empirischen Untersuchung über den US-amerikanischen Arbeitsmarkt die Ursachen dafür angesehen, dass in manchen Berufen sehr hohe und in manchen Berufen nur sehr niedrige Gehälter gezahlt werden. Sie kommt zu dem Resultat, dass die tatsächlichen Qualifikationen, über die man in einem bestimmten Beruf verfügen muss um produktive Arbeit zu leisten, durchaus einen Einfluss auf die Höhe des Einkommens haben. Daneben funktionieren aber auch die Schließungsstrategien der verschiedenen Berufsgruppen durchaus. So funktionieren Bildungsanforderungen häufig nicht allein als Garant einer bestimmten Produktivität, sondern als Schließungsstrategien. Insgesamt kann man aber an dieser Stelle festhalten, dass die empirische Evidenz sowohl für die Humankapitaltheorie als auch für die Theorie der sozialen Schließung spricht. Einerseits sind Bildungs- und Ausbildungszertifikate ein Hinweis für höhere Produktivität, andererseits fungieren sie aber auch als Schließungsmechanismen, die die Konkurrenz für bestimmte Berufspositionen verringern.

Wie können nun Formen der sozialen Schließung entstehen? Zur Beantwortung dieser Frage kann man nur eine relativ allgemeine, abstrakte Antwort geben. Soziale Schließung setzt typischerweise voraus, dass bestimme Gruppen von Akteuren aktiv eine Absicherung ihrer jeweiligen Monopolposition unter Einsetzung ihrer Machtressourcen und Herrschaftsbefugnisse anstreben. Eine ganz zentrale Rolle nimmt dabei der Staat ein, der in vielen Fällen auf den politischen Druck von Ausschließungsbemühungen hin die Einschränkungen der Konkurrenz rechtlich absichert. Allerdings kann man nicht nur Ausschließungsstrategien von Seiten der politisch und sozial dominanten Gruppen beobachten, in allen Gesellschaften finden sich auch Gegenstrategien von Seiten der sozial und politisch dominierten Gruppen. Diese können häufig auf der Grundlage solidarischen Handelns sogenannte Usurpationsstrategien verfolgen, die ihnen eine bestimmte Absicherung ihrer jeweiligen Positionen oder sogar eine Verbesserung ihres Status ermöglicht (Parkin 2004). Für das Konzept der sozialen Schließung gibt es offensichtlich eine ganze Reihe von Beispielen in gegenwärtigen Gesellschaften. Wenn man soziale Schließung erklären will, so liegt dafür aber kein allgemeines Modell vor, sondern man muss deren Entstehungsprozesse soziologisch und historisch rekonstruieren. Dabei wird man in den meisten Fällen analysieren unter welchen Handlungsrestriktionen die Akteure ihre Schließungsstrategien verfolgen, welche Interessen sie haben und vor allem über welche Machtressourcen sie verfügen, um diese Strategien auch gegen Widerstand durchzusetzen.

2.3.2.2 Diskriminierung und Stereotypenbedrohung

Unter *Diskriminierung* versteht man im Kontext der Ungleichheitsforschung, dass man Personen nicht nach dem Prinzip der Leistungsgerechtigkeit behandelt, sondern bestimmte Personengruppen, meist auf der Grundlage askriptiver Merkmale, schlechter behandelt als andere Personengruppen (Lorenz 1993). Wenn Personen bei gleicher Leistung nicht gleich behandelt werden, dann kann von Diskriminierung gesprochen werden. Wenn also Frauen, Männer oder Angehörige von bestimmten ethnischen Gruppen bei gleicher Leistung schlechter bezahlt werden oder bei Bewerbungen ausgeschlossen werden, dann liegt Diskriminierung vor. *Askriptive Merkmale* werden in der Soziologie von sogenannten *erworbenen Merkmalen* unterschieden. Letztere, wie z. B. Bildung können Menschen im Laufe ihres Lebens durch eigene Leistung oder eigene Bemühungen erreichen und verändern. Askriptive Merkmale werden dagegen der Person unabhängig von ihrer eigenen Leistung bzw. ihrem eigenen Handeln zugeschrieben. Dazu gehören Charakteristika, wie z. B. die soziale Herkunft, das Geschlecht und die ethnische Zugehörigkeit, die man nicht ohne weiteres ändern kann. Diskriminierung ist in gewisser Hinsicht die Kehrseite von sozialer Schließung. Während Strategien sozialer Schließung von bestimmten Akteuren verfolgt werden, um die Konkurrenz um bestimmte Positionen zu verringern und bestimmte Chancen zu monopolisieren, ist Diskriminierung die Auswirkung dieser Strategien bei den davon nachteilig betroffenen Personengruppen. In unserem Kontext könnte also Diskriminierung bedeuten, dass ein Lehrer ein bestimmtes Kind schlechter bewertet oder höhere Leistungen von diesem erwartet, weil es ein Junge ist, weil es türkischer Abstammung ist oder aus der Arbeiterklasse stammt. Auf den Arbeitsmarkt bezogen, könnte das bedeuten, dass ein Arbeitgeber eine bestimmte Person nicht einstellt bzw. ihr niedrigere Löhne zahlt, weil sie z. B. eine Frau oder armenischer Abstammung ist. Auch hier wird also deutlich, dass Prozesse der Diskriminierung die Entstehung von sozialer Ungleichheit zwischen verschiedenen sozialen Gruppen erklären können.

In der Sozialpsychologie ist das Konzept der Diskriminierung eng verknüpft mit den Begriffen Stereotyp und Vorurteil (Fiske 1998). Unter *Stereotypen* versteht man dabei generalisierte Überzeugungen hinsichtlich der Merkmale und Attribute bestimmter Gruppen. Ein in unserer Gesellschaft verbreitetes Geschlechterstereotyp ist z. B., dass Frauen schlechter in Mathematik sind als Männer. Stereotypen sind also generalisierte Vorstellungen darüber, wie Angehörige bestimmter Gruppen zu beschreiben sind. Wenn Stereotypen angewendet werden, dann wird nicht die Information über die jeweilige individuelle Person berücksichtigt, sondern lediglich eine generalisierte Aussage über die jeweilige Gruppe. Dagegen werden mit *Vorurteilen* spezifische Bewertungen oder affektive Haltungen zu diesen Gruppen bezeichnet. Ein Vorurteil würde also darin bestehen, dass man z. B. bestimmte Schichten, ethnische Gruppen oder ein bestimmtes Geschlecht abwertet oder sogar eine gewisse Antipathie zu diesen Gruppen empfindet. Mit Diskriminierung ist dann die tatsächliche Benachteiligung bestimmter Gruppen im Verhalten gemeint, die oben schon erläutert wurde.

Wie kann man Diskriminierung aber eigentlich erklären?

1) Diskriminierungspräferenz und Vorurteile: In den fünfziger Jahren hat Gary Becker ein erstes wirtschaftswissenschaftliches Modell für Prozesse der Diskriminierung auf dem Arbeitsmarkt vorgestellt. Dabei hat er im Gegensatz zur neoklassischen Wirtschaftstheorie angenommen, dass Akteure nicht nur durch den Erwerb von Geld, Zeit oder Konsumgütern einen Nutzen erfahren können, sondern auch durch die Diskriminierung von bestimmten Gruppen. Eine Präferenz für Diskriminierung zu haben bedeutet damit aus ökonomischer Sicht, dass man für einen Austausch mit einer bevorzugten Gruppe bereit ist, auf ökonomische Vorteile zu verzichten. Wenn man also z. B. gegen Frauen diskriminiert, würde man ein bestimmtes Geschäft mit einem Mann abschließen, obwohl man ein gleichartiges Geschäft mit einem etwas höheren Gewinn mit einer Frau hätte abschließen können. Dabei ist wichtig, dass Diskriminierung von verschiedenen Seiten stattfinden kann: sowohl der Arbeitgeber kann bei der Einstellung gegen bestimmte Gruppen diskriminieren, aber auch die Kollegen und die Kunden. Ein diskriminierender Arbeitgeber wird daher

Personen einer bestimmten Gruppe nur mit geringerem Lohn einstellen, auch bei Kundendiskriminierung wird ein Arbeitgeber einer bestimmten Gruppe einen geringeren Lohn zahlen müssen, da die Kunden ein bestimmtes Produkt – wenn es von einer bestimmten Gruppe hergestellt oder angeboten wird – nur gegen einen Preisabschlag kaufen werden. Dagegen wird die Kollegendiskriminierung typischerweise zur Segregation der Gruppen in unterschiedlichen Betrieben führen. Gegen das Modell der Diskriminierung durch die Arbeitgeber ist allerdings immer wieder das Argument ins Feld geführt worden, dass unter Bedingungen vollständiger Konkurrenz diskriminierende Unternehmen weniger effizient sein werden als nichtdiskriminierende und daher langfristig auf dem Markt nicht überleben können (Lorenz 1993: 125). Dazu kommt als weiteres Problem dieser Theorie, dass die Diskriminierungsneigung einfach exogen angenommen werden muss. Es stellt sich ja die Frage, warum eigentlich Unternehmer, Arbeitnehmer oder Kunden zu einer Diskriminierung bestimmter ethnischer Gruppen oder von Frauen bereit sind und dafür sogar noch Kosten in Kauf nehmen. An dieser Stelle hilft vor allem die Sozialpsychologie weiter, die sich ausführlich mit den Ursachen von sozialer Diskriminierung beschäftigt hat (Petersen/Six 2008). Erstens hat die Psychologie gezeigt, dass besonders Personen mit bestimmten autoritären Persönlichkeitsmerkmalen zu ethnischer oder geschlechtsspezifischer Diskriminierung neigen. Eine wichtige Voraussetzung für Prozesse sozialer Diskriminierung ist zweitens auch die Existenz von Vorurteilen gegenüber bestimmten sozialen Gruppen. Drittens und das ist für soziologische Studien besonders wichtig, liegen diskriminierendem Verhalten häufig auch bestimmte Bedürfnisse oder Interessen von Personen zugrunde. Das kann die Stärkung der eigenen sozialen Identität und des Selbstwertgefühls sein, aber auch ein Interessengegensatz gegenüber der anderen Gruppe, wie er im Falle sozialer Schließung zumeist vorliegt. Diese ist besonders gut zu rechtfertigen, wenn gegenüber einer bestimmten sozialen Gruppe in der Bevölkerung sowieso schon Vorurteile vorliegen. Diese sozialpsychologischen Überlegungen zeigen recht deutlich, dass individuelle Diskriminierungspräferenzen häufig durch gesellschaftliche Überzeugungssysteme und Strukturen unterstützt werden.

2) Statistische Diskriminierung: In den frühen siebziger Jahren hat eine ganze Reihe von Ökonomen eine weitere zentrale Annahme der neoklassischen Wirtschaftstheorie in Frage gestellt, dass nämlich die Akteure auf dem Markt vollständig informiert seien. Dagegen wurde angenommen, dass Information selbst ein Gut sind, das nur unter Aufwendung von Kosten zu erwerben ist. Das bedeutet aber auch, dass Arbeitgeber bei der Einstellung von Arbeitnehmern nur unvollständige Informationen über deren Produktivität haben. Daher suchen die Arbeitgeber nach der sogenannten Screeninghypothese nach Indikatoren für die Produktivität und Leistungsbereitschaft ihrer potentiellen Arbeitnehmer. Ein wichtiger Indikator ist der jeweilige Bildungsabschluss, der zwar keine hohe Produktivität garantiert, aber ein Hinweis darauf ist, dass der jeweilige Bewerber bereit ist, einen bestimmten Aufwand und bestimmte Leistungen zu erbringen, um beispielsweise einen Bildungsabschluss zu erwerben. Neben solchen individuellen Merkmalen können aber auch hier wieder Gruppenmerkmale berücksichtigt werden. Ein Arbeitgeber, der davon ausgeht, dass eine bestimmte Gruppe X im Durchschnitt weniger produktiv ist als eine andere Gruppe Y, wird sich im Zweifel, wenn er keine genaueren Informationen über die Bewerber hat, für den Bewerber aus der Gruppe Y entscheiden. Hier handelt es sich um eine Anwendung eines Stereotyps, da eine generalisierte Überzeugung über die Merkmale einer bestimmten Gruppe ohne Ansehen der Einzelpersonen verwendet wird. Man spricht hier von statistischer Diskriminierung, da die Arbeitgeber sich an Durchschnittswerten über die jeweiligen Gruppen orientieren und nicht an der individuellen Leistungsfähigkeit. Typische Beispiele sind, dass Angehörigen bestimmter ethnischer Gruppen eine niedrigere Produktivität zugesprochen wird oder jungen Frauen unterstellt wird, dass sie ihre Arbeitstätigkeit nach der Geburt eines Kindes unterbrechen werden und daher dem Unternehmen höhere Kosten verursachen.

3) Radikale Theorie der Diskriminierung: Im Gegensatz zur neoklassischen Theorie gehen sogenannte radikale Theorien in den Wirtschaftswissenschaften nicht davon aus, dass die Löhne in erster Linie abhängig von der Produktivität von Beschäftigten sind, sondern auch vom Machtverhältnis zwischen Arbeitgebern und Arbeitnehmern. Die Arbeitnehmer werden bei gegebenem Lohn versuchen ihre Arbeitsleistung auf einem für sie möglichst angenehmen Niveau zu halten (im angelsächsischen Sprachraum findet sich hier häufig die Umschreibung: „whistling while you work"), während die Unternehmer eine möglichst hohe Arbeitsleistung von ihren Beschäftigten erwarten (siehe die Ausführungen zur Ausbeutung in Abschnitt 2.3.2.3). Daher ist es für die Unternehmer eine plausible Strategie die Organisationsfähigkeit ihrer Beschäftigten zu verschlechtern und damit eine Veränderung der Machtbalance zu ihren Gunsten und damit auch eine höhere Kontrolle des Arbeitsprozesses zu erreichen. Unter diesen Bedingungen können die Unternehmer die sogenannte „Teile und Herrsche" Strategie verwenden. Sie werden bestimmte Gruppen in der Belegschaft bevorzugen und diesen höhere Löhne als den anderen Arbeitnehmern zahlen. Dies führt zu einer Spaltung in der Belegschaft, da nun die höher bezahlten Arbeitnehmer ihre Interessen nicht nur gegen die Arbeitgeber sondern auch gegen die schlechter bezahlten Kollegen verteidigen müssen. Trotz der damit verbundenen höheren Lohnkosten kann diese Strategie insgesamt dazu führen, dass die Arbeitnehmer gegenüber den Arbeitgebern soweit geschwächt sind, dass dieser über eine höhere Produktivität seiner Gesamtbelegschaft die höheren Lohnkosten wieder amortisieren kann. Allerdings kann man in diesem Modell auch wiederum die Frage stellen, warum Diskriminierung typischerweise ethnische Minderheiten und Frauen trifft und nicht die ethnischen Mehrheiten und Männer. Darauf kann man zwei Antworten geben: erstens werden solche Diskriminierungen sich typischerweise an den gesellschaftlich etablierten Vorurteilen orientieren und zweitens vor allem solche Gruppen diskriminieren, die weniger gut organisiert sind und über weniger Ressourcen zur Gegenwehr verfügen.

In den Ausführungen über Diskriminierung wurde deutlich, dass diese häufig auf gesellschaftlich etablierten und individuell gelernten Stereotypen und Vorurteilen beruht. Einerseits legitimieren sie soziale Ungleichheit und Schließungsstrategien, andererseits hat sich in der neueren sozialpsychologischen Forschung gezeigt, dass bestimmte Stereotypen auch zur Verringerung der tatsächlichen Leistungsfähigkeit bei Gruppen führen können, die Gegenstand von Stereotypen sind. In der Literatur wird hier von *Stereotype Threat*, also von *Stereotypenbedrohung* gesprochen (Steele/Aronson 1995). Wenn also über bestimmte Gruppen negative Stereotypen hinsichtlich ihrer Leistungsfähigkeit existieren: Frauen sind weniger gut in Mathematik als Männer, Schwarze sind weniger intelligent als Weiße, dann wird die Existenz dieses Stereotyps unter bestimmten Bedingungen dazu führen, dass Frauen in Mathematiktests tatsächlich schlechter abschneiden als Männer und Schwarze in Intelligenztests schlechtere Ergebnisse erzielen als Weiße. Dies wurde vielfach in experimentellen Studien belegt. Diese gehen typischerweise so vor, dass zwei Gruppen miteinander verglichen werden, z. B. Frauen und Männer oder Weiße und Schwarze. Diese müssen meist eine Art von Leistungstest absolvieren. Dabei werden aber zwei unterschiedliche Bedingungen berücksichtigt. In der einen Bedingung wird explizit darauf hingewiesen, dass es sich um einen Leistungstest handelt, in der anderen Bedingung wird der gleiche Test als ein psychologisches Experiment beschrieben, das aber nicht zur Leistungsmessung dient. Das durchgängige Resultat dieser Forschungen ist, dass die stereotypbedrohte Gruppe in der Situation, die als Leistungstest beschrieben wird, deutlich schlechter abschneidet als die andere Gruppe. In der anderen Situation sind die Ergebnisse zwischen den Gruppen meist ungefähr gleich. Allein die Beschreibung einer Situation führt also zur Aktivierung des Stereotyps und zur Reduktion der Leistung! Der Großteil der bisherigen Forschung auf diesem Gebiet ist zu Leistungsunterschieden zwischen den Geschlechtern und unterschiedlichen ethnischen Gruppen durchgeführt worden. Allerdings konnte in einigen Studien auch gezeigt werden, dass auch Mitglieder unterer sozialer Schichten bzw. Klassen durch die Stereotypenbedrohung in ihrer Leistungsfähigkeit beeinträchtigt werden (Spencer/Castano 2007; Croizet/Claire 1998). Dies sind verblüffende Resultate, die darauf hinweisen, dass Stereotypen über die Leistungsfähigkeit von unterschiedlichen sozialen Gruppen in einer Gesellschaft nach Art einer sich selbst erfüllenden Prophezeiung funktionieren. Gruppen, die als weniger leistungsfähig stereotypisiert werden, werden sich auch nach diesem Stereotyp verhalten. Hier stellt sich natürlich die Frage, wie diese Wirkung der Stereotypen erklärt werden kann. Warum orientieren sich Personen aus Gruppen, denen im Stereotyp eine niedrigere Leistungsfähigkeit zugesprochen wird, an diesen Stereotypen? Die neuere Forschung zur Stereotypenbedrohung konzentriert sich genau auf diese Frage, so dass noch keine endgültigen Resultate vorliegen (Smith 2004). Es spricht aber einiges dafür, dass die Bedrohung durch ein Stereotyp einerseits Ängstlichkeit und andererseits ein verringertes Selbstvertrauen bei den Probanden hervorruft, die zusammen die Leistungsfähigkeit im Test verringern. Die Stereotypenbedrohung ist ein wichtiges sozialpsychologisches Konzept, da es zeigt, dass Gruppen, die von einem negativen Stereotyp über ihre Leistungsfähigkeit betroffen sind, dieses Stereotyp häufig in der Realität erfüllen, obwohl ihre Leistungsfähigkeit eigentlich höher ist. Damit kann sie auch zu einer Reproduktion von Stereotypen und sozialer Schließung führen.

2.3.2.3 Ausbeutung

Der Begriff der Ausbeutung kann in gewisser Hinsicht als das deutlichste Gegenstück zum Leistungskonzept in Abschnitt 2.3.1 betrachtet werden. Im öffentlichen Diskurs wird Ungleichheit, die durch Leistung zustande kommt als legitim betrachtet, dagegen klingt im Begriff der Ausbeutung immer schon die moralische Verurteilung einer bestimmten Form von Ungerechtigkeit an. Hier wollen wir uns allerdings mit dem wissenschaftlichen Gehalt dieses Begriffs beschäftigen, der in der Philosophie und den Sozialwissenschaften ausführlich diskutiert wurde. In diesem Abschnitt möchte ich eine einfache und systematische Definition von Ausbeutung vorstellen, die von Erik O. Wright, einem der wichtigsten Vertreter der neomarxistischen Klassentheorie, entwickelt wurde. Diese Definition hat den Vorteil, dass sie relativ präzise und allgemein ist und zugleich eine klare Abgrenzung zum übergeordneten Konzept der sozialen Schließung erlaubt. Die in der Begriffsbestimmung genannten Bedingungen sollen am Beispiel der Feudalgesellschaft und der klassischen marxistischen Ausbeutungskonzeption erläutert werden. Nach Wright (1997: 10) liegt *Ausbeutung* vor, wenn folgende drei Bedingungen erfüllt sind:

1. Der hohe Wohlstand einer Gruppe hängt ursächlich vom geringen Wohlstand einer anderen Gruppe ab.
2. Diese ursächliche Beziehung basiert auf dem Ausschluss der einen Gruppe von der Kontrolle über die zentralen Produktionsmittel in einer Gesellschaft.
3. Diese ursächliche Beziehung schließt wesentlich die Aneignung der Arbeitserträge der einen Gruppe durch die andere Gruppe ein.

Betrachten wir als ein Beispiel die Beziehung zwischen einem abhängigen Bauern und seinem Grundherrn in einer Feudalgesellschaft. Der Grundherr kontrolliert eines der wichtigsten Produktionsmittel in seiner Gesellschaft, nämlich Grund und Boden. Der Bauer, der den Boden bearbeitet, hat nicht die Kontrolle über ihn (Annahme 2). Für die Überlassung des Bodens schuldet der Bauer dem Grundherrn bestimmte Abgaben entweder in Naturalien oder in Geld. Hier wird deutlich, dass die Kontrolle über das Produktionsmittel Boden dem Grundherrn die Möglichkeit gibt, sich einen Teil der Arbeitserträge des Bauern anzueignen (Annahme 3). Betrachtet man den Ertrag als eine statische Größe, dann ist der Anteil des Bauern je geringer, desto größer der Anteil ist, der an den Grundherrn geht. Je reicher also der Grundherr wird, desto ärmer wird der Bauer (Annahme 1). Hier wird auch die Relevanz des Ausbeutungskonzepts für die Erklärung sozialer Ungleichheit deutlich: durch Ausbeutungsbeziehungen entstehen spezifische Muster der Verteilung von Ressourcen.

Auch die klassische marxistische Theorie der Ausbeutung im Kapitalismus kann mit Hilfe dieser drei Annahmen rekonstruiert werden. Marx ging in seiner Arbeitswerttheorie davon aus, dass nur menschliche Arbeit die Fähigkeit hat ökonomische Werte zu schaffen. In der kapitalistischen Gesellschaft, in der die Kapitalisten die zentralen Produktionsmittel der Gesellschaft kontrollieren, sind die Arbeiter gezwungen ihre Arbeitskraft auf dem Arbeitsmarkt anzubieten, da in dieser Gesellschaft nicht ausreichend alternative Möglichkeiten seinen Lebensunterhalt zu verdienen, zur Verfügung stehen (Annahme 2). Der Kapitalist bezahlt nun dem Arbeiter den entsprechenden Marktpreis (Lohn) für seine Arbeitskraft. Da aber die Arbeit des Arbeiters ökonomischen *Wert* schafft, lässt ihn der Kapitalist nicht nur so lange arbeiten bis der Gegenwert seines Lohnes erarbeitet ist, sondern er verlängert seinen Arbeitstag über diesen notwendigen Anteil hinaus. In dieser zusätzlichen Arbeitszeit schafft der Arbeiter den sogenannten *Mehrwert*, den sich der Kapitalist aneignet und auf dem sein Profit beruht. Auch hier kann wieder festgestellt werden, dass die beschriebene Ausbeutungssituation auf dem Ausschluss der Arbeiter von der Kontrolle der zentralen Produktionsmittel basiert (Annahme 2). Darüber hinaus eignet sich der Kapitalist einen Teil des Arbeitsertrages der Arbeit im Rahmen der Produktionsorganisation an (Annahme 3). Je größer der Anteil, den sich der Kapitalist aneignet, desto geringer der Anteil, der für den Arbeiter verbleibt (Annahme 1). Damit ist auch ein unauflöslicher Interessengegensatz zwischen Kapitalisten und Arbeitern begründet, da der Vorteil für die eine Seite einen Nachteil für die andere Seite darstellt. Dieses Ausbeutungskonzept wird allerdings selbst von vielen zeitgenössischen Marxisten nicht mehr vertreten, da die Arbeitswerttheorie von Marx von ihnen als wissenschaftlich überholt betrachtet wird (vgl. Elster 1986).

Das Konzept der Ausbeutung hat eine enge Verwandtschaft mit dem Konzept der sozialen Schließung. Es beruht nämlich in Annahme (2) darauf, dass bestimmte Personen von der Kontrolle über die zentralen Produktionsmittel in einer Gesellschaft ausgeschlossen sind. Während aber die Theorie sozialer Schließung die Wirkung dieses Konzepts vor allem in der Reduktion von Konkurrenz und der Monopolisierung von Chancen gesehen hat, kommt im Ausbeutungskonzept noch eine weitere, wichtige Bedingung hinzu. Ausbeuter und Ausgebeutete stehen in einer direkten Beziehung zueinander, die Arbeitserträge der Letzteren müssen (Annahme 3) von den Ersteren angeeignet werden. Dazu sind typischerweise bestimmte Formen der Administration und der Herrschaft notwendig. Dies begründet auch das Interesse von marxistischen Wissenschaftlern an der ökonomischen Sphäre der Produktion, denn dies ist der Bereich, in dem die Aneignung von Arbeitserträgen durch die Ausbeuter hergestellt und organisiert wird. Dies ist im allgemeinen Konzept der sozialen Schließung nicht vorgesehen. So werden ja keinesfalls die Arbeitserträge derjenigen, die durch bestimmte Bildungsvorschriften von der Ausübung eines bestimmten Berufs ausgeschlossen sind, von den Inhabern dieser Berufspositionen angeeignet. Insofern wird hier deutlich, dass Ausbeutung ein Spezialfall von sozialer Schließung ist, der dadurch charakterisiert werden kann, dass die Arbeitserträge der Ausgeschlossenen von der dominanten Gruppe angeeignet werden. Mit Hilfe des Ausbeutungskonzepts kann einerseits die Wichtigkeit der Analyse der Produktionssphäre begründet werden und andererseits die Entstehung von sozialen Konflikten zwischen Ausgebeuteten und Ausbeutern. Wie in Annahme (1) und (3) dargestellt, hängt – vermittelt über Aneignungsprozesse – die hohe Wohlfahrt der einen Gruppe von der niedrigen Wohlfahrt der anderen Gruppe ab. Damit besteht zwischen den beiden Gruppen ein grundlegender Interessengegensatz, der zur Erklärung von sozialen Konflikten zwischen diesen Gruppen herangezogen werden kann.

Zusammenfassung

Im Gegensatz zur funktionalistischen Schichtungstheorie und der Humankapitaltheorie geht das Konzept der sozialen Schließung davon aus, dass Akteure ihre ökonomische Situation auch durch die Monopolisierung von Chancen und den Ausschluss anderer Personen aus der Konkurrenz verbessern können. Der Erfolg derartiger Schließungsstrategien hängt von der Macht der jeweiligen Akteure ab. Die ausgeschlossenen Personen werden diskriminiert, d. h. sie werden bei gleicher Leistung schlechter behandelt. Prozesse der Diskriminierung werden häufig durch die Existenz von spezifischen Stereotypen und Vorurteilen in der Gesellschaft gestützt. Der psychologische Mechanismus der Stereotypenbedrohung führt darüber hinaus häufig dazu, dass diskriminierte Gruppen tatsächlich eine schlechtere Leistung als andere Gruppen zeigen und damit die Stereotypen und die Diskriminierung in der Gesellschaft reproduzieren. Ein Spezialfall sozialer Schließung liegt mit der Ausbeutung vor. In dieser Situation ist der Ausschluss einer Gruppe von den zentralen Produktionsmitteln in einer Gesellschaft die Grundlage für die Aneignung ihrer Arbeitsleistung durch die Eigentümer dieser Produktionsmittel. Daher werden durch Ausbeutung auch besonders ausgeprägte Interessengegensätze zwischen den Gruppen geschaffen.

Weiterführende Literatur

Einen ausführlichen Überblick über das Konzept der sozialen Schließung gibt:

- Jürgen Mackert (Hg.), 2004: Die Theorie sozialer Schließung. Tradition, Analysen, Perspektiven. Wiesbaden: VS.

Umfassend über Stereotype, Vorurteile und Diskriminierung aus Sicht der Sozialpsychologie informiert:

- Lars-Eric Petersen und Bernd Six (Hg.), 2008: Stereotype, Vorurteile und soziale Diskriminierung: Theorien, Befunde und Interventionen. Weinheim: Beltz.

Eine Zusammenfassung der wirtschaftwissenschaftlichen Sicht auf Diskriminierung:

- Wilhelm Lorenz, 1993: Diskriminierung, S. 119-147 in: Bernd-Thomas Ramb und Manfred Tietzel (Hg.): Ökonomische Verhaltenstheorie. München: Vahlen.

Zur neomarxistischen Ausbeutungstheorie:

- Erik O. Wright, 1997: Class Counts. Comparative Studies in Class Analysis. Cambridge: Cambridge University Press, Kapitel 1.

Wiederholungsfragen

- Was ist das zentrale Merkmal von sozialer Schließung?
- Wie entstehen Formen sozialer Schließung?
- Sind Bildungsanforderungen in Berufen eine Form von sozialer Schließung?
- Was versteht man unter Diskriminierung?
- Was hat Diskriminierung mit sozialer Schließung zu tun?
- Was versteht man unter Stereotypenbedrohung?
- Durch welche Merkmale definiert Erik O. Wright den Begriff der Ausbeutung?
- Wie hängen die Konzepte soziale Schließung und Ausbeutung zusammen?

2.3.3 *Soziale Institutionen und Ungleichheit*

Ein zentraler Bestandteil von nahezu allen Theorien und erklärenden Mechanismen für soziale Ungleichheit sind Institutionen. Da diese ein so zentraler Bestandteil aller theoretischen Konzepte sind, möchte ich auf diesen Begriff an dieser Stelle noch einmal ausführlicher eingehen. Dabei müssen vor allem drei Fragen geklärt werden: (1) Was sind eigentlich Institutionen? (2) Welche Relevanz haben sie für die Entstehung sozialer Ungleichheit und (3) Wie entstehen sie?

(1) An dieser Stelle möchte ich *Institutionen* durch drei Merkmale definieren (vgl. Knight 2000): erstens beinhalten sie Regeln, die die Interaktion zwischen Personen in bestimmten Hinsichten strukturieren, zweitens sind diese Regeln den betroffenen Personen in ihrer großen Mehrheit bekannt, und drittens wird die Einhaltung dieser Regeln typischerweise sanktioniert. In bestimmten Fällen wird die Einhaltung positiv sanktioniert, in anderen Fällen wiederum die Verletzung der Regeln negativ. Dabei unterscheiden sich verschiedene Institutionen in der Quelle dieser Sanktionen. Viele Institutionen werden nur durch informell erbrachte Sanktionen gestützt. So wird eine Person, die nicht gegrüßt hat,

missbilligend angesehen. Manche Institutionen werden aber durch einen administrativen Erzwingungsstab gestützt, was für die meisten Institutionen gilt, mit denen wir es in diesem Buch zu tun haben. So wird z. B. eine Verletzung von gesetzlich festgeschriebenen Regeln durch Polizei, Gerichte und den weiteren Justizapparat verfolgt und sanktioniert.

(2) Im Grunde spielen Institutionen in allen Feldern der Entstehung sozialer Ungleichheit und in nahezu allen Theorien sozialer Ungleichheit eine bedeutsame Rolle. In Bildungseinrichtungen gibt es z. B. bestimmte Regeln (Institutionen), die festlegen, ab wie vielen Punkten ein Schüler das Abitur erreicht hat oder nicht (vgl. zu Institutionen im Schulsystem den Kasten: Relativalterseffekt in Abschnitt 2.3.5). In Arbeitsmärkten bestehen Regeln, die festlegen, wie hoch das Gehalt eines bestimmten Arbeitnehmers nach tariflichen oder gesetzlichen Vorgaben sein muss. Die Verteilung von Ressourcen in Haushalten kann auch von gesetzlichen Regelungen beeinflusst werden. So hat der Deutsche Bundestag 1957 ein sogenanntes Gleichberechtigungsgesetz verabschiedet, in dem festgelegt war, dass Frauen zwar erwerbstätig sein dürfen, aber nur soweit dies mit ihren Pflichten in Ehe und Familie vereinbar ist. Dass Prozesse der Verteilung durch den Wohlfahrtsstaat von Institutionen abhängig sind, dürfte offensichtlich sein. Denn auch hier hängt die Verteilung von Einkommen an Personen, die z. B. Arbeitslosengeld II erhalten, von gesetzlich festgelegten Regeln ab. Es ist also recht offensichtlich, dass Prozesse der Verteilung von Ressourcen in allen Feldern der Gesellschaft in hohem Maße durch Institutionen gesteuert werden. Dies wird auch in den oben diskutierten Mechanismen der Erklärung von sozialer Ungleichheit deutlich. Diese beruhen ganz überwiegend auch auf der Relevanz von sozialen Institutionen. Ohne Regeln des Bildungserwerbs gäbe es kein zertifiziertes Humankapital. Besonders für Theorien der sozialen Schließung ist daher das Institutionenkonzept unverzichtbar. Schließung beruht zumeist darauf, dass bestimmte Regeln erlassen werden, die die Konkurrenz für bestimmte Gruppen reduzieren und ihre Chancen auf die Nutzung bestimmter Güter monopolisieren. Dies gilt auch für Ausbeutung als Spezialfall von sozialer Schließung, da die Kontrolle der Ausbeuter über die zentralen Produktionsmittel einer Gesellschaft immer auf ge-

setzlich festgelegten Regeln, den Eigentumsrechten, basiert. Aus den vielen Beispielen in diesem Abschnitt wird ersichtlich, dass soziale Institutionen als zentrales Konzept der allgemeinen Soziologie, auch bei der Erklärung sozialer Ungleichheit eine ausgesprochen wichtige Rolle spielen. Zentral ist die Bedeutung von Institutionen, wenn man die Entstehung sozialer Ungleichheit in unterschiedlichen räumlichen Einheiten, beispielsweise Bundesländern oder Nationalstaaten, erklären will. Bildungsverläufe oder Arbeitsmarktchancen in unterschiedlichen Gesellschaften werden insbesondere durch die divergierenden Institutionen des Bildungssystems oder des Arbeitsmarktes beeinflusst. Damit rücken Institutionen vor allem für international vergleichende Studie in das Zentrum der theoretischen Aufmerksamkeit.

(3) In Abschnitt (2) wurde deutlich, dass Institutionen häufig Verteilungskonsequenzen haben. Ein höherer Satz für Arbeitslosengeldempfänger wird diesen monetäre Vorteile erbringen, Steuerzahler und sozialversicherungspflichtige Erwerbstätige aber stärker finanziell belasten. Aufgrund dieser Verteilungswirkungen von Institutionen hat Jack Knight systematisch zeigen können, dass Personen und Gruppen sich nur dann für die Errichtung oder Veränderung von Institutionen einsetzen werden, wenn dies ihren Interessen entspricht (Knight 2000). Das bedeutet aber, dass soziale Institutionen typischerweise aus sozialen Konflikten zwischen verschiedenen Akteuren und Gruppen heraus entstehen. Dies ist natürlich auch genau die Situation, die wir für die Entstehung und Veränderung von Institutionen im Bereich der zentralen Felder der Verteilung von Ressourcen aus der öffentlichen Darstellung kennen. Die verschiedenen beteiligten Parteien machen ihre mehr oder minder unterschiedlichen Vorschläge und nähern sich dann im Rahmen eines Verhandlungsprozesses einem Kompromiss an. In diesen Prozessen sind typischerweise die Akteure durchsetzungsfähiger, die mit mehr Machtressourcen ausgestattet sind und die über einen größeren Handlungsspielraum – also weniger Handlungsbeschränkungen – verfügen (Knight 2000; Kreckel 2004; Rössel 2004). Damit wird aber deutlich, dass die zentralen Institutionen, die der Entstehung sozialer Ungleichheit zugrunde

liegen, sehr häufig Resultat von sozialen Konflikten und den Machtverhältnissen zwischen Gruppen sind.[12]

Zusammenfassung

Institutionen sind sozial weitgehend anerkannt und durch Sanktionen gestützte Regeln, die in allen gesellschaftlichen Feldern existieren und bei der Entstehung von Ungleichheit immer beteiligt sind. Daher sind Institutionen typischerweise auch umkämpft, wobei die gesellschaftlichen Akteure ihre Machtressourcen einsetzen, um die Institutionen im Sinne ihrer eigenen Interessen zu verändern.

Weiterführende Literatur

Eine Institutionentheorie, die die Verteilungswirkungen von Institutionen betont, findet sich in:

- Jack Knight, 2000: Institutionen und gesellschaftlicher Konflikt. Tübingen: Mohr Siebeck.

In folgendem Buch wird die zentrale Rolle von Institutionen und des Machtverhältnisses zwischen den gesellschaftlichen Akteuren für die Entstehung sozialer Ungleichheit betont:

- Reinhard Kreckel, 2004: Politische Soziologie der sozialen Ungleichheit. 3., erweiterte Auflage. Frankfurt: Campus.

---

12 An dieser Stelle kann keine ausführliche Diskussion aller Institutionentheorien gegeben werden (für einen Überblick: Knight 2000; Esser 2001).

Wiederholungsfragen

- Durch welche Merkmale ist der Begriff der Institution definiert?
- Welche Relevanz haben Institutionen für die Entstehung sozialer Ungleichheit?
- Wie kann man die Entstehung von Institutionen erklären?

2.3.4 Ressourcenausstattung und die Reproduktion von Ungleichheit

Sozialwissenschaftliche Theorien der sozialen Ungleichheit haben ein immer wieder auftauchendes Strukturelement. Sie unterstellen, dass bestimmte Akteure zum Zeitpunkt t_0 über Ressourcen in einem bestimmten Umfang verfügen, diese dann – in welcher Form auch immer – investieren bzw. einsetzen, um zum Zeitpunkt t_1 dafür dann typischerweise andersgeartete oder mehr Ressourcen des gleichen Typs zu erhalten. In der Humankapitaltheorie setzen die Akteure ihre Qualifikation als Ressource ein, um damit ein höheres Einkommen auf dem Arbeitsmarkt zu erzielen. In der Theorie sozialer Schließung setzen die Akteure bestimmte Machtressourcen ein, um damit meist auch höhere Einkommen oder andere berufliche Gratifikationen zu erzielen. In Bourdieus Theorie des Bildungserwerbs, die in Abschnitt 2.1 kurz angesprochen wurde, wird darauf verwiesen, dass der Erwerb von Bildungszertifikaten in der Schule meist abhängig ist vom Erwerb des sogenannten inkorporierten kulturellen Kapitals im Elternhaus. Dieses wiederkehrende Muster in sozialwissenschaftlichen Erklärungen sozialer Ungleichheit ist in gewisser Hinsicht auch nicht überraschend. In vielen Texten geht es ja vor allem um die *Reproduktion* der Sozialstruktur (Sewell 1992). Dies bedeutet, dass die Personengruppen, die am Anfang eines bestimmten Prozessablaufs schon mit vielen Ressourcen ausgestattet waren, auch diejenigen sind, die am Ende dieses Ablaufs über viele Ressourcen verfügen. An dieses Modell schließen sich allerdings zwei Fragen an: (1) einerseits die Frage danach, wie Ressourcen eigentlich investiert und ineinander konvertiert werden können und (2) andererseits die Frage, wieso es eigentlich nicht immer zur Reproduktion der Ressourcenverteilung kommt, sondern manchmal eben auch zu einer Veränderung dieser Verteilung.

(1) Konvertieren und Investieren von Ressourcen: In der Theorie der funktionalen Differenzierung, die an dieser Stelle nicht ausführlich dargestellt werden kann, ist eine Grundannahme, dass die verschiedenen Felder der Gesellschaft nur nach Maßgabe ihrer eigenen Zielorientierungen und Regeln funktionieren können (vgl. Schwinn 2007). Dies bedeutet aber auch, dass die Möglichkeit des Transfers von Ressourcen aus dem einen Bereich in den anderen Bereich nicht ohne weiteres möglich ist. Dies wurde von Luhmann in seinem berühmten Diktum zusammengefasst, „...dass Nobelpreisträger sich selbst die Schuhe putzen müssen..." (Luhmann 1985: 145). Die Ansammlung von wissenschaftlicher Reputation bringt nicht notwendigerweise monetäre Ressourcen, künstlerische Reputation oder gar erotischen Erfolg mit sich. Aber im Gegensatz zu den Annahmen der Theorie funktionaler Differenzierung kann man dennoch empirisch beobachten, dass Ressourcen von einem Feld in das andere transferiert und konvertiert werden können. Personen mit hohem Einkommen und hoher Bildung finden eher Heiratspartner, die selbst eine „gute Partie" sind, im Kunstfeld erfolgreiche Künstler sind zumeist auch ökonomisch recht gut gestellt und auch erfolgreiche Wissenschaftler sind ökonomisch zumindest ganz passabel abgesichert. Auch wenn die Theorie funktionaler Differenzierung eher skeptisch hinsichtlich der Konvertierbarkeit von Ressourcen ist, muss man daher noch einmal genauer die Frage stellen, wie Ressourcen und welche Ressourcen eigentlich ineinander transferierbar sind. Dazu hat sich vor allem Pierre Bourdieu im Zusammenhang mit seiner oben schon erläuterten Klassifikation von Ressourcen geäußert (siehe Abschnitt 2.1), so dass ich an dieser Stelle auf diese zurückkomme. Wie oben dargestellt unterscheidet Bourdieu vor allem drei Typen von Ressourcen, das ökonomische, das soziale und das kulturelle Kapital, wobei er hier noch einmal drei Unterformen un-

terscheidet.[13] Betrachten wir nun Schritt für Schritt die Möglichkeit diese verschiedenen Typen von Kapital zu *investieren*, in andere Formen von Kapital zu *konvertieren* und die damit verbundenen *Risiken* (orientiert an Müller 1986).

Für das *ökonomische Kapital* hält Bourdieu fest, dass es in hohem Maße konvertierbar ist, da man sich für Geld viele andere Ressourcen kaufen kann. Allerdings gibt es auch hier Grenzen, die mit den oben genannten Thesen der Theorie funktionaler Differenzierung in Einklang stehen. Einen anerkannten Schulabschluss, wissenschaftliche Reputation oder künstlerische Anerkennung kann man sich nicht ohne weiteres kaufen. Allerdings kann man seine monetären Ressourcen nutzen, um die entsprechende Zeit und die notwendigen anderen Ressourcen in eine schulische Laufbahn und dann in eine wissenschaftliche oder künstlerische Karriere zu stecken. Ökonomisches Kapital eröffnet also neben im engeren Sinne wirtschaftlichen Möglichkeiten seiner Investition (Wertpapiere, Unternehmen) auch die Gelegenheit zur Investition in andere soziale Felder, wo ökonomisches Kapital typischerweise aber nur eine günstige Bedingung für eine Karriere darstellt, aber nicht direkt konvertierbar ist. Auch ökonomisches Kapital hat aber seine spezifischen Risiken. So kann man eine Fehlinvestition tätigen, indem man die falschen Wertpapiere kauft, in das falsche Produkt investiert oder Immobilien kauft, deren Preise sinken. Schließlich können bestimmte Formen des ökonomischen Kapitals (Geldvermögen) in Zeiten der Inflation sogar ihren Wert verlieren. Es zeigt sich, das monetären Ressourcen zwar breit konvertierbar sind, aber auch ihre Grenzen der Anwendung haben und mit spezifischen Risiken verbunden sind.

Die Möglichkeiten zur Konversion und zur Investition von *sozialem Kapital* sind relativ breit, doch immer mit besonders hohen Risiken verbunden. In allen sozialen Feldern der Gesellschaft ist soziales Kapital ei-

---

13 Das symbolische Kapital kann man in der hier verwendeten Terminologie nicht als Ressource betrachten, es ist eher dem Begriff des Prestiges zuzuordnen und wird an dieser Stelle daher nicht behandelt.

ne wichtige Bedingung für Karriereerfolge, sei es im Bereich der Wissenschaft über Koautorenschaften und Zitationsnetzwerke oder im Bereich der Wirtschaft über „Old-Boys-Netzwerke" und Mentoren in Unternehmen. Eine Grenze für die Konversion und Investition von sozialem Kapital besteht da, wo soziale Beziehungen unmittelbar in andere Ressourcen umgemünzt werden sollen, wenn also Freunde, Verwandte oder Bekannte in bestimmte, leitende Positionen gebracht werden sollen oder ihnen Aufträge zugeschanzt werden. Dieses findet natürlich in gewissem Umfang statt, hat aber in den meisten westlichen Gesellschaften den Geruch der Korruption und ist in vielen sozialen Feldern auch nicht legal. Wie auch das ökonomische Kapital ist das soziale Kapital ganz spezifischen Risiken ausgesetzt, die damit zusammenhängen, dass man beim sozialen Kapital nicht nur die richtigen Beziehungen auswählen, sondern diese auch durch entsprechendes Verhalten pflegen muss. Dies kann einmal bedeuten, dass man auf unzuverlässige Personen trifft, die sich gegenüber den eigenen Investitionen als undankbar erweisen und sich daher nicht an die Norm der Reziprozität halten (Beziehungsfalle). Weiterhin sind vor allem Beziehungen zu statushöheren Personen mit einem besonderen Risiko verbunden, da sich deren Gegenleistungen als systematisch niedriger als die Vorleistungen erweisen können (Statusfalle). Schließlich können aber auch die Bande des sozialen Kapitals so stark werden, dass man auf Gedeih und Verderb zur Unterstützung einer anderen Person verpflichtet ist, obwohl dies auch für einen selbst zu einem Schaden führt (Freundschaftsfalle).

Beim *kulturellen Kapital* wird die Diskussion noch etwas differenzierter, da wir zumindest ansatzweise zwischen den drei Typen kulturellen Kapitals (inkorporiert, objektiviert und institutionalisiert) unterscheiden müssen. Das inkorporierte kulturelle Kapital ist nicht direkt konvertierbar, da es in den Körper der Person einverleibt wurde. Es kann aber zur Erlangung anderer Ressourcen investiert und eingesetzt werden. Aber auch hier sind enge Grenzen gesetzt. So kann das *inkorporierte kulturelle Kapital* im Rahmen des Bildungssystems und des Arbeitsmarktes in Form von spezifischen Fähigkeiten und Wissen eine wichtige Voraussetzung zum Erwerb von Bildungstiteln und von ökonomischen Gratifikationen darstellen, es hat aber deutliche Grenzen der Investierbarkeit. So wird einem noch so viel inkorporiertes kulturelles Kapital in bestimmten Bereichen des Bildungssystems oder in der Wirtschaft nichts nützen, wenn es nicht durch Bildungszertifikate abgesichert ist. So kann man in Deutschland (mit bestimmten Ausnahmen) ein Hochschulstudium eben nur nach dem Erwerb einer Hochschulzugangsberechtigung beginnen. Genauso kann man als Arzt eben nur nach Erwerb spezifischer Zertifikate arbeiten und dies unabhängig von der Frage, ob man eigentlich über genügend Fertigkeiten und Wissen zur Ausübung dieses Berufs verfügt. Das inkorporierte kulturelle Kapital hat nicht nur klar spezifizierte Grenzen der Konvertierbarkeit und Investierbarkeit, es unterliegt auch spezifischen Risiken. Nicht nur kann es schlicht und einfach veralten und damit an Wert verlieren, weil es nicht mehr dem kulturellen Stand der Dinge entspricht, auch im Falle der Migration von einer Gesellschaft in eine andere kann es an Wert verlieren, da es in seiner Relevanz an bestimmte kulturelle Kontexte gebunden ist. Des weiteren kann es auch hier schlicht und einfach Fehlinvestitionen geben, weil man sich zwar sehr gut mit Computerspielen auskennt und hier alle nur erdenklichen Fertigkeiten hat, dies aber in der Gesellschaft ein nur in sehr schmalen Segmenten irgendwie konvertier- und investierbares Wissen ist. Im Falle des inkorporierten kulturellen Kapitals haben derartige Formen von Entwertung oder Fehlinvestitionen eine besondere Problematik, da die Personen einen großen Teil ihrer Lebenszeit für diese Investitionen verwendet haben und diese häufig im Prozess der Inkorporierung Teil ihrer eigenen Identität geworden sind. Daher können sie nicht einfach als Fehlinvestition abgeschrieben werden, sondern eine Entwertung kann einen Angriff auf die eigene Identität darstellen.

Das *objektivierte Kulturkapital* in Form von kulturellen Gütern funktioniert in vielen Hinsichten ähnlich wie das ökonomische Kapital, da es auf Märkten getauscht und konvertiert werden kann. Allerdings führt sein Status als kulturelles Kapital zu einem etwas höheren Risiko von Fehlinvestitionen als bei den meisten Formen des ökonomischen Kapitals. Natürlich kann auch der Kauf eines Hauses oder von Wertpapieren langfristig eine Fehlinvestition darstellen. Dieses Risiko ist aber bei Kulturgütern noch höher, da hier die Unsicherheit über die zukünftige Wertentwicklung sehr viel größer ist (Beckert/Rössel 2004). Wer weiß denn heute schon, ob die Skulpturen der jungen, aussichtsreichen Künstlerin auch in zwanzig Jahren noch ästhetische Anerkennung finden, geschweige denn hohe monetäre Preise erzielen?

Kommen wir schließlich zum *institutionalisierten kulturellen Kapital*. Wie schon in Abschnitt 2.1 dargestellt, weist es einen relativ breiten Möglichkeitsraum der Konversion und Investition auf. Es kann nicht nur auf dem Arbeitsmarkt eingesetzt werden, das damit verbundene Wissen und Ansehen führt auch im Bereich der Gesundheit, der Politik oder des Partnermarktes zu Vorteilen. Die Investierbarkeit auf dem Arbeitsmarkt und die damit verbundene Konvertierbarkeit in monetäre Ressourcen funktioniert allerdings immer nur unter bestimmten Umständen. Die Voraussetzung ist immer, dass bestimmte Bildungszertifikate auf dem Arbeitsmarkt überhaupt nachgefragt werden. Werden zu viele Bildungszertifikate produziert oder nimmt die Nachfrage in bestimmten Bereichen ab, so kann es zu einer Bildungsinflation als einem wichtigen Risiko des institutionalisierten kulturellen Kapitals kommen. Im Sinne der Humankapitaltheorie würde dann auch die Bildungsrendite abnehmen, Bildungszertifikate würden also nicht mehr höhere Einkommen und höhere Berufspositionen garantieren.

(2) Warum gibt es keine unaufhörlichen Reproduktionsprozesse?: Wie kann man nun erklären, dass sich eine gegebene Ressourcenverteilung nicht unendlich reproduziert, sondern dass es zu einem Wandel in der Verteilung von Ressourcen kommen kann? Wichtige Hinweise zu dieser Frage kann man aus der Theorie sozialer Differenzierung ableiten. Die Verteilung von Ressourcen und soziales Handeln generell findet in der Gesellschaft in unterschiedlichen sozialen Feldern statt. Das Verhalten in diesen Feldern und damit deren Entwicklung ist nicht notwendigerweise aufeinander abgestimmt, sondern nur relativ schwach miteinander gekoppelt. Das eröffnet findigen Akteuren die Möglichkeit Nischen zu entwickeln, in denen bisher unbekannte Austauschprozesse von Ressourcen zwischen den Feldern stattfinden. So mögen bestimmte Prediger ihr religiöses Charisma in den Medien anbieten und damit monetäre Ressour-

cen erwerben. Andererseits können aber auch die Entwicklungen in bestimmen Feldern stärkere Rückwirkungen auf die Handlungsmöglichkeiten der Akteure in anderen Feldern haben. So können z. B. Werbung und Mode ein immer höheres ästhetisches Prestige entwickeln, das sich dann wiederum in ökonomische Ressourcen konvertieren lässt. Oder, um ein deutlicheres Beispiel zu wählen, können militärische Auseinandersetzungen zur Vertreibung von Bevölkerungsgruppen und zur Zerstörung von Ressourcen führen, so dass die Reproduktion von Ressourcen in hohem Maße beeinträchtigt wird. Diese Argumentation gilt auch für die oben angesprochenen vier zentralen Felder der Verteilung von Ressourcen. So mag im Bildungssystem als Resultat von politischen und sozialen Konflikten ein Prozess der Expansion in Gang gesetzt werden, der zumindest partiell die Reproduktion von Bildungsressourcen unterbricht und zu einer generellen Höherstufung der Bildungsressourcen über die Generationen hinweg führt.

In zahlreichen Feldern stehen die Akteure in Konkurrenz zueinander, sei es um wissenschaftliche oder künstlerische Reputation, wie im Feld der Wissenschaft oder Kunst oder um ökonomischen Erfolg, wie in der Wirtschaft. Dies hat aber als Konsequenz, dass die vorhandenen Ressourcen immer wieder in neuen Kombinationen und auf neuartige Weise eingesetzt werden, um sich Vorteile in der Konkurrenz zu verschaffen. Auf diese Weise entstehen Innovationen, die die Institutionen und die Ressourcenverteilung in bestimmten Feldern langfristig vollständig verändern können. Dies gilt z. B., wenn technologische Innovationen zu einer Transformation der Klassen- und Berufsstruktur führen, so dass eine Reproduktion dieser Struktur von der Eltern- auf die Kindergeneration gar nicht mehr möglich ist. Ein Beispiel dafür sind die technologisch und organisatorisch erzeugten Produktivitätszuwächse in der Landwirtschaft, die zu einem historisch einmaligen Rückgang des Anteils der Berufspositionen in der Landwirtschaft geführt haben. Derartige Prozesse führen dazu, dass dann einerseits die Kinder von Landwirten sich eine Berufsposition außerhalb der Landwirtschaft suchen müssen, dass andererseits aber auch neue Berufsgruppen expandieren. Diese Überlegungen sollten die Grenzen von Reproduktionstheorien in der Soziologie deutlich gemacht haben. Einerseits gibt es natürlich eine Tendenz zu einer gewissen Reproduktion der Verteilung von Ressourcen in sozialen Prozessen, andererseits wird diese aber gebrochen durch die Vielzahl von gleichzeitig ablaufenden Prozessen in unterschiedlichen sozialen Feldern, die sich gegenseitig beeinflussen und darüber hinaus durch die Innovationsfähigkeit von Akteuren, die Ressourcen neu kombinieren und damit die Institutionen und Strukturen von sozialen Feldern langfristig transformieren können.

Die Unabgestimmtheit zwischen den sozialen Feldern und ihr Wandel durch Innovation haben aber noch einen weiteren wichtigen Effekt. Er führt zur Unsicherheit über die Resultate des Handelns bei den Akteuren. Man kann eben nie sicher sein, dass bestimmte Investitionen sich am Ende auch lohnen. Der Sohn gebildeter und gut situierter Eltern mag sich letztlich doch als akademisch wenig begabt erweisen, ein Studium mit einer bestimmten Ausrichtung kann auf einen übersättigten Markt für diese Art von Ausbildung führen und auch die Investition in die Herstellung eines neuen Produkts mag sich am Ende als ein Flop erweisen. Auf der Ebene der Akteure spiegelt sich also die Unabgestimmtheit zwischen den sozialen Feldern und ihr sozialer Wandel als Unsicherheit über den Erfolg ihrer Investitionen.

Zusammenfassung

Theorien sozialer Ungleichheit enthalten häufig die Annahme, dass in Gesellschaften eine Reproduktion sozialer Ungleichheit stattfindet. Dabei wird unterstellt, dass die Akteure Ressourcen einsetzen, um andere Ressourcen zu erwerben. Mit Hinweis auf die Theorie funktionaler Differenzierung und Bourdieus Kapitaltheorie wurde hier allerdings verdeutlicht, dass es hinsichtlich der Investierbarkeit und Konvertierbarkeit von Ressourcen durchaus Grenzen gibt. Zudem existieren gesellschaftliche Prozesse, die die Reproduktion sozialer Ungleichheit unterbrechen. Diese resultieren aus der Unabgestimmtheit des Handelns in unterschiedlichen sozialen Feldern und aus der Konkurrenz zwischen Akteuren, die zu grundlegenden Innovationen führt. Schließlich muss auch berücksichtigt werden, dass die Akteure auch Fehlinvestitionen treffen können, so dass es nicht zu einer Reproduktion von Ungleichheit kommt.

Weiterführende Literatur

Die Kapitalientheorie von Bourdieu wird systematisch dargestellt in:

- Hans-Peter Müller, 1986: Kultur, Geschmack und Distinktion. Grundzüge der Kultursoziologie Pierre Bourdieus. S. 162-190 in: Friedhelm Neidhardt, Rainer M. Lepsius und Johannes Weiß (Hg.): Kultur und Gesellschaft (Sonderband 27 der Kölner Zeitschrift für Soziologie und Sozialpsychologie). Opladen: Westdeutscher Verlag.

Wiederholungsfragen

- Was ist mit der Reproduktion sozialer Ungleichheit gemeint?
- Welche Möglichkeiten und Grenzen der Konvertierbarkeit und Investierbarkeit von Ressourcen gibt es?
- Warum gibt es in Gesellschaften keine unendliche Reproduktion sozialer Ungleichheit?

2.3.5 *Kumulative Prozesse der Ressourcenverteilung*

Im vorhergehenden Abschnitt wurde betrachtet, dass in der Soziologie häufig der Blick auf die relativ stabile Reproduktion der Verteilung von Ressourcen über die Zeit hinweg gelegt wurde. Neben dieser relativ stabilen Reproduktion von Verteilungsmustern ist ein sehr interessantes und wichtiges Phänomen die Kumulation von Vorteilen im Zeitverlauf. Damit ist gemeint, dass aus relativ kleinen Anfangsunterschieden in der Ressourcenausstattung von Akteuren im Zeitverlauf recht große Differenzen entstehen können. Betrachtet man z. B. zwei Wissenschaftler A und B am Anfang ihrer Karriere, von denen A eine etwas bessere Publikationsleistung aufzuweisen hat als B, dann kann folgender Prozess in Gang kommen: A wird aufgrund seiner etwas höheren Publikationsleistung stärker wahrgenommen als B, erhält häufiger Forschungsgelder als B, wird häufiger mit Wissenschaftspreisen bedacht und wird häufiger zu Tagungen eingeladen. Dies wird wiederum dazu führen, dass A bessere Möglichkeiten zur Forschung hat und daher noch besser publizieren kann als B. In diesem Prozess werden die anfänglichen, kleinen Unterschiede zwischen A und B immer größer. In Anlehnung an Robert K. Merton (1968) spricht man hier vom sogenannten Matthäuseffekt. Den Begriff *Matthäuseffekt* verwendet Merton im Anschluss an einen bekannten Satz aus dem Matthäusevangelium „Denn wer da hat, dem wird gegeben werden, dass er Fülle habe, wer aber nicht hat, von dem wird auch genommen was er hat." (Matthäus 25,29). Ohne weitere Bibelexegese betreiben zu wollen, sind diese Effekte für uns vor allem deshalb interessant, weil sie erklären können, warum anfänglich sogar relativ kleine Unterschiede zwischen verschiedenen Akteuren immer größer werden können. Darüber hinaus gibt es in den verschiedensten Bereichen der Ungleichheitsforschung empirische Beispiele für Prozesse, die offensichtlich diesem Mechanismus folgen. Dazu gehört unter anderem die Tatsache, dass sich zahlreiche Ungleichheiten zwischen Personen im Lebensverlauf tendenziell verstärken (Kohli 2009). Ein anderes schönes Beispiel ist der sogenannte Relativalterseffekt. Hier wurde festgestellt, das Stichtagsregelungen bei der Einschulung oder bei der Einstufung in Altersklassen beim Sport mit deutlichen Vorteilen für Kinder und Jugendliche aus bestimmten Geburtsmonaten verbunden sind (siehe Kasten: Der Relativalterseffekt).

Der Relativalterseffekt

Betrachtet man die Geburtsmonate der Fußballprofis in der ersten und zweiten Bundesliga in den vergangen zwanzig Jahren, so fällt dem Betrachter auf, dass in den Monaten August und September jeweils fast 11 %

der Spieler geboren sind, dagegen im Mai, Juni und Juli jeweils nur knapp 7 % (Kalter 2003: 77-78; http://www.derwesten.de/blogs/querkraft/stories/548/ Zugriff am 2.8.2008). Will man diese deutlichen Unterschiede erklären, dann dürfte die erste Vermutung sein, dass eben im August und September mehr Kinder und in den Monaten Mai, Juni und Juli weniger Kinder geboren werden. Das ist aber nicht so, in jedem Monat werden durchschnittlich 8,3 % der Kinder geboren und die Schwankungen um diesen Mittelwert sind relativ klein. Man hat es hier also mit einem erklärungsbedürftigen Phänomen zu tun, wobei ich eine astrologische Erklärung nicht ernsthaft in Betracht ziehen möchte. Der Hintergrund für das Phänomen ist die Jahrgangseinteilung der Nachwuchsspieler zu einem bestimmten Stichtag. Bis zum Beginn des Spieljahres 1997/98 war dieser Stichtag in Deutschland der 1. August jeden Jahres (Kalter 2003: 77). Personen, die ab dem 1. August eines bestimmten Jahres geboren wurden, wurden dabei in eine bestimmte Altersklasse eingeteilt, Kinder, die vor diesem Datum geboren wurden, in die nächsthöhere Altersklasse. Vergleich man nun jemand, der am 1. August eines bestimmten Jahres geboren wurde, mit einer anderen Personen, die am 31. Juli des nächsten Jahres geboren wurde, dann sind diese beiden Personen zwar in der gleichen Jahrgangsklasse, aber sie weisen einen Altersunterschied von einem Jahr auf. Gerade wenn man sich Nachwuchsfußballer im Bereich von Kindern und Jugendlichen ansieht, macht aber ein Jahr einen sehr großen Unterschied: ein fast Siebenjähriger ist körperlich und geistig im Durchschnitt deutlich weiter entwickelt als ein gerade Sechsjähriger. Für einen Trainer ist es in dieser Situation nicht gerade leicht, zwischen dem jeweiligen Talent des kleinen Fußballers und seiner jeweiligen Entwicklungsstufe zu differenzieren. Man kann daher zumeist beobachten, dass die innerhalb einer Altersklasse relativ älteren Spieler eher in die besseren Mannschaften aufgenommen werden. Genau dies wird als Relativaltersеffekt bezeichnet (Allen/Barnsley 1993). Nun ist es ein weiter Weg vom sechs- oder siebenjährigen Nachwuchsspieler zum Bundesligaprofi. Wir können aber feststellen, dass der Relativalterseffekt bis hin zu Spielern in der Bundesliga wirkt: die nach dem Stichtag der Altersklasseneinteilung Geborenen sind in den Profiligen überrepräsentiert, die vor dem Stichtag

Geborenen sind unterrepräsentiert. Die Erklärung für dieses Phänomen ist ein schönes Beispiel für den Mechanismus der Kumulation von Vorteilen. Nicht nur spielen die relativ älteren Nachwuchskicker häufiger in den besseren Mannschaften, sie kommen auch eher in den Genuss von besserem Training, spielen damit auch gegen bessere Mannschaften und erhalten mehr Anerkennung für ihre sportliche Aktivität. Damit ergibt sich Schritt für Schritt eine Entwicklung, in der einige der eher talentierten Fußballer aus den ungünstigen Monaten durch das Sieb hindurch fallen, während einige weniger talentierte Fußballer aus den günstigen Monaten es noch in die Bundesliga schaffen, was man durchaus als einen nicht unerheblichen kumulierten Vorteil betrachten kann.[14] Allerdings ist dies nicht nur ein Beispiel für die Wirkung des Mechanismus kumulativer Vorteilsbildung, sondern auch sehr prägnant im Hinblick auf die Wirkung von Institutionen. In diesem Fall ist es eine institutionalisierte Stichtagsregelung, die einen deutlichen Effekt auf die Verteilung von Ressourcen und Handlungsrestriktionen hat.

An dieser Stelle könnte man sich zurücklehnen und sagen, dass der Profifußball nur ein kleiner und nicht allzu wichtiger Bereich der Gesellschaft ist, so dass der Relativalterseffekt als nebensächlich betrachtet werden kann. Tatsächlich kann man diesen Effekt aber in vielen Bereichen feststellen, in denen Kinder und Jugendliche unterrichtet und trainiert werden. Dies gilt nicht nur für den Fußball, sondern auch für andere Bereiche des Sports (Allen/Barnsley 1993; Helsen et al. 2005). Darüber hinaus kann man diesen Effekt auch im Bildungssystem entdecken, da auch hier die Schulklassen nach einer Stichtagsregelung zusammengestellt werden. So kann in einer international vergleichenden Studie festgestellt werden, dass die relativ älteren Schüler innerhalb einer Jahrgangsstufe in zahlreichen Ländern eher eine Klasse überspringen, seltener eine Klasse wiederholen und bessere Leistungen in der Schule aufweisen. In Deutschland erhalten die relativ älteren Schüler häufiger eine

[14] Dabei gehe ich von der Annahme aus, dass talentierte Fußballer über die verschiedenen Geburtsmonate gleichverteilt geboren werden.

Gymnasialempfehlung (Sprietsma 2007; Jürges/Schneider 2006). So haben in Westdeutschland Kinder, die im Monat vor dem Stichtag für die Einschulung geboren werden eine um 8 Prozentpunkte niedrigere Chance auf eine Gymnasialempfehlung als Schüler, die im Monat nach dem Stichtag geboren werden (Jürges/Schneider 2006: 212-213).

Im Laufe des Lebens sollte eigentlich dieser Relativalterseffekt abnehmen, da ein Jahr Altersunterschied im Alter von sechs Jahren einen deutlich größeren Unterschied für die körperliche und geistige Reife bedeutet, als im Alter von zwanzig Jahren. Wie kommt es dann zu einer Kumulation von Vorteilen im Lebenslauf in Zusammenhang mit dem Relativalterseffekt? Dieser Effekt nimmt nur dann ab, wenn alle Kinder und Jugendliche weiterhin das gleiche Training, den gleichen Unterricht und eine generell gleiche Behandlung genießen. Wenn sie aber auf unterschiedliche Mannschaften, Trainingssysteme oder Schulformen verteilt werden, dann wird der Relativalterseffekt eher verstärkt, so dass am Ende relativ deutliche Unterschiede entstehen (Allen/Barnsley 1993: 656). Insofern sollte man auch erwarten, dass in Deutschland mit seinem dreigliedrigen Schulsystem der Relativalterseffekt im Schulverlauf nicht abnimmt. Tatsächlich scheint das deutsche Schulsystem die Wissensunterschiede zwischen den Schülern auf den verschiedenen Schulformen eher zu verstärken (siehe Abschnitt 3.1.2).

Im Anschluss an einen Aufsatz von DiPrete und Eirich (2006) möchte ich drei verschiedene Formen derartiger Prozesse unterscheiden. Erstens gibt es *einfache Prozesse,* in denen der Ressourcengewinn einer bestimmten Ressource von der Kumulation anderer Ressourcen in der Zeit abhängt. Dies finden wir z. B. beim Humankapitalmodell, das in Abschnitt 2.3.1.2 erläutert wurde. Wenn ein Akteur in seinem Lebensverlauf weitere Qualifikationen und Humankapital ansammelt, dann wird auch sein Einkommen ansteigen. Betrachtet man also zwei Personen A und B, von denen A immer mehr Humankapital ansammelt, B aber nicht, dann wird auch die Einkommensschere zwischen A und B immer weiter auseinanderklaffen. Eine zweite Form stellen *pfadabhängige Prozesse* dar, bei denen der Zuwachs einer bestimmten Ressource vom Umfang der Ressourcenausstattung zum vorhergehenden Zeitpunkt abhängt. Mertons Matthäuseffekt wäre ein Beispiel für einen solchen Prozess, der hier aber an einem einfacheren Beispiel erläutert werden soll. Wenn zwei Personen A und B ein unterschiedlich großes Vermögen haben und beide legen diese Vermögen zu den gleichen Zinssätzen an, dann wird die Differenz zwischen den Vermögen in der Zeit zunehmen. Die Schere zwischen A und B wird noch weiter auseinanderklaffen, wenn darüber hinaus die Wachstumsrate der Ressourcenausstattung von der vorgängigen Ressourcenausstattung abhängt. Genau dies finden wir sehr häufig beim Vermögenszuwachs. A kann mit seinem großen Vermögen einen höheren Zinssatz erhalten als B mit seinem kleinen Vermögen. A startet also nicht nur mit einem größeren Besitz, sondern aufgrund seines umfangreicheren Vermögens erreicht er auch eine höhere Zuwachsrate. Damit steigt nicht nur die Differenz zwischen den Vermögen von A und B, sondern auch das Größenverhältnis der Vermögen von A und B. Schließlich kann man drittens *statusabhängige Prozesse* ausmachen, in denen die Verwertung einer bestimmten Ressource vom Status einer Person bedingt wird. Ein Beispiel dafür wäre, wenn Schwarze in den Vereinigten Staaten für die gleichen Bildungsabschlüsse niedrigere Renditen erhalten würden als Weiße oder wenn Frauen in Deutschland für ihre Bildungsabschlüsse niedrigere Renditen erhalten als Männer. Kombiniert man eine solche Vorstellung noch mit einem pfadabhängigen Modell, könnte man ein deutliches Auseinanderklaffen der Ressourcenausstattung von Schwarzen und Weißen bzw. Frauen und Männern erklären. Derartige Modelle der schrittweisen Kumulation von Vorteilen sind für die Ungleichheitsforschung von hohem Erklärungswert und können auch ohne Probleme mit den Modellen kombiniert werden, die in den vorhergehenden Abschnitten erläutert wurden.

Zusammenfassung

In kumulativen Prozessen des Ressourcenzuwachses kann aus kleinen Unterschieden zwischen Personen im Zeitverlauf eine relativ große Ungleichheit erwachsen. Dies konnte am Relativalterseffekt demonstriert werden. Diese Prozesse treten aber nicht automatisch ein, sondern sind von spezifischen Bedingungen abhängig, die in der Ungleichheitsforschung berücksichtigt und analysiert werden müssen.

Weiterführende Literatur

Einen systematischen Überblick zu Prozessen der Kumulation von Vorteilen geben:

- Thomas DiPrete und Gregory M. Eirich, 2006: Cumulative Advantage as a Mechanism for Inequality: A Review of Theoretical and Empirical Developments, Annual Review of Sociology 32: 271-297.

Wiederholungsfragen

- Was versteht man unter Prozessen der Kumulation von Vorteilen?
- Was ist der Relativalterseffekt?
- Welche verschiedenen Mechanismen der Kumulation von Vorteilen kann man unterscheiden?

2.4 Strukturen und Dimensionen der sozialen Ungleichheit

2.4.1 Klassen, Schichten und soziale Lagen

Betrachtet man soziale Ungleichheit als die sozial erzeugte Verteilung von Ressourcen und Handlungsrestriktionen in der Bevölkerung der betrachteten Einheit, kann daraus leicht ein ziemlich unübersichtliches Bild resultieren. Im Prinzip kann man ja die Verteilung einer Vielzahl von Ressourcen und Handlungsrestriktionen betrachten und dabei noch jede individuelle Merkmalskombination in den Blick nehmen. Um einer solchen Unübersichtlichkeit aus dem Weg zu gehen, kann man zwei verschiedene Strategien wählen. Erstens kann man gezielt bestimmte Verteilungsungleichheiten betrachten und dann untersuchen, von welchen Ursachen die individuelle Ausstattung mit bestimmten Ressourcen abhängt. So kann man beispielsweise analysieren, wie man die Höhe des Individual- oder des Haushaltseinkommens erklären kann. Wenn es um die Frage der Erklärung geht, ist dies wohl der wichtigste Weg, da die Verteilung unterschiedlicher Ressourcen oder Handlungsrestriktionen meist von verschiedenen Determinanten abhängig ist. Dabei gerät allerdings die Gesamtstruktur der sozialen Ungleichheit etwas aus dem Blick. Diese kann man mit Hilfe einer zweiten, eher deskriptiven Strategie erfassen. Diese betrachtet die Verteilung von Ressourcen oder Handlungsrestriktionen im Hinblick auf einige zentrale Strukturdimensionen. Dabei hat sich die Sozialstrukturanalyse lange vor allem mit der sogenannten vertikalen Dimension beschäftigt, die durch Begriffe wie soziale Klasse und Schicht beschrieben wird. Daneben werden mittlerweile auch Ungleichheiten zwischen den Geschlechtern, ethnischen Gruppen und räumlich separierten Bevölkerungsgruppen in das Zentrum der Betrachtung gestellt. Daher sollen diese vier Strukturdimensionen auch in dieser Studie zur Strukturierung der Beschreibung der sozialen Ungleichheit in Deutschland dienen. Dabei muss berücksichtigt werden, dass in der deutschsprachigen Soziologie gegenwärtig höchst umstritten ist, ob es eine solche, durch Schichten oder Klassen, klar strukturierte vertikale Dimension der Ungleichheitsverteilung überhaupt noch gibt. Dieser Frage wollen wir uns daher nun im ersten Schritt zuwenden, ohne einen umfassenden und vollständigen Überblick über die gesamte Geschichte dieser Diskussion geben zu können (vgl. Hradil 1987; Wright 2005). Hier sollen in einem ersten Schritt kurz die Grundlagen der klassentheoretischen Richtung dargestellt werden, um dann im Anschluss die wichtigsten neueren klassentheoretischen Modelle darzustellen. In einem zweiten Abschnitt werden die Grundideen von Schichtmodellen und von verwandten Konzepten zur Messung des sozioökonomischen Status vorgestellt. Diese beiden Arten der Beschreibung sozialer Ungleichheit haben die Diskussion lange dominiert, erst seit den achtziger Jahren wurden verschiedene Konzepte der sozialen Lage vorgeschlagen, die besser zur Erfassung der vielfältigen Dimensionen und Ausprägungen der sozialen Ungleichheit geeignet sein sollen. Diese werden im vierten Abschnitt kurz vorgestellt, nachdem im dritten Abschnitt die Frage behandelt wurde, ob denn Schichten und Klassen als Konzepte überhaupt noch geeignet sind, um die vertikale Grundstruktur der sozialen Ungleichheit zu erfassen. Dabei sollen vor allem zwei Kriterien der Beurteilung berücksichtigt werden: einerseits soll betrachtet werden, in welchem Maße die verschiedenen Konzepte zu einer anschaulichen deskriptiven Erfassung der vertikalen Struktur sozialer Ungleichheit geeignet sind, andererseits soll aber auch in den Blick genommen werden, ob diese Konzepte *erklärungskräftig* sind, d. h. ob man mit ihrer Hilfe die Einstellungen oder Verhaltensweisen der Menschen in einer Bevölkerung gut erklären kann (siehe Kasten: Erklärungskraft).

Erklärungskraft

Ein soziales Phänomen wissenschaftlich zu erklären bedeutet, sehr vereinfacht dargestellt, dass man für das Auftreten dieses Phänomens erstens eine Ursache und zweitens eine allgemeine Regel, eine Gesetzmäßigkeit, angibt, die Ursache und Wirkung miteinander verknüpft (vgl. Esser 1993). Eine erklärende Ursache hat man dann gefunden, wenn das Auftreten der Ursache das Auftreten der jeweiligen Wirkung wahrscheinlicher macht (Gerring 2005). In der marxistischen Klassentheorie z. B. sind die aus den Klassenlagen resultierenden Ressourcenausstattungen und das Ausbeutungsverhältnis zwischen den Klassen als Ursache für die Entstehung gegensätzlicher Interessen bei den Kapitalisten einerseits und den Arbeitern andererseits anzusehen. Insofern enthält diese Theorie also gesetzmäßige Aussagen über den Zusammenhang zwischen einer Ursache (Klassenstruktur) und einer Wirkung (gegensätzliche Interessen). Ob diese theoretische Konzeption wirklich erklärungskräftig ist, kann nur durch empirische Forschung festgestellt werden. Mit Hilfe von empirischen Daten, die die Klassenstruktur einerseits, die gegensätzlichen Interessen andererseits systematisch operationalisieren, kann geprüft werden, ob der theoretisch behauptete Zusammenhang existiert und wie stark er ist. Dazu können statistische Analysen durchgeführt werden und Koeffizienten für die Stärke von empirischen Zusammenhängen berechnet werden. Hat man mehrere theoretische Ansätze zur Konzeptualisierung der Klassenstruktur zur Auswahl, so wird man sich in der Regel für denjenigen entscheiden, der sich in solchen empirischen Tests als erklärungskräftiger erweist.

2.4.1.1 Soziale Klassen

Die Ursprünge der *Klassentheorie* finden sich bei ganz unterschiedlichen Gründervätern der Soziologie, nämlich bei Karl Marx und bei Max Weber. Deren Modelle haben mindestens drei Merkmale gemeinsam: 1) einheitlich ist in den Klassenanalysen von Marx und Weber, dass sie die Bevölkerung eines Landes allein auf der Grundlage ökonomischer Kriterien in verschiedene Kategorien, also Klassen, einteilen. Andere Kriterien, sei es der Lebensstil einer Person oder ihre kulturellen Überzeugungen, werden bei der Konstruktion eines Klassenschemas gewöhnlich nicht berücksichtigt. 2) Diese objektive Klassenzugehörigkeit prägt das Handeln und das Bewusstsein der Menschen. 3) Klassen bilden keine einfache vertikale Hierarchie. Dies mag auf den ersten Blick verwirrend erscheinen, da doch der Klassenbegriff hier als eine mögliche Kategorie zur Beschreibung der vertikalen Strukturdimension sozialer Ungleichheit eingeführt wurde. Aber im Gegensatz zu den weiter unten zu besprechenden Schichtmodellen enthalten Klassenschemata gewöhnlich zwar eine vertikale Dimension, aber nicht alle Klassen lassen sich ohne weiteres übereinander in eine Hierarchie bringen. Dies mag an dieser Stelle noch etwas abstrakt klingen, wird aber bei der Diskussion der konkreten Klassenmodelle deutlicher.

In der klassischen marxistischen Theorie, die hier nur in aller Kürze und Einfachheit angerissen werden soll, werden die *sozialen Klassen* in der kapitalistischen Gesellschaft durch ein trennscharfes ökonomisches Kriterium bestimmt, die Stellung zu den Produktionsmitteln, also den

Fabriken, Maschinen und den Rohstoffen der Produktion. Die Arbeiterklasse ist dadurch charakterisiert, dass sie nicht über Eigentum an Produktionsmitteln verfügt, während die Kapitalisten gerade durch dieses Merkmal bestimmt sind. Wie schon in Abschnitt 2.3.2.3 dargestellt wurde, ist nach Marx das Verhältnis von Kapitalisten und Arbeitern durch eine Ausbeutungsbeziehung zu charakterisieren, die im Produktionsprozess der kapitalistischen Gesellschaft verankert ist. Damit sind für diese beiden Gruppen auch gegensätzliche Interessen verbunden: während die Kapitalisten durch ihre strukturelle Position in der kapitalistischen Gesellschaft ein Interesse an einer Aufrechterhaltung und Verschärfung dieser Ausbeutungsbeziehung haben, sind die Arbeiter durch das Interesse an einer Abschwächung oder sogar Abschaffung dieses Ausbeutungsverhältnisses gekennzeichnet. In der marxistischen Klassentheorie wird angenommen, dass die objektive Klassenzugehörigkeit der Arbeiter und die damit verbundenen Lebensumstände (Klasse an sich) dazu führen werden, dass die Arbeiter auch ein gemeinsames Klassenbewusstsein entwickeln und sich gemeinsam für ihre Interessen einsetzen, in letzter Instanz für die revolutionäre Überwindung der kapitalistischen Ausbeutungsbeziehungen (Klasse für sich). Dieses Klassenmodell mit der Gegenüberstellung von Kapitalisten einerseits und Arbeitern andererseits ist natürlich eine arge Vereinfachung der Klassenstruktur kapitalistischer Gesellschaften. Auch Marx war sich dieser Tatsache durchaus bewusst und ging in seinen eher historisch ausgerichteten Schriften auf die Vielzahl unterschiedlicher Klassen in den Gesellschaften Europas im 19. Jahrhundert ein, also Grundbesitzer, Bauern, das selbständige Kleinbürgertum, die Beamten und akademisch Gebildeten. Allerdings nahm er an, dass vor allem die Mittelklassen langfristig im kapitalistischen Konkurrenzkampf untergehen würden und es zu einer Polarisierung zwischen dem immer stärker konzentrierten Kapital auf der einen Seite und der immer stärker ausgebeuteten Arbeiterklasse auf der anderen Seite kommen würde. Diese Prognose ist ganz offensichtlich nicht eingetreten. Die Mittelklasse ist nicht verschwunden und auch die Arbeiterschaft hat sich weiter ausdifferenziert. Alle gegenwärtigen marxistischen Klassentheorien sind genau durch die Beschäftigung mit diesen Problemen gekennzeichnet.

Im Gegensatz zu Marx definiert Weber *Klassen* nicht auf Grundlage der zwischen ihnen bestehenden Ausbeutungsbeziehungen im Prozess der Produktion, sondern auf der Basis der unterschiedlichen Marktchancen. Personen, die aufgrund einer ähnlichen Ausstattung mit Qualifikationen oder Eigentum vergleichbare Verwertungschancen auf Märkten haben, teilen nach Weber eine Klassenlage. Hier unterscheidet Weber vor allem zwei Gruppen: Erwerbsklassen einerseits, die ihre Arbeitskraft auf dem Markt anbieten müssen, und Besitzklassen, die von den Erträgen ihres Eigentums leben können. Es kann also eine Vielzahl von unterschiedlichen Klassenlagen geben, da sich z. B. die Arbeitnehmer in ihren Marktchancen je nach Höhe und Art ihrer Qualifikation unterscheiden. Aber auch Besitzklassen unterscheiden sich je nach Umfang und Art Ausstattung in ihrer Marktlage: der Weinbergbesitzer vom Bergbauern und dieser wiederum vom Fabrikeigentümer. Im Gegensatz zum marxistischen Modell gibt es also bei Weber eine Vielzahl von Klassenlagen, die auf der Ausstattung mit nach Höhe und Art differenzierten Ressourcen basieren. Daher gibt es in Webers Modell auch nicht einen zentralen Gegensatz von Interessen, der die ganze Gesellschaft und ihre Entwicklung bestimmt, sondern eine ganze Reihe von unterschiedlichen Gruppen, die ihre je spezifischen Interessen verfolgen. Im Gegensatz zu Marx geht Weber auch nicht davon aus, dass Personen mit gleicher Klassenlage zwangsläufig ein gemeinsames Bewusstsein und eine gemeinsame Organisationsform entwickeln. Allerdings macht auch Weber sein Modell etwas übersichtlicher, indem er neben dem Begriff der Klassenlage noch das Konzept der sozialen Klasse einführt. Unter sozialer Klasse versteht er die Anzahl aller Klassenlagen, zwischen denen Personen in ihrem eigenen Lebensverlauf und in der Generationenfolge leicht wechseln können und zwischen denen Wechsel häufig stattfinden. Weber macht also Klassengrenzen an der sozialen Mobilität zwischen Klassen fest (vgl. Kapitel 4). Innerhalb von sozialen Klassen ist soziale Mobilität relativ leicht, während sie zwischen sozialen Klassen nur selten stattfindet. Dabei unterscheidet Weber in seiner eigenen Gesellschaft vier Klassen: erstens die

Arbeiterschaft, zweitens die qualifizierte Mittelklasse (besitzlose Intelligenz und Fachgeschultheit), drittens das Kleinbürgertum, das in einem gewissen Umfang über Eigentum an Produktionsmitteln verfügt (Handwerker, Ladenbesitzer) und viertens die durch Besitz und Bildung ausgezeichnete Oberklasse.

Im Schaubild 2.2 sind die Hauptunterschiede zwischen einer eher weberianischen und einer marxistischen Klassentheorie zusammengefasst. Beide gehen davon aus, dass die Akteure aufgrund ihrer unterschiedlichen Ausstattung mit ökonomischen Ressourcen (Produktionsmittel, Qualifikationen) verschieden gute Verwertungschancen auf Märkten haben und daher unterschiedlich hohe Einkommen und sonstige Gratifikationen beziehen. Im Gegensatz zu Weber betrachtet Marx aber nicht nur die Marktlagen der Akteure, sondern auch die sozialen Beziehungen, die sich in den Produktionsbeziehungen und Produktionsprozessen selbst zwischen den Akteuren aufgrund ihrer unterschiedlichen Ausstattung mit ökonomischen Ressourcen ergeben. Produktionsprozesse sind durch Herrschaftsformen charakterisiert, in denen die Eigentümer von Produktionsmitteln die Ausbeutung der Arbeiter maximieren wollen. Daraus resultiert bei Marx im Gegensatz zu Weber erstens eine einfachere Klassenstruktur und zweitens gegensätzliche Interessen, die zur Organisation der Klassen und zu Konflikten zwischen den Klassen führen.

Die traditionelle Klassentheorie von Marx und Weber hatte den Anspruch die Bevölkerung in soziale Klassen zu kategorisieren, die eigenständige Interessen verfolgen und teilweise auch zur Grundlage für kollektive Akteure werden konnten. Damit hatte die Klassenanalyse vorwiegend makrosoziologische Erklärungsansprüche: die Entstehung von klassenspezifischen Organisationen, der Ausbruch sozialer Konflikte, gar von sozialen Revolutionen und sozialer Wandel sollten auf das Wirken klassenspezifischer Akteure zurückgeführt werden. Diese Ausrichtung findet sich heute noch in relativ starker Ausprägung in der Machtressourcentheorie, die die Struktur und Institutionen gegenwärtiger Gesellschaften vor allem auf die Machtverhältnisse und Konflikte zwischen klassenspezifischen Akteuren zurückführt (Korpi 1983). Die Klassenanalyse hat allerdings in den vergangenen Jahrzehnten eine starke Wandlung in ihren Zielen erlebt, die Klassenstruktur wird nicht mehr in erster Linie als Grundlage für makrosoziologische Prozesse betrachtet, sondern die Klassenlagen der Akteure sollen deren individuelle Einstellungen und ihr Verhalten erklären (vgl. Grusky/Weeden 2005). Dies wird in den nun skizzierten, aktuellen Klassenmodellen deutlich, die sich dennoch meist auf Marx und Weber beziehen.

Schaubild 2.2: Die Grundstruktur der marxistischen und der weberianischen Klassentheorie

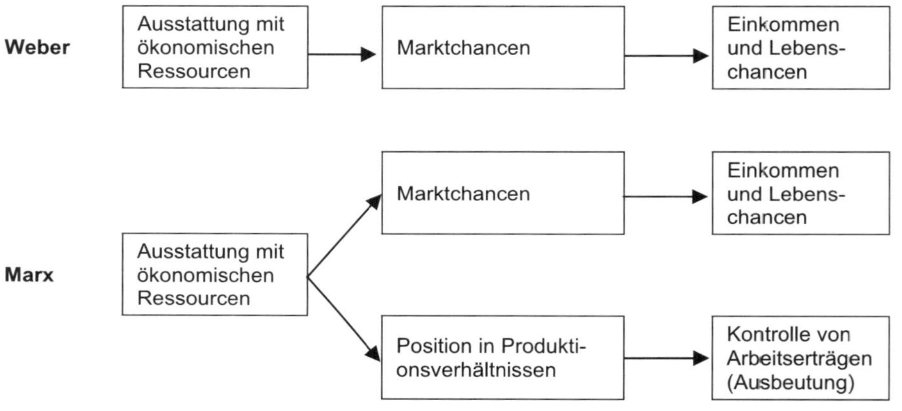

Nach Wright 2002: 846.

Gegenwärtige marxistische Klassenkonzepte versuchen auf der einen Seite einige der Probleme der traditionellen marxistischen Klassenkonzepte zu beheben, auf der anderen Seite aber an den Grundideen der marxistischen Klassentheorie festzuhalten. Im Zentrum steht dabei vor allem die Problematik der Mittelklassen, die entgegen der Prognose von Marx nicht verschwunden sind. Das gegenwärtig wohl prominenteste marxistische Klassenkonzept hat der US-amerikanische Soziologe Erik O. Wright entwickelt (1985; 1997). Sein Modell geht von vergleichbaren Voraussetzungen aus, wie das klassische marxistische Modell der Klassenstruktur. Der Hauptgegensatz in kapitalistischen Gesellschaften besteht zwischen den Eigentümern von Produktionsmitteln einerseits und den abhängig Beschäftigten andererseits (vgl. Tabelle 2.2, wo die verschiedenen Gruppen von Eigentümern grau unterlegt sind). Dabei unterscheidet er bei den Personengruppen, die über Eigentum an Produktionsmitteln verfügen, nach dem Ausmaß, in dem diese Arbeitnehmer beschäftigen. Ganz offensichtlich reicht aber ein einfaches Modell, in dem die Arbeiterklasse und die Kapitalisten gegenübergestellt werden, nicht aus, um viele Phänomene in gegenwärtigen kapitalistischen Gesellschaften zu analysieren, sei es das Einkommen von Personen oder ihr Wahlverhalten. Darüber hinaus wird in einem solchen Modell die Existenz einer Mittelklasse ausgeblendet, die sich in gegenwärtigen Gesellschaften ganz überwiegend aus Arbeitnehmern zusammensetzt. Daher differenziert Wright in seinem Modell die abhängig Beschäftigten nach zwei Dimensionen: erstens ihrer Autoritätsposition in den Produktionsbeziehungen (siehe Tabelle 2.2, wo zwischen Managern, Personen mit Aufsichtsfunktionen und Personen ohne Aufsichtsfunktionen unterschieden wird) und zweitens ihrer Qualifikation (siehe Tabelle 2.2, wo zwischen Gruppen mit unterschiedlich hoher Qualifikation unterschieden wird). Autoritätspositionen sind für Wright eine wichtige Differenzierungslinie innerhalb der Arbeitnehmerschaft, da Vorarbeiter und Manager mit ihren Aufsichtsfunktionen eine zentrale Rolle bei der Extraktion von Mehrarbeit spielen (siehe Abschnitt 2.3.2.3). Um ihre Bindung an die Ziele der Unternehmen zu festigen, erhalten sie deutlich höhere Einkommen als gewöhnliche Arbeitnehmer. Daraus resultiert auch eine widersprüchliche Klassenlage für diese Arbeitnehmer. Einerseits sind sie als Nichtbesitzer von Produktionsmitteln Teil der Arbeiterschaft, andererseits sind sie durch ihre Aufsichtsfunktionen im Produktionsprozess und ihre erhöhten Einkommen an die Ziele der Kapitalisten gebunden. Auch höher qualifizierte Arbeitnehmer erhalten höhere Einkommen als andere Arbeitnehmer: einerseits aufgrund der relativen Knappheit bestimmter Qualifikationen (siehe Abschnitt 2.3.2.1), andererseits weil die Arbeit solcher Mitarbeiter schwierig zu überwachen ist und sie daher durch spezifische Anreize wie eine höhere Bezahlung oder eine langfristige Beschäftigung mit steigendem Gehalt an die Ziele der Unternehmen gebunden werden. Aufgrund ihrer bevorzugten Situation in der Klassenstruktur nehmen auch die höher qualifizierten Arbeitnehmer widersprüchliche Klassenlagen ein. In seiner empirischen Umsetzung des Modells unterscheidet Wright jeweils drei Ausprägungen dieser Dimensionen: bei der Autoritätsdimension unterscheidet er Arbeitnehmer ohne jegliche Aufsichtsfunktion von solchen mit Aufsichtsfunktionen und von Managern, die durch ihre Beteiligung an den zentralen Entscheidungen in einem Unternehmen charakterisiert sind. Auch hinsichtlich der Qualifikationsdimension werden drei Ausprägungen unterschieden: keine Qualifikationen, mittlere Qualifikationen, die spezifische Berufsausbildungen erfordern und hohe Qualifikationen, die zumeist einen akademischen Grad voraussetzen. Kombiniert man die beiden Dimensionen, so erhält man insgesamt neun unterschiedliche Klassenlagen. In Tabelle 2.2 ist die Verteilung der Bevölkerung auf die unterschiedlichen Klassenlagen in vier hochentwickelten Ländern (Deutschland, USA, Schweden und Japan) in den achtziger Jahren dargestellt.[15] Hier wird sehr deutlich, dass die Klassenstruktur verschiedener kapitalistischer Gesellschaften deutliche Gemeinsamkeiten, aber auch Unterschiede aufweist. So zeigt sich in allen Ländern, dass die Kapitalisten im eigentlichen Sinne nur einen sehr kleinen Anteil der Bevölkerung ausmachen, der meist bei weniger als 2 % liegt. Dagegen sind die ungelernten Arbeiter als Kern der Arbeiterschaft mit einem Anteil zwischen 35 und 50 % der Bevölkerung in allen betrachteten Ländern die größte Gruppe. Fasst man diese mit den Facharbeitern als weiterem Teil der Arbeiterschaft zusammen, dann machen diese beiden Klassenlagen zwischen der Hälfte und zwei Drittel der Bevölkerung aus. In einem gewissen Sinne wird also die marxistische Polarisierungsthese damit bestätigt.

15 Erik O. Wright hat in den achtziger Jahren ein international vergleichendes Projekt zur Klassenanalyse angeregt (Comparative Class Analysis Project), in dem diese Daten erhoben wurden. Zumindest für die empirische Analyse der Klassenstruktur Deutschlands wurde sein Schema in der Folge kaum noch verwendet.

Tabelle 2.2: Klassenlagen im Modell von Erik O. Wright im internationalen Vergleich in vier Ländern in %

	Produktions-mittel		Hohe Qualifikationen		Mittlere Qualifikationen		Niedrige Qualifikationen		
> 10 Beschäftigte	**Kapitalisten**		**Experten/ Manager**		**Qualifizierte Manager**		**Ungelernte Manager**		Manager
	D	0,6	D	1,4	D	3,4	D	1,3	
	USA	1,8	USA	5,5	USA	3,7	USA	2,8	
	SWE	0,7	SWE	3,2	SWE	4,1	SWE	2,3	
	JP	1,6	JP	4,9	JP	2,0	JP	4,6	
2-9 Beschäftigte	**Kleine Arbeitgeber**		**Experten/ Aufsichts-personal**		**Qualifiziertes Aufsichts-personal**		**Ungelerntes Aufsichts-personal**		Aufsichtsfunktionen
	D	6,8	D	1,4	D	5,1	D	2,9	
	USA	6,0	USA	3,1	USA	6,3	USA	7,2	
	SWE	4,7	SWE	1,3	SWE	5,0	SWE	4,2	
	JP	6,2	JP	3,3	JP	2,3	JP	4,1	
0-1 Beschäftigte	**Klein-bürgertum**		**Experten**		**Facharbeiter**		**Ungelernte Arbeiter**		Keine Aufsichtsfkt.
	D	2,6	D	6,5	D	25,7	D	42,4	
	USA	6,8	USA	2,9	USA	13,1	USA	40,6	
	SWE	5,4	SWE	2,7	SWE	17,4	SWE	49,1	
	JP	23,2	JP	1,3	JP	10,5	JP	36,1	

D: Deutschland, USA: Vereinigte Staaten, SWE: Schweden, JP: Japan. Die Daten stammen aus Wright 1997 und Erbslöh et al. 1990.

Allerdings zeigt das Schaubild auch sehr deutlich, dass in allen Ländern neben den reinen Klassenlagen auch ein nicht unerheblicher Teil der Bevölkerung auf die widersprüchlichen Klassenlagen entfällt. Damit kann man aber auch einen Blick auf die Unterschiede zwischen den Ländern werfen. Betrachtet man die Eigentümer von Produktionsmitteln, so wird deutlich, dass diese in Schweden und Deutschland einen geringeren Anteil der Bevölkerung als in den Vergleichsländern haben. Vor allem in Japan ist das Kleinbürgertum ein wichtiges Element der Klassenstruktur, das in diesem Umfang in anderen Ländern nicht existiert. Auffällig sind auch die Unterschiede in den Anteilen der Klassenlagen der Arbeiterschaft, also den ungelernten und den Facharbeitern. Während diese in Schweden und Deutschland nahezu zwei Drittel der Bevölkerung ausmachen, sind es in den Vereinigten Staaten nur wenig mehr als die Hälfte und in Japan sogar noch weniger. Vor allem in den Vereinigten Staaten ist auffällig, dass die Klassenlagen mit Aufsichts- oder Managementfunktion stärker besetzt sind als in den Vergleichsländern.

Wrights Klassenschema ermöglicht die Analyse von differenzierten Klassenstrukturen jenseits des Gegensatzes von Kapitalisten und Arbeitern im traditionellen marxistischen Modell. Darüber hinaus geht er auch davon aus, dass die Herausbildung von Klassen mit gemeinsamen Verhaltensweisen, Organisationsformen und Bewusstsein nicht zwangsläufig aus der Klassenstruktur resultiert, sondern in Abhängigkeit von der jeweiligen Ausprägung der Klassenstruktur in historischen Prozessen stattfindet und sich damit auch von Land zu Land unterscheiden kann. Den Einfluss der Klassenlage auf klassenspezifische Einstellungen, Freundschaftsbeziehungen und zahlreiche Verhaltensweisen hat er empirisch geprüft und geht damit einen erheblichen Schritt über die marxistische Orthodoxie hinaus, die von empirischen Untersuchungen meist eher Abstand gehalten hat (Wright 1997). Mit seinem Modell hat sich Wright sehr nahe an die weberianische Klassenanalyse angenähert, da er die Relevanz verschiedener Ressourcen für die Produktionsbeziehungen wie für die Marktchancen berücksichtigt, die daraus resultierende Pluralität von Interessen in Rechnung stellt und nicht davon ausgeht, dass ein Prozess der Klassenbildung, in dem sich ein revolutionäres Proletariat herausbildet, zwangsläufig ist. In zwei zentralen Punkten bleibt sein Modell aber in der marxistischen Tradition: einerseits mit seinem Fokus auf die Ausbeutungsbeziehungen und ihre organisatorische Umsetzung im Produktionsprozess, die damit auch die reinen Klassenlagen im Kapitalismus konstituieren (Kapitalisten versus ungelernte Arbeiter, die er in früheren Publikationen auch als Proletarier bezeichnet hat), andererseits in der Tatsache, dass die Klassenlagen der Arbeiter weiterhin den größten Teil der Bevölkerung ausmacht. Vergleichbare Resultate findet man auch in der neomarxistischen Forschung in Deutschland in den siebziger Jahren. In diesen Studien, die weit näher an der traditionellen marxistischen Theorie verbleiben als Wright, macht die Arbeiterklasse regelmäßig zwischen 60 und 80 % der Bevölkerung aus (PKA 1973; Tjaden/Tjaden-Steinhauer 1973). Mit einer solchen Klasseneinteilung der Bevölkerung kann man in der empirischen Sozialforschung relativ wenig anfangen. Wenn ein großer Teil der Bevölkerung in eine soziale Klasse gestuft wird, können mit einem solchen Konzept die vielfältigen Unterschiede zwischen den Personen, die zu dieser Klasse gehören, eben nicht mehr erklärt werden.

Das in der gegenwärtigen international vergleichenden empirischen Forschung am häufigsten verwendete Klassenmodell wurde von John Goldthorpe in einer Reihe von Publikationen entwickelt. Da es zum ersten Mal in einem Aufsatz mit Erikson und Portocarero (1979) verwendet wurde, wird es häufig auch mit dem Namen EGP-Klassenschema abgekürzt. Die theoretischen Grundlagen des Modells hat Goldthorpe allerdings erst später weiterentwickelt (Goldthorpe 2000; Breen 2005). Ausgangspunkt des Modells war der Versuch, Berufsgruppen so zu Klassenlagen zusammenzufassen, dass sie einerseits möglichst homogen im Hinblick auf ihre Marktchancen sind, andererseits möglichst homogen im Hinblick auf ihre Arbeitsbedingungen. Ähnlich wie in einem marxistischen Modell werden daher im ersten Schritt die verschiedenen Klassen aufgrund ihres Besitzes von Produktionsmitteln unterschieden, so dass man Selbständige mit und ohne Angestellte von den Arbeitnehmern unterscheiden kann. Diese werden dann wiederum auf der Basis ihrer spezifischen Arbeitsbeziehung differenziert. Dabei schließt Goldthorpe in seinen Überlegungen an organisationssoziologische Diskussionen an, in denen die Frage behandelt wurde, wie Arbeitgeber ihre Beschäftigten, die typischerweise einen gewissen Handlungsspielraum haben, dazu bewegen, tatsächlich im Interesse des Unternehmens bzw. des Arbeitgebers zu handeln.[16] Das Resultat dieser Forschung ist, dass die Arbeitgeber

16 Diese Fragestellung hat eine deutliche Nähe zur marxistischen Diskussion über die Extraktion von Mehrarbeit (vgl. Bowles/Gintis 1990).

in Abhängigkeit von den Merkmalen der jeweiligen Arbeit unterschiedliche Strategien verwenden, um die Arbeitnehmer in das Unternehmen einzubinden und zu einer relativ hohen Leistung zu bewegen. Dabei stehen vor allem zwei Merkmale im Vordergrund: einerseits die Möglichkeit der Kontrolle und Überwachung der Arbeitsleistung, andererseits die Notwendigkeit von spezifischen Qualifikationen für die jeweilige Tätigkeit. Arbeitstätigkeiten sind unterschiedlich leicht zu überwachen und zu kontrollieren. So kann man beispielsweise die Leistung von Bandarbeitern relativ leicht in ihrer Quantität und Qualität messen. Dagegen ist die Beurteilung der Arbeitsleistung eines Rechtsanwalts schon sehr viel schwieriger: hat er den Fall verloren, weil er unfähig ist oder weil man den Fall gar nicht gewinnen konnte? Spezifische Qualifikationen sind Fähigkeiten, die nur für bestimmte Unternehmen relevant sind. Aus Sicht des Arbeitnehmers gibt es daher nur wenige Anreize in diese Qualifikationen zu investieren, da sie außerhalb eines bestimmten Unternehmens keinen Wert haben. Dagegen haben die Arbeitgeber ein starkes Interesse am Verbleib von Arbeitnehmern mit solchen Qualifikationen, da diese nicht ohne weiteres auf dem Arbeitsmarkt angeboten werden. Goldthorpe behauptet, dass Arbeitnehmer, deren Leistung leicht zu kontrollieren ist und für deren Tätigkeit keine spezifischen Qualifikationen notwendig sind, typischerweise einen sogenannten Lohnarbeitsvertrag erhalten. Sie werden nach der Zahl ihrer Arbeitsstunden oder sogar im Stücklohn bezahlt, haben kurze Kündigungsfristen und wenig Aufstiegschancen in Unternehmen. Beschäftigte, die über spezifische Qualifikationen verfügen und schwierig zu überwachen sind, haben typischerweise einen sogenannten Dienstvertrag. Sie werden nicht stundenweise bezahlt, sondern erhalten ein monatliches Gehalt, haben größere Beschäftigungssicherheit und Karrierechancen innerhalb des Unternehmens und können im Verlaufe ihrer Karriere mit einem kontinuierlich steigenden Gehalt rechnen. Während also im Lohnarbeitsvertrag relativ kurzfristig die Leistung kontrolliert und vergütet werden kann, werden im Dienstvertrag Leistungsanreize für die Beschäftigten durch ihre Zukunftschancen im Unternehmen hergestellt. Daneben existieren allerdings noch Mischtypen, in denen entweder die Überwachung schwierig ist, wie bei vielen

Angestellten im Dienstleistungs- und Verwaltungsbereich oder spezifische Qualifikationen gefordert sind, wie bei Vorarbeitern und Meistern, die mit den technischen und organisatorischen Abläufen im jeweiligen Unternehmen eine sehr hohe Vertrautheit aufweisen müssen. Die aus diesem theoretischen Modell resultierende Klassenstruktur ist in Tabelle 2.3 dargestellt (vgl. Beckmann/Trometer 1991). In diesem Schema wird deutlich, dass die verschiedenen Berufsgruppen erstens nach dem Grad ihrer Selbständigkeit, zweitens aber nach ihrer Arbeitsbeziehung klassifiziert sind. In der Dienstklasse finden sich die Berufsgruppen für die typischerweise eine Leistungskontrolle schwierig ist und die über spezifische Qualifikationen verfügt, dagegen befinden sich in den Klassenlagen der Arbeiterschaft die Gruppen, für die die Leistungsüberwachung relativ leicht ist und die eher nicht über spezifische Qualifikationen verfügen. Die Routineangestellten stellen einen Mischtyp dar, da ihre Leistung nicht so einfach zu überwachen ist, sie aber nicht über spezifische Qualifikationen verfügen. Dagegen stellt die Gruppe der Meister, Techniker und Vorarbeiter einen Mischtyp dar, da sie zwar über spezifische Qualifikationen verfügen, aber ihre Leistung relativ gut kontrolliert werden kann. Neben diesen beiden Kriterien der Klassifikation werden im Klassenschema nach Goldthorpe darüber hinaus die verschiedenen Klassenlagen noch einmal hierarchisch nach Qualifikation und Autoritätsposition gegliedert, so die Dienstklasse, die Arbeiter und die Routineangestellten, wo jeweils eine höhere und eine niedrigere Gruppe unterschieden werden. Schließlich wird als viertes Kriterium der Klassifikation auch eine sektorale Unterscheidung vorgenommen, da die landwirtschaftlichen Berufsgruppen separat klassifiziert werden. Betrachtet man die Daten für West- und Ostdeutschland im Jahr 2006 in der Tabelle 2.3, dann wird deutlich, dass es, anders als im Klassenschema von Wright, keine Klassenlage gibt, die einen sehr großen Teil der Bevölkerung umschließt. Die beiden Klassenlagen der industriellen Arbeiterschaft umfassen gerade mal einen Anteil von ca. einem Drittel der Bevölkerung. Im Vergleich von Ost- und Westdeutschland zeigt sich, dass die höheren Klassenlagen, also die beiden Dienstklassenlagen, in Ostdeutschland etwas schwächer besetzt sind, während die Arbeiterschaft und die landwirtschaftlichen

Klassenlagen in Ostdeutschland einen etwas größeren Teil der Bevölkerung einnehmen.[17]

Das Schema wird von Goldthorpe als eine relativ pragmatische Klassifikation von Berufsgruppen für die empirische Forschung verstanden, daher können die Klassenlagen unproblematisch zusammengefasst werden, so dass man das Schema auch in einer Version mit sieben oder vier Klassenlagen finden kann. In der empirischen Forschung hat es sich stärker bewährt als das Klassenstrukturmodell von Erik O. Wright (Marshall et al. 1988). Dies hat nicht zuletzt damit zu tun, dass in diesem Schema die abhängig erwerbstätige Bevölkerung durch die Unterscheidung der Klassenlagen der Arbeiterschaft und der Routineangestellten stärker differenziert wird, so dass soziale Phänomene wie das Wahlverhalten und Einstellungen besser erklärt werden können. Mit leichten Veränderungen ist daher das Goldthorpe Klassenschema, das in einigen Ländern nur mit Problemen empirisch operationalisierbar ist, in das ESeC überführt worden, die Europäische Sozioökonomische Klassifikation (Müller et al. 2006). Damit liegt eine international vergleichbare Schematisierung für Klassenlagen für die empirische Forschung auf Grundlage des Klassenmodells von Goldthorpe vor.

---

17 Die Genossenschaftsbauern in Ostdeutschland wurden hier den landwirtschaftlichen Selbständigen zugeschlagen.

Tabelle 2.3: Das Klassenschema nach Goldthorpe

	Kontrolle schwierig	Spezifische Qualifikationen	2006 West %	2006 Ost %
I Obere Dienstklasse (höhere und mittlere Ränge von akademischen, Verwaltungs- und Managementberufen, Großunternehmer)	+	+	10,6	8,5
II Untere Dienstklasse (untere Ränge von akademischen, Verwaltungs- und Managementberufen)	+	+	25,8	21,1
IIIa Höhere Routineangestellte (höhere und mittlere Ränge der Büro- und Verkaufsberufe)	+	–	7,0	5,9
IIIb Untere Routineangestellte (niedrigere Ränge der Büro- und Verkaufsberufe)	+	–	6,1	5,1
IVa Selbstständige mit Angestellten (Selbstständige mit 2-49 Mitarbeitern)			3,2	3,0
IVb Kleine Selbstständige ohne Angestellte (Selbständige mit 0-1 Mitarbeitern)			5,0	5,5
IVc Landwirte			1,8	2,3
V Vorarbeiter/ Meister/Techniker	–	+	7,7	7,3
VI Facharbeiter	–	–	15,7	28,4
VIIa Un- und angelernte Arbeiter	–	–	16,2	9,8
VIIb Un- und angelernte Arbeiter in der Landwirtschaft	–	–	1,1	3,1

Datenquelle: Allbus 2006

Auch gegen das Klassenmodell von Goldthorpe sind allerdings schwerwiegende Kritikpunkte vorgebracht worden, von denen hier einige genannt werden sollen. Erstens ist es problematisch, dass die Großunternehmer zusammen mit den akademisch Gebildeten und den Managementberufsgruppen zusammen in die obere Dienstklasse eingeteilt werden (Breen 2005: 40). Dies mag aus pragmatischen Gründen gerechtfertigt sein, da in Bevölkerungsumfragen diese Gruppe nur einen sehr kleinen Anteil an den Befragten ausmacht (vgl. Tabelle 2.2), allerdings handelt es sich hier klassentheoretisch um eine besonders bedeutsame Gruppe, die darüber hinaus vom Rest der Dienstklasse durch ihren Besitz von Produktionsmitteln separiert ist. Zweitens kann gefragt werden, ob eine solche Klassifikation von Berufsgruppen in unterschiedliche Klassenlagen überhaupt sinnvoll ist. Es setzt nämlich voraus, dass zwischen den Klassenlagen klare Grenzen bestehen und keine fließenden Übergänge. Dies wird z. B. von Prandy verneint, der betont, dass sich die unterschiedlichen Berufe auf einer hierarchischen und eindimensionalen Skala abbilden lassen und es keine Hinweise auf klar separierte Klassenlagen auf dieser Skala finden lassen (Prandy 1998). Zu dieser Frage kommen wir im Abschnitt 2.4.1.2 über Schichten und Statuskonzepte noch genauer, da dort vergleichbare eindimensionale Konzepte des sozialen Status vorgestellt werden. Drittens gibt es kritische Rückfragen zu der theoretischen Begründung des Klassenschemas, speziell zur Einteilung der abhängig Erwerbstätigen. In empirischen Studien ergeben sich gewisse Zweifel daran, ob die Merkmale von Dienst- und Lohnarbeitsverträgen entsprechend dem theoretischen Modell von Goldthorpe auf die verschiedenen Klassen verteilt ist (Tahlin 2007, vgl. aber O'Reilly/Rose 1998). Damit wird deutlich, dass an der theoretischen Begründung des Klassenschemas nach Goldthorpe noch gearbeitet werden muss (Breen 2005: 39). Man kann sich an dieser Stelle die Frage stellen, ob die beiden vorgestellten neueren klassentheoretischen Konzepte letztlich nicht auf einem ähnlichen Fundament basieren. In beiden Konzepten wird unterstellt, dass die Akteure mit unterschiedlichen Ressourcen (Produktionsmittel, Qualifikationen) auf Märkten agieren und dabei soziale Beziehungen in Unternehmen eingehen. Das jeweilige Verhalten auf den Märkten und die jeweilige Position in den sozialen Beziehungen hängen dabei natürlich von der Art und Höhe der Ausstattung mit Ressourcen ab (Elster 1986: 331). In diesen sozialen Beziehungen können die Akteure einerseits weitere Ressourcen erwerben, so die Arbeitnehmer positionale Autorität, aber auch kollektive Solidarität zur Durchsetzung von spezifischen Interessen, andererseits verfolgen sie bestimmte Strategien um ihre Interessen durchzusetzen. Genau wie es von Wright und Goldthorpe beschrieben wird, versuchen die Kapitalbesitzer durch bestimmte Strategien und Anreize die Leistung und Effektivität der Arbeitnehmer zu erhöhen,[18] dagegen werden die Arbeitnehmer ihre verschiedenen Ressourcen einsetzen, um möglichst hohe Vergütungen und angenehme Arbeitsbedingungen durchzusetzen. Das Ergebnis dieser Auseinandersetzungen und die daraus resultierenden Klassenlagen hängen ganz wesentlich von den zur Verfügung stehenden Ressourcen der beiden Akteure ab (Breen 2005; Weakliem 1990; Fligstein/Fernandez 1988). Insofern könnte eine stärker ressourcentheoretische Herangehensweise die theoretischen Probleme der vorgestellten Klassenschemata lösen.

Ein weiteres, vielbeachtetes Klassenschema, das sich nicht ohne weiteres der marxistischen oder der weberianischen Tradition zuordnen lässt, hat Pierre Bourdieu, dessen Kapitalkonzept schon ausführlich erläutert wurde, entwickelt. Da sein theoretisches Konzept die Klassenstruktur aber eng mit dem Lebensstilkonzept verbindet – so spricht Hans-Peter Müller (1992) von einer soziokulturellen Klassentheorie – soll dieses Modell erst in Abschnitt 5.2 erläutert werden.

In den Vereinigten Staaten haben vor allem David Grusky und Kim Weeden in einer Serie von Publikationen eine Revitalisierung der Klassentheorie vorgeschlagen (Weeden et al. 2007; Weeden/Grusky 2005; Grusky/Weeden 2001; Grusky/Sörensen 1998). Die beiden Autoren (Grusky/Weeden 2005) kritisieren die gängigen Klassenstrukturkonzepte, da sie zwar einerseits soziale Phänomene auf der individuellen Ebene erklären wollen, andererseits aber weiterhin auf der Ebene von *Makroklassen* (big classes) verbleiben und daher typischerweise nur eine relativ geringe Erklärungskraft aufweisen. Daher schlagen die beiden die Erstellung einer Klassenstruktur von *Mikroklassen* vor, die aus Berufsgruppen bzw.

---

18 Ob man hier von Ausbeutung im Sinne von Wright sprechen sollte ist eine Frage, die an dieser Stelle kaum zu beantworten ist.

Berufen besteht. In einer empirischen Studie, die die Erklärungskraft dieser Mikroklassen mit der von Makroklassen und von Statusskalen (siehe Abschnitt 2.4.1.2) vergleicht, verwenden sie z. B. eine Klassenmatrix mit insgesamt 126 Klassenlagen. Theoretisch verweisen sie darauf, dass die entscheidenden Mechanismen der Prägung klassenspezifischer Lebensbedingungen, Einstellungen und Verhaltensweisen überwiegend nicht auf der Ebene der Makroklassen ablaufen, sondern auf der Ebene der Mikroklassen (Grusky/Weeden 2005: 150). Dabei nennen sie vor allem drei Mechanismen der Herstellung von Homogenität innerhalb von Klassen: 1) Eine wichtige Ursache klassenspezifischer Homogenität sind die Allokationsprozesse, also Zuordnungsprozesse, in denen Personen einer Klasse zugeordnet werden. Auf der Seite der Beschäftigten finden typischerweise Prozesse der Selbstselektion statt, weil bestimmte Einstellungen, Lebensstile und demographische Merkmale eher zu bestimmten Berufen und nicht zu anderen passen. Hier verweisen sie auf das Beispiel der Soziologen, die häufig linksliberale bis linke politische Ansichten haben und nicht zuletzt deshalb ein Fach wählen, das genau diesen politischen Ruf hat. Darüber hinaus sind aber auch die Arbeitgeber an diesen Allokationsprozessen beteiligt und sorgen durch ihre Selektionsmechanismen für zusätzliche Homogenität unter den Angehörigen einer Berufsgruppe. 2) Des weiteren nennen Grusky und Weeden eine Reihe von Mechanismen der sozialen Konditionierung, die wiederum eher auf der Ebene der Berufsgruppe und nicht auf der Ebene der Makroklassen funktionieren. Erstens werden Angehörige eines Berufs häufig durch eine ähnliche Ausbildung geprägt, zweitens entwickeln sich innerhalb der Angehörigen eines Berufs typische Interaktionsnetze mit anderen Berufskollegen, drittens formieren sich gemeinsame Interessen auf der Basis ähnlicher Arbeitsbedingungen und viertens werden spezifische Arbeitserfahrungen über den beruflichen Kontext hinaus generalisiert. So weiß man beispielsweise, dass Arbeitnehmer mit einer größeren Komplexität ihrer Arbeitsanforderungen und einer höheren Autonomie am Arbeitsplatz diese Erfahrungen auch in den Bereich der innerfamilialen Interaktion und in den Freizeitbereich übertragen (Schooler/Mulatu 2001). 3) Dann verweisen sie noch auf die Institutionalisierung spezifischer Regeln im Hinblick auf bestimmte Berufsgruppen, seien es die Qualifikationsanforderungen, die Überstundenregelungen usw. Aus ihrer Sicht funktionieren diese Mechanismen vor allem auf der Ebene der Mikroklassen. Daher sollte man – wenn man individuelle soziale Phänomene erklären möchte – die Erklärungen auf der Ebene der Mikroklassen ansiedeln.

In einer empirische Studie können Grusky und Weeden (2005) im Hinblick auf eine Vielzahl von Variablen aus den Bereichen der Lebenschancen, des Lebensstils, der Einstellungen und demographischen Merkmale zeigen, dass die Makroklassen – sie verwenden unter anderem das Klassenschema von Goldthorpe – und Statusskalen nur einen Bruchteil der Varianz aufklären können, die von den Mikroklassen erklärt wird. Darüber hinaus verteidigen sie ihren theoretischen Vorschlag auch gegen potentielle Kritiker aus dem Lager der Makroklassentheoretiker. Ihrer Meinung nach funktionieren Berufe und Berufsgruppen tatsächlich wie Klassen. Denn es sind genau diese Gruppen, die gemeinsame Interessen und Berufsvorstellungen entwickeln, die sich typischerweise in Gewerkschaften und Berufsverbänden organisieren und damit auch ihre Interessen teilweise durchsetzen können, indem bestimmte Regeln institutionalisiert werden und Mechanismen der sozialen Schließung etabliert werden. Sie entsprechen also den Merkmalen, die man gewöhnlich an den Klassenbegriff stellt.

Der theoretische Ansatz von Grusky und Weeden ist ein innovativer Beitrag zur klassentheoretischen Diskussion, da er Möglichkeiten zu einer Erhöhung der Erklärungskraft von Modellen der Klassenstruktur vorschlägt. Da es sich hier um ein ganz neues Konzept handelt, bleibt abzuwarten, wie es sich empirisch in verschiedenen Bereichen bewährt. Allerdings gibt es mindestens drei Probleme mit diesem Ansatz: erstens erreicht man mit Hilfe einer Mikroklassenstruktur nicht die gewünschte Übersichtlichkeit in der Beschreibung der Struktur sozialer Ungleichheit, die hier als ein Motiv zur Verwendung von Klassen- und Schichtmodellen angeführt wurde. Dazu sind 126 Mikroklassen doch zu viel. Zweitens könnte aber in diesem Modell übersehen werden, dass die Mikroklassen innerhalb der Makroklassen typische Gemeinsamkeiten aufweisen, da sie ähnliche klassenspezifische Ressourcen investieren. Dies wird in Weedens Studie über berufliche Schließung sehr deutlich (Weeden 2002). Dort zeigt sich, dass es (makro)klassenspezifische Unterschiede in der Anwendbarkeit spezifischer Schließungsmechanismen gibt. So funktionieren klassische Gewerkschaften überwiegend in der Arbeiterklasse, während Strategien der Schließung durch Bildung in der Arbeiterklasse keinerlei Wirkung zeigen. Ausschließungsstrategien durch Bildungszertifikate sind vor allem für höhere Angestellte und Angehörige der freien Berufe erfolgreich. Drittens ist aber die Vorgehensweise von Weeden und Grusky letztlich recht variablensoziologisch. Dass man mit 126 Mikroklassenkategorien sicherlich eine gewisse Varianz in den Einstellungen, Verhaltensweisen und Lebenslagen von Personen erklären kann, ist nachvollziehbar. Im zweiten Schritt würde man aber auch gerne wissen, welche Mechanismen denn nun eigentlich genau bestimmte Einstellungen im Vergleich zwischen Berufsgruppen erklären. Insgesamt muss man festhalten, dass der theoretische Vorschlag von Grusky und Weeden für die nächsten Jahre ein interessanter Gegenstand für die soziologische Forschung sein wird, dass er sich aber für die Zwecke einer übersichtlichen Darstellung der Struktur sozialer Ungleichheit kaum eignet.

Zusammenfassung

Klassenstrukturmodelle teilen die Bevölkerung nach vorwiegend ökonomischen Kriterien in verschiedene Gruppen ein, die aufgrund ihrer Klassenlage gegensätzliche Interessen haben. Die Klassen sind in der Regel nicht ohne weiteres in einer linearen Hierarchie anzuordnen. Das Ziel der älteren Klassentheorie war vorwiegend die Erklärung von makrosoziologischen Prozessen des Wandels, während die neueren Klassenanalysen stärker an der Erklärung individueller Verhaltensformen und Einstellungen interessiert ist. Die weberianische Traditionslinie der Klassenanalyse betrachtet unterschiedliche Klassenlagen vor allem als Resultat von ungleichen Marktchancen, während die marxistischen Klassentheoretiker darüber hinaus Klassen durch ihre sozialen Beziehungen in der Sphäre der Produktion charakterisieren. Während daher weberianisch geprägte Modelle eine größere Anzahl von sozialen Klassen unterscheiden, steht im Mittelpunkt von marxistischen Klassentheorien weiterhin in stärkerem Maße der Gegensatz zwischen Kapitalisten und Proletariat. In einem neuen Klassenmodell haben Grusky und Weeden vorgeschlagen, auf die Verwendung der traditionellen Makroklassen vollständig zu verzichten und stattdessen Mikroklassenkonzepte zu verwenden, die bei der Erklärung von Verhaltensformen und Einstellungen deutlich erfolgreicher sind.

Weiterführende Literatur

Einen umfassenden Überblick über die gegenwärtige klassentheoretische Diskussion gibt:

- Erik O. Wright (Hg.), 2005: Approaches to Class Analysis. Cambridge: Cambridge University Press.

Einen guten Ausschnitt aus der Originalliteratur findet man bei:

- David B. Grusky (Hg.), 2008: Social Stratification. Class, Race and Gender in Sociological Perspective. Boulder: Westview: 74-186.

Wiederholungsfragen

- Aufgrund welcher Merkmale grenzen Marx und Weber die verschieden Klassen ab?
- Welche Klassen unterscheiden Marx und Weber in der Gesellschaft?
- Welche Unterschiede gibt es zwischen marxistischen und weberianischen Klassenmodellen?
- Welche Differenzierungen nimmt Erik O. Wright an der traditionellen marxistischen Klassentheorie vor?
- Wie werden soziale Klassen bzw. Klassenlagen im Modell von Goldthorpe abgegrenzt?

- Was sind die Vor- und Nachteile eines Mikroklassenkonzepts, wie es von Grusky und Weeden vorgeschlagen wird?

2.4.1.2 Soziale Schichten und Statusskalen

Im Gegensatz zu Klassenmodellen versuchen Konzepte *sozialer Schichten* und Skalen zur Messung des *sozialen Status* die Struktur der sozialen Ungleichheit auf einer einzigen vertikalen Dimension deskriptiv abzubilden. Sie sind meist weniger stark mit bestimmten theoretischen Vorstellungen über die Grundstruktur der Wirtschaft verknüpft und interessieren sich typischerweise auch weniger für schichtspezifische Interessen als Grundlagen kollektiven Handelns. Allerdings wird in Schichtkonzepten häufig angenommen, dass die Mitglieder einer Schicht nicht nur eine vergleichbare Position in der Struktur sozialer Ungleichheit einnehmen, sondern auch ähnliche Mentalitäten, Lebensstile und Einstellungen aufweisen. Dabei wird in Schichtmodellen unterstellt, dass man die vertikale Dimension der Struktur sozialer Ungleichheit in verschiedene Schichten separieren kann, die durch klare Grenzen getrennt sind, während in Statusskalen ein stärker graduelles Modell sozialer Ungleichheit unterstellt wird, bei dem Personen sich zwar in ihrer Position auf der Statusskala unterscheiden, aber nicht durch eine klare Zugehörigkeit zu einer eindeutig abgrenzbaren sozialen Schicht.[19] Unter *Status* versteht man in der Soziologie typischerweise die Position einer Person in der Verteilungsstruktur einer bestimmten Ressource, z. B. ihre Position in der Einkommensverteilung oder der Bildungsstruktur. Hier sollen vier Typen derartiger Modelle vorgestellt werden: erstens verschiedene Modelle von Prestigeschichten oder -skalen, zweitens Modelle der subjektiven Schicht-

---

19 Ein gewisses sprachliches Problem bei der Abgrenzung von Schichtmodellen resultiert aus der Tatsache, dass in der angelsächsischen Soziologie sowohl Schicht- als auch Klassenkonzepte mit dem Begriff „class" bezeichnet werden. Der Ausdruck „strata" als eigentliche wörtliche Übersetzung von Schicht findet sich in der englischsprachigen Literatur ausgesprochen selten.

identifikation, drittens Konzepte, die sich allein auf den Beruf stützen und schließlich viertens mehrdimensionale Modelle, die mehrere Indikatoren zur Messung von sozialem Status oder Schichtzugehörigkeit heranziehen.

1) Der Begriff des sozialen Prestiges in der Soziologie verweist auf die Wertschätzung oder Anerkennung, die bestimmten Personen oder sozialen Gruppen entgegengebracht wird (siehe Kasten: Prestige und Macht in Abschnitt 2.1). Prestige ist also nicht einfach ein Merkmal einer Person oder einer Gruppe, sondern eine Relation zwischen diesen und dem Rest der Gesellschaft, die Anerkennung oder Wertschätzung bezeugt. Vor allem Edward Shils hat immer wieder darauf verwiesen, dass Prestige ein relationales Merkmal ist, bei dem eine bestimmte Person oder ein Kollektiv anderen Personen oder sozialen Gruppen Ehrerbietung erweist, weil diese Personen über bestimmte Merkmale verfügen, die als anerkennenswert wahrgenommen werden. Typischerweise handelt es sich dabei in modernen Gesellschaften um Aspekte der sozialen Ungleichheit, wie der jeweilige Beruf, das Einkommen oder die Bildung (Shils 1968).

Die Beschäftigung mit dem Prestige geht in der Sozialstrukturanalyse mindestens zurück bis auf Max Weber. Dieser hat von der primär ökonomisch begründeten Klassenlage die sogenannte *ständische Lage* unterschieden, in der Unterschiede in der sozialen Schätzung, also dem Prestige, unterschiedlicher Gruppen zum Ausdruck kommen (Weber 1985: 179). Ein klassisches Beispiel stellt die Situation der sogenannten „Neureichen" dar, die zwar eine privilegierte Klassenlage, meist als erfolgreiche Unternehmer, haben, die aber von den alteingesessenen Eliten nicht akzeptiert werden, da sie nicht über entsprechende Manieren und Sitten verfügen. Diese besonders ständische Anerkennung beruht zumeist auf einer besonderen Form der Lebensführung, einer bestimmten Ausbildung, einer privilegierten sozialen Herkunft oder der Ausübung eines bestimmen Berufes. Sie drückt sich in den Heirats- und Freundschaftsnetzwerken aus, d. h. andere Personen werden als Heiratspartner oder Freunde aufgrund ihrer spezifischen sozialen Schätzung, also ihrem sozialen Prestige ausgewählt. Webers Begrifflichkeit ist leider in der internationalen Soziologie etwas verschlungene Wege gegangen, so dass es an manchen Stellen zu einem gewissen Durcheinander kommt. Webers Begriff des Standes ist in das Englische als „Status“ übersetzt worden. Damit kann aber Status zwei verschiedene Bedeutungen haben, einerseits wird er äquivalent mit Webers Vorstellung von sozialer Schätzung und Prestige verwendet (so z. B. Chan/Goldthorpe 2004), andererseits aber als Status im Sinne der objektiven Position in der Struktur der sozialen Ungleichheit (Featherman/Hauser 1976). Hier soll weiterhin von Prestige gesprochen werden, wenn es um die soziale Wertschätzung bestimmter Gruppen geht und von Status, wenn es um die Position in der Struktur sozialer Ungleichheit geht.

Ein dem Weberschen Konzept der ständischen Wertschätzung nahestehendes Schichtkonzept hat William L. Warner in verschiedenen Gemeindestudien in den Vereinigten Staaten entwickelt. Dabei versteht er unter Schichten (im Englischen „class“) Personengruppen, die von den anderen Mitgliedern einer Gemeinschaft aufgrund ihres Prestiges sozial höher oder niedriger eingestuft werden. Diese Vorstellung von Schicht ist also eng mit Webers Konzept des Standes verwandt. Dabei verwendet er offensichtlich eine relationale Konzeption von Prestige, der Warner auch in seiner methodischen Vorgehensweise folgt, er befragt nämlich seine Informanten und Probanden nach dem jeweiligen Prestige der anderen Gemeindemitglieder. Hier wird also explizit das Prestige als ein Resultat der Wahrnehmung und Bewertung bestimmter Personen durch die Gemeinschaft definiert und operationalisiert. Auf diese Weise kommt er zu einer Einteilung in drei Schichten mit relativ klar abgegrenzten sozialen Netzwerken, Ansprüchen und Rechten in der alltäglichen Interaktion. Freilich ist seine Vorgehensweise recht aufwändig und kaum auf eine Analyse der Schichtstruktur ganzer Länder zu übertragen. Daher hat Warner einen „Index of Status Characteristics“ entwickelt. Dieser unterstellt, dass bestimmte Merkmale von Personen typischerweise von anderen Personen positiv beurteilt und mit Prestige versehen werden. Dabei berücksichtig er den Beruf, das Einkommen, den Haustyp und die Wohngegend. Auf der Grundlage dieser vier Merkmale konstruiert Warner einen Index, der für die Einstufung der Personen in einer Gemeinde in die Schichtstruktur verwendet wird. In einem solchen Index wird also nicht mehr das Prestige der Personen direkt abgefragt, wie es in sozialen Bewertungen oder Interaktionsprozessen zum Ausdruck kommt, sondern die Ausstattung der Personen mit bestimmten Merkmalen, die lediglich die Grundlage für die Zuerkennung von Prestige durch die anderen Akteure bilden. In Deutschland wurde eine vergleichbare Vorgehensweise vor allem im sogenannten *Scheuch-Index* gewählt, der in seiner letzten Variante aus drei Indikatoren zusammengesetzt war, dem Einkommen, der beruflichen Stellung und der Bildung der Befragten. Auch hier wurde unterstellt, dass diese Merkmale von Akteuren von anderen Personen positiv bewertet werden und damit eine Grundlage von sozialem Prestige darstellen. Sowohl beim „Index of Status Characteristics" als auch beim Scheuch-Index handelt es sich um mehrdimensionale Skalen, die aus mehreren Komponenten zusammengesetzt sind. Diese werden zumeist gebildet, indem den verschiedenen Ausprägungen der unterschiedlichen Komponenten Punktwerte zugesprochen werden, die dann mit unterschiedlichem Gewicht in den Gesamtindex eingehen. Damit ist auch ein zentrales Problem solcher Indizes verbunden, da die Punktverteilung und deren Gewichtung kaum theoretisch zu begründen sind. Ein weiteres Problem entsteht, wenn der Index nicht als eindimensionale Prestigevariable verwendet wird, sondern in mehrere, klar von einander abgegrenzte Schichten aufgeteilt wird, da auch für die Grenzziehung zwischen den Schichten keine klare theoretische Begründung vorliegt. In der gegenwärtigen Diskussion findet man den Scheuch-Index häufig in der sozialmedizinischen und epidemiologischen Forschung (vgl. Winkler 1999; Jöckel et al. 1998). Dort wird er aber zumeist nicht mehr als Maß für das Prestige verwendet, sondern als ein mehrdimensionaler Index des sozioökonomischen Status, der vor allem durch Einkommen, Beruf und Bildung bestimmt ist (vgl. weiter unten die Diskussion zu mehrdimensionalen Statusindizes).

Neben den vorgestellten Ansätzen existieren noch zwei weitere, häufig verwendete Methoden zur Bestimmung des Prestiges von Personen. Einerseits haben zahlreiche Forscher Umfragen durchgeführt, in denen sie das Prestige bestimmter Berufe erfragt haben, da man davon ausging, dass die Berufe von Personen die zentralen und stabilen Merkmale sind, an denen sich die Zuteilung von Anerkennung oder Wertschätzung festmacht. Diese wurden dann zu einem Index des Berufsprestiges zusammengefasst (vgl. Wolf 1995). Dazu gehört die von Donald Treiman entwickelte *Standard International Occupational Prestige Scale (SIOPS)* und die von Bernd Wegener vorgestellte Magnitude-Prestigeskala. Neben diesen auf Befragungen über die Wertschätzung von Berufen basierenden Prestigeskalen existieren andererseits auch Skalen, die an eine stärker relational oder interaktionstheoretisch fundierte Vorstellung von Prestige anknüpfen. Eine zentrale, mit dem Begriff des Prestiges verbundene Vorstellung ist, dass die Menschen sich ihre Freunde und Lebenspartner nach dem jeweiligen Prestige aussuchen. Daher kann man auf der Basis der Anzahl von Freundschafts- und Heiratsbeziehungen zwischen den Mitgliedern unterschiedlicher Berufsgruppen die Nähe und Distanz zwischen diesen Gruppen empirisch messen. Menschen aus Berufsgruppen, die sich in ihrem Prestige stark unterscheiden, werden dementsprechend selten Freundschaftsbeziehungen knüpfen oder gar eine Partnerschaft eingehen. In den siebziger Jahren wurde in Deutschland eine ganze Reihe von empirischen Studien auf der Grundlage dieser Idee durchgeführt (Pappi 1973; Reuband 1975; Mayer 1977). So hat Mayer in seiner Studie verheiratete Paare untersucht, wobei er für die Männer die jeweilige berufliche Stellung erfasst hat und auf Seiten der Frauen die berufliche Stellung ihres Vaters. Auf dieser Grundlage konnte er analysieren, welche Berufsgruppen eine größere oder kleinere Distanz zueinander aufweisen. In dieser Studie wurde deutlich, dass es eine, relativ klar ausgeprägte Skala der sozialen Über- und Unterordnung in Deutschland gibt, wobei am einen Ende die ungelernten Arbeiter in der Landwirtschaft standen und am anderen Ende die freien Berufe mit mindestens zwei Mitarbeitern. Auch gegenwärtig wird diese Art der Prestigemessung noch verwendet. John Goldthorpe hat zur Ergänzung seines oben dargestellten Klassenkonzepts in den vergangenen Jahren auch ein Modell zur Erfassung des jeweiligen Prestiges von Berufsgruppen auf der Basis von Freundschaftsbeziehungen entwickelt, um damit die Weberianische Gegenüberstellung von Klasse und Stand auch für gegenwärtige

Gesellschaften fruchtbar zu machen. Dieses Konzept hat er in den vergangenen Jahren in einer ganzen Reihe von Publikationen verwendet (Chan/Goldthorpe 2007a; 2007b; 2007c; 2007d; 2004).

2) Konzepte der *subjektiven Schichteinstufung* klassifizieren die Personen in einer Bevölkerung nach ihrer jeweils eigenen Einschätzung ihrer Position im Schichtgefüge einer Gesellschaft. Wie in anderen Schichtkonzepten wird auch hier eine relativ klare, vertikale Dimension des Oben-Unten als Hauptdimension der Struktur der sozialen Ungleichheit betrachtet, die verschiedene, relativ klar abgegrenzte Schichten beinhaltet (Kleining/Moore 1968). Ein besonders differenziertes Schema dieser Art haben Moore und Kleining entwickelt und in einer ganzen Reihe von Publikationen zur Beschreibung der Schichtungsstruktur und der sozialen Mobilität in der Bundesrepublik verwendet (Moore/Kleining 1960; Kleining/Moore 1968; Kleining 1975). Dabei sind sie empirisch in zwei Schritten vorgegangen. In Anlehnung an die schon erläuterten Prestigekonzepte haben sie in Umfragen die Teilnehmer gebeten eine gewisse Anzahl von Berufen hinsichtlich ihres gesellschaftlichen Ansehens, also ihres Prestiges einzuschätzen, diese Berufe wurden von Kleining und Moore in verschiedene Schichten eingeteilt. Um nun Befragten in weiteren Umfragen eine soziale Selbsteinstufung in Schichten zu ermöglichen, wurden je vier dieser Berufe auf neun Karten präsentiert. Die Befragen sollten sich mit ihrem eigenen Beruf dann einer dieser Karten zuordnen, die dann wiederum von den Forschern einer bestimmten Schicht zugeordnet werden konnte. In einer groß angelegten Umfrage in der Bundesrepublik in den Jahren 1967/68 wurde die in Tabelle 1 dargestellte Schichtungsstruktur[20] für die erwachsene Wohnbevölkerung festgestellt. Auffällig an dieser Darstellung ist die außerordentliche Ballung von großen Teilen der Bevölkerung in den Bereichen der oberen Unterschicht und der unteren Mittelschicht. Das bedeutet einerseits, dass ein recht großer Teil

20 In der Studie von Kleining und Moore wurde bei der unteren Mittelschicht und der oberen Unterschicht noch zwischen industriellen und nichtindustriellen Gruppen unterschieden, auf diese Aufteilung wurde hier verzichtet.

der Bevölkerung sich in relativ ähnlichen Lebensumständen sieht und andererseits, dass die oberen Ränge der Gesellschaft nur relativ sparsam besetzt sind, während die meisten Menschen sich tendenziell in den unteren bis mittleren Rängen tummeln. Würde man diese Verteilung grafisch darstellen, würde man eine Zwiebelform erhalten, die vor allem von Karl-Martin Bolte für die Beschreibung der Struktur der sozialen Ungleichheit der Bundesrepublik verwendet wurde (Bolte/Kappe/Neidhardt 1975).

Tabelle 2.4: Schichtselbsteinstufung der deutschen Wohnbevölkerung 1967/68

Schicht	Anteil der Befragten in %
Oberschicht	0
Obere Mittelschicht	6
Mittlere Mittelschicht	11
Untere Mittelschicht	38
Obere Unterschicht	30
Untere Unterschicht	13
Sozial Verachtete	2

Nach: Kleining/Moore 1968: 547.

Insgesamt wurde das Modell von Kleining und Moore in der Folge in der akademischen Sozialforschung nur noch selten eingesetzt. Allerdings wird ein abgewandeltes Konzept zur Erhebung der Sozialschichtzugehörigkeit in der monatlichen Verbraucherumfrage der Gesellschaft für Konsumforschung (GFK) eingesetzt (Kleining/Witt 2004).

Eine im Vergleich zum Verfahren von Kleining und Moore sehr viel direktere Vorgehensweise der subjektiven Selbsteinstufung in Schichten findet sich in zahlreichen Umfragen, so z. B. im ALLBUS (Allgemeine Bevölkerungsumfrage in den Sozialwissenschaften) oder in den Befragungen im Rahmen des ISSP (International Social Survey Programme). Hier werden die Befragten typischerweise mit einer Liste von sozialen Schichten konfrontiert, die je nach Erhebungsland auch variiert und um eine Einstufung ihrer eigenen Person in eine dieser Schichten gebeten.

Dabei wird vorausgesetzt, dass die Befragten etwas mit dem Schichtbegriff anfangen können und in der Lage sind, sich selbst in eine der Schichten einzuordnen. Diesen Annahmen scheinen aber gerechtfertigt zu sein, da nur wenige Befragte keine Antwort auf diese Frage geben und darüber hinaus in anderen Studien herausgefunden wurde, dass die meisten Menschen in Deutschland etwas mit dem Schichtbegriff anfangen können (Geißler/Weber-Menges 2006). Die Schichtungsstruktur der Bundesrepublik auf der Grundlage dieser Daten ist Tabelle 2.5 zu entnehmen. Auffällig sind vor allem die starken Unterschiede zwischen West- und Ostdeutschland. Während sich die Menschen in den alten Bundesländern ganz überwiegend in die Mittelschicht einstufen, nehmen die Befragten in den neuen Bundesländern eher eine Klassifizierung in die Arbeiterschicht vor, was nur begrenzt auch den in Tabelle 2.3 deutlich werdenden Unterschieden in der Klassenstruktur von West- und Ostdeutschland entspricht. Die Existenz dieses Indikators in zahlreichen Umfragen ermöglicht eine Vielzahl von empirischen Analysen mit interessanten Ergebnissen. So kann festgestellt werden, dass die Bereitschaft zur Beantwortung dieser Frage sich im Zeitverlauf nicht signifikant verändert, was gegen eine klare Entschichtung der Gesellschaft spricht (Noll 1999; Rössel 2005: 59). Darüber hinaus können die Determinanten dieser Einstufung analysiert werden. Dabei wird deutlich, dass die Menschen in Deutschland sich vorwiegend auf der Grundlage ihres Berufes, sekundär auf der Grundlage von Einkommen und Bildung in Schichten klassifizieren. Bei gleicher Bildung, Beruf und Einkommen neigen die Bewohner der neuen Bundesländer zu einer niedrigeren Einstufung als die Bewohner der alten Bundesländer (Noll 1999: 156). Insofern gehen also die Unterschiede in der subjektiven Schichteinstufung von Ost- und Westdeutschen also nur zu einem Teil auf Unterschiede in der objektiven Schichtstruktur zurück. Weiterhin kann mit Hilfe dieser Daten untersucht werden, wie sich erwerbstätige Frauen und erwerbstätige Männer, die als Paare zusammenleben, einstufen. Orientieren die Frauen sich vorwiegend an Beruf, Bildung und Einkommen ihrer Männer oder orientieren sie sich an ihrer eigenen Position? Studien für die Vereinigten Staaten zeigen, dass Männer sich lediglich an ihrer eigenen Situation orientieren, dagegen berücksichtigen die Frauen in ihrer Schichteinstufung zu einem gewissen, aber abnehmenden Grad auch die soziale Position ihrer Männer (Davis/Robinson 1988).[21]

Konzepte der subjektiven Selbsteinstufung in Schichtungsklassifikationen ermöglichen eine soziologische Analyse der Wahrnehmung und Interpretation sozialer Ungleichheit durch die Akteure selbst. Einerseits bleibt aber sehr fraglich, ob damit die objektive Struktur der sozialen Ungleichheit erfasst werden kann und andererseits kann auch in Zweifel gezogen werden, dass mit diesem Erhebungsinstrument tatsächlich die jeweiligen subjektiven Vorstellungen über die eigene Position in der Sozialstruktur erfasst werden können. Die vorgegebenen Antwortkategorien müssen nicht unbedingt den kognitiven Klassifikationssystemen der Befragten entsprechen.

Tabelle 2.5: Subjektive Schichtidentifikation in West- und Ostdeutschland

Schicht	**Anteil Westdeutschland in %**	**Anteil Ostdeutschland in %**
Oberschicht	0,6	0,1
Obere Mittelschicht	8,9	3,0
Mittelschicht	53,5	39,4
Arbeiterschicht	34,8	53,7
Unterschicht	2,2	3,8

Quelle: ALLBUS 2004.

3) Die bisher vorgestellten Konzepte von Schichten und Statusskalen haben sich entweder auf die Prestigezuweisung an bestimmte Berufsgruppen oder auf die Selbsteinstufung von Personen in die Schichtstruktur gestützt. Von der Konzeptualisierung von Schicht und Status in Form von Ansehen oder subjektiver Identifikation weichen Modelle ab, die Schichten vor allem zur Erfassung der objektiven, insbesondere der öko-

21 In Deutschland scheinen sich Frauen weiterhin relativ stark an den Merkmalen ihrer männlichen Partner zu orientieren, wie Analysen mit Hilfe des ALLBUS deutlich machen.

nomischen Lebenssituation von Personen verwenden wollen. Diese verstehen Schichten oder Status im Sinne einer Besser- oder Schlechterstellung, z. B. der Ausstattung mit verschiedenen Arten von Ressourcen. Hier sind zwei unterschiedliche Vorgehensweisen zu unterscheiden: manche dieser Modelle stützen sich nur auf einen einzigen Indikator, bzw. nur auf die Verteilungsstruktur einer einzigen Ressource zur Bestimmung der Schicht bzw. des Status, dagegen verwenden andere Modelle mehrere Indikatoren bzw. Aspekte der sozialen Ungleichheit, um Schichtzugehörigkeit oder Status festzulegen. *Eindimensionale Modelle* stützen sich zumeist auf den Beruf als den wichtigsten Indikator. Der Beruf ist einerseits abhängig von der Ausbildung einer Person als einem anderen Aspekt der sozialen Ungleichheit, auf der anderen Seite bestimmt er in hohem Maße das Einkommen als weiteren Aspekt sozialer Ungleichheit. Insofern kommt dem Beruf eine zentrale Stellung in der Struktur sozialer Ungleichheit zu. Dabei können zwei verschiedene Informationen über den Beruf verwendet werden: einerseits die Angaben über die ausgeübten beruflichen Tätigkeiten, ob also jemand z. B. als Schreiner oder Anwalt arbeitet. Diese Angaben werden in der empirischen Sozialforschung häufig anhand der *International Standard Classification of Occupations (ISCO)* in der Form von 1968 klassifiziert, die im Rahmen der International Labour Organization (ILO) erarbeitet wurde und über 1500 berufliche Tätigkeiten enthält (siehe Kasten: Berufsklassifikationen). Daneben kann man in Deutschland allerdings auch auf das System der beruflichen Stellungen zurückgreifen, also erstens die sozialversicherungsrechtliche Stellung eines Berufs, also die Differenzierung zwischen Selbständigen, Beamten, Angestellten und Arbeitern, die dann je nach Qualifikation und sektoraler Zugehörigkeit noch weiter ausdifferenziert werden können. Diese Angaben werden in mehr oder weniger differenzierter Form in den meisten Umfragen in Deutschland erhoben. Skalen, die allein auf Angaben über die beruflichen Tätigkeiten basieren, wurden zumeist für die Messung des Berufsprestiges verwendet (Wolf 1995, siehe die Angaben zur Skala von Treiman und von Wegener oben). Für Statusskalen werden dagegen zumeist noch die Bildung und das Einkommen als weitere Aspekte herangezogen. In Deutschland sind Statusskalen allerdings häufig auf der Basis der relativ einfach zugänglichen Informationen über die berufliche Stellung entwickelt worden. Exemplarisch können hier Handls Skala des sozio-ökonomischen Status und Hoffmeyer-Zlotniks Index der Autonomie des beruflichen Handelns genannt werden. Sie bilden die verschiedenen beruflichen Stellungen in Deutschland auf einer linearen Statusdimension ab, die die vertikale Dimension der Struktur sozialer Ungleichheit erfassen soll. Diese unterschiedlichen Skalen korrelieren untereinander relativ stark, so dass man davon ausgehen kann, dass sie das gleiche zugrundeliegende Konstrukt messen (Wolf 1995: 113-116).

Berufsklassifikationen

In der Darstellung der Berufsprestigeskalen und der Skalen des sozioökonomischen Status wurde davon gesprochen, dass den jeweiligen Berufen, die im Zentrum der Skalenbildung stehen, ein bestimmter Wert auf diesen Skalen zugeordnet wird. Wie kann man sich das aber genau vorstellen, da es doch eine unüberschaubare Vielzahl von unterschiedlichen Berufen und Berufsbezeichnungen gibt? Die Grundlage einer solchen Skalenbildung ist die Verwendung einer Berufsklassifikation, die in die Vielfalt der verschiedenen Berufe eine gewisse Systematik bringt und sie damit auch für die empirische Sozialforschung überschaubar macht (Geis/Hoffmeyer-Zlotnik 2001). Die wichtigsten dieser Berufsklassifikationen sind die International Standard Classification of Occupations von 1968 (ISCO-68), die International Standard Classification of Occupations von 1988 (ISCO-88), die beide unter der Schirmherrschaft der International Labour Organisation in Genf entwickelt wurden und die vom Statistischen Bundesamt entwickelte Klassifikation der Berufsbennenungen von 1992. Die für die empirische Sozialforschung wichtigste Berufsklassifikation ist ISCO-68, da die ISCO-88 in der Erfassung der einzelnen beruflichen Tätigkeiten weniger differenziert ist. Die Klassifikation der Berufsbenennungen des Statistischen Bundesamtes ist zwar hoch differenziert und erfasst auf der untersten, detailliertesten Ebene fast 30000 Berufsbezeichnungen, aber sie ist eben für international vergleichende Studien nicht zu verwenden.

An dieser Stelle soll kurz die ISCO-68 Klassifikation vorgestellt werden. Diese ist in Tabelle 2.6 beispielhaft vorgestellt. Die unterste Ebene machen einzelne Berufe aus, die in den übergeordneten Ebenen immer breiter zusammengefasst werden, so dass im Beispiel die Bürobeschäftigten als eine von acht Berufshauptgruppen genannt sind. Dieses Beispiel zeigt aber zugleich, dass die ISCO-68 Berufsklassifikation teilweise etwas veraltet ist: auf der einen Seite sind noch die Lochkarten- und Lochstreifenmaschinenbediener enthalten, auf der anderen Seite fehlen viele Berufe aus dem Bereich der Informationstechnologie oder der Medien.

Tabelle 2.6: Klassifikationsstruktur der ISCO-68

Ebene	Einheit	Anzahl Kategorien	Beispiel
1	Berufshauptgruppe	8	Bürobeschäftigte
2	Berufsuntergruppe	83	Stenografen, Maschinenschreibkräfte und Lochkarten- und Lochstreifenmaschinenbediener
3	Berufsgattung	284	Stenografen, Maschinenschreibkräfte und Fernmaschinenschreiber
4	Berufsfeld	1881	Maschinenschreibkraft

Die Tabelle wurde in Anlehnung an Geis/Hoffmeyer-Zlotnik 2001: 119 erstellt.

Um also den Berufen, die z. B. in einer Umfrage von den Befragten genannt werden, bestimmte Berufsprestigewerte oder Skalenwerte des sozioökonomischen Status zuzuordnen, müssen diese Berufe in einem ersten Schritt in die Kategorien eines Berufsklassifikationssystems übertragen werden. Im nächsten Schritt können diesen Kategorien dann die Werte des gewünschten Prestige- oder Statusmodells zugeordnet werden, die z. B. über Umfragen zum Berufsprestige erhoben wurden.

4) Informationshaltiger und anspruchsvoller sind allerdings Skalen, die nicht auf einem einzigen Indikator basieren, sondern multiple Indikatoren zur Status- und Schichtzugehörigkeitsmessung verwenden. Der Klassiker unter diesen Skalen ist der *Socioeconomic Index for Occupations (SEI)*

von Otis D. Duncan für die Vereinigten Staaten. Dieser bildet für verschiedene berufliche Tätigkeiten den gewichteten Mittelwert aus Bildung und Einkommen ab. Eine international vergleichbare Skala des sozioökonomischen Status auf Grundlage der beruflichen Tätigkeiten ist der *Standard International Socio-Economic Index of Occupational Status (ISEI)*, der von einer Forschergruppe um Harry Ganzeboom und Donald Treiman entwickelt wurde (Ganzeboom et al. 1992). Auch er skaliert die beruflichen Tätigkeiten nach der vorausgesetzten Bildung und dem erworbenen Einkommen zu einem Index, der über den sozialen Status einer Person in der Struktur sozialer Ungleichheit Auskunft gibt. Auch der oben schon erläuterte Index von Scheuch, der im deutschsprachigen Raum häufig zur Messung des sozioökonomischen Status (SES) verwendet wird, basiert auf einer solchen Kombination von Beruf, Bildung und Einkommen. Während allerdings Scheuchs additiver Index durch eine gewichtete Vergabe von Punktwerten für ein bestimmtes Ausmaß von Bildung, Einkommen und eine bestimmte berufliche Stellung gebildet wird, wurden sowohl der SEI als auch ISEI auf der Basis von statistischen Verfahren gewonnen, so dass Fragen der Gewichtung der berücksichtigten Ungleichheitsdimensionen kein Problem darstellen. Insgesamt wird allerdings deutlich, dass Messungen des sozialen Status in der Struktur der sozialen Ungleichheit typischerweise auf Beruf, Bildung und Einkommen als zentrale Merkmale des sozialen Status zurückgreifen und diese auf einer vertikalen linearen Dimension abbilden. Diese Statusskalen werden nicht mehr in unterschiedliche Schichten oder Klassen aufgeteilt, sondern es wird davon ausgegangen, dass die unterschiedlichen beruflichen Tätigkeiten oder Berufsgruppen in einer graduellen Sortierung über- und untereinander aufgereiht sind, ohne dass größere Brüche auftreten.

Von den multidimensionalen Modellen der Statusskalierung weichen Modelle ab, die auf multidimensionaler Basis zur Konstruktion von *sozialen Schichten* kommen. Das klassische theoretische Modell dieser Art in Deutschland stammt von Theodor Geiger, dessen Ideen die Schichtdiskussion in Deutschland bis in die Gegenwart inspirieren (Geißler 1990). Geiger verwendet den Schichtbegriff als allgemeinen Oberbegriff zur Erfassung der Struktur der sozialen Ungleichheit in unterschiedlichen Gesellschaften. Kasten, Klassen oder Stände sind also nur historische Spezialfälle dieses abstrakten Konzepts. Die Mitglieder einer Schicht sind aus seiner Sicht typischerweise durch einen ähnlichen Status und eine vergleichbare Ressourcenausstattung gekennzeichnet, weisen darüber hinaus aber auch ähnliche Mentalitäten und Einstellungen auf. Schichten können aber aus unterschiedlichen Determinanten gebildet werden, seien es im Falle der marxistischen Klassen die Produktionsverhältnisse oder bei Schichten in der Gegenwart die Trias von Beruf, Bildung und Einkommen. Geiger schließt also durchaus die Möglichkeit ein, dass eine multiple Schichtung auf der Basis verschiedener Determinanten existiert. Damit stellt sich freilich die Frage, ob und welche dieser Determinante letztlich dominant ist. In seinen empirischen Studien zur Sozialstruktur Deutschlands in der Zwischenkriegszeit hat Geiger nachdrücklich demonstriert, dass ein einfaches marxistisches Klassenmodell die Struktur der sozialen Ungleichheit in Deutschland nicht angemessen beschreiben kann, sondern dass schon vor achtzig Jahren die Schichtstruktur komplexer war als in einem solchem Modell angenommen.

Sowohl Ralf Dahrendorf in den sechziger Jahren, als auch Rainer Geißler in den neunziger Jahren haben das Modell von Geiger verwendet, um die Schichtungsstruktur der Bundesrepublik Deutschland zu beschreiben. Für die Gegenwart hält Geißler eine Schichtung nach Bildung und Beruf fest, wobei Bildung die zunehmend dominante Schichtdeterminante ist. Darüber hinaus schränkt er allerdings die Bedeutung von Schichtstrukturen für die gegenwärtige Gesellschaft ein, indem er darauf hinweist, dass Schichten an Prägekraft gegenüber Einstellungen und Verhalten verlieren und darüber hinaus auch die Grenzen zwischen den Schichten durchlässiger werden (Geißler 1990). Insofern plädiert Geißler zwar für die weitere Verwendung des Schichtbegriffs, sieht aber eine gewissen Bedeutungsverlust dieses Konzepts. Sowohl Dahrendorf als auch Geißler haben dieses Schichtmodell in Form eines Hauses illustriert, wobei im Erdgeschoss oder im Keller die Armen wohnen und man mit zunehmendem Stockwerk auch in der Schichthierarchie höher steigt, um dann unter dem Dach bei der Machtelite anzukommen. Geissler hat dieses Haus vor allem durch Anbauten erweitert, die auch der Migrantenbevölkerung in Deutschland einen Platz in der Schichtungsstruktur geben sollen. Allerdings haben diese Schichthäuser von Dahrendorf und Geißler den Nachteil, dass ihre Konstruktionsprinzipien weithin unklar sind (vgl. Geißler 2006: 101). Daher können sie lediglich zur Veranschaulichung der Schichtstruktur dienen. Sie können weder als Schichtindex verwendet, noch können Aussagen über ihre Gültigkeit gemacht werden. Insofern stellen sie keine echte Alternative zu den hier vorgestellten anderen Modellen dar.

Wir haben oben schon gesehen, dass sowohl Warner als auch Scheuch auf der Basis multipler Indikatoren Prestigeschichten konstruiert haben. In Scheuchs Index wurde aus den Punkten, die für Bildung, Einkommen und berufliche Stellung vergeben wurden, ein additiver Gesamtindex gebildet. Dieser wurde nun aufgeteilt, so dass Personen mit einer Punktzahl innerhalb eines bestimmten Bereichs einer sozialen Schicht zugeordnet wurden (Scheuch/Rüschemeyer 1960: 156-157). Dieses Verfahren ist natürlich mit großen Problemen hinsichtlich der Begründung der genauen Aufteilung der Punkteskala auf die verschiedenen Schichten verbunden. Diese Vorgehensweise der Schichtkonstruktion war nichtsdestotrotz in den Lehrbüchern der Soziologie für eine gewisse Zeit dominant (Bolte/Kappe/Neidhardt 1975: 48-117; Zingg/Zipp 1979: 45-55; 77-87). Vor allem der Index von Scheuch wird in überarbeiteter Form weiterhin verwendet, vor allem in den Bereichen der Sozialmedizin, der Ernährungsforschung und der Epidemiologie. Dabei wird er sowohl als graduelle Skala des sozioökonomischen Status, wie auch aufgeteilt in verschiedene soziale Schichten angewendet.

Zusammenfassung

Schichtkonzepte sowie Prestige- und Statusskalen sind im Vergleich zu Klassenstrukturmodellen durch ihre klare vertikale Orientierung unterschieden. Darüber hinaus werden wesentlich schwächere theoretische Ansprüche an ihre Erklärungskraft formuliert. Deutlich wurde aber, dass ein großer Teil dieser Modelle die vertikale Dimension sozialer Ungleichheit auf der Basis von Beruf, Bildung und Einkommen von Akteuren erfassen will. Dabei stützen sich die eindimensionalen Konzepte zumeist allein auf den Beruf, während die mehrdimensionalen alle drei Aspekte berücksichtigen. Als zentrales Problem der Schichtbegriffe hat sich die Abgrenzung von einzelnen Schichten auf den jeweiligen Prestige- oder Statusskalen erwiesen, da diese im Prinzip nur graduelle Veränderungen aufweisen, aber keine klaren Brüche zwischen Schichten.

Weiterführende Literatur

Einen hervorragenden Überblick zu den verschieden Status- und Prestigeskalenmodellen in der empirischen Sozialforschung erhält man bei:

- Christof Wolf, 1995: Sozio-ökonomischer Status und berufliches Prestige. Ein kleines Kompendium sozialwissenschaftlicher Skalen auf der Basis der beruflichen Stellung und Tätigkeit, ZUMA-Nachrichten 37: 102-136.

Einen Einblick in die Primärliteratur erhält man bei:

- David B. Grusky (Hg.), 2008: Social Stratification. Class, Race and Gender in Sociological Perspective. Boulder: Westview: 187-204.

Wiederholungsfragen

- Wie kann das Berufsprestige von Personen erfasst werden?
- Was sind die Vor- und Nachteile der subjektiven Erfassung der Schichtzugehörigkeit?
- Auf welchen Aspekten der sozialen Ungleichheit bauen Prestige- und Statusskalen zumeist auf?
- Wie unterscheiden sich ein- und mehrdimensionale Skalen der Statusmessung?
- Wie kann man auf der Grundlage von Prestige- oder Statusskalen soziale Schichten bilden?

2.4.1.3 Das Ende der Strukturierung durch Klassen und Schichten?

In den vergangenen Jahrzehnten ist die Verwendung der Begriffe Klasse und Schicht für die Beschreibung der vertikalen Dimension der Struktur der sozialen Ungleichheit gegenwärtiger Gesellschaften zunehmend kritisch diskutiert worden. An dieser Stelle sollen die Hauptprobleme erläutert und diskutiert werden. Die Schlussfolgerung aus dieser Diskussion wird sein, dass gegen eine Verwendung dieser Begriffe eigentlich wenig spricht, wenn sie theoretisch angemessen konzeptualisiert werden und man keine weit überzogenen Ansprüche an ihre Leistungsfähigkeit stellt. Hier sollen die wichtigsten Probleme von Schicht- und Klassenmodellen diskutiert werden:

1. Klassen- und sozioökonomische Schichtmodelle betrachten nur ökonomisch verursachte soziale Ungleichheit (Hradil 1987). Dies ist sicherlich eine berechtigte Einschränkung der Leistungsfähigkeit dieser Konzepte, da Ungleichheiten eben auch in anderer Form existieren, z. B. als unterschiedliche Belastungen im Wohnumfeld, der jeweiligen kulturellen Infrastruktur am Wohnort oder gesundheitlichen Problemen existieren. Klassen- und Schichtmodelle wurden hier aber als Konzepte eingeführt, die eine anschauliche und zusammenfassende Beschreibung der vertikalen Struktur sozialer Ungleichheit ermöglichen. Insofern ist es eine Einschränkung ihrer deskriptiven Leistungsfähigkeit, wenn sie in ihrer Konstruktion nur ökonomisch verursachte soziale Ungleichheiten berücksichtigen, aber es stellt sich die Frage, ob man ein anschauliches und zusammenfassendes Konzept finden kann, das ganz unterschiedliche Arten von Ungleichheit in einem Modell kombiniert. Dies wird in Abschnitt 2.4.1.4 noch am Beispiel der sozialen Lagen diskutiert. Auch wenn Klassen- und Schichtmodelle in ihrer theoretischen Konstruktion primär auf ökonomischen Merkmalen aufbauen, erweisen sie ihre Leistungsfähigkeit im Hinblick auf andere Ungleichheiten durchaus, da sie diese zumeist, seien es nun Ungleichheiten der Gesundheit oder der Wohnraumversorgung, recht gut erklären können (Noll/Habich 1990).

2. Klassen- und Schichtmodelle berücksichtigen nur die erwerbstätige Bevölkerung, da sie sich an den Berufen der Personen orientieren

(Hradil 1987). Diese Beobachtung ist im Prinzip richtig, aber selbstverständlich gibt es in diesen Modellen Regeln für die Klassifikation der nicht erwerbstätigen Bevölkerung. Personen, die schon erwerbstätig waren und gegenwärtig arbeitslos oder in Ruhestand sind, werden nach ihrer letzten Berufsposition klassifiziert. Dies ist auch durchaus sinnvoll, da sich das Einkommen von Beziehern von Arbeitslosengeld, Rentnern und Pensionären nach dem Einkommen ihres letzten Berufs richtet. Schwieriger wird es mit Kindern und Personen, die nie erwerbstätig waren. Diese werden typischerweise nach der Klassenzugehörigkeit des Hauptverdieners im Haushalt klassifiziert. Diese Zuordnungsregeln führen zu Klassenmodellen, die in der empirischen Forschung überwiegend zu überzeugenden empirischen Resultaten geführt haben (Sørensen 1994). In der älteren Ungleichheitsforschung wurde darüber hinaus mehr oder weniger ungefragt angenommen, dass die Klassenposition eines Haushalts durch die Klassenposition des Mannes definiert wird. Dies ist aber angesichts einer steigenden Frauenerwerbstätigkeit keine unmittelbar plausible Konzeption mehr. In neueren Studien wendet man daher meist das Dominanzmodell an, d. h. die Klassenposition der Erwerbsperson im Haushalt mit der stärksten Verankerung auf dem Arbeitsmarkt und der höheren Klassenlage bestimmt die Klassenposition des Haushalts – unabhängig von der Frage, ob es eine Frau oder ein Mann ist. Dies ist in vielen empirischen Kontexten eine sinnvolle Vorgehensweise, allerdings mag es auch Fragestellungen geben, in denen die Klassenposition aller im Haushalt lebenden, erwerbstätigen Personen berücksichtigt werden sollte (Sørensen 1994).

3. Multidimensionale Schichtmodelle funktionieren nur für Gesellschaften mit relativ hoher *Statuskonsistenz* (Hradil 1987). In diesen Konzepten werden Personen auf der Grundlage unterschiedlicher Aspekte (Beruf, Bildung, Einkommen) in Schichten einsortiert. Dies funktioniert allerdings nur, solange die Personen auf den verschiedenen Dimensionen auch ähnliche Positionen einnehmen: Frau Müller hat eine hohe Bildung, eine hohe berufliche Stellung und ein hohes Einkommen, während Herr Schmitz eine niedrige Bildung, eine niedrige berufliche Stellung und ein niedriges Einkommen aufweist. Man spricht hier auch von Statuskonsis-

tenz, da die beiden Personen auf den verschiedenen Statusdimensionen jeweils eine vergleichbar hohe Position einnehmen. Was passiert aber im Fall von Herrn Meyer, der eine hohe Bildung, aber nur eine niedrige berufliche Position und ein mittleres Einkommen aufweist? In einem solchen Fall spricht man von Statusinkonsistenz. Viele Kritiker von Schichtmodellen verweisen nun darauf, dass mit zunehmendem Wohlstand im Zeitverlauf die Statusinkonsistenz zugenommen habe (Müller-Schneider 1996). Diese Thesen beruhen allerdings auf unzureichenden statistischen Analysen. Mit angemessenen statistischen Modellen kann gezeigt werden, dass in wohlhabenden Gesellschaften die Statuskonsistenz eher höher ist als in ärmeren Gesellschaften und dass darüber hinaus in Deutschland im Vergleich verschiedener Geburtskohorten die Statuskonsistenz eher zugenommen hat (Kohler 2005; Becker/Zimmermann 1995; Mayer/Blossfeld 1990). Insofern kann dieser Hinweis auf zunehmende Statusinkonsistenz und die daraus resultierenden Probleme für Schichtkonzepte verworfen werden, da er nicht auf einer tragfähigen empirischen Grundlage basiert.

4. Die Ungleichheiten im Einkommen und die Kontrolle der Produktionsmittel durch die Klasse der Kapitalisten nehmen immer mehr ab, so dass damit auch Grenzen zwischen Klassen oder Schichten erodieren (Pakulski/Waters 1996). In verschiedenen Publikationen haben die australischen Soziologen Pakulski und Waters das Ende des Klassenkonzepts begründet. Eines ihrer Argumente für die Irrelevanz des Klassenkonzepts für gegenwärtige Gesellschaften ist die abnehmende Ungleichheit von Einkommen, Vermögen und Besitz an Produktionsmitteln. Damit sei selbst die ökonomische Relevanz von Klassenkonzepten am Ende. Pakulski und Waters verweisen damit tatsächlich auf einen dominanten Trend des 20. Jahrhunderts: in vielen westlichen Gesellschaften hat über lange Zeiträume hinweg die Ungleichheit von Einkommen und Vermögen abgenommen (Kraus 1982; Atkinson 2005; Dell 2005). Dabei übersehen Pakulski und Waters allerdings, dass dieser Trend sich in den siebziger Jahren wieder umgekehrt hat und wir in den meisten Gesellschaften steigende Ungleichheiten der Einkommen und Vermögen beobachten können (Smeeding 2002; Alderson/Nielsen 2002; Kenworty/Pontusson

2005; Weeden et al. 2007). Damit ist auch dieses Argument wohl als hinfällig zu betrachten (siehe auch Abschnitt 3.2.2).

5. Soziale Ungleichheit existiert weiterhin, ihre Strukturierung in Klassen und Schichten ist aber nicht mehr relevant für die Akteure. Diese *These der Entkopplung* von strukturierter sozialer Ungleichheit einerseits und ihrer Relevanz für die Einstellungen, die Identität und das soziale Handeln der Akteure ist in Deutschland vor allem von Ulrich Beck (1986) vertreten worden, sie findet sich auch in der internationalen Diskussion (Pakulski/Waters 1996; Kingston 2000). Beck verweist vor allem auf zwei Ursachen dieser Entwicklung: einerseits auf den dramatischen Zuwachs von Wohlstand und Freizeit in den Jahrzehnten nach dem zweiten Weltkrieg, der von ihm als *Fahrstuhleffekt* bezeichnet wird und der die Klassenzugehörigkeit für die einzelnen Personen immer unwichtiger gemacht hat, andererseits auf die zunehmende soziale und räumliche Mobilität, die die Grundlagen für die stabile Reproduktion traditioneller Klassenmilieus und Klassenmentalitäten immer stärker untergräbt. Die Individualisierungs- bzw. Entkopplungsthese von Beck kann natürlich an dieser Stelle nicht ausführlich behandelt werden, es sollen aber vier Punkte erläutert werden, die sie in ihrer Relevanz deutlich einschränken: Erstens kann die behauptete Entkopplung von Klassenposition und Verhalten im Zeitverlauf nicht durchgängig festgestellt werden. Es gibt bestimmte Phänomene (Wahlverhalten) für die sich in manchen Ländern eine gewisse Entkopplung feststellen lässt, es gibt aber auch Verhaltensweisen für die sich durchgängig eine zunehmend stärkere Klassenprägung feststellen lässt (Rauchen) (vgl. für einen Überblick Rössel 2005: 42-52). Darüber hinaus kann an dieser Stelle noch darauf hingewiesen werden, dass in empirischen Studien festgestellt wurde, dass Menschen die Schichtzugehörigkeit einer anderen Person sogar an ihrem Äußeren erkennen können (Mazur 1993; Pape/Rössel/Solga 2008). Offensichtlich orientieren sie sich dabei an Schichtstereotypen, d. h. die Akteure haben relativ klar ausgeprägte Vorstellungen darüber, welche Merkmale Personen aus einer bestimmten Schicht kennzeichnen (Rössel/Pape 2008). Zweitens kranken derartige Zeitdiagnosen an der unter Soziologen üblichen Ausblendung der Sozialgeschichte. Es wird typischerweise unterstellt, dass

soziale Klassen in der Vergangenheit relativ homogene Gruppen waren, die sich mehr oder weniger so verhalten haben, wie es in den Klassentheorien von Marx oder Weber beschrieben wird. Die theoretischen Konstrukte werden hier als Beschreibung der sozialhistorischen Realität genommen. Betrachtet man aber z. B. die Klassenstruktur des deutschen Kaiserreichs, so wird man feststellen, dass auch damals schon soziale Klassen intern ausgesprochen differenziert waren, darüber hinaus auch nach Geschlecht und Ethnie strukturiert und fragmentiert (vgl. Rössel 2005: 63-79). Insofern ist der Aussage von Hout et al. zuzustimmen: "Class never was the all-powerful explanatory variable that some intellectual traditions assumed in earlier periods; class was always only one source of political identity and action alongside race, religion, nationality, gender and others. To say that class matters less now than it used to requires that one exaggerate its importance in the past and understate its importance at present" (Hout/Brooks/Manza 1993). Nur wenn man die Relevanz der Klassenzugehörigkeit in der Vergangenheit übertreibt, kann für die Gegenwart eine Abnahme dieser Relevanz festgestellt werden. Drittens muss festgestellt werden, dass insgesamt die empirischen Studien nicht für eine Existenz des Fahrstuhleffekts sprechen. Es ist keineswegs so, dass in wohlhabenderen Gesellschaften die Relevanz der Klassenzugehörigkeit abnimmt (Kohler 2005; Hadler 2003). So hat z. B. Hadler untersucht, in welchem Maße die Menschen in unterschiedlichen Ländern ihre Gesellschaften durch Klassenkonflikte geprägt sehen. Hier hat sich keinerlei statistischer Zusammenhang mit dem Wohlstand dieser Länder gezeigt. Es ist also nicht so, wie man auf der Grundlage des Fahrstuhleffekts erwarten würde, dass in wohlhabenderen Ländern Klassenkonflikte als weniger relevant eingeschätzt werden. Viertens muss auch darauf hingewiesen werden, dass die soziale Mobilität in Deutschland in den vergangenen Jahrzehnten tatsächlich gemächlich zugenommen hat, während aber die räumliche Mobilität sogar deutlich abgenommen hat (vgl. Kapitel 4). Insofern spricht auch wenig dafür, dass die Reproduktion von Klassenmilieus und -mentalitäten durch zunehmende Mobilität untergraben wird. Zusammenfassend kann man festhalten, dass die Entkopplungsthese zwar einer weitverbreiteten Vorstellung entspricht, sie aber empirisch in wesentlichen Teilen kaum bestätigt werden kann.

6. Die gegenwärtige Sozialstruktur ist zu differenziert, als dass sie noch von einem Klassen- oder Schichtenmodell zusammenfassend erfasst werden könnte (Hradil 1987). In Punkt 1 wurde schon darauf hingewiesen, dass neben den ökonomisch verursachten Ungleichheiten noch andere Ungleichheiten existieren. Dazu kommt aber noch, dass neben Klasse oder Schicht auch andere Zuweisungsmerkmale von sozialer Ungleichheit existieren, wie Geschlecht, Alter, Region und Ethnie (Hradil 1987). Diese Merkmale wurden in den siebziger und achtziger Jahren als sogenannte „neue" oder „horizontale soziale Ungleichheiten" eingeführt. Man darf skeptisch sein, ob dies ein gutes Argument für die Aufgabe von Klassen- oder Schichtmodellen für eine zusammenfassende und anschauliche Beschreibung der vertikalen Struktur der sozialen Ungleichheit ist. Erstens muss man immer davon ausgehen, dass die Struktur der sozialen Ungleichheit mehrere Dimensionen hat und nicht nur die vertikale, die durch Klasse oder Schicht beschrieben wird. Zweitens muss man auch darauf hinweisen, dass die sogenannten „horizontalen Ungleichheiten" kein neues Phänomen darstellen, sondern schon die Sozialstruktur der klassischen Industriegesellschaften geprägt haben (Rössel 2005: 63-79). Insofern wird man zusammenfassend festhalten müssen, dass es neben der vertikalen Dimension der Struktur der sozialen Ungleichheit, die durch Klassen- oder Schichtmodelle anschaulich beschrieben werden kann, auch andere Dimensionen der Ungleichheit gibt, die in diesen Modellen nicht berücksichtigt werden. Diese müssen selbstverständlich in der Analyse sozialer Ungleichheit berücksichtigt werden, aber nicht notwendigerweise zu einer Aufgabe der Konzepte Klasse und Schicht für die Erfassung der vertikalen Struktur der sozialen Ungleichheit führen.

Zusammenfassung

Man kann festhalten, dass die kritische Auseinandersetzung mit den Konzepten von Klasse und Schicht kaum Argumente vorbringen konnte, die einer Überprüfung standgehalten hätten, so dass letztlich auch nur wenige Gründe für das Verwerfen dieser Konzepte vorliegen. Dabei muss man freilich immer die Grenzen dieser Konzepte im Hinterkopf behalten. Diese erfassen manche Arten von Ungleichheit, vor allem die nichtökonomischen, weniger gut. Sie berücksichtigen nicht die „horizontalen Dimensionen" von Ungleichheit, wie Geschlecht, Ethnie, Region oder Alter. Zudem ist die Klassenzugehörigkeit auch nicht die allumfassende erklärende Variable, die alle Einstellungen oder Verhaltensweisen von Menschen stark determiniert. Das war sie aber auch in der Vergangenheit nicht. Wenn man als Soziologe theoretisch und empirisch plausible Erklärungen für spezifische Einstellungen oder Verhaltensweisen formulieren will, wird man sowieso über Klassen- und Schichtkonzepte mit ihrem zusammenfassenden Charakter hinausgehen und spezifische Determinanten der jeweils zu erklärenden Phänomene suchen.

Weiterführende Literatur

Kritische Auseinandersetzungen mit dem Klassen- und dem Schichtkonzept finden sich bei:

- Stefan Hradil, 1987: Sozialstrukturanalyse in einer fortgeschrittenen Gesellschaft. Von Klassen und Schichten zu Lagen und Milieus. Opladen: Leske + Budrich.
- Jan Pakulski und Malcolm Waters, 1996: The Death of Class. London: Sage.

Eine Gegenüberstellung von Argumenten für und wider Klassen- und Schichtkonzepte findet sich in:

- Jörg Rössel, 2005: Plurale Sozialstrukturanalyse. Eine handlungstheoretische Rekonstruktion der Grundbegriffe der Sozialstrukturanalyse. Wiesbaden: VS: Kapitel 2.

Wiederholungsfragen

- Warum könnten Schicht- und Klassenkonzepte für die Erfassung der vertikalen Dimension der Struktur sozialer Ungleichheit in gegenwärtigen Gesellschaften nicht mehr geeignet sein?
- Unter welchen Bedingungen sind Klassen- und Schichtkonzepte auch für die Sozialstrukturanalyse gegenwärtiger Gesellschaften noch geeignet?

2.4.1.4 Soziale Lagen und Lebenslagen als Alternative?

In den achtziger Jahren wurden aus Unzufriedenheit über die mangelnde Leistungsfähigkeit der Schichtkonzepte zur zusammenfassenden Beschreibung von sozialer Ungleichheit und ihrer geringen Erklärungskraft von Einstellungen und Verhaltensweisen verschiedene Konzepte der sozialen Lage bzw. der Lebenslage vorgeschlagen, um soziale Ungleichheit auch jenseits der Ausstattung mit ökonomischen Ressourcen zu erfassen. In der Ungleichheitsforschung selbst wurde das Konzept der sozialen Lage vor allem von Stefan Hradil in die Diskussion eingebracht (Hradil 1983; 1987), darüber hinaus wurde vor allem in der Armutsforschung das Konzept der Lebenslage in den Fokus der Diskussion gerückt (Voges et al. 2005), so dass der Lebenslagenansatz im Abschnitt 3.2.3 zum Thema Armut noch einmal angesprochen wird.

In seinem Modell sozialer Lagen unterscheidet Hradil zwei Ebenen der Analyse, wovon uns hier allerdings vor allem die erste interessiert: die Ebene der sozialen Lagen und die Ebene der sozialen Milieus. Der Begriff der *sozialen Lage* soll verwendet werden, um soziale Ungleichheit in einer möglichst umfassenden Form zu erfassen. Allerdings geht in den Begriff der sozialen Lage nur die objektive Seite der sozialen Ungleichheit ein, wie Hradil es nennt und nicht deren subjektive Seite, also die Wahrnehmung der objektiven Ausstattung durch die Akteure selbst. Dabei versteht er unter sozialen Lagen „typische Kontexte von Handlungsbedingungen, die vergleichsweise gute oder schlechte Chancen zur Befriedigung allgemein anerkannter Bedürfnisse gewähren" (Hradil 1987: 153). In dieser Definition wird schon deutlich, dass soziale Ungleichheit und soziale Lagen im Hinblick auf die Zielvorstellungen der Akteure und die Möglichkeit ihrer Realisierung definiert werden. Dabei geht Hradil davon aus, dass zu den traditionellen ökonomischen Zielen der Akteure, vor allem wohlfahrtsstaatliche (Sicherheit, Entlastung, Gesundheit, Partizipation) und soziale Bedürfnisse (Integration, Selbstverwirklichung, Emanzipation) hinzugekommen sind. Daher hat sich auch das Spektrum der relevanten Lebensbedingungen über die klassischen ökonomischen Dimensionen (Geld, Bildung, Beruf, Macht) hinaus erweitert. Als Dimensionen ungleicher Lebensbedingungen, die für die Erfüllung wohlfahrtstaatlicher Ziele besonders wichtig sind, nennt er: Arbeitslosigkeits- und Armutsrisiken, soziale Absicherung, Arbeitsbedingungen, Freizeitbedingungen, Wohnbedingungen, demokratische Institutionen. Im Hinblick auf die sozialen Bedürfnisse nennt er als ungleiche Lebensbedingungen soziale Beziehungen, soziale Rollen, Diskriminierungen/ Privilegien. Dabei geht er nicht davon aus, dass diese unterschiedlichen Dimensionen unterschiedlicher Lebensbedingungen ein gleiches Gewicht haben. Sie können sich zum Teil gegenseitig ersetzen, zum Teil sind sie für unterschiedliche Personen in verschiedenem Maße relevant. Um eine Typologie zu entwickeln, fokussiert er erstens auf die dominanten Lebensbedingungen, die einen bestimmten Typ zentral ausmachen, so ist sowohl für Reiche als auch für Arme die monetäre Ausstattung die zentrale Lebensbedingung. Mit einer solchen dominanten Lebensbedingung gehen auch zweitens typische weitere wichtige Lebensbedingungen einher. So wird jemand mit einer hohen Bildung typischerweise kein ganz niedriges Einkommen haben. Schließlich gibt es drittens bestimmte Bedingungen, die in einer spezifischen Konstellation keine wichtige Funktion haben. Mit Hilfe dieser Unterscheidungen will Hradil es ermöglichen typische soziale Lagen zu entwickeln, die die verschiedenen Dimensionen sozialer Ungleichheit abbilden. Er ergänzt dieses Modell noch um den Begriff des *sozialen Milieus,* worunter er Menschengruppen versteht, „die solche äußeren Lebensbedingungen und/oder inneren Haltungen aufweisen, aus denen sich gemeinsame Lebensstile herausbilden" (Hradil

1987: 165). Mit dem Milieubegriff verweist Hradil auf die Tatsache, dass Menschen ihre jeweilige Lebenssituation in Abhängigkeit von ihren jeweiligen Standards ganz unterschiedlich wahrnehmen und bewerten können. So weiß man aus der Wohlfahrtsforschung, dass es eine nicht unerhebliche Menge von Menschen gibt, die eigentlich eine eher schlechte objektive Ausstattung aufweisen, die aber mit ihrer Lebenssituation recht zufrieden sind, während es recht gut ausgestattete Personen gibt, die mit ihrer Lebenssituation unzufrieden sind (Voges et al. 2005: 49).

Einen Versuch der empirischen Umsetzung des Konzepts der sozialen Lagen hat Otto Schwenk (1999) vorgenommen. Dazu hat er eine Reihe von Ungleichheitsdimensionen berücksichtigt, die allerdings über die objektiven Lebensbedingungen teilweise hinausgehen. So nimmt er in die Studie die Bildung, das Einkommen, die Wohnsituation, die Wohnungsausstattung, Unzufriedenheit mit den Umweltbedingungen, Integration in Freundschaftsnetzwerke und anomische Einstellungsmuster auf. Diese Komplexe von Lebensbedingungen werden mit Hilfe von Clusteranalysen zu zehn Lagen für Westdeutschland und neun Lagen für Ostdeutschland zusammengefasst. In diesen Lagen sind jeweils spezifische Kombinationen der berücksichtigten Ungleichheitsdimensionen enthalten. Als Beispiel kann die Lage 5 für Westdeutschland beschrieben werden, die mit dem Namen „Vorteilhafte und nachteilige Lebensbedingungen" charakterisiert wird. Die Angehörigen dieser Lage sind etwa durchschnittlich hinsichtlich ihrer Bildung, ihrer Umweltzufriedenheit und bei den anomischen Einstellungen. Deutlich überdurchschnittlich liegt diese Gruppe beim Einkommen, etwas über dem Durchschnitt beim Wohnraum und bei der sozialen Integration. Dagegen haben sie nur eine unterdurchschnittliche Wohnungsausstattung. Neben diesen für die soziale Lage konstitutiven Merkmalen können die Mitglieder dieser Lage darüber hinaus als häufig männliche und qualifizierte Angestellte im mittleren Alter, die alleinstehend oder geschieden sind und in einem großstädtischen Kontext leben, beschrieben werden. An dieser Stelle sind zwei Probleme des Lagenkonzepts zu berücksichtigen. Erstens bleibt die theoretische Begründung für die Auswahl spezifischer Lebensbedingungen recht unklar und entbehrt nicht einer gewissen Beliebigkeit. Zweitens hat sich in Schwenks Studie gezeigt, dass das in seiner Erhebung und Messung recht aufwändige Lagenkonzept in seiner Erklärungskraft kaum besser ist als ein einfaches berufsbasiertes Schichtkonzept (Schwenk 1999: 205-206; Rössel 2005: 28). Insofern sticht das Lagenkonzept auch hinsichtlich seiner Erklärungskraft gegenüber dem Schichtkonzept nicht hervor. Daher spricht wenig für das Lagenkonzept, um die Struktur der sozialen Ungleichheit für ganze Bevölkerungen zu beschreiben. Sinnvoller ist es vermutlich als Instrument zur Beschreibung spezifischer Gruppen in der Sozialstruktur mit ihren besonderen Ausstattungsmustern und Benachteiligungen.

Zusammenfassung

Das Konzept der sozialen Lage ist eingeführt worden, um anstelle der einfachen Beschreibungen der Struktur sozialer Ungleichheit unter Verwendung von Schicht- und Klassenkonzepten ein differenziertes, mehrdimensionales Instrument anwenden zu können. In der Praxis stellt sich allerdings die Beschreibung der gesamten Struktur sozialer Ungleichheit mit diesem Konzept als schwieriges Unterfangen dar, das häufig auch nicht zu einer Erhöhung der Erklärungskraft führt. Insofern kann man durchaus skeptisch hinsichtlich der Anwendbarkeit des Lagenkonzepts für eine Analyse der Struktur der sozialen Ungleichheit gesamter Gesellschaften sein, da die Lagen in ihrer Komplexität zur übersichtlichen Darstellung einer Struktur kaum geeignet sind (Hradil 1983: 117). Daher wird man Lagenkonzepte vermutlich eher zu einer differenzierten Beschreibung bestimmter Bevölkerungsgruppen einsetzen, so wie es in der Armutsforschung geschehen ist (vgl. Abschnitt 3.2.3).

Weiterführende Literatur

Eingeführt wurde das Lagenkonzept in folgendem Buch:

- Stefan Hradil, 1987: Sozialstrukturanalyse in einer fortgeschrittenen Gesellschaft. Von Klassen und Schichten zu Lagen und Milieus. Opladen: Leske + Budrich.

Wiederholungsfragen

- Was versteht Hradil unter sozialen Lagen?
- Wie grenzt er soziale Milieus von sozialen Lagen ab?
- Was sind die Vor- und Nachteile des Lagenkonzepts?

2.4.1.5 Klassen, Schichten, Lagen und Statusskalen: Was ist nun die richtige Beschreibung der Struktur sozialer Ungleichheit?

Auf den vorhergehenden Seiten haben wir mindestens sechs verschiedene Möglichkeiten zur Beschreibung und Erfassung der vertikalen Dimension der Struktur sozialer Ungleichheit in gegenwärtigen Gesellschaften kennengelernt (Klassenstruktur, Prestigeskalen und -schichten, Sozioökonomische Statusskalen und -schichten sowie soziale Lagen). Dabei wird noch unterschlagen, dass es von den meisten Konzepten unterschiedliche Varianten von verschiedenen Autoren gibt. An dieser Stelle möchte ich nun der Frage nachgehen, welches dieser Konzepte man in der Ungleichheitsforschung denn verwenden sollte. In dieser Diskussion spielt einerseits die theoretische Plausibilität und die empirische Evidenz für die jeweiligen Modelle eine zentrale Rolle, andererseits sollte man aber auch nicht aus den Augen verlieren, dass man je nach Fragestellung aus pragmatischen Gründen ganz unterschiedliche Modelle verwenden kann.

Die Prestigeskalen und -schichten können an dieser Stelle von der Diskussion ausgeschlossen werden. Der Begriff des Prestiges fällt nicht unter die in diesem Buch verwendete Definition von sozialer Ungleichheit, die die sozial erzeugte Verteilung von Ressourcen und Handlungsrestriktionen in einer Bevölkerung meint. Das Prestige erfasst dagegen die Wahrnehmung und die Wertschätzung, die Personen mit einer bestimmten Ausstattung entgegen gebracht wird. Damit ist dieses Konzept nicht zur Erfassung der vertikalen Dimension der Struktur sozialer Ungleichheit geeignet (siehe Kasten: Prestige und Macht in Abschnitt 2.1). Darüber hinaus sollte berücksichtigt werden, dass Prestigeskalen im Vergleich zu sozioökonomischen Statusskalen in der Ungleichheitsforschung empirisch deutlich weniger erklärungskräftig sind (Featherman/Hauser 1976; Warren/Hauser 1997). Auch die sozialen Lagen und Lebenslagen möchte ich an dieser Stelle als mögliche Modelle für die Beschreibung der vertikalen Struktur der sozialen Ungleichheit fallen lassen. Diese Konzepte mögen mit einer guten theoretischen Begründung für die Auswahl verschiedener Lebensbedingungen zur Beschreibung der Lebenssituation ausgewählter Bevölkerungsgruppen geeignet sein, sie sind für gesamtgesellschaftliche Analysen aber kaum zu verwenden.

Messniveaus

Die empirische Prüfung von Theorien erfordert, dass man den theoretischen Begriffen messbare Indikatoren gegenüberstellt. Dieser Vorgang der Operationalisierung von Theorien bedeutet, dass man z. B. eine Regel angeben muss, anhand welcher Kriterien man im Klassenmodell von Wright die beruflichen Tätigkeiten von Personen in solche einteilt, die keinerlei Aufsichtsfunktionen enthalten und solche, die diese Art von Funktionen enthalten. Erhebt man auf Grundlage dieser Regeln im nächsten Schritt empirische Daten, so werden Messungen durchgeführt, bei denen den empirischen Daten Zahlen zugewiesen werden (Diekmann 1995: 208). So kann man z. B. eine Variable Autoritätsposition konstruieren, bei der Tätigkeiten ohne Aufsichtsfunktion eine O, Tätigkeiten mit Aufsichtsfunktion eine 1 und Managerpositionen eine 2 zugewiesen bekommen. Bei solchen Messungen entstehen Daten mit unterschiedlicher Qualität, man spricht hier von *Messniveaus*. Das niedrigste Messniveau erreichen nominalskalierte Daten, die nur Angaben über die Gleich- oder Verschiedenartigkeit von Phänomenen enthalten. Ein Beispiel ist eine Variable, die über die Wahl einer bestimmten Partei bei der letzten Landtagswahl Auskunft gibt oder die Zugehörigkeit zu einer bestimmten sozialen Klasse. Ordinalskalierte Daten enthalten darüber hinaus Informationen über die Rangordnung der Datenwerte. So steht eine Angehörige der Oberschicht in der vertikalen Struktur sozialer Ungleichheit über einer Angehörigen der Mittelschicht. Eine solche Aussage der Über- und Unterordnung kann in den Klassenmodellen nicht gemacht werden, da sie nicht ausschließlich vertikal ausgerichtet sind. Beim Intervallskalenniveau können auch die Abstände zwischen den Datenwerten sinnvoll interpretiert werden. So kann man in einer Prestigeskala die Punktedifferenz zwischen bestimmten Gruppen berechnen, dies ist für die Schichtzugehörigkeit keine sinnvolle Operation. Schließlich können noch die Rationalskalen genannt werden, bei denen auch sinnvolle Verhältnisse gebildet werden können, man kann z. B. sagen, dass Frau A ein doppelt so hohes Einkommen hat wie Frau B.

Tabelle 2.7: Verschiedene Messniveaus

Messniveau	Beispiel	Erläuterung
Nominalskala	Klassenposition	Gibt Informationen über Gleich- und Ungleichartigkeit
Ordinalskala	Schichtzugehörigkeit	Gibt eine Rangordnung an
Intervallskala	Prestigeskalen	Es können Abstände angegeben werden
Rationalskala	Einkommen	Es können Verhältnisse gebildet werden

Die Messniveaus haben eine so große Bedeutung, weil sie bestimmen, welche statistischen Verfahren zur Auswertung der Daten angewendet werden können. Vor allem statistische Verfahren für die nominal- und ordinalskalierten Daten sind meist komplizierter und datenaufwändiger als statistische Verfahren für intervall- und rationalskalierte Daten.

Skalen- und Schichtkonzepte auf der Basis des sozioökonomischen Status haben in der Sozialforschung eine lange Tradition und werden auch gegenwärtig noch in vielfältigen Kontexten genutzt. Allerdings leiden die Schichtkonzepte unter dem Problem, dass die Abgrenzungen zwischen verschiedenen Schichten, die auf Grundlage sozioökonomischer Statusskalen gebildet wurden, letztlich mehr oder weniger willkürlich und daher theoretisch und empirisch recht problematisch sind (Jöckel et al. 1998). Derartige Konzepte sollte man höchstens für deskriptive Gruppenvergleiche verwenden; so wenn man z. B. in einer für ein breiteres Publikum gedachten, anschaulichen Darstellung Übergewicht oder Ernährungsverhalten in unterschiedlichen sozialen Schichten miteinander vergleicht (BMELV 2008). Die Verwendung wird schon in statistischen Analysen fragwürdig, da hier die ordinalskalierten Schichtkategorien gegenüber den intervallskalierten Statusskalen einen Informationsverlust bedeuten können (Siehe Kasten: *Messniveaus*). Insofern ist die Anwendbarkeit derartiger Schichtkonzepte nur sehr begrenzt. Dagegen erfassen Skalen des sozioökonomischen Status (SES, SEI, ISEI) in zentraler Weise die vertikale Struktur der sozialen Ungleichheit, indem sie zumeist Informationen über Beruf, Bildung und Einkommen zusammenfassen. Darüber hinaus liegen sie mit dem ISEI der Arbeitsgruppe um Ganzeboom und Treiman auch für den internationalen Vergleich vor (Ganzeboom et al. 1992). Im Vergleich mit den theoretisch begründeten Klassenmodellen haben sie gewisse Vor- und Nachteile. Als Vorteil erweist sich, dass mit Hilfe einer solchen Statusskala auch die Varianz zwischen den Berufsgruppen innerhalb einer sozialen Klasse erfasst werden kann, da diese intern ja nicht völlig homogen sind, da sie aus Berufsgruppen bestehen, die bei allen Gemeinsamkeiten der Klassenlage, doch auch gewisse Unterschiede aufweisen. Weiterhin haben die sozioökonomischen Statusskalen in statistischen Analysen den Vorteil, dass sie ein Intervallskalenniveau aufweisen, während Klassenkonzepte nominalskaliert sind. Für komplexe statistische Analysen mit den Klassenkonzepten benötigt man daher eine außerordentlich große Anzahl von Fällen. Dagegen können die Statusskalen ohne Probleme auch bei kleineren Fallzahlen für Zusammenhangsanalysen mit anderen zentralen Variablen der Ungleichheitsforschung eingesetzt werden (Ganzeboom et al. 1992: 5-7). Allerdings haben diese Skalen auch gewisse Nachteile: schon auf den ersten Blick sieht man, dass in diesen Skalen recht heterogene Gruppen nahe beieinander klassifiziert werden. So liegen beispielsweise Arbeiter bei der Straßenreinigung und der Müllabfuhr (ISEI-Wert 26), Farmer (ISEI-Wert

26) und Steinmetze (ISEI-Wert 29) in der ISEI Skala recht nahe beieinander, wobei die Werte insgesamt zwischen 10 (Küchengehilfe, Landarbeiter) und 90 (Richter) variieren können (Ganzeboom et al. 1992: 19). Dies verweist darauf, dass in dieser eindimensionalen Skala bestimmte Formen von Heterogenität zwischen den Berufsgruppen verloren gehen. So basieren die Marktaktivitäten der drei Gruppen auf ganz unterschiedlichen Ressourcen: während der Farmer Eigentum an Grund und Boden besitzt, das zur Produktion bestimmter Güter, die auf dem Markt angeboten werden können, verwendet wird, verfügt der Steinmetz über eine handwerkliche Lehre, die Arbeiter bei der Müllabfuhr und der Straßenreinigung werden in der Regel nur angelernte Arbeitskräfte sein. Wenn man diese Unterschiede nicht berücksichtigt, gehen Informationen verloren, die man zur Beantwortung bestimmter Fragestellungen benötigt. Erstens, wenn man z. B. Prozesse der Mobilität von der Eltern- zur Kindergeneration analysiert: so wird bei den Farmern natürlich die Weitergabe des Eigentums an Grund und Boden über Vererbung eine sehr wichtige Rolle für die Position der Kinder in der Klassenstruktur spielen. Dagegen können sowohl der Steinmetz als auch die Arbeiter die soziale Position ihrer Kinder nur über die Unterstützung des Bildungserwerbs beeinflussen. So zeigt sich denn auch tatsächlich, dass der ganz überwiegende Teil der Landwirte selbst Kinder von Landwirten ist Unterschiede in der Ressourcenausstattung führen also auch zu verschiedenen Mobilitätsprozessen. Zweitens gehen mit diesen unterschiedlichen Ressourcen auch verschiedenartige Interessen und Strategien der Interessenverfolgung einher. Landwirte können sich zu Interessenverbänden zusammenschließen und eine möglichst gute Vermarktung ihrer Produkte und eine Subvention ihrer Produktion durch den Staat erreichen. Diese Möglichkeit ist sowohl den Steinmetzen, wie den Arbeitern weitgehend verschlossen. Die Steinmetze könnten aber im Gegensatz zu den Arbeitern eine Strategie der sozialen Schließung über die Erhöhung von Qualifikationserfordernissen verfolgen. Den Arbeitern bei der Müllabfuhr und der Straßenreinigung bleibt als kollektive Strategie der Interessenvertretung nur die Unterstützung von Arbeitnehmerorganisationen. Diese Beispiele verdeutlichen aber, dass Personengruppen in ähnlichen Statuspositionen

in ihren beruflichen Tätigkeiten sehr unterschiedliche Arten von Ressourcen einsetzen, die ausgesprochen verschiedene Interessen- und Organisationsformen begünstigen. Drittens können Skalen des sozioökonomischen Status auch nur sehr begrenzt mit dem wirtschaftlichen Strukturwandel in Verbindung gebracht werden. Wenn z. B. im Prozess des sektoralen Wandels die Beschäftigung in der Landwirtschaft schrumpft, so wird dies im Klassenmodell von Goldthorpe unmittelbar im Schrumpfen der beiden Klassenlagen der Landwirte und der Landarbeiter deutlich werden. In der ISEI Skala lässt sich eine solche Verknüpfung zum wirtschaftlichen Wandel kaum herstellen. Eine vierte Problematik der sozioökonomischen Statusskalen wird von Hauser und Warren (1997) genannt, die den Wert multipler Skalen der sozioökonomischen Stellung generell in Frage stellen, da ihre Bestandteile zu verschiedenen abhängigen Variablen in ganz unterschiedlicher Beziehung stehen: „While composite measures of occupational status may have heuristic uses, the global concept of occupational status is obsolete“ (Hauser/Warren 1997: 251). Es ist also aus Sicht der Autoren sinnvoller, dass man den Einfluss von Bildung und Einkommen z. B. auf die Gesundheitssituation separat analysiert, als dass man die beiden Begriffe im Konzept des sozioökonomischen Status zusammenfasst. Dies ist auch durchaus plausibel: so mag das Einkommen bestimmte Aspekte der gesundheitlichen Situation durchaus betreffen, z. B. die Wohnumfeldbedingungen oder den Zugang zu speziellen medizinischen Behandlungen, andere Aspekte, wie das Gesundheitsverhalten und der Umgang mit ärztlichen Ratschlägen hängen stärker von der Bildung einer Person ab. Insofern muss es in verschiedenen Zusammenhängen als durchaus sinnvoll betrachtet werden, das Einkommen und die Bildung als separate Variablen zur Erfassung der Position in der vertikalen Dimension der Struktur der sozialen Ungleichheit zu verwenden und sie nicht zu einer Skala zu bündeln. Zusammenfassend wurden damit die Grenzen von Skalen des sozioökonomischen Status deutlich. Vor allem aufgrund ihrer besseren Verwendbarkeit in statistischen Analysen sind sie aber für eine Reihe von Fragestellungen weiterhin sinnvoll einsetzbar. Darüber hinaus haben Warren und Hauser aufgezeigt, dass auch ihre Bestandteile, nämlich Bildung und Einkommen, durchaus als sinnvolle Variablen zur Darstellung der vertikalen Struktur der sozialen Ungleichheit verwendet werden können, auch wenn sie einzeln weniger informationshaltig sind als die multiplen Skalen.

Es wurde deutlich, dass Klassenmodelle besonders sinnvoll für Fragestellungen einzusetzen sind, bei denen die qualitativ unterschiedliche Ressourcenausstattung der Akteure in verschiedenen Berufsgruppen eine wichtige Rolle spielt, also bei Fragen der sozialen Mobilität, der Organisation und Durchsetzung von klassenlagenspezifischen Interessen und strukturellen Analysen zur Verbindung von Strukturwandel der Wirtschaft und Klassenstruktur. Im Vergleich zu Skalen des sozioökonomischen Status haben allerdings Klassenmodelle aufgrund ihres nominalskalierten Charakters eine begrenzte Verwendbarkeit für statistische Modelle. Schließlich stellt sich im Anschluss noch die Frage nach der Auswahl des spezifischen Klassenschemas. Insgesamt muss man feststellen, dass die Schemata von Wright und Goldthorpe schon eine relativ große Annäherung zwischen der marxistischen und der weberianischen Tradition darstellen, insofern sie deutliche Ähnlichkeiten aufweisen. In der empirischen Forschung hat sich allerdings das Goldthorpeschema weithin durchgesetzt und kann auf der Grundlage der vorliegenden Evidenz auch als erklärungskräftiger betrachtet werden. Daher wird es wohl für die nächste Zeit das wichtigste Klassenschema für die Ungleichheitsforschung bleiben. Das Mikroklassenschema von Grusky und Weeden muss sich erst in der Forschung bewähren und selbst dann bleibt abzuwarten, ob es sich in seiner Komplexität tatsächlich für eine anschauliche und zusammenfassende Beschreibung der Struktur der sozialen Ungleichheit eignet.

Zusammenfassung

In diesem Kapitel ging es darum, die Begriffe und Konzepte herauszufinden, die sich am besten für die Erfassung der vertikalen Dimension der Struktur sozialer Ungleichheit eignen. Dabei haben sich besonders die Skalen des sozioökonomischen Status und die Klassenstrukturmodelle als geeignet erwiesen. Die Statusskalen haben dabei den Vorteil, dass sie einfacher in statistischen Modellen verwendet werden können, während die Klassenmodelle die qualitativen Differenzen in der Ressourcenausstattung von Akteuren besser erfassen können. Insofern hängt die Auswahl eines Konzepts auch von der jeweiligen Fragestellung ab. Darüber hinaus kann der Begriff der sozialen Lage vor allem für die Beschreibung von spezifischen Bevölkerungsgruppen verwendet werden.

Wiederholungsfragen:

- Welche Konzepte eignen sich kaum für die Erfassung der vertikalen Dimension der Struktur sozialer Ungleichheit?
- Was sind die Vorteile der Verwendung von Statusskalen einerseits, Klassenmodellen andererseits?
- In welchen Situationen können Konzepte der sozialen Lage und der Lebenslage verwendet werden?

2.4.1.6 Dimensionen der sozialen Ungleichheit jenseits von Klassen und Schichten: Geschlecht, Ethnie, Region

Die im vorhergehenden Abschnitt vorgestellten Klassen-, Schicht-, Statusskalen- und Lagenkonzepte haben vor allem den Zweck, die Struktur sozialer Ungleichheit in ihrer vertikalen Dimension angemessen zu erfassen und damit auch für die Erklärung anderer sozialer Phänomene geeignet zu sein. In der empirischen Realität finden wir Ungleichheiten aber nicht nur zwischen Angehörigen verschiedener sozialer Schichten oder sozialer Klassen, sondern zwischen ganz unterschiedlichen Bevölkerungsgruppen: zwischen Frauen und Männern, Zugewanderten und Einheimischen, Älteren und Jüngeren, Familien und Kinderlosen, Stadt- und Landbewohnern, Ost- und Westdeutschen, zwischen Gesunden und Kranken … Man könnte diese Liste vermutlich relativ lange fortsetzen und würde immer noch neue Beispiele finden. Wie kann man angesichts dieser Vielfalt begründen, dass in diesem Band allein geschlechtsspezifische, ethnische und regionale Ungleichheiten betrachtet werden? Vermutlich ist es gar nicht so einfach diese Frage abschließend zu beantworten, ich möchte aber vor allem auf drei Punkte hinweisen:

Erstens scheinen mir die ausgewählten drei Dimensionen in der Forschung die stärkste Berücksichtigung gefunden zu haben. Der amerikanische Standardreader zum Thema (Grusky 2008) stellt „Class, Race and Gender" in den Mittelpunkt des Themas soziale Ungleichheit. Im deutschsprachigen Standardwerk von Geißler (2006) über Sozialstrukturanalyse werden Schichten, Ethnien, Geschlecht und regionale Ungleichheiten zwischen Ost- und Westdeutschland behandelt (ähnlich auch Kreckel 2004). Auch in Hradils Standwerkwerk über soziale Ungleichheit werden diese Kategorien verwendet, allerdings taucht bei ihm auch an einigen Stellen das Alter als Dimension sozialer Ungleichheit auf (vgl. Rössel 2005: 211, Fn. 40; Hradil 2005). Zusammenfassend kann man aber festhalten, dass die Schwerpunktsetzung dieses Bandes mit der gegenwärtigen Forschungs- und Publikationslandschaft übereinstimmt. Ob das Alter bzw. die Generationszugehörigkeit sich im Zuge der gegenwärtigen Diskussion über Generationenkonflikte als eine bedeutsame Dimension der sozialen Ungleichheit erweisen wird, die Klasse, Geschlecht, Ethnie und Region gleichgestellt wird, muss die zukünftige Forschung erweisen.[22]

Zweitens kann man bei der Berücksichtigung verschiedener Dimensionen sozialer Ungleichheit auch deren Wahrnehmung in der Bevölkerung mit in Betracht ziehen. Es sind vor allem drei Dimensionen sozialer Ungleichheit, die von der Bevölkerung in Deutschland insbesondere als Quelle sozialer Konflikte wahrgenommen werden: einerseits Differenzen zwischen Migranten und Einheimischen, die – je nach Umfrage – zwischen 60 und 70 % der Bevölkerung als stark einschätzen. Auch die Ge-

---

22 In der gegenwärtigen Forschung geht es häufig um soziale Ungleichheit im Alter, aber meist nicht zwischen Altersgruppen (Künemund/Schroeter 2007).

gensätze entlang der vertikalen Dimension der sozialen Ungleichheit nehmen – je nach Umfrage und genauer Fragestellung – zwischen 50 und 80 % als wichtige Konfliktlinie war, wobei allerdings für die Gegenwart eher die niedrigeren Werte zutreffend sind. Auch das Verhältnis zwischen Ost- und Westdeutschen wird von 44 % (Westdeutsche) bzw. 56 % (Ostdeutsche) der Personen in Umfragen als ein relevanter Konfliktgegensatz wahrgenommen. Die Beziehung zwischen den Geschlechtern wird allerdings nur von sehr wenigen Bundesbürgern so gesehen, dies gilt nur für 15-25 % der befragten Personen. Zwischen den Altersgruppen nehmen zwischen 15 und 55 % einen Gegensatz war. Dieser Anteil sinkt im Zeitverlauf, so dass man auf der Basis der aktuelleren Daten davon ausgehen kann, dass gegenwärtig ca. ein Drittel der Bevölkerung diesen Gegensatz als stark wahrnimmt. Dieser ist aber nicht identisch mit der Konfliktlinie zwischen Rentnern und Erwerbstätigen, die gegenwärtig häufiger in den Medien diskutiert wird. Diese wurde in früheren Umfragen nur von 15-25 % der Befragten als ein echter Gegensatz wahrgenommen (Geißler 2004: 118; Rössel 2005: 219-220). An diesen Daten überrascht vor allem, dass eine Dimension, die eigentlich zum Standard der Sozialforschung gehört, von der Bevölkerung kaum als eine relevante Konfliktdimension wahrgenommen wird, das Geschlecht, während zwischen den Altersgruppen in deutlich stärkerem Maß Gegensätzlichkeiten wahrgenommen werden. Dies schlägt sich allerdings nicht in der sozialen und politischen Mobilisierung der Gruppen nieder. Während sich entlang der geschlechtsspezifischen mit der Frauenbewegung und der ethnischen Konfliktlinie mit den ausländerfeindlichen und den Migrantenbewegungen soziale Bewegungen konstituiert haben (Gerhard 2008; Grumke 2008; Rucht/Heitmeyer 2008), gilt dies für die regionalen und die altersspezifischen Gegensätze (Jugendbewegung) nur in geringerem Masse (Lindner 2008). Insofern könnte man hier insgesamt auf der Grundlage der öffentlichen Wahrnehmung und der Mobilisierung durch soziale Bewegungen schlussfolgern, dass mit Geschlecht, Ethnie und Region tatsächlich wichtige Dimensionen sozialer Ungleichheit erfasst wurden.

Drittens kann man die verschiedenen Dimensionen sozialer Ungleichheit auch im Hinblick auf ihre Beziehungsstrukturen und Verteilungskonsequenzen betrachten (vgl. Lieberson 2001).

Hier können in einer relativ stabilen Gesellschaft die altersspezifischen Ungleichheiten als am wenigsten problematisch betrachtet werden, da alle Menschen – sofern sie nicht zwischenzeitlich versterben – in ihrem Lebensverlauf älter werden und damit auch die Vorteile eines höheren Alters erfahren können. Wenn z. B. im Lebensverlauf das Einkommen von Personen langfristig ansteigt, dann wird in einer stabilen Gesellschaft zwar ein Einkommensunterschied zwischen jüngeren und älteren Arbeitnehmern existieren, die jüngeren Arbeitnehmer kommen aber mit zunehmendem Alter auch in den Genuss dieses steigenden Einkommens, so dass zwischen den Lebenseinkommen kein Unterschied mehr besteht. Dieser lebenszyklische Kompensationsmechanismus wird freilich brüchig, wenn sich Gesellschaften institutionell verändern, so dass bestimmte Generationen einen dauerhaften Vorteil haben, der auch im Lebenszyklus der nachfolgenden Generationen nicht wieder ausgeglichen wird. Genau diese Frage beschäftigt gegenwärtig die Diskussion über den sogenannten Generationenkonflikt. Hier sind die Meinungen der Forscher über die Existenz eines solchen Konflikts noch sehr gespalten (Blome/Keck/Alber 2008; Perrig-Chiello et al. 2008). Darüber hinaus muss auch berücksichtigt werden, dass es sich bei den Alterskohorten und Generationen nicht um unverbundene Personengruppen handelt, sondern um Menschen die durch Eltern-Kind Beziehungen verbunden sind, die durch affektive und materielle Zuwendungen in einem erheblichen Umfang geprägt sind (Szydlik/Kohli 2000; Perrig-Chiello et al. 2008). Eine solche Verbindung senkt freilich auch die Wahrscheinlichkeit, dass Konflikte wahrgenommen werden.

Während altersspezifische Ungleichheiten zumindest teilweise im Laufe des Lebens kompensiert werden können, gilt dies für geschlechtsspezifische Ungleichheiten nur noch sehr eingeschränkt (Lieberson 2001). Lieberson vertritt die These, dass solange Frauen und Männer in relativ stabilen Partnerschaften und Familien zusammenleben, Ungleichheiten zwischen Frauen und Männern zumindest für die Wohlfahrt des Haushaltes eine untergeordnete Rolle spielen. Dieses Argument funktioniert aber spätestens dann nicht mehr, wenn Frauen und Männer nicht dauerhaft in stabilen Partnerschaften und Familien zusammenleben. Zudem ist es in einer individualisierten Gesellschaft auch für Personen in einer stabilen Partnerschaft ein erhebliches Problem, wenn ihre Einkommen, ihre beruflichen Chancen und ihre Karrieren auf der Basis ihres Geschlechts behindert werden. Allerdings könnte man auch bei geschlechtsspezifischen Ungleichheiten zumindest argumentieren, dass die Entstehung einer starken Konfliktlinie durch die Existenz von Beziehungen des affektiven und materiellen Austausches zwischen den Geschlechtern behindert wird. Dies würde auch erklären, warum diese Konfliktlinie in der Wahrnehmung der meisten Menschen so unwichtig ist.

Betrachtet man die regionalen Ungleichheiten zwischen Ost- und Westdeutschland, so existiert wohl kein vergleichbarer Kompensationsmechanismus mehr. Personen, die in Ostdeutschland leben, erhalten im Laufe ihres Lebens für schlechtere Ressourcenausstattungen und geringere Handlungsspielräume keine Kompensation. Allerdings besteht hier, damit der Klassenstruktur vergleichbar, die Möglichkeit der Mobilität von der schlechter in die besser ausgestattete Region, die allerdings mit persönlichen Kosten verbunden sein kann. Die hohe Anzahl von Umzügen und von Pendlern von Ost- nach Westdeutschland zeigt aber die Bedeutung dieser Möglichkeit. Zusätzlich sind die sozialen Beziehungen zwischen Ost- und Westdeutschen weniger stark als die zwischen Frauen und Männern und zwischen Eltern- und Kindergeneration. Insofern ist es vor dem Hintergrund fehlender Kompensationsmechanismen und schwacher sozialer Beziehungen auch nicht überraschend, dass der Konflikt zwischen Ost- und Westdeutschen in Umfragen als relativ stark wahrgenommen wird.

Nimmt man nun zum Schluss Ungleichheiten zwischen ethnischen Gruppen unter die Lupe, so wird deutlich, dass hier weder eine Kompensationsmöglichkeit noch ein Mobilitätsmechanismus existiert. Zudem sind die sozialen Beziehungen zwischen ethnischen Gruppen – zumindest in der Bundesrepublik – nicht besonders stark ausgeprägt (Lengerer 2001; Haug 2003). Fernerhin werden ethnische Gegensätze in der Bundesrepublik – anders als die Konfliktlinie zwischen Ost- und Westdeutschen – nicht durch eine gemeinsame kulturelle Tradition und die Zugehörigkeit zu einer Nation abgemildert. Unter diesen Bedingungen ist gut nachzuvollziehen, warum ethnische Gegensätze von besonders vielen Personen als stark wahrgenommen werden.

Auf der Basis dieser Zusammenschau kann noch einmal festgehalten werden, dass es für die Berücksichtigung von Geschlecht, Ethnie und Region als Dimension sozialer Ungleichheit gute Argumente gibt. Diese Dimensionen werden in der Forschung stark berücksichtigt, teilweise auch von der Bevölkerung als Konfliktlinie stark wahrgenommen, und sie sind auch verteilungsrelevant. Diese Punkte gelten in geringerem Maße für Ungleichheiten zwischen Altersgruppen oder Generationen. Zudem ist für diese noch relativ unklar, in welchem Maße sie tatsächlich dauerhafte Ungleichheiten erzeugen (Kohli 2009). Sie werden daher in diesem Buch eher von Fall zu Fall berücksichtigt, aber nicht durchgängig in jedem Kapitel.

Alter und Geschlecht sind universale Strukturkategorien, die in allen Gesellschaften existieren und daher – zumindest für die Zwecke dieses Buches – nicht weiter erläutert werden müssen. Dagegen sind regionale Ungleichheiten zwischen Ost- und Westdeutschland sowie ethnische Ungleichheiten Resultate spezifischer historischer Entwicklungen, die an dieser Stelle zumindest als Hintergrund kurz skizziert werden müssen.

Räumliche Ungleichheiten existieren selbstverständlich in sehr vielen Gesellschaften aufgrund von unterschiedlichen regionalen Entwicklungsprozessen. So haben Heidenreich und Wunder (2008) jüngst feststellen können, dass die ökonomischen Ungleichheiten zwischen den Ländern in der EU tendenziell sinken, während die regionalen ökonomischen Ungleichheiten innerhalb dieser Länder eher zunehmen. Besonders stark ausgeprägt sind solche Ungleichheiten aber vermutlich in Gesellschaften, die aus verschiedenen Regionen mit einer divergierenden Wirtschafts- und Sozialgeschichte entstanden sind, wie z. B. Jugoslawien nach dem ersten Weltkrieg oder Italien nach der Gründung des Nationalstaates 1861. In Folge des zweiten Weltkrieges entstanden bekanntermaßen mit der Gründung der Bundesrepublik auf dem Gebiet der Besatzungszonen der westlichen Alliierten am 23.5.1949 und der Gründung der DDR auf den Teilen der Sowjetischen Besatzungszone, die nicht unter polnische oder sowjetische Verwaltung gestellt worden waren, am 7.10.1949 zwei deutsche Staaten. Diese beiden deutschen Staaten, die am 3.10.1990 wieder vereinigt wurden, haben vierzig Jahre lang unterschiedliche wirtschaftliche, politische, soziale und kulturelle Entwicklungen durchlaufen. Für unsere Frage ist vor allem von zentraler Bedeutung, dass in der Bundesrepublik Deutschland das Modell der sozialen Marktwirtschaft eingeführt wurde, das zu einem deutlich höheren quantitativen und qualitativen wirtschaftlichen Wachstum geführt hat als das planwirtschaftliche sozialistische System in der DDR (Ritschl 1995; Ritschl/Spoerer 1997). Wie Tabelle 2.8 verdeutlicht, ist die Schere der wirtschaftlichen Leistungsfähigkeit in der parallelen Geschichte von DDR und BRD immer weiter auseinandergeklafft, so dass 1989 das Bruttoinlandsprodukt pro Kopf in der Bundesrepublik dreimal höher war als in der DDR. Dabei können diese quantitativen Angaben eventuell noch als verzerrt betrachtet werden, da die Qualität der Produkte hier kaum berücksichtigt ist. Diese ist zum Teil natürlich schwierig zu beurteilen, es liegen aber Daten darüber vor, dass die Produkte aus den staatsozialistischen Gesellschaften, insbesondere Maschinen und Fahrzeuge, sehr viel häufiger Defekte aufwiesen als vergleichbare Produkte in den entwickelten kapitalistischen Gesellschaften und zudem häufig nicht den Kundenwünschen entsprachen (Juchler 1992: 185-190). Damit sind aber die DDR und die alte BRD in die neue BRD mit ausgesprochen unterschiedlichen wirtschaftlichen und sozialen Voraussetzungen hinein gegangen, die die Entstehung regionaler Ungleichheiten zwischen Ost- und Westdeutschland fast zwangsläufig mit sich gebracht haben.

Tabelle 2.8: Reales Bruttoinlandsprodukt pro Kopf DDR und BRD 1946-1989

Jahr	BIP BRD	BIP DDR	Verhältnis BRD/DDR
1946	523	416	1,26
1950	995	499	1,99
1960	1967	763	2,58
1970	2774	987	2,81
1980	3574	1299	2,75
1989	4181	1360	3,07

Quelle: Ritschl/Spoerer 1997: 53.

Neben der planwirtschaftlichen Organisation der Wirtschaft, die sich auch in den anderen staatssozialistischen Ländern als nur eingeschränkt leistungsfähig erwiesen hat (Kornai 1992), müssen allerdings noch weitere Faktoren für die auseinanderlaufende wirtschaftliche Entwicklung in der DDR und der BRD genannt werden. Ein erster wichtiger Punkt ist das unterschiedliche Ausmaß von Reparationsforderungen der jeweiligen Besatzungsmächte, die in der DDR weitaus größer waren als in der BRD und damit deren Startchancen deutlich verschlechterten, so dass schon 1950 der Abstand in der wirtschaftlichen Leistungsfähigkeit sehr groß war. Zweitens muss auch auf die Migration aus der DDR in die BRD verwiesen werden, die stark durch qualifizierte Arbeitskräfte bestimmt war und erst mit dem Mauerbau am 15.8.1961 gestoppt wurde (Ritschl 1995; Sleifer 2006; Steiner 2007). Diese Hinweise mögen an dieser Stelle genügen, um die historischen Hintergründe der regionalen Ungleichheiten zwischen Ost- und Westdeutschland zu nennen, sie werden in Abschnitt 3.2.2 noch genauer aufgegriffen, um zu einer systematischeren Erklärung von Ungleichheiten zwischen alten und neuen Bundesländern zu kommen.

Nach diesen kurzen Ausführungen zum wirtschaftshistorischen Hintergrund der regionalen Ungleichheiten in der Bundesrepublik sollen an dieser Stelle noch einige Erläuterungen zur Entstehung ethnischer Ungleichheiten gemacht werden. Unter dem Begriff Ethnie versteht man zumeist eine Gruppe, die sich selbst durch eine kollektive Identität definiert, die häufig auf gemeinsamer Kultur, Sprache oder Herkunft basiert. Vor diesem definitorischen Hintergrund war die Bundesrepublik zu Beginn der fünfziger Jahre eine ethnisch recht homogene Gesellschaft. Die wichtigsten ethnischen Minderheiten waren die Bevölkerungsgruppen, die heute durch das Rahmenabkommen des Europarates zum Schutz nationaler Minderheiten in Deutschland als solche anerkannt sind: die Friesen (ca. 400000), die Sorben (ca. 60000), die Sinti und Roma (ca. 60000) und die Dänen (ca. 50000). Allerdings war die Bundesrepublik von Beginn an durch Prozesse der Einwanderung geprägt: dies beginnt mit den großen Zahlen von Vertriebenen und Flüchtlingen, die vor allem in den späten vierziger und fünfziger Jahren aus den ehemaligen Ostgebieten auf das Gebiet der Bundesrepublik gekommen sind und es geht weiter mit den Übersiedlern aus der DDR in den fünfziger Jahren. Aber erst die seit den frühen sechziger Jahren beginnende Anwerbung von Arbeitskräften vorwiegend in den Mittelmeeranrainerstaaten hat zu einer größeren ethnischen Heterogenität der Bevölkerung in Deutschland geführt. In den späten achtziger Jahren kam zu dieser Einwanderung von ausländischen Arbeitskräften noch eine recht große Steigerung der Anzahl von Asylsuchenden in der Bundesrepublik und von Spätaussiedlern, die in die Bundesrepublik einwanderten. Diese vielfältigen Entwicklungen haben dazu geführt, dass in der Bundesrepublik im Jahr 2005 insgesamt 8,8 % der Bevölkerung Ausländer waren (Statistisches Bundesamt 2007: 27). Damit hat Deutschland in Europa, abgesehen von Luxemburg und der Schweiz einen der höchsten Ausländeranteile an der Bevölkerung. Die Abgrenzung durch den Ausländerstatus reicht allerdings nicht aus, um mögliche ethnische Ungleichheiten in Deutschland zu analysieren. Erstens können auch Personen mit deutscher Staatsbürgerschaft einen nichtdeutschen ethnischen Hintergrund haben. Die oben genannten Friesen, Sorben, Sinti und Roma sowie Dänen sind ein Beispiel dafür.[23] Weitere Beispiele sind Personen, die nach Deutschland eingewandert sind

---

[23] Diese Gruppen tauchen in der Ungleichheitsforschung allerdings praktisch nicht auf.

oder als Ausländer in Deutschland geboren wurden, die im Laufe ihres Lebens aber eingebürgert wurden. Zweitens gelten zumindest einige der oben genannten Definitionsmerkmale des Begriffs Ethnie auch für die Gruppe der Spätaussiedler, die sich häufig in Kultur, Sprache und Identität von den Deutschen in Deutschland unterscheiden. Das Statistische Bundesamt hat im Rahmen des Mikrozensus von 2006 (siehe Kasten: Mikrozensus) eine ausgesprochen differenzierte Klassifikation der Bevölkerung in Deutschland nach ihrem jeweiligen Migrationsstatus vorgenommen, die in Tabelle 2.9 vorgestellt wird (Statistisches Bundesamt 2008a: 313-316).[24] Diese macht die Komplexität der Phänomene Migration, Ethnie und Staatsbürgerschaft sehr deutlich. Neben den Deutschen ohne Migrationshintergrund werden hier die Personen mit Migrationshintergrund unterschieden. Dabei wird wiederum differenziert zwischen den Personen (mit eigener Migrationserfahrung), die selbst nach Deutschland eingewandert sind, und den Personen (ohne eigene Migrationserfahrung), die als Kind von Ausländern in Deutschland geboren wurden oder von Eltern mit eigenen Migrationserfahrungen geboren wurden. In dieser differenzierten Darstellung kann festgestellt werden, dass die eingewanderten Ausländer in Deutschland nur 6,76 %, die Spätaussiedler (Deutsche Zuwanderer ohne Einbürgerung) 2,15 % und eingebürgerte Ausländer 3,71 % der Bevölkerung ausmachen. Selbst wenn man nur die eingewanderten Ausländer und die eingebürgerten Ausländer berücksichtigt, kommt man auf einen Bevölkerungsanteil mit nichtdeutschen ethnischen Wurzeln von ca. 10,5 %. Dazu kommen dann allerdings noch die Ausländer, die in Deutschland geboren wurden und daher keine eigene Migrationserfahrung aufweisen mit 2,12 %, die in Deutschland geborenen eingebürgerten Ausländer mit 0,55 % sowie zumindest noch ein gewisser Anteil der in Deutschland als Deutsche geborenen Personen mit mindestens einem ausländischen oder zugewanderten Elternteil mit 2,92 %. Auf dieser Grundlage kann man bilanzieren,

24 Dabei werden Vertriebene, Flüchtlinge und Übersiedler aus der DDR nicht als Personen mit Migrationsstatus berücksichtigt.

dass zwischen 13 und 15 % der Bevölkerung in Deutschland einen nichtdeutschen ethnischen Hintergrund hat, wobei hier die Spätaussiedler nicht berücksichtigt sind. Betrachtet man noch einmal genauer, aus welchen Ländern Personen mit derzeitiger bzw. früherer ausländischer Staatsangehörigkeit eingewandert sind, so sind die wichtigsten Auswanderungsländer für Migranten nach Deutschland die Türkei (3,03 % der Bevölkerung Deutschlands), das ehemalige Jugoslawien und seine Nachfolgerstaaten (1,40 %), die Russische Föderation (1,14 %), Polen (1,03 %) und Italien (0,92 %) (Statistisches Bundesamt 2008a: 60). Neben den Herkunftsländern der seit den sechziger Jahren angeworbenen Arbeitskräften, die vor allem aus den Mittelmeeranrainerstaaten kommen, wird in diesen Zahlen die räumliche Herkunft der Spätaussiedler (Russische Föderation, Polen) sowie der neuen Einwanderung aus Osteuropa seit den neunziger Jahren ersichtlich. Dabei muss berücksichtigt werden, dass die Bevölkerung mit nichtdeutschem ethnischem Hintergrund nicht gleichmäßig in der Bundesrepublik verteilt wohnt, sondern spezifische Schwerpunkte aufweist. So finden sich in Ostdeutschland nur sehr geringe Bevölkerungsanteile von Personen mit Migrationshintergrund, während vor allem im Rhein-Main-Gebiet, Stuttgart, München und Berlin diese Anteile sehr viel höher sind (Statistisches Bundesamt 2008a: 19-20). Diese Zahlen machen deutlich, dass eine Analyse ethnischer Ungleichheit in Deutschland ein durchaus gerechtfertigtes und sozialwissenschaftlich relevantes Vorgehen ist.

Tabelle 2.9: Bevölkerung nach Migrationsstatus

	Anzahl in Tausend	In % der Bevölkerung
Bevölkerung insgesamt	82465	100,00
Deutsche ohne Migrationshintergrund	67132	81,41
Personen mit Migrationshintergrund	15333	18,59
Davon: Personen mit eigener Migrationserfahrung	10399	12,61
Davon: Ausländer	5571	6,76
Davon: Deutsche	4828	5,85
Davon: Deutsche Zuwanderer ohne Einbürgerung	1769	2,15
Davon: Eingebürgerte	3059	3,71
Davon: Personen ohne eigene Migrationserfahrung	4614	5,60
Davon: Ausländer	1749	2,12
Davon: Deutsche	2865	3,47
Davon: Eingebürgerte	455	0,55
Davon: Deutsche mit mindestens einem zugewanderten oder als Ausländer in Deutschland geborenen Elternteil	2410	2,92

Quelle: Statistisches Bundesamt 2008a: 316.

In den vorhergehenden Ausführungen wurde deutlich, dass eine klare Abgrenzung von Bevölkerungsgruppen mit unterschiedlichem ethnischem Hintergrund in Deutschland nicht einfach ist. Selbst für einfache bivariate Darstellungen des Zusammenhangs von ethnischem Hintergrund und den in diesem Buch interessierenden Variablen müssen, je nach Verfügbarkeit, ganz unterschiedliche Variablenverwendet werden. Im besten Falle liegen genaue Angaben über den Migrationshintergrund bzw. den ethnischen Hintergrund vor, manchmal aber auch nur Angaben über die Staatsbürgerschaft.

Mikrozensus

Der Mikrozensus ist die größte jährlich stattfindende Haushaltsbefragung in Europa (Statistisches Bundesamt 2008b). Dabei wird 1 % der deutschen Bevölkerung nach einer Zufallsstichprobe zu einer Befragung ausgewählt, also mehr als 800000 Personen in Deutschland. Im Mikrozensus werden Informationen zur sozialen Lage von Personen und Haushalten, zur Haushalts- und Familienstruktur, Erwerbstätigkeit, Bildung, Wohnverhältnissen und Gesundheit erhoben. Die Durchführung des Mikrozensus obliegt dem Statistischen Bundesamt in Wiesbaden und den jeweiligen statistischen Landesämtern. Die Grundlage dafür ist das Mikrozensusgesetz, das für zahlreiche Informationen auch eine Berichtspflicht festlegt, d. h. die Teilnahme am Mikrozensus ist nicht freiwillig. Das hat aus der Perspektive der empirischen Sozialforschung den großen Vorteil, dass nur ein relativ geringer Teil der Haushalte die Teilnahme verweigert (ca. 5 %) und dass auch die Ausfallquote bei einem großen Teil der Fragen unter 10 % liegt. Insofern enthält der Mikrozensus für die Sozialstrukturanalyse zahlreiche wichtige Informationen über die Bevölkerung in Deutschland auf einer außerordentlich breiten Basis und mit einer hohen Genauigkeit. Ein großer Teil der Daten liegt mittlerweile auch für die sozialwissenschaftliche Nutzung in anonymisierten Datensätzen vor.

3 Strukturierte soziale Ungleichheit: Befunde und Erklärungen

3.1 Ungleichheit der Bildungschancen

In Abschnitt 2.1 wurde dargestellt, dass Bildung in gegenwärtigen Gesellschaften eine zentrale Ressource mit breitem Anwendungsbereich darstellt. Folgt man den Argumenten, die in den Abschnitten 2.2 und 2.3 über die zentralen Arenen der Entstehung sozialer Ungleichheit und über die vertikale Dimension der Struktur sozialer Ungleichheit vorgestellt wurden, dann dürfte die Bedeutung der Bildung noch deutlicher geworden sein. Durch Bildungszertifikate nachgewiesene Qualifikation ist eine zentrale Voraussetzung für eine qualifizierte Erwerbstätigkeit und die Erzielung eines höheren Einkommens als Arbeitnehmer. Dies drückt sich auch in den Klassenschemata und sozioökonomischen Statusskalen aus, die immer auch die Bildung bzw. die berufliche Qualifikation der Akteure berücksichtigen.

3.1.1 Bildung: Definition und Messung

Allerdings muss man an dieser Stelle auch kurz innehalten und darüber nachdenken, was der Begriff Bildung überhaupt bedeutet. Wenn man eine andere Person nach ihrer Bildung fragt, dann wird sie einem typischerweise ihren höchsten allgemeinbildenden Schulabschluss oder den höchsten berufsqualifizierenden Ausbildungsabschluss nennen, also ein bestimmtes Bildungszertifikat. Tatsächlich hat aber der *Bildungsbegriff* einen sehr viel breiteren Bedeutungshorizont. Braun und Müller (1997:

167-169) verweisen auf vier direkte und zwei indirekte Effekte von Bildung, die man berücksichtigen sollte. Was sind die direkten Effekte von Bildung? Erstens bedeutet Bildung den Erwerb von allgemeinen Fähigkeiten, wie Lesen, Schreiben und Rechnen. Zweitens meint Bildung aber auch den Erwerb von spezifischeren Wissensgehalten, wie Fremdsprachen, Computerbenutzung oder Buchführung. Drittens gehört zu Bildung fernerhin der Erwerb von Faktenwissen in den verschiedensten Bereichen. Viertens schließt Bildung einen Prozess der Sozialisation in bestimmte Normen, Werte und Verhaltensformen ein. Angesichts der Zeitdauer, die Kinder und Jugendliche in gegenwärtigen Gesellschaften in Bildungseinrichtungen verbringen, liegt die Vermutung nahe, dass diese auch deren normative Orientierungen prägen. Schließlich führt Bildung zu indirekten Effekten. Soziologisch besonders interessant ist einerseits die soziale Bedeutung, die man Bildungszertifikaten zuspricht. In den meisten Situationen ist es kaum möglich, die vier direkten Effekte der Bildung an einer anderen Person abzuprüfen, man wird sich häufig auf deren Zertifikate als manchmal unzureichenden Indikator für deren wirkliche Qualifikationen verlassen müssen. Wie wir schon in Abschnitt 2.3.1.2 und 2.3.2 gesehen haben, können solche Zertifikate von Arbeitgebern als Hinweis auf die vermutliche Produktivität eines Angestellten verwendet werden, sie können aber auch eine sozial ausschließende Funktion haben. Andererseits muss berücksichtigt werden, dass Unterschiede in der Bildung auch in anderen Lebensbereichen zu unterschiedlichen Erfahrungen führen. So wissen wir, dass gebildete Menschen häufiger Zeitungen und Bücher lesen und damit auch außerhalb des engeren Bereichs der Bildung über mehr Informationen und Wissen verfügen als weniger gebildete Personen.

Betrachtet man die vier direkten Effekte von Bildung, so fällt unmittelbar auf, dass diese sich in der empirischen Sozialforschung gar nicht so einfach messen lassen. Im Regelfall werden wir in Umfragen keine systematischen Tests durchführen können, in denen wir die verschiedenen Qualifikationen und das Wissen von Personen abfragen können – die PISA Studien sind hier eine Ausnahme, die sich aber nur auf Schüler bezieht (Braun/Müller 1997: 169-170). Exemplarisch sollen hier zwei Wege zur Messung von Bildung mit ihren Vor- und Nachteilen vorgestellt werden. Die einfachste Möglichkeit, die für statistische Analysen gut zu verwenden ist, ist die Messung der Anzahl von Jahren, die eine Person im Bildungssystem verbracht hat. Dieser Indikator setzt aber voraus, dass jedes Bildungsjahr gleich zählt. Der Schüler A, der nach zehn Jahren seinen Hauptschulabschluss erwirbt, würde hier möglicherweise mit dem Schüler B gleichgesetzt, der nach zehn Jahren seine mittlere Reife erwirbt. Folgt bei A dann nach dem Hauptschulabschluss noch eine dreijährige Berufslehre, so hätte er genauso viele Jahre im Bildungssystem verbracht wie ein Abiturient, der in den meisten Bundesländern bisher nach dreizehn Schuljahren das Abitur erworben hat. An diesen Beispielen wird deutlich, dass die Messung der im Bildungssystem verbrachten Zeit nur in relativ homogenen und wenig differenzierten Bildungssystemen eine sinnvolle Vorgehensweise ist. Daher verwendet man häufig zur systematischen Erfassung der Bildung sogenannte *Bildungsklassifikationen*. Führt man seine Untersuchung nur in einem einzigen Land durch, so kann man zur differenzierten Messung der Bildung auf die in diesem Land üblichen Schulabschlüsse und Bildungszertifikate zurückgreifen. Im Regelfall wird man damit eine relativ erklärungskräftige Bildungsvariable erhalten (Braun/Müller 1997: 185). Diese Vorgehensweise wird aber problematisch, wenn man international vergleichbare Daten und Ergebnisse erhalten möchte. Dann muss man eine Klassifikation der Bildungsabschlüsse entwickeln, die einerseits möglichst differenziert ist und möglichst viel Informationen enthält, andererseits international vergleichbar ist. Eine sehr weit verbreitete Klassifikation dieser Art ist die *International Standard Classification of Education (ISCED)*, die von der UNESCO entwickelt wurde (UNESCO 2003). Sie orientiert sich an einer Differenzierung des Bildungssystems in vier Stufen: Vorschulniveau, Primarschule, Sekundarschule und tertiäre Ausbildung an Hochschulen. Innerhalb der vier Stufen werden teilweise noch Zwischenstufen unterschieden. Die ISCED Klassifikation mit ihrer starken Orientierung an verschiedenen Stufen der Bildung führt zu Problemen, wenn man Bildungssysteme vergleichen will, die auf den jeweiligen Stufen eine Differenzierung z. B. zwischen eher berufsbildenden und allgemeinbildenden Ausbildungseinrichtungen haben. Im europäischen Raum wird daher häufig die *CASMIN-Klassifikation* verwendet, die sich zwar einerseits auch an Stufen orientiert, andererseits aber die Differenzierung des Bildungssystems in berufsbildende und allgemeinbildende Ausbildungsgänge berücksichtigt. Wie Tabelle 3.1 zeigt, bleibt in der CASMIN-Klassifikation die vorschulische Bildung ausgeblendet, unterschieden wird nur nach Primar- und Sekundarschulbildung, sowie der tertiären Ausbildung an Hochschulen, wobei auf den ersten Bildungsstufen auch immer die Unterscheidung zwischen beruflicher und allgemeiner Schulbildung berücksichtig wird. Durch diese relativ große Differenzierung erweist sich die CASMIN Bildungsklassifikation im Vergleich mit anderen Messungen von Bildung als besonders flexibel und relativ erklärungskräftig (Braun/Müller 1997; Brauns/Scherer/Steinmann 2003).

Tabelle 3.1: Die CASMIN Bildungsklassifikation

	Berufl. vs. allg. Bildung	**Bezeichnung der Bildungsstufe**	**Anwendung auf das deutsche Bildungswesen**
1a	Allgemein	Nicht abgeschlossene Elementarschule	Kein Abschluss
1b	Allgemein	Abgeschlossene Elementarschule	Hauptschulabschluss ohne berufliche Ausbildung
1c	Beruflich	Abgeschlossene Elementarschule mit beruflicher Bildung	Hauptschulabschluss mit beruflicher Ausbildung
2a	Allgemein	Mittlere Sekundarschule	Mittlere Reife
2b	Beruflich	Mittlere Sekundarschule mit beruflicher Bildung	Mittlere Reife mit beruflicher Ausbildung
2c allg	Allgemein	Abgeschlossene Sekundarschule	Fachhochschulreife/Abitur
2c beruf	Beruflich	Abgeschlossene Sekundarschule mit Berufsausbildung	Fachhochschulreife/Abitur und berufliche Ausbildung
3a		Kürzere Tertiärausbildung eines niedrigeren Niveaus	Fachhochschulabschluss
3b		Längere Tertiärausbildung auf höherem Niveau	Hochschulabschluss

Zusammenfassung

Bildung ist mehr als ein Schul- oder Ausbildungsabschluss. Sie enthält zumindest die Vermittlung und den Erwerb von allgemeinen Fähigkeiten, Wissensgehalten, Faktenwissen und normativen Vorstellungen. In der empirischen Forschung werden wir aber zumeist die Bildung von Personen durch die Zahl der Jahre, die sie im Bildungssystem verbracht haben oder durch eine Klassifikation von Bildungsabschlüssen erfassen. Während die Bildungsjahre eine für statistische Analysen besser geeignete Variable darstellen, können Bildungsklassifikationen flexibel für unterschiedliche und ausdifferenzierte Bildungssysteme verwendet werden.

Weiterführende Literatur

Einen hervorragenden Überblick zum Thema dieses Abschnitts gibt der folgende Aufsatz:

- Michael Braun und Walter Müller, 1997: Measurement of Education in Comparative Research, Comparative Social Research 16: 163-201.

Wiederholungsfragen

- Welche direkten und indirekten Effekte hat Bildung?
- Wie kann man Bildung messen?
- Was sind die Vorteile und Nachteile einer Messung durch Bildungsjahre im Vergleich zu einer Erfassung durch Bildungsklassifikationen?

3.1.2 Bildungsexpansion und Bildungssystem

Die kurze Diskussion über die Messung von Bildung im internationalen Vergleich hat schon angedeutet, dass sich die Bildungsinstitutionen in verschiedenen Ländern unterscheiden. Wenn man also den Erwerb von Bildungsressourcen analysieren will, sollte an erster Stelle zumindest eine kurze Skizze der institutionellen Besonderheiten des deutschen Bildungssystems stehen, das in Schaubild 3.1 schematisch dargestellt ist. Auf der Ebene der vorschulischen Bildung ist für Deutschland – wie für die meisten anderen Länder – typisch, dass der Besuch von Kindergärten oder Vorschulen nicht obligatorisch, sondern freiwillig ist. Empirisch zeigt sich in Deutschland, dass diese Form der Bildung besonders häufig von höher gebildeten Eltern und relativ selten von ausländischen Eltern in Anspruch genommen wird (Kreyenfeld 2004). Das bedeutet freilich, dass gerade diejenigen Gruppen, die von einer Frühförderung am stärksten profitieren könnten, diese am wenigsten in Anspruch nehmen (Becker/Biedinger 2006). In Deutschland, wie in den meisten europäischen Ländern, werden die Kinder in einem Alter von sechs Jahren eingeschult (Müller/Steinmann/Schneider 1997: 187). Spezifisch für Deutschland ist allerdings die Tatsache, dass die Grundschule in Deutschland in der Regel nur vier Schuljahre dauert (nur in Berlin und Brandenburg 6 Jahre), danach folgt eine Aufteilung der Schüler auf unterschiedliche Sekundarschulformen im Rahmen des dreigliedrigen Bildungssystems (Müller/Steinmann/Schneider 1997: 188). Nach der Grundschule werden die Schüler also parallel in verschiedenen Institutionen des Bildungssystems unterrichtet und gefördert. Wie schon in den Ausführungen über den Relativalterseffekt deutlich wurde, wird dieser Effekt vor allem dann über den Lebensverlauf hin verstärkt, wenn Kinder schon im frühen Alter auf unterschiedliche Leistungsgruppen verteilt werden. In Längsschnittstudien zeigt sich genau diese Problematik im deutschen Schulsystem: in Haupt- und Realschulen lernen Kinder mit vergleichbaren Startvoraussetzungen weniger als im Gymnasium (Ditton 2004: 254-255).[25] Dabei ist in Deutschland diese Aufteilung auf Schularten sehr viel bedeutsamer als der Gegensatz von privaten und öffentlichen Schulen, der sich in manchen Ländern sehr ausgeprägt findet, da lediglich 6,9 % der Schüler auf eine, zumeist konfessionelle, Privatschule gehen (Autorengruppe Bildungsberichterstattung 2008: 254). Im Anschluss an den Besuch einer der Schulen des dreigliedrigen Schulsystems können die Jugendlichen vier verschiedene Abschlüsse erwerben: erstens den Hauptschulabschluss und damit die Berufsschulreife nach der neunten Klasse, zweitens die mittlere Reife bzw. den Realschulabschluss nach der zehnten Klasse, drittens das Abitur bzw. die allgemeine Hochschulreife nach der dreizehnten Klasse, in vielen Bundesländern mittlerweile nach der zwölften Schulklasse und viertens kann in der Regel ein Jahr früher als das Abitur die Fachhochschulreife erworben werden, die zum Studium an Fachhochschulen berechtigt. Dabei ist in der Regel mit der Entscheidung für eine weiterführende Schule nach der Grundschule auch der anvisierte Bildungsabschluss festgelegt, da Schulartwechsel in Deutschland relativ selten sind (Autorengruppe Bildungsberichterstattung 2008: 66). Neben den verschiedenen weiterführenden Schulen müssen für Deutschland auch die Förder- und Sonderschulen erwähnt werden, die spezielle Angebote für Schüler mit Behinderungen anbieten, von denen angenommen wird, dass sie auf normalen Schulen nicht angemessen gefördert werden können. Diese sind in Deutschland von den anderen Schulen stark separiert, in anderen Ländern sind die Sonderschulklassen zum Teil stärker in die konventionellen Schulen integriert (Powell 2006).

[25] Das dreigliedrige Schulsystem existiert nicht in allen Bundesländern in gleicher Form. So gibt es daneben zum Teil noch Gesamtschulen, zum Teil werden auch Haupt- und Realschule zu Mittelschulen zusammengefasst.

Schaubild 3.1: Das deutsche Bildungswesen

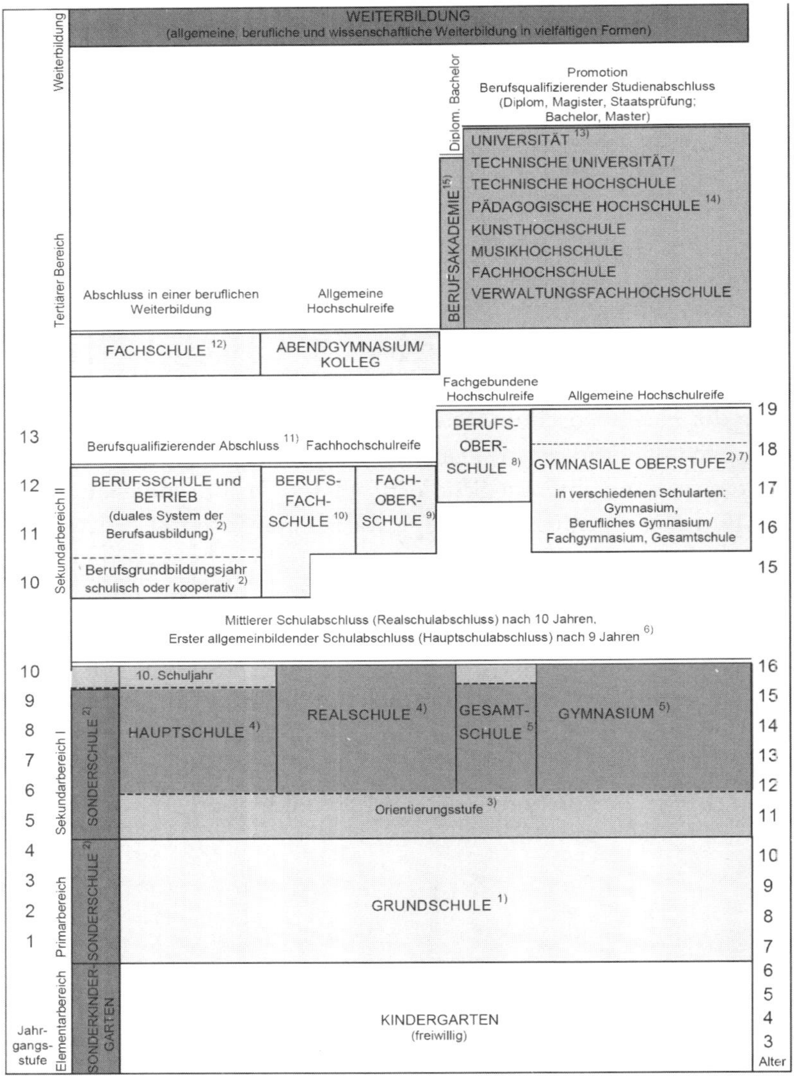

Quelle: Sekretariat der Ständigen Konferenz der Kultusminister der Länder: Grundstruktur des Bildungswesens in der Bundesrepublik Deutschland, www.kmk.org/doku/dt-2006.pdf, Zugriff am 23.09.2008

Spezifisch für Deutschland ist im internationalen Vergleich weiterhin, dass das Abitur seinen Charakter als allgemeine Hochschulzugangsberechtigung behalten hat, während in einer Reihe anderer Länder ein Prozess der Differenzierung des Abiturs in verschiedene fachspezifische Ausrichtungen stattgefunden hat (Müller/Steinmann/Schneider 1997: 191). Dennoch hat der Anteil der Personen mit (Fach-)Hochschulreife, der im Anschluss an den allgemeinbildenden Schulabschluss ein Hochschulstudium aufnimmt, abgenommen: dieser lag 1980 noch bei 87 % und 2001 nur noch bei 75 % (Autorengruppe Bildungsberichterstattung 2008: 327). Damit sind wir im Berufsbildungsbereich und bei den Hochschulen angelangt. Das zentrale Merkmal der beruflichen Ausbildung in Deutschland ist die Dominanz des sogenannten dualen Systems, in dem die Ausbildung in einen betrieblichen Teil und einen schulischen Teil getrennt ist und in dem ca. 70 % der Berufsausbildungen erworben werden, während auf die rein schulischen Berufsqualifikationen (mit Schwerpunkt im Sozial- und Gesundheitsbereich) nur ca. 30 % der Auszubildenden in Deutschland entfallen. Mit der Organisation des Berufsbildungswesens in der Bundesrepublik sind wichtige institutionelle Differenzierungen verbunden: erstens wird im Bereich der dualen Ausbildung die Auswahl von Auszubildenden nicht mehr im Bildungssystem selbst vorgenommen, sondern von Betrieben mit ihren je spezifischen Kriterien, zweitens findet hier auch eine relativ deutliche Aufteilung in Ausbildungen für Frauen und Männer statt, wobei Frauen sich deutlich häufiger als Männer im schulischen Ausbildungssystem wiederfinden, in dem keine Ausbildungsvergütungen gezahlt werden, sondern zum Teil sogar Schulgelder zu leisten sind, drittens wird durch die institutionelle Separierung von handwerklichen, industriellen und kaufmännischen Ausbildungszweigen die Segmentierung der Arbeitnehmer in verschiedene Berufsgruppen verstärkt (Konietzka 2004). Für den Hochschulbereich in Deutschland ist einerseits die Trennung zwischen Hochschulen und Fachhochschulen hervorzuheben, wobei letztere als stärker anwendungsorientierte Bildungseinrichtungen seit den späten sechziger Jahren in Deutschland ausgebaut wurden. Andererseits muss auch darauf verwiesen werden, dass es keinen Elitesektor im Hochschulbereich gibt, wie man ihn z B. in den USA, Frankreich, Großbritannien oder Japan findet (Müller/Steinmann/Schneider 1997: 196).[26]

In dieser kurzen Skizze des deutschen Bildungssystems wurde deutlich, dass dieses durch eine ganze Reihe von spezifischen Merkmalen charakterisiert ist, die sich in gleicher Kombination in anderen Ländern nicht findet. Diese sind bei der Analyse und der Erklärung des Bildungserwerbs im deutschen Schulsystem als institutionelle Randbedingungen zu berücksichtigen. Dabei findet die zentrale Weichenstellung im deutschen Schulsystem schon nach der vierten Schulklasse statt, wenn die Kinder auf die unterschiedlichen weiterführenden Schulen verteilt werden. Der in den Sekundarschulen erworbene Abschluss ist dann die zentrale Voraussetzung für die unterschiedlichen berufsqualifizierenden Ausbildungsgänge und das Hochschulstudium.

Ein zentraler Punkt, der bei der Kurzdarstellung der Institutionen des Bildungssystems bisher außer Acht gelassen wurde, ist der Prozess der *Bildungsexpansion*. Darunter kann man die Steigerung des aus öffentlichen und privaten Mitteln finanzierten Angebots von Positionen im Bildungssystem einerseits und der Nachfrage nach diesen Positionen von Familien, Kindern und Jugendlichen andererseits verstehen. Dieser Prozess geht bis auf das 19. Jahrhundert zurück, in dem die Nationalstaaten das Bildungssystem stärker unter staatliche Kontrolle nahmen und die Primarschulausbildung obligatorisch machten (Klemm 2000). Vor allem seit dem zweiten Weltkrieg hat die Bildungsexpansion zu einer Erweiterung und Öffnung der weiterführenden Sekundarschulen und der Hochschulen geführt. Einen Eindruck von dieser Entwicklung für Deutschland gibt Grafik 3.1. Hier wird deutlich, dass noch in den fünfziger Jahren die übergroße Mehrheit der Schüler auf eine Volks- bzw. Hauptschule gegangen ist, dieser Anteil ist gegenwärtig niedriger als der von Schülern auf Gymnasien und Realschulen. Dies macht deutlich, dass das Angebot und die Nachfrage nach weiterführenden Bildungsabschlüssen im Sekundarbereich kräftig expandiert sind. Vergleichbares kann auch für die Hochschulausbildung festgestellt werden, wie Grafik 3.2 verdeutlicht.

---

26 Daran wird zumindest mittelfristig auch die vieldiskutierte Exzellenzinitiative wenig ändern.

Allerdings zeigt sich hier, dass dieser Expansionsprozess schon in den siebziger Jahren zu einem Ende gekommen ist (Alterskohorte 45-49, die ungefähr in den siebziger Jahren studiert hat).

Grafik 3.1: Besuch unterschiedlicher Schultypen von 1952 bis 2005

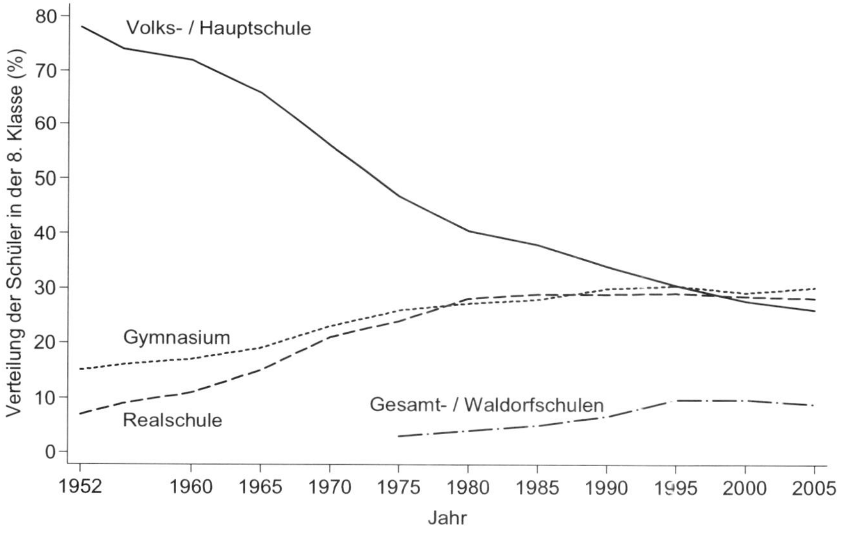

Quelle: Statistisches Bundesamt: Fachserie 11, Reihe 1.

Eine zentrale Folge der Bildungsexpansion ist eine deutliche Erhöhung des durchschnittlichen Bildungsstandes der Bevölkerung (Statistisches Bundesamt 2008c: 70). Haben unter den Personen über 60 Jahren noch 67,6 % einen Volks- oder Hauptschulabschluss als höchsten allgemeinbildenden Schulabschluss, so ist dies unter den 25-29jährigen nur noch ein Anteil von 21,8 %, dagegen hat der Anteil der Personen mit (Fach-) Hochschulreife im Vergleich dieser Altersgruppen von 13,0 % auf 41,5 % zugenommen. Allerdings erhöht diese Steigerung des allgemeinen Bildungsniveaus den Konkurrenzdruck auf Personen mit Hauptschulabschlüssen und ohne allgemeinbildenden Schulabschluss enorm (Solga/Wagner 2004).

Grafik 3.2: Anteil der (Fach-)Hochschulabsolventen an verschiedenen Alterskohorten

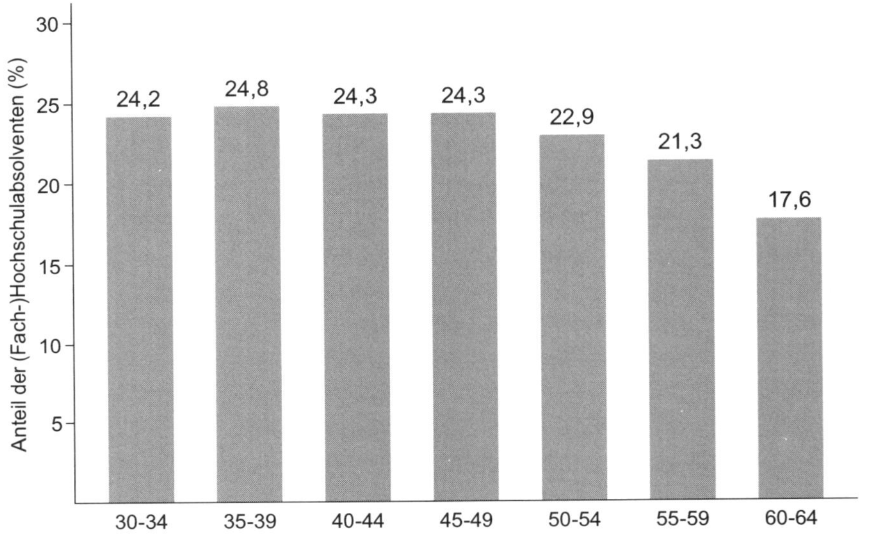

Quelle: eigene Darstellung nach Daten aus Eurydice: Schlüsselzahlen zum Bildungswesen in Europa 2005.

Zusammenfassung

Die Institutionen des Bildungssystems sind der entscheidende Kontext für den Bildungserwerb und die Ungleichheit der Bildungschancen. Charakteristisch für das deutsche Bildungssystem ist die frühe Aufteilung der Schüler nach der Grundschule auf verschiedene Zweige des Bildungssystems, die Abwesenheit eines großen Privatschulsektors, das duale System der Berufsausbildung und schließlich die Nichtexistenz eines Elitesektors im Hochschulbereich. Das Angebot und die Nachfrage nach Bildung haben sich in den vergangenen Jahrzehnten stark ausgedehnt, so dass man von der Bildungsexpansion spricht. Dies hat zu einer Erhöhung des durchschnittlichen Bildungsgrades in der Bevölkerung, aber auch zu einer stärkeren Bildungsdifferenzierung derselben geführt.

Weiterführende Literatur

Den umfassendsten Überblick zum deutschen Bildungssystem erhält man in:

- Cortina, Kai S. et al., 2003: Das Bildungswesen in der Bundesrepublik Deutschland. Strukturen und Entwicklungen im Überblick. Reinbek: Rowohlt.

Das deutsche Bildungssystem im internationalen Vergleich wird betrachtet in:

- Müller, Walter, Susanne Steinmann und Reinhart Schneider, 1997: Bildung in Europa, S. 177-245 in: Stefan Hradil und Stefan Immerfall (Hg.): Die westeuropäischen Gesellschaften im Vergleich. Opladen: Leske + Budrich.

Wiederholungsfragen

- Welche Merkmale teilt das deutsche Bildungswesen mit den Bildungssystemen anderer westlicher Länder?
- Was sind die besonderen Merkmale des deutschen Bildungssystems?
- Was versteht man unter dem Prozess der Bildungsexpansion?

3.1.3 *Ungleichheit der Bildungschancen*

Mit der Bildungsexpansion wurde allerdings nicht nur eine Steigerung des allgemeinen Bildungsniveaus erwartet, sondern auch eine Erhöhung der Chancengleichheit im Bildungssystem (Becker 2004: 161-162; Müller 1998: 83-88). Diesem Punkt wollen wir uns an dieser Stelle zuwenden: hat die Bildungsexpansion und die damit verbundene Öffnung der weiterführenden Sekundarschulen und der Hochschulen tatsächlich zu einer Verringerung von Ungleichheiten beim Bildungserwerb geführt? Der Schwerpunkt der Darstellung wird dabei weniger auf der Entwicklung der Ungleichheiten liegen, sondern stärker auf der Analyse der gegenwärtigen Ungleichheiten entlang der vier Dimensionen Region, Geschlecht, Ethnie und Klasse. Dabei muss im ersten Schritt geklärt werden, was Chancengleichheit überhaupt bedeuten soll (vgl. Geißler 2005: 72-73). Damit ist normalerweise nicht *Ergebnisgleichheit* gemeint, dass also alle unabhängig von ihrer Leistung den gleichen Bildungsabschluss erhalten sollen. Mit *Chancengleichheit* ist typischerweise gemeint, dass alle Personen die gleichen Chancen zum Erwerb bestimmter Bildungszertifikate haben sollen. Diese Idee wird in der Ungleichheitsforschung meist durch das sogenannte Proporzmodell umgesetzt. Das *Proporzmodell* unterstellt, dass bei Chancengleichheit jede soziale Gruppe entsprechend ihrem Anteil in der Bevölkerung auch unter den Absolventen einer bestimmten Bildungslaufbahn vertreten sein müsste. Wenn also die Bevölkerung im entsprechenden Alter aus 50 % Männern und 50 % Frauen oder aus 85 % Personen mit deutschem ethnischem Hintergrund und 15 % Personen mit nichtdeutschem ethnischem Hintergrund besteht, dann sollte diese Verteilung bei vorhandener Chancengleichheit auch unter den Abiturienten oder den Hochschulabsolventen wieder auftauchen. Allerdings unterstellt das Proporzmodell, dass zwischen den verschiedenen Gruppen keine Unterschiede in der Leistungsfähigkeit bestehen. Ein streng meritokratisches Modell würde nur dann von Chancengleichheit sprechen, wenn bei gleicher Leistung auch gleiche Chancen zum Erwerb von bestimmen Bildungsabschlüssen bestehen. Die folgende Darstellung folgt zumeist dem Proporzmodell, da ein meritokratisches Modell erstens voraussetzt, dass brauchbare Daten über die Leistungsfähigkeit von Schülern vorliegen und zweitens auch komplexere statistische Auswertungsverfahren dargestellt werden müssten, die an dieser Stelle die Darstellung überfrachten würden. Der Gesichtspunkt der unterschiedlichen Leistungsfähigkeit wird allerdings in der Diskussion verschiedentlich wieder aufgegriffen.

1) Regionale Ungleichheiten: Betrachtet man die regionalen Ungleichheiten im Bildungssystem, so ist im ersten Schritt darauf zu verweisen, dass sich das Bildungssystem der DDR und der BRD in den Bildungsabschlüssen unterschieden haben, so dass ein Vergleich nicht ohne weiteres möglich ist. Zusammenfassend kann man aber festhalten, dass in der Bevölkerung Ostdeutschlands Volks- und Hauptschulabschlüsse deutlich seltener sind als in Westdeutschland (46,8 % West, 30,0 % Ost), während Sekundarschulabschlüsse auf dem Niveau des Realschulabschlusses (Abschluss der Polytechnischen Oberschule in der DDR) sehr viel weiter verbreitet sind (22,2 % West, 44,2 % Ost). Auch bei der beruflichen Bildung hat die ostdeutsche Bevölkerung einen gewissen Vorsprung, da ein deutlich geringerer Bevölkerungsanteil ohne abgeschlossene Berufsausbildung vorhanden ist (West 30,4 %, Ost 19,7 %). Einen kleinen Rückstand findet man bei der Verbreitung des Abiturs in Ostdeutschland (22,3 % West, 19,2 %) (Statistisches Bundesamt 2006a: 77-78). Auch wenn diese Zahlen darauf hindeuten, dass lediglich kleinere regionale Ungleichheiten existieren, muss diese Betrachtung des Bildungsstandes der Gesamtbevölkerung noch durch eine Analyse der gegenwärtigen Absolventen der allgemeinbildenden Schulen ergänzt werden. Die Zahlen in Tabelle 3.2 zeigen sehr deutlich, dass die Schüler in Ostdeutschland tendenziell eher höhere Bildungsabschlüsse erwerben als die Schüler in Westdeutschland. Der Unterschied ist beim Abitur nur geringfügig, beim Realschulabschluss aber sehr deutlich.

Tabelle 3.2: Verteilung der Absolventen 2005 auf unterschiedliche Schulabschlüsse in %

	Alte Bundesländer (einschließlich Berlin)	Neue Bundesländer (ohne Berlin)
Hauptschulabschluss	16,1	29,4
Realschulabschluss	53,4	43,5
(Fach-) Hochschulreife	30,5	27,1

Quelle: Statistisches Bundesamt 2007: 131. Eigene Berechnungen.[27]

[27] Die Angaben in der Tabelle können nur eine ungefähre Darstellung der regionalen Chancenverteilung auf bestimmte Bildungsabschlüsse darstellen. Da es sich hier um Absolventen eines Jahres auf unterschiedlichen allgemeinbildenden Schulen handelt, verlassen diese Schüler in einem unterschiedlichen Alter die Schule, die Abiturienten mit 18 oder 19, die Realschüler aber mit 16. Daher gehören die betrachteten Schüler unterschiedlichen Geburtsjahrgängen an. Dies kann aus zwei Gründen das Ergebnis in der Tabelle verzerren: erstens können die Geburtsjahrgänge unterschiedlich groß sein,

Auch im Hinblick auf die berufsbildenden Bildungsinstitutionen zeigen sich leichte Vorteile für die ostdeutsche Bevölkerung. So wird in der Schulabgängerbefragung von 2006 deutlich, dass 73,2 % der befragten Jugendlichen in den neuen Ländern (einschließlich Berlins) eine vollqualifizierende Ausbildung beginnen konnten, während dies in den alten Bundesländern nur für 63,2 % der Schulabgänger gilt (BMBF 2008: 68 und Übersicht 15). In einer komplexeren statistischen Analyse kann aber gezeigt werden, dass diese höhere Übergangswahrscheinlichkeit von Jugendlichen in Ostdeutschland vor allem auf zwei Faktoren beruht: einerseits auf dem niedrigen Anteil von Migranten in Ostdeutschland, da diese Gruppe deutlich schlechtere Chancen auf den Übergang in eine vollqualifizierende Berufsausbildung hat, andererseits auf den höheren allgemeinbildenden Schulabschlüssen, die generell die Chance auf eine Berufsausbildung erhöhen (BMBF 2008: 68). Im Detail muss auch berücksichtigt werden, dass der Anteil von Schülern, die eine Ausbildung im dualen System beginnt, in den neuen Bundesländern (33,2 %) niedriger ist als in den alten Bundesländern (39,4 %), während in den neuen Bundesländern der Anteil der vollschulischen Ausbildungsgänge höher ist. Zudem müssen die ostdeutschen Jugendlichen in stärkerem Maße ihre Ausbildung an einem anderen Ort als ihrem Wohnort beginnen (BMBF 2008: Übersicht 11 und 12). Dennoch kann man an dieser Stelle zusammenfassend festhalten, dass die ostdeutschen Schüler etwas höhere allgemeinbildende Schulabschlüsse erwerben als die westdeutschen Schüler, dass aber insgesamt die regionalen Ungleichheiten im Bildungserwerb eher zu vernachlässigen sind.

2) Geschlechtsspezifische Ungleichheiten: Ein zentrales Thema der bildungspolitischen Diskussion waren lange die geschlechtsspezifischen Ungleichheiten im Bildungssystem. So wurden in den sechziger Jahren metaphorisch die Ungleichheiten im Bildungssystem im Bild des „katho-

---

zweitens können sich aber auch die institutionellen und strukturellen Bedingungen für die berücksichtigten Geburtsjahrgänge unterscheiden. Präzisere Ergebnisse würde man erhalten, wenn man für einen Geburtsjahrgang die erworbenen Bildungsabschlüsse verfolgen würde, was auf der Basis der hier berücksichtigten amtlichen Daten nicht möglich ist. Dies gilt auch für Tabelle 3.3.

lischen Arbeitermädchens vom Lande" zusammengefasst, das als Frau, als Arbeiterkind, als Katholikin und in einer ländlichen Region lebend, mehrfach benachteiligt ist. Wie sieht es aber gegenwärtig mit der geschlechtsspezifischen Ungleichheit im Bildungssystem aus? In Tabelle 3.3 sind für die Schulabgänger des Jahres 2005 die erworbenen Schulabschlüsse nach jungen Frauen und Männern aufgegliedert. Diese Daten zeigen sehr deutlich, dass Mädchen und junge Frauen höhere allgemeinbildende Schulabschlüsse erwerben als Jungen und junge Männer. Deutlich höhere Prozentanteile der jungen Frauen erwerben im Vergleich die Fachhochschulreife oder die allgemeine Hochschulreife, dagegen können die jungen Männer sehr viel häufiger nur den Hauptschulabschluss erwerben oder bleiben sogar relativ häufig ganz ohne allgemeinbildenden Schulabschluss. Diefenbach und Klein (2002) zeigen, dass diese Situation in den neuen Bundesländern deutlicher ausgeprägt ist als in den alten. Ihnen gelingt es auch diese Ergebnisse auf strukturelle Faktoren zurückzuführen: so schneiden Jungen vor allem in den Bundesländern relativ schlecht ab, in denen der Männeranteil unter den Grundschullehrern besonders niedrig ist und in Bundesländern, die durch besonders hohe Arbeitslosenquoten geprägt sind. Unabhängig von diesen Faktoren erwerben Mädchen in allen Bundesländern höhere allgemeinbildende Schulabschlüsse als Jungen und haben im Durchschnitt bessere Noten. Dies hängt mit dem größeren Fleiß der Mädchen, ihrer systematischeren Arbeitshaltung und ihrer stärker schulfreundlichen Freizeitgestaltung (Lesen) zusammen (Geißler 2005: 83-85; Stanat et al. 2000; Prenzel et al. 2003; Prenzel et al. 2006). Darüber hinaus kann aber auch festgestellt werden, dass Lehrer bei gleicher Leistung im Mädchen bessere Noten geben und tendenziell auch eher eine Gymnasialempfehlung für Mädchen erteilen (Ditton 2004). Die Untersuchungsergebnisse von Diefenbach und Klein würden zu der Vermutung führen, dass es hier geschlechtsspezifische Unterschiede im Beurteilungsverhalten von Lehrern und Lehrerinnen gibt. Dies müsste aber empirisch genauer untersucht werden.

Tabelle 3.3: Verteilung der Absolventen 2005 auf unterschiedliche Schulabschlüsse in %

	Männlich	weiblich
Ohne Hauptschulabschluss	10,2	6,0
Hauptschulabschluss	28,0	21,5
Realschulabschluss	40,1	43,2
(Fach-)Hochschulreife	21,7	29,3

Quelle: Statistisches Bundesamt 2007: 131. Eigene Berechnungen.

Der Vorsprung der Frauen in Bezug auf den Erwerb von Bildungsqualifikationen ist allerdings erst in den vergangenen Jahrzehnten entstanden (Breen et al. 2009a) und auf den höchsten akademischen Stufen zeigt sich auch weiterhin ein Vorsprung der Männer. In Tabelle 3.4 wird deutlich, dass der Anteil der Frauen unter den Studienanfängern hinter ihrem Anteil unter den Studienberechtigten zurückbleibt. Im Jahr 2005 liegen allerdings die Frauen sowohl bei ihrem Anteil unter den Studienberechtigten, den Studienanfängern und den Absolventen vor den Männern.[28] Deutlich größer werden allerdings die Unterschiede bei den Promotionen, hier liegt der Frauenanteil im Jahr 2005 bei 39,5 %, und bei den Habilitationen im Jahr 2005 bei 23,0 %. Noch weitaus niedriger liegt der der Anteil bei den Professuren mit 14,3 %. Allerdings muss an dieser Stelle ergänzt werden, dass diese Angabe mit den anderen Daten nicht vergleichbar ist. So handelt es sich bei den Angaben für Promotionen und Habilitationen um den Anteil von Frauen, die in einem bestimmten Jahr diese akademische Qualifikation erworben haben. Der Anteil von 14,3 % weiblichen Professoren im Jahr 2005 ergibt sich aus Berufungsentscheidungen, die über die vorhergehenden zwanzig bis dreißig Jahre hinweg kumuliert sind. Neuere Studien zeigen, dass der Anteil der Frauen, die auf Professuren berufen werden, zumeist über ihrem Anteil unter den Bewerbungen auf die Professuren liegt und dem Anteil der Habilitationen von Frauen entspricht (Auspurg/Hinz 2008). Dies ist ein Indiz dafür,

[28] Hier ist zu berücksichtigen, dass in der entsprechenden Altersgruppe der Anteil von Männern in der Bevölkerung 50,8 % und von Frauen 49,2 % beträgt (Statistisches Bundesamt 2006a: 31).

dass in Berufungskommissionen an Universitäten nicht systematisch gegen Frauen diskriminiert wird. Die Erklärungen für die Unterrepräsentation von Frauen in Professuren müssen daher an früheren Stellen der Karriereleiter ansetzen (vgl. Abschnitt 3.2.2).

Tabelle 3.4: Frauenanteil auf verschiedenen Stufen der akademischen Laufbahn 1980-2005

	1980	1985	1990	1995	2000	2005
Studienberechtige	45,0	47,4	46,3	50,9	53,6	56,6
Studienanfänger	40,4	39,8	39,4	47,8	49,2	53,6
Absolventen	34,1	36,8	36,5	40,7	44,8	49,5
Promotionen	19,6	24,1	27,8	31,5	34,3	39,5
Habilitationen	4,4	7,1	10,0	13,8	18,4	23,0
Professuren	5,3	5,1	5,5	8,2	10,5	14,3

Quelle: Wissenschaftsrat 2002; Statistisches Bundesamt 2007 und frühere Jahrgänge.

Insgesamt verdeutlichen die Angaben, dass in den vergangenen Jahrzehnten ein beeindruckender Prozess der Angleichung der Bildungschancen von Frauen und Männern stattgefunden hat, wobei die Frauen im allgemeinbildenden Bereich und bei den Hochschulabsolventen in ihrem Bildungserwerb schon an den Männern vorbeigezogen sind, die allerdings bisher noch die höheren Stufen der akademischen Karriereleiter dominieren. In zwei anderen Bereichen zeigen sich allerdings weiterhin gewisse Unterschiede im Bildungserwerb von Männern und Frauen:

Eine relativ deutliche Benachteiligung von Frauen findet sich im Bereich des Übergangs in eine Berufsausbildung. In der Schulabgängerbefragung des Bundesinstituts für Berufsbildung konnten bei den Männern 45,2 % eine Berufsausbildung im dualen System beginnen, während es bei den Frauen lediglich 30,8 % waren (BMBF 2008: Übersicht 15). Frauen mussten dagegen sehr viel häufiger auf die vollschulischen Ausbildungsgänge mit ihren oben skizzierten Nachteilen ausweichen (Männer 10 %, Frauen 21,7 %) (vgl. auch Granato/Schittenhelm 2004). Man kann also davon sprechen, dass junge Frauen ihre Vorteile bei den allgemeinbildenden Schulabschlüssen bisher nicht in eine vergleichbar günstige Situation bei der Berufsausbildung umsetzen können.

Ein weiterer deutlicher geschlechtsspezifischer Unterschied zeigt sich bei der Wahl von Ausbildungsberufen und Studienfächern. Hier ist eine deutliche *geschlechtsspezifische Segregation* festzustellen (siehe Kasten: Segregation). Dies beginnt bei den typischen Ausbildungsberufen von Frauen und Männern, die sich sehr deutlich unterscheiden, wie in Tabelle 3.5 deutlich wird. Dabei deutet sich bei den Frauen eine relativ starke Konzentration auf Berufe im Dienstleistungssektor, dem Gesundheits- und dem Verkaufsbereich sowie den sozialen Diensten an, während die Männer in stärkerem Maße handwerkliche und gewerbliche Berufe erlernen. In Tabelle 3.5 nicht zu erkennen, aber auch sehr bedeutsam ist die Tatsache, dass Frauen sich auf deutlich weniger Ausbildungsberufe konzentrieren. So werden die zwanzig wichtigsten männlichen Ausbildungsberufe von 52,6 % der Männer erlernt, die zwanzig wichtigsten weiblichen Ausbildungen aber von 72,4 % der Frauen absolviert (BMFSJ 2005: 55).

Tabelle 3.5: Die häufigsten Ausbildungsberufe von jungen Frauen und Männern im Jahr 2003

Frauen	**Anteil in %**	**Männer**	**Anteil in %**
Bürokauffrau	7,3	Kraftfahrzeugmechatroniker	8,4
Arzthelferin	7,2	Elektroniker-Energie-Gebäudetechnik	4,1
Kauffrau Einzelhandel	6,2	Anlagemechaniker für Sanitär-, Heizung-, Klimatechnik	3,9
Zahnmedizinische Fachangestellte	6,2	Maler und Lackierer	3,4
Friseurin	6,0	Kaufmann im Einzelhandel	3,3

Quelle: BMFSFJ 2005: 55.

Segregation

Der Begriff der *Segregation* kommt ursprünglich aus der Stadt- und Raumsoziologie, die sich mit der Verteilung unterschiedlicher sozialer Gruppen in verschiedenen räumlichen Gebieten beschäftigt (Häußermann/Siebel 2004: 139-152). Allgemein kann man davon sprechen, dass mit Segregation das Ausmaß gemeint ist, in dem eine von der Gleichverteilung abweichende Verteilung von sozialen Gruppen über Merkmalsausprägungen existiert. Wenn also in einer Stadt 30 % Polen wohnen und 70 % Ukrainer, dann läge keinerlei Segregation vor, wenn in allen Stadtteilen dieser Stadt diese 30/70 Verteilung zu beobachten wäre. Von geschlechtsspezifischer Segregation in dem hier dargestellten Zusammenhang spricht man, wenn Frauen und Männer sich ungleich auf bestimmte Ausbildungsberufe, Studienfächer oder Berufe verteilen. Zur Messung von Segregation wurden verschiedene Indizes gebildet, wobei der bekannteste auf Duncan und Duncan (1955; vgl. für weitere Indizes: Achatz 2005: 278-284) zurück geht. Dieser kann folgendermaßen berechnet werden:

k = Merkmalsausprägungen

X_i, Y_i = Größe der Bevölkerungsgruppen X und Y im Gebiet i

X, Y = Größe der Bevölkerungsgruppen X und Y insgesamt

Der Segregationsindex berechnet sich daher wie folgt:

$$IS = \frac{1}{2} \sum |N_i/N - W_i/W|$$

Der Segregationsindex kann Werte zwischen 0 und 1 annehmen. Diese Werte können als der Anteil von Personen betrachtet werden, die von einer Merkmalsgruppe zu einer anderen wechseln müssen, damit eine Gleichverteilung herrscht. Wenn also IS den Wert 0.4 annimmt, dann müssten 40 % einer Gruppe umziehen, damit keine Segregation mehr existiert. Oder, wenn man den Wert auf geschlechtsspezifische Segregation im Bildungssystem und auf dem Arbeitsmarkt bezieht, dann müssten 40 % der Frauen ihr Ausbildungsfach oder ihren Beruf wechseln, damit Männer und Frauen über die Fächer oder Berufe gleichverteilt sind.

Vergleichbare Ergebnisse wie für die Ausbildungsberufe findet man auch für die Studienfachwahl von Männern und Frauen. Tabelle 3.6 zeigt die häufigsten zehn Studienfächer von Studentinnen und Studenten. Dabei wird deutlich, dass Frauen vor allem in den Sozialwissenschaften, den Geistes- und Kulturwissenschaften und der Medizin überrepräsentiert sind, während Männer in den Wirtschaftswissenschaften, den Naturwissenschaften und den Ingenieurwissenschaften deutlich überproportional vertreten sind. Damit zeigt sich, dass Frauen zwar in der Höhe der Abschlüsse mit den Männern gleich gezogen haben, aber in der inhaltlichen Ausrichtung ihrer Ausbildung eine deutlich andere Ausrichtung haben als diese. Im nächsten Kapitel wird deutlich werden, dass dies auf dem Arbeitsmarkt erhebliche Nachteile für die Frauen mit sich bringt.

Tabelle 3.6: Die häufigsten Studienfächer von Studentinnen und Studenten im Jahr 2003/2004

Frauen	**Anteil in %**	**Männer**	**Anteil in %**
Betriebswirtschaftslehre	7,5	Betriebswirtschaftslehre	8,5
Germanistik/Deutsch	6,9	Informatik	6,5
Rechtswissenschaft	5,1	Maschinenbau	6,0
Medizin	5,0	Rechtswissenschaften	4,9
Pädagogik	4,1	Wirtschaftswissenschaften	4,7
Anglistik	3,6	Elektrotechnik/Elektronik	4,4
Wirtschaftswissenschaften	3,3	Wirtschaftsingenieur	3,4
Biologie	3,0	Medizin	3,2
Psychologie	2,8	Bauingenieur	2,7
Sozialwesen	2,6	Physik	2,4

Quelle: BMFSFJ 2005: 72-73.

Man kann sich an dieser Stelle fragen, woher eigentlich die unterschiedliche inhaltliche Ausrichtung in den Berufen und Studienfächern von jungen Frauen und jungen Männern kommt. Eine erste Quelle von Unterschieden könnte man in Unterschieden in den angeborenen durchschnittlichen Begabungen von Männern und Frauen sehen. Eine solche Erklärung reicht allerdings nicht allzu weit. Im internationalen Vergleich kann festgestellt werden, dass die Anteile von Studentinnen in Fächern, die in Deutschland als typisch männlich gelten, wie die Naturwissenschaften, zwischen 23,4 % (Niederlande) und 49,8 % (Portugal) variieren, in den Ingenieurwissenschaften zwischen 7,7 % (Zypern) und 32,7 % (Dänemark). Wichtiger dürfte also sein, dass in allen Gesellschaften stereotype Vorstellungen darüber existieren, welche Berufe und Fächer als typisch männlich oder typisch weiblich gelten. Allerdings unterscheiden sich offensichtlich diese typischen Berufe und Fächer von Gesellschaft zu Gesellschaft. Diese Stereotypen werden, so die These von Granato und Schittenhelm (2004), von Familienmitgliedern, Lehrern, Ausbildungsbetrieben und auch den Schülerinnen und Schülern selbst reproduziert, so dass letztendlich – wie in den Tabellen 3.5 und 3.6 ersichtlich – eine Ausbildungs- und Studienfachwahl erfolgt, die durch eine hohe geschlechtsspezifische Segregation geprägt ist (Achatz 2005: 266-268). Abraham und Arpagaus (2008) können allerdings in einer Studie für die Schweiz kaum Belege für diese These finden. Dort zeigt sich, dass vor allem die Bewerber mit den besseren Noten und den besseren Bildungsabschlüssen in die gemischtgeschlechtlichen Branchen und Berufe gelangen, die auch günstigere Karriereperspektiven aufweisen (Abraham/Arpagaus 2008). Damit steht eine systematische Erklärung der geschlechtsspezifischen Ausbildungs- oder Studienfachwahl noch aus.

Zusammenfassend kann man an dieser Stelle festhalten, dass im Verlauf der Bildungsexpansion Nachteile für Mädchen und junge Frauen im Bildungserwerb systematisch abgebaut wurden, so dass diese bei den allgemeinbildenden Schulabschlüssen und den Hochschulabschlüssen sogar besser abschneiden als Jungen und junge Männer. Einen zentralen Unterschied stellt aber weiterhin die geschlechtsspezifische Segregation von Ausbildungsberufen und Studienfächern dar.

3) Ethnische Ungleichheiten: Die ethnische Ungleichheit der Bildungschancen und der Bildungsstruktur hat sich zu einem der wichtigsten Forschungsthemen in der Sozialstrukturanalyse entwickelt (Geißler 2005; Diefenbach 2007). Tabelle 3.7 gibt einen ersten Einblick in die Bildungsstruktur der verschiedenen Gruppen mit unterschiedlichem Migrationshintergrund in Deutschland. Hier wird sehr eindrücklich der große Abstand in der Bildungsstruktur unterschiedlicher Bevölkerungsgruppen in Deutschland demonstriert. Einwanderer aus Türkei und anderen Anwerbestaaten haben sehr viel seltener die Hochschulreife als Deutsche, erwerben deutlich seltener einen Hochschulabschluss und bleiben häufiger ohne Schulabschluss und ohne Berufsausbildung. Die Angaben für die 25-35-jährigen demonstrieren einen gewissen Prozess des Aufholens, doch die Anteile von Personen ohne allgemeinen Schulabschluss und ohne Berufsausbildung in diesen Gruppen sind geradezu alarmierend hoch. Fast jede fünfte Person im Alter von 25-35 Jahren mit türkischem Hintergrund hat keinen allgemeinbildenden Schulabschluss und mehr als die Hälfte keine Berufsausbildung. Vergleicht man die verschiedenen Gruppen miteinander, so wird deutlich, dass die jungen Spätaussiedler nur ein etwas schlechteres Bildungsniveau als die Deutschen ohne Migrationshintergrund haben, deutlicher sind die Abstände der Deutschen zu den Einwanderern aus den ehemaligen Anwerbestaaten und am stärksten zu den Einwanderern aus der Türkei (Söhn 2008).

Tabelle 3.7: Bildungsstruktur der Bevölkerung nach Migrationshintergrund

Migrationshintergrund	**Hochschulreife**	**Ohne Schulabschluss**	**Hochschulabschluss**	**Ohne Berufsausbildung**
(Spät-)Aussiedler	22,1	5,8	9,[illegible]	38,9
25-65 Jahre	27,2	3,6	12,7	23,7
25-35 Jahre	30,5	2,6	12,2	27,7
Türkei	9,0	27,6	2,6	72,8
25-65 Jahre	9,8	31,4	3,5	68,2
25-35 Jahre	14,4	18,1	4,2	56,6
Sonstige ehemalige Anwerbestaaten	15,7	15,1	5,4	56,0
25-65 Jahre	17,0	16,1	6,7	49,5
25-35 Jahre	27,3	8,6	8,7	37,9
Deutsche ohne Migrationshintergrund	22,1	1,7	11,8	26,4
25-65 Jahre	27,2	1,4	15,9	13,2
25-35 Jahre	39,3	1,6	16,5	15,2

Quelle: Konsortium Bildungsberichterstattung 2006: 293.

Die in Tabelle 3.7 vorgestellten Daten geben aber nur eine Auskunft über die Bildungsstruktur der Bevölkerung in bestimmten Altersgruppen. Wie sieht die Verteilung von Bevölkerungsgruppen mit unterschiedlichem Migrationshintergrund über die Schulformen in Deutschland aus, die den weiteren Bildungserwerb – wie oben schon dargestellt – in hohem Maße bestimmen? Dies wird in Tabelle 3.8 dargestellt, die im Wesentlichen die Ergebnisse aus Tabelle 3.7 bestätigt. Personen mit nichtdeutschem ethnischem Hintergrund gehen im deutschen Bildungssystem eher nicht auf weiterführende Schulen, auch wenn gewisse Aufholeffekte sichtbar sind. Auffällig sind allerdings die Werte für Schüler aus Spätaussiedlerfamilien. In Tabelle 3.8 wird deutlich, dass die Kinder von Spätaussiedlern sich in ihrem Bildungsverhalten weniger stark von den Kindern aus Einwandererfamilien mit türkischem Hintergrund unterscheiden. Dies steht im Gegensatz zu den Ergebnissen in Tabelle 3.7, ist aber relativ leicht zu erklären. In Tabelle 3.7 sind verschiedene Alterskohorten von Aussiedlern und Spätaussiedlern berücksichtigt, die zum Teil ihren Bildungsabschluss noch in ihrem Herkunftsland erworben haben. Im Prozess der Einwanderung der Aussiedler hat sich das Gewicht immer stärker von den Gruppen, die noch recht vertraut mit der deutschen Sprache waren, auf Gruppen verschoben, die mit der deutschen Sprache und Kultur weniger vertraut sind und damit auch größere Probleme im deutschen Bildungssystem haben. Insgesamt haben aber Aussiedler und Spätaussiedler weiterhin bessere Bildungschancen als andere Migranten, da sie eine bessere staatliche Förderung erhalten und im Durchschnitt über bessere Deutschkenntnisse verfügen (Söhn 2008). Was darüber hinaus in Tabelle 3.8 leider nicht erfasst ist, ist die Tatsache, dass ausländische Kinder nicht nur an den Hauptschulen weit überrepräsentiert und an Gymnasien unterrepräsentiert sind, sondern auch häufiger auf Sonderschulen gehen (Powell/Wagner 2001).

Tabelle 3.8: Verteilung der Schüler auf Schulformen nach Migrationshintergrund im Jahr 2000

Migrationsstatus	Hauptschule	Realschule	Integ. Gesamtschule	Gymnasium
Beide Eltern in Deutschland geboren	15,1	36,4	9,7	38,8
Mindestens ein Elternteil im Ausland geboren	27,6	30,5	11,2	30,7
Herkunftsregion				
Türkei	40,6	25,3	14,3	19,8
Sonst. Anwerbestaaten	25,0	33,1	11,4	30,4
(Spät-)Aussiedler	34,9	35,8	7,1	22,2

Quelle: Konsortium Bildungsberichterstattung 2006: 296.

Nicht nur an allgemeinbildenden Schulen bleiben Personen mit Migrationshintergrund in einer benachteiligten Position, dies gilt auch für die Berufsausbildung. In der schon mehrfach zitierten Befragung von Schulabgängern zeigte sich, dass Personen mit Migrationshintergrund nicht nur seltener eine Ausbildung im dualen System beginnen (34,5 % zu

38,8 %), sondern auch in geringerem Maße eine fachschulische Ausbildung (7,3 % versus 12,6 %) oder ein Studium anfangen (7,3 % zu 12,6 %) (BMBF 2008: Übersicht 15). Insbesondere männliche Jugendliche ausländischer Herkunft erscheinen hier als besonders benachteiligt (Diehl/Friedrich/Hall 2009). Zusammenfassend kann man also festhalten, dass es im Bildungsbereich deutliche Hinweise auf ethnische Ungleichheit gibt, wobei Personen mit nichtdeutschem ethnischem Hintergrund in Deutschland häufiger keine oder nur niedrige allgemeine Schulabschlüsse erwerben und auch häufiger keine berufliche Ausbildung aufweisen können.

Wie können nun die divergierenden Chancen beim Erwerb von Bildungsabschlüssen für Kinder aus Familien mit unterschiedlichem Migrationshintergrund erklärt werden? Als wichtigste Ursache kann die Forschung recht übereinstimmend die Position der Elternhaushalte auf der vertikalen Dimensionen der Struktur sozialer Ungleichheit ausmachen (Kalter/Granato/Kristen 2007; Kristen/Granato 2007; Geißler 2005: 92-93). Personen mit Migrationshintergrund findet man in Deutschland eher in den niedrigeren Klassenlagen und sie haben zumeist nur eine relativ niedrige Bildung erworben. Kontrolliert man die Klassenlage und die Bildung der Eltern in statistischen Modellen des Bildungserwerbs, so finden sich in vielen Studien keine Benachteiligungen für Schüler mit Migrationshintergrund mehr (Kristen/Granato 2007: 17-18). Das bedeutet aber, dass die ethnische Ungleichheit der Bildungschancen ganz überwiegend keine spezifisch ethnische ist, sondern vor allem klassen- bzw. statusspezifische Ungleichheit, in der Schüler mit Migrationshintergrund in ihrem Bildungsverhalten vor allem durch ihre Herkunft aus den unteren Klassenlagen geprägt sind. Zweitens lässt sich darüber hinaus feststellen, dass in einigen Studien auch die Sprachkenntnisse der Schüler einen signifikanten Einfluss auf die Bildungschancen haben, dies lässt sich aber nicht in allen Untersuchungen feststellen (Geißler 2005: 92). Dieser Punkt verweist aber auch auf die institutionellen Bedingungen des Schulsystems in Deutschland. In den PISA-Studien wurde deutlich, dass in Deutschland die Kompetenzunterschiede zwischen Migranten und Deutschen ohne Migrationshintergrund besonders groß sind. Andere

Länder mit vergleichbar strukturierten Migrantengruppen haben offenbar Schulsysteme, die besser für die Förderung von Schülern mit Migrationshintergrund ausgerichtet sind (Stanat et al. 2000; Prenzel et al. 2003; Prenzel et al. 2006). Ein Beispiel ist Schweden, dessen Schulsystem aber generell besser in der Lage ist den Zusammenhang von sozialer Herkunft und Kompetenzerwerb zu verringern.

Messung sozialer Ungleichheit: absolut oder relativ?

Ein wichtiger Streitpunkt in der Diskussion über die Messung sozialer Ungleichheit ist die Frage danach, ob relative oder absolute Messungen verwendet werden. Wenn *relative Ungleichheit* gemessen wird, dann sollte eine gleiche prozentuale Erhöhung der Einkommen die Höhe der Ungleichheit unverändert lassen. Diese Eigenschaft wird auch als Skaleninvarianz bezeichnet (Allison 1978: 866) Dagegen würde eine Addition des gleichen Betrags zu allen Einkommen die *absolute Ungleichheit* unverändert lassen. Wenn also über einen Zeitraum von zehn Jahren hinweg alle Länder der Welt ihr Einkommen um 100 % erhöht – also verdoppelt – haben, dann bliebe die weltweite relative Ungleichheit gleich – alle hätten weiterhin den gleichen relativen Anteil vom Kuchen. Gleiches gilt für eine Veränderung der relativen Ungleichheit der Bildungschancen: wenn Arbeiterkinder eine Chance von 10 % auf den Beginn eines Studiums und Dienstklassenkinder eine solche von 40 % hätten, dann wäre bei einer Verdoppelung der Chancen dieser beiden Gruppen die relative Ungleichheit gleich geblieben. Die Kinder aus der Dienstklasse hätten dann zwar eine Chance von 80 % und die Kinder aus der Arbeiterklasse von 20 %, aber das Verhältnis läge weiter bei 4 zu 1. Die absolute Ungleichheit hätte sich allerdings stark erhöht, da sie vor dem Wandel bei einer Differenz von 30 Prozentpunkten lag und nach dem Wandel bei 60 Prozentpunkten. In vielen Bereichen ist die Wahl einer absoluten oder einer relativen Perspektive nicht ohne weiteres zu begründen. In der Forschung über Einkommensverhältnisse ist die relative Perspektive eindeutig dominant (Atkinson/Brandolini 2004). Dies hat nicht zuletzt mit der

Eigenschaft der *Skaleninvarianz* zu tun (Allison 1978). Diese ermöglicht nämlich den Vergleich von Einkommensverteilungen in unterschiedlichen Währungen, zudem können auf ihrer Grundlage verschiedene Arten von Verteilungen verglichen werden, z. B. die Einkommens- und die Vermögensverteilung. Dies ist mit einem nicht skaleninvarianten absoluten Ungleichheitsmaß nicht möglich. Auch in der Erforschung der Bildungsungleichheit gehen immer mehr Forscher zur Verwendung einer relativen Ungleichheitsmessung über. Die in diesen Studien verwendeten relativen statistischen Maßzahlen haben nämlich den großen Vorteil, dass die Veränderungen in den Randverteilungen (Größe der Alterskohorten, Anteil der Schüler auf bestimmten Bildungsgängen) berücksichtigt werden, was für absolute Maßzahlen, wie Prozentsatzdifferenzen nicht gilt (Handl 1985: 709). Erst bei einer Veränderung von relativen Maßzahlen kann man also Aussagen über Chancenungleichheiten machen, bei der Verwendung von absoluten Zahlen werden Informationen über die relativen Chancen mit Informationen über strukturelle Größen (Alterskohorten, Anteil der Schüler, die einen bestimmten Abschluss machen) vermischt. Insofern spricht ein großer Teil der Argumente für die Verwendung von relativen Messungen.

4) Soziale Herkunft und Bildungschancen: Den Kern der Forschung über Chancengleichheit im Bildungssystem hat für lange Zeit die Erforschung des Zusammenhangs von sozialer Herkunft und Bildungschancen ausgemacht. Auch für diesen Bereich muss die Frage gestellt werden, ob die Bildungsexpansion eine Verringerung der Ungleichheit der Chancen nach sozialer Herkunft erbracht hat. Dies wird in Tabelle 3.9 betrachtet. Die Zahlen zeigen eine deutliche Angleichung der Bildungschancen nach sozialer Herkunft. Kinder, deren Eltern zu den leitenden Angestellten und Beamten gehören, hatten 1950 eine 38fach größere Chance auf den Besuch eines Gymnasiums im Vergleich zu den Kindern von un- und angelernten Arbeitern. Dieses Verhältnis hat sich bis 1989 auf 1 zu 6 verändert (siehe Kasten Messung sozialer Ungleichheit: absolut oder relativ?). Allerdings zeigt sich auch 1989 eine klare Hierarchie nach sozialer Herkunft, die Kinder von qualifizierten und leitenden Angestellten und

Beamten sowie von Selbständigen außerhalb der Landwirtschaft haben die besten Chancen auf den Besuch eines Gymnasiums, während der Kinder von Arbeitern und Landwirten klar benachteiligt sind. Schimpl-Neimanns hat die zugrundeliegenden Daten systematisch analysiert und kann zeigen, dass sich im Zeitverlauf eine etwas größere Chancengleichheit nach sozialer Herkunft ergibt. Diese ist für den Realschulbesuch allerdings deutlicher ausgeprägt als für das Gymnasium. In Tabelle 3.9 wurde die soziale Herkunft über die Berufsposition des Familienvorstands (meist des Vaters) operationalisiert. Betrachtet man dagegen den Einfluss des Bildungsniveaus des Elternhauses für die Ungleichheit der Bildungschancen der Kinder, so kann man feststellen, dass für den Besuch der Realschule eine leichte Zunahme der Chancengleichheit festzustellen ist, für den Besuch des Gymnasiums dagegen nicht (Schimpl-Neimanns 2000: 655-660). Die Feststellung einer gewissen Abnahme der Ungleichheit der Chancen zum Besuch einer weiterführenden Schule wird in der Forschung weithin geteilt, allerdings wird auch auf die weiterhin existierenden großen Unterschiede je nach sozialer Herkunft verwiesen (Müller/Haun 1994; Henz/Maas 1995; Jonsson/Mills/Müller 1996). Dabei zeigt sich in den meisten Studien, dass die berufliche Lage des Elternhauses eine tendenziell abnehmende Rolle spielt, während die Bildungsabschlüsse der Eltern in relativ gleichbleibendem Maße die Bildungschancen ihrer Kinder beeinflussen (Shavit/Yaish/Bar-Haim 2007). Dagegen spielt die Einkommenssituation des Herkunftshaushaltes eine eher untergeordnete Rolle bei der Schulwahl (Schneider 2004). Dies macht noch einmal deutlich, dass die unterschiedlichen Bestandteile des sozioökonomischen Status in ihrem Einfluss durchaus getrennt betrachtet werden können und sollten (siehe Abschnitt 2.4.1.5).

Tabelle 3.9: Soziale Herkunft und besuchte Schulform 1950 und 1989 in %

	Realschule		Gymnasium	
	1950	1989	1950	1989
Un-/angelernte Arbeiter	3	29	1	11
Facharbeiter	5	34	2	13
Meister/Vorarbeiter	9	38	5	25
Einfache Angestellte/Beamte	10	35	5	23
Qualifizierte Angestellte/Beamte	19	36	13	38
Leitende Angestellte/Beamte	22	20	38	65
Selbständige ausserhalb der Landwirtschaft	15	30	12	42
Landwirte	3	37	1	15

Quelle: Schimpl-Neimanns 2000: 654.

Die schlechteren Bildungschancen von Kindern aus unteren Klassenlagen setzen sich auch jenseits der allgemeinbildenden Schulen fort. So zeigt sich, dass selbst Arbeiterkinder mit Abitur seltener ein Studium beginnen als Kinder aus höheren Klassenlagen (Müller/Pollack 2004; Becker/Hecken 2008). Im Jahr 1982 haben 9 % der Arbeiterkinder im entsprechenden Alter in Deutschland ein Studium aufgenommen. Bis 2000 ist dieser Anteil auf lediglich 12 % gestiegen. Dagegen konnten die Kinder von Beamten ihre Chance auf die Aufnahme eines Studiums von 46 % im Jahr 1982 auf 73 % im Jahr 2000 steigern. Am Anfang dieses Zeitraumes war also die Chance eines Beamtenkindes ein Studium aufzunehmen, um 5,4 (46/9) höher als die eines Arbeiterkindes, am Ende dieses Zeitraums war sie um das 6,1fache (73/12) höher. Die Chancenungleichheit bei der Aufnahme eines Hochschulstudiums hat sich also nicht verringert, sie hat sich sogar leicht erhöht.

Im internationalen Vergleich zeigt sich, dass Bildungschancen in fortgeschrittenen kapitalistischen Gesellschaften klassenspezifisch strukturiert sind. In allen Gesellschaften weisen vor allem die Kinder aus Klassenlagen der Arbeiterschaft und aus landwirtschaftlichen Klassenlagen benachteiligte Bildungschancen auf, während die Kinder aus der Dienstklasse privilegierte Bildungschancen haben. Die Höhe der erworbenen Bildungsabschlüsse und die Stärke der Effekte hängen allerdings stark vom jeweiligen Bildungssystem und seinen Institutionen ab (Müller/Karle 1993; Ishida et al. 1995: 157-160). Insgesamt zeigt sich, dass die Bildungschancen in Deutschland, Frankreich und Italien besonders klassenspezifisch geprägt sind, während in Schweden und den Niederlanden die klassenspezifische Ungleichheit im Bildungserwerb relativ klein ist (Müller/Karle 1993: Jonsson/Mills/Müller 1996; Breen et al. 2009b). In Deutschland ist zwar im Zeitverlauf der Erwerb höherer Bildungsabschlüsse immer weniger durch die soziale Herkunft geprägt worden, dennoch muss das deutsche Bildungssystem insgesamt als eher geschlossen bezeichnet werden. Anfang der neunziger Jahre hatten Blossfeld und Shavit (1993) in ihrem Buch „Persistent Inequality" die These vertreten, dass Bildungsungleichheiten generell relativ stabil reproduziert werden, doch die neuere Forschung hat auf der Grundlage umfassender Datensätze gezeigt, dass in einer ganzen Reihe von Ländern, einschließlich Deutschlands, die klassenspezifischen Bildungschancen sich ohne Zweifel angeglichen haben (Breen/Jonsson 2005: 225-226; Breen et al. 2009a; Breen et al. 2009b), ohne allerdings zum Verschwinden der Ungleichheit der Bildungschancen zwischen Kindern aus Elternhäusern mit differierenden Klassenlagen und Bildungskapital geführt zu haben (Shavit/Yaish/Bar-Haim 2007).

Wie kann man nun die erstaunlich starke Ungleichheit der Bildungschancen nach sozialer Herkunft und vor allem ihre relativ große Persistenz erklären? In einer wegweisenden Studie hat Raymond Boudon (1974) in den frühen siebziger Jahren zwischen den sogenannten primären und den sekundären Effekten sozialer Herkunft unterschieden, um die Entstehung von Bildungsgleichheit je nach sozialer Herkunft systematisch zu erklären. Dabei versteht er unter *primären Effekten*, dass Kinder aus Familien mit einer unterschiedlichen Klassenlage im Bildungssystem unterschiedlich gute Leistungen zeigen. Dies kann in Tabelle 3.10 nachdrücklich demonstriert werden. Diese gibt Ergebnisse aus einem, in Hamburg für Schüler der fünften Klasse durchgeführten, wissenschaftlich konzipierten Leistungstest an. Es zeigt sich ziemlich deutlich ein linearer Anstieg der Leistungspunkte von den Schülern mit einem Elternteil ohne allgemeinbildenden Schulabschluss bis hin zu einem Elternteil mit Abitur. Ein vergleichbarer Effekt zeigt sich auch, wenn man die Elternhäuser der Kinder nach ihrem Bücherbestand vergleicht. Schüler aus Elternhäusern ohne Bücher erreichen die durchschnittlich niedrigsten Punktzahlen im Test, während Kinder aus Elternhäusern mit einem umfangreichen Buchbestand sehr viel höhere Werte erreichen. Auch in den PISA-Studien wurden vergleichbare Kompetenzunterschiede je nach sozialer Herkunft festgestellt, die die Existenz des primären Effektes der sozialen Herkunft nachdrücklich demonstrieren (Stanat et al. 2000; Prenzel et al. 2003; Prenzel et al. 2006). Allerdings zeigen sich im internationalen Vergleich erhebliche Unterschiede in der Stärke des Zusammenhangs zwischen sozialer Herkunft und den schulischen Kompetenzen. Dabei gehört Deutschland zu den Ländern, in denen die soziale Herkunft die schulischen Leistungen besonders stark determiniert. Dies zeigt, dass die primären Effekte nicht einfach als ein gegebenes Phänomen betrachtet werden können, sondern dass die klassen- oder statusspezifischen Schulleistungen in starkem Maße auch von der Institutionalisierung des Bildungssystems abhängen.

Tabelle 3.10: Soziale Herkunft und durchschnittliche Schulleistungen

	Bildung der Mutter	Bildung des Vaters	Buchbestand der Familie	Testpunkte
Ohne Abschluss	50,2	53,7	keine Bücher	41,9
Haupt-/Volksschule	61,2	63,3	1-10	51,2
Realschule	71,7	69,4	11-50	58,1
POS	64,5	63,0	51-100	65,3
Fachhochschulreife	74,4	74,5	101-200	68,8
Abitur	81,2	81,4	201-500	76,7
Sonstiger Abschluss	64,5	65,0	mehr als 500	83,8

Lehmann/Peek 1997.

Allerdings muss an dieser Stelle auch die Frage nach den weiteren Ursachen des primären Effekts gestellt werden. In den Vereinigten Staaten ist in den neunziger Jahren erbittert über die Frage gestritten worden, ob sich vor allem ethnische Unterschiede in den Bildungschancen durch Unterschiede in den durchschnittlichen, weitgehend angeborenen Intelligenzquotienten erklären lassen.[29] Die These, dass die Intelligenz angeboren ist und viele Bereiche des Lebens beeinflusst, ist vor allem von Richard Herrnstein und Charles Murray in ihrem Buch „The Bell Curve" (1994) vertreten worden, das von zahlreichen Seiten scharf kritisiert wurde (Fischer et al. 1996). Es ist nicht von der Hand zu weisen, dass die Intelligenz in nicht unerheblichem Maße angeboren ist (Devlin et al. 1997). Doch es stellt sich die Frage, wie relevant dies für die Erklärung unterschiedlicher klassenspezifischer Leistungen ist. Für unsere Frage sind vor allem die Ergebnisse einer Studie von Weakliem et al. (1995) von Bedeutung. Diese zeigt nämlich, dass im historischen Zeitverlauf die klassenspezifischen Unterschiede in Leistungstests eher abgenommen haben. Darüber hinaus muss aber auch in Rechnung gestellt werden, dass klassische Intelligenztests Stereotypenbedrohungseffekte erzeugen und damit genau die Gruppen, die in einer Gesellschaft mit negativen Stereotypen belegt sind, in Intelligenztests auch besonders schlecht abschneiden (vgl. Abschnitt 2.2.2.2). Damit soll nicht in Abrede gestellt werden, dass angeborene Unterschiede der Intelligenz einen Einfluss auf die Schulleistungen haben, allerdings soll deutlich gemacht werden, dass diese Effekte häufig sozial vermittelt sind. Eine systematische Analyse der Rolle von angeborenen Intelligenzunterschieden aus einer soziologischen Perspektive steht aber bisher noch aus. Aus dieser Perspektive sind vor allem diejenigen Faktoren im Elternhaus von besonders großer Bedeutung, die die Sozialisation der Kinder beeinflussen und damit deren Schulleistungen bedingen (Bertram 1981). Dies fängt mit den materiellen Bedingungen im Herkunftshaushalt an, die eine ordentliche Bewältigung der schulischen Leistungsanforderungen mehr oder weniger gut möglich machen (Erwerb von Lehrmitteln, Arbeitsplatz, Nachhilfeunterricht), dies geht weiter mit den im Elternhaus vermittelten sprachlichen Fähigkeiten, die mehr oder weniger gut auf die in der Schule gesprochene

[29] Ungleichheiten zwischen Schwarzen und Weißen in den Vereinigten Staaten subsumiere ich an dieser Stelle unter dem Oberbegriff ethnische Ungleichheiten.

Sprache vorbereiten. Nicht vergessen werden dürfen auch die Einstellungen und Werte, die in Familien mit unterschiedlicher Klassenlage vermittelt werden und in unterschiedlich hohem Ausmaß zu den kulturellen Standards in der Schule passen. Bourdieu spricht hier allgemein vom inkorporierten kulturellen Kapital, das Kinder aus unterschiedlichen Elternhäusern noch vor der Einschulung erwerben und das einen deutlichen Einfluss auf die Schulleistungen der Kinder hat (Jungbauer-Gans 2004; Rössel/Beckert-Zieglschmid 2002). Damit wird aber deutlich, dass eine Vielzahl von spezifischen Bedingungen der sozialen Lage des Elternhauses einen Einfluss auf die Schulleistungen der Kinder hat und damit den primären Herkunftseffekt herstellen.

Im Gegensatz zum sogenannten primären Effekt verweist der *sekundäre Effekt* darauf, dass selbst bei gleicher Leistung, also unter Kontrolle des primären Effektes, sich Kinder aus höheren Klassenlagen eher für eine weiterführende Schullaufbahn entscheiden als Kinder aus unteren Klassenlagen. Dieser sekundäre Effekt kann im deutschen Schulsystem aus zwei unterschiedlichen Quellen stammen: einerseits können Eltern und Kinder aus verschiedenen sozialen Klassen bei gleicher Leistung unterschiedliche Bildungsentscheidungen treffen, andererseits können die Lehrer bei gleicher Leistungsfähigkeit unterschiedliche Empfehlungen für die weiterführende Schulen geben. Auch der zweitgenannte Punkt wurde in der oben zitierten Hamburger Studie untersucht, Tabelle 3.11 zeigt die Ergebnisse. Es wird ersichtlich, dass unterschiedliche Gruppen bei deutlich differierenden Schulleistungen eine Gymnasialempfehlung erhalten haben. So haben Kinder von Vätern ohne Schulabschluss, die eine Gymnasialempfehlung erhalten haben, im Durchschnitt einen um mehr als 30 Punkte besseren Leistungstest geschrieben als Kinder von Vätern mit Abitur mit der gleichen Bildungsempfehlung. Ganz offensichtlich geben Lehrer Kindern aus höher gebildeten Elternhäusern unabhängig von ihrer Leistung häufiger eine Gymnasialempfehlung, da sie neben den reinen Leistungskriterien auch andere Gesichtspunkte, wie Fleiß, Leistungswillen, Ordnung usw. berücksichtigen und unterstellen, dass die Elternhäuser die Kinder in unterschiedlichem Maße unterstützen können (Ditton 2004: 257-258). Darüber hinaus wird deutlich, dass in der Hamburger Studie Ausländer mit einer niedrigeren Testpunktzahl als Deutsche eine Gymnasialempfehlung erhalten (vgl. aber Diefenbach 2007: 139-140) und Mädchen mit einer etwas geringeren Punktzahl als Jungen. Die Daten in Tabelle 3.11 machen aber die Existenz des Anteils des sekundären Effekts, der durch die Seite der Lehrer verursacht wird, nur allzu deutlich.

Tabelle 3.11: Durchschnittliche Schulleistungen für eine Gymnasialempfehlung

	N	Anteil der Gymnasialempfohlenen in %	Gruppenspezifischer Standard (Testpunkte)
Bildungsabschluss des Vaters			
ohne Schulabschluss	401	15,7	97,5
Haupt-/Volksschule	2214	26,2	82,3
Real-/Mittelschule	1783	40,2	77,1
Fachhochschulreife	499	51,3	76,3
Abitur	2113	69,8	65,0
Migrantenstatus			
Deutsche	9660	41,1	77,9
Ausländer	2445	20,4	69,5
Geschlecht			
Jungen	6236	33,3	80,0
Mädchen	5852	40,7	76,0

Quelle: Lehmann/Peek 1997.

Es wurde bisher ersichtlich, dass erstens Kinder in Abhängigkeit von ihrer sozialen Herkunft unterschiedliche Schulleistungen erbringen und dass zweitens Lehrer sich bei ihrer Empfehlung für eine weiterführende Schule ganz offensichtlich nach Kriterien richten, die mit der sozialen Herkunft ihrer Schüler korreliert sind, so dass Schüler aus einem statushöheren Elternhaus bei gleicher Schulleistung leichter eine Gymnasialempfehlung erhalten als Schüler aus einem statusniedrigeren Elternhaus.

Allerdings finden auch im Elternhaus im Laufe einer Schullaufbahn verschiedene Entscheidungen statt, die man bei der Erklärung der ungleichen Bildungschancen von Schülern aus unterschiedlichen sozialen Klassen berücksichtigen muss. Dabei kann man an dieser Stelle zwei wichtige Entscheidungen hervorheben: erstens die Entscheidung über eine weiterführende Schule, die nach der Grundschule getroffen werden muss und von ausgesprochen hoher Bedeutung für den Erwerb von Bildungszertifikaten ist und zweitens die Entscheidung, ob ein Schüler nach dem Abitur zu studieren beginnt oder eine berufliche Ausbildung einschlägt (vgl. Abschnitt 3.1.2). In den vergangenen Jahren wurde in einer ganzen Reihe von Studien die Theorie des rationalen Handelns verwendet, um die verschiedenen Aspekte, die primäre und sekundäre Herkunftseffekte erzeugen, in ein Modell zu integrieren (Goldthorpe 1996; Becker 2004; Becker/Hecken 2008). Die Bildungsentscheidung für das Gymnasium kann dabei vereinfacht durch die Gleichung 1 dargestellt werden, die an die Humankapitaltheorie (Abschnitt 2.3.1.2) anschließt (vgl. auch Schaubild 3.2):

Gleichung 1: P (Gymnasium) = pB – C.

Dabei steht P (Gymnasium) für die Wahrscheinlichkeit, dass sich die Eltern eines Kindes für das Gymnasium als weiterführende Schule entscheiden, p steht für die Wahrscheinlichkeit, dass das Kind eine bestimmte Bildungslaufbahn erfolgreich beendet, B steht für die mit den Bildungsabschlüssen verbundenen Vorteile und Erträge und C für die Kosten einer bestimmten Bildungslaufbahn. Bei einer hohen Erfolgswahrscheinlichkeit, einer hohen Ertragserwartung und leicht zu tragenden Kosten werden sich also Eltern am sichersten für eine höhere Bildungslaufbahn für ihr Kind entscheiden. Dabei ist p natürlich von den schulischen Leistungen eines Kindes abhängig, denn für ein Kind mit guten schulischen Leistungen ist die erfolgreiche Beendigung einer höheren Bildungslaufbahn wahrscheinlicher als für ein Kind mit schlechten schulischen Leistungen. Hinsichtlich der Kosten C für eine bestimmte Bildungslaufbahn muss man zwei Typen unterscheiden: einerseits die direkten Kosten, die durch Schulgeld, Lehrmittel, Nachhilfe usw. entstehen, andererseits die sogenannten Opportunitätskosten, die entstehen weil die Bildungszeit auch für andere Zwecke hätte genutzt werden können. So könnte man die Zeit eines Studiums auch mit Erwerbsarbeit verbringen. Die hier möglicherweise entgangenen Erträge werden als Opportunitätskosten bezeichnet. Die Kosten sind vor allem deshalb wichtig, weil sie für Schüler bzw. deren Eltern aus unterschiedlichen sozialen Klassen verschieden leicht zu tragen sind. Schließlich ist auf B zu verweisen, also die erwarteten Erträge einer höheren Bildung. Hier wird von vielen Forschern unterstellt, dass die Erträge der Bildung je klassenspezifisch eingeschätzt werden. So mögen Eltern aus der Arbeiterklasse einen Realschulabschluss mit anschließender kaufmännischer Lehre ausgesprochen positiv einschätzen, da die damit zu realisierenden Berufsmöglichkeiten einen deutlichen sozialen Aufstieg bedeuten, dagegen würde die gleiche Bildungslaufbahn für ein Kind aus der Dienstklasse einen sozialen Abstieg bedeuten. Bildungserträge sind also immer relativ zum Status des Herkunftshaushaltes zu betrachten, der zumindest seine Klassenposition aufrecht erhalten will. Insgesamt kann das Modell relativ gut erklären, warum Kinder aus den unteren sozialen Klassen eher eine niedrigere Bildungslaufbahn einschlagen als Kinder aus höheren sozialen Klassen (für eine überzeugende empirische Demonstration: Becker/Hecken 2008, vgl. auch Stocke 2007; Jackson et al. 2007). Dabei handelt es sich nicht um ein theoretisch enges Modell, sondern um eines, das über die primären und sekundären Effekte ganz unterschiedliche theoretische Aspekte der Erklärung von Bildungsungleichheit erfassen kann, so z. B. diejenigen Faktoren, die oben als relevant für den primären Effekt diskutiert wurden. Diese Erklärungsperspektive schließt zwar an die Humankapitaltheorie (Abschnitt 2.3.1.2) und ein handlungstheoretisches Modell an, kann damit aber auch die Rolle von sozialen Institutionen (Abschnitt 2.3.3) für die Reproduktion von sozialer Ungleichheit (Abschnitt 2.3.4) erfassen.

Schaubild 3.2: Entstehung klassenspezifischer Bildungschancen

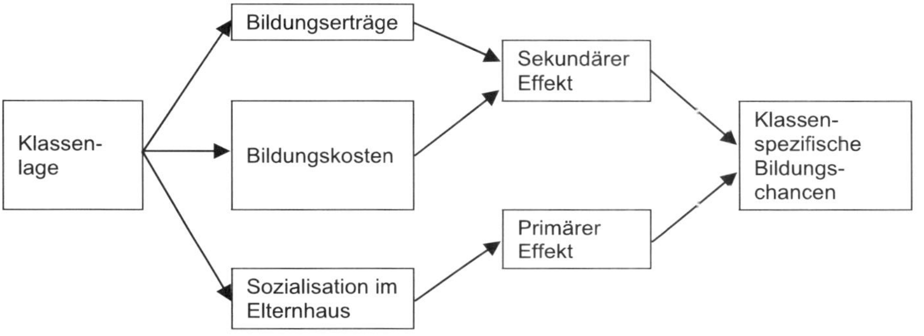

Quelle: In Anlehnung an Becker 2004: 168.

Zusammenfassung

Gegenstand des Abschnitts war die Chancenungleichheit im Bildungssystem. Hier konnte festgestellt werden, dass zwischen Ost- und Westdeutschland kaum Unterschiede in den Bildungschancen existieren. In Ostdeutschland werden durchschnittlich etwas höhere allgemeinbildende Schulabschlüsse erworben, dagegen sind Westdeutsche beim Erwerb einer berufsqualifizierenden Ausbildung in einer etwas günstigeren Situation. Der geschlechtsspezifische Vergleich hat im Bildungssystem Vorteile für Frauen gezeigt. Allerdings findet sich im Bereich der berufsqualifizierenden Ausbildung eine deutliche Fortexistenz von starker geschlechtsspezifischer Segregation. Im Hinblick auf ethnische Ungleichheit im Bildungssystem ist die Befundlage auf den ersten Blick sehr deutlich. Jugendliche mit Migrationshintergrund verlassen die allgemeinbildenden Schulen überdurchschnittlich häufig ohne Schulabschluss und weisen in sehr hohen Anteilen auch keine Berufsqualifikation auf. Angesichts der Bedeutung von Qualifikationen auf dem Arbeitsmarkt ist dies eine höchst problematische Situation. Die schlechten Bildungschancen von Personen mit Migrationshintergrund sind aber ganz überwiegend auf die Tatsache zurückzuführen, dass diese Jugendlichen aus Elternhäusern stammen, die in der vertikalen Dimension der Struktur sozialer Ungleichheit sehr niedrige Positionen einnehmen. Es handelt sich also überwiegend nicht um ein Phänomen der ethnischen Ungleichheit der Bildungschancen, sondern um herkunftsbedingte Chancenungleichheit. Auch wenn die Ungleichheit der Bildungschancen nach sozialer Herkunft in Deutschland im Zuge der Bildungsexpansion etwas abgenommen hat, bleibt sie doch die bedeutendste Ungleichheit im Bildungsbereich. Zugleich sind die herkunftsspezifischen Bildungsungleichheiten in Deutschland besonders groß. Erklären kann man die Reproduktion von Chancenungleichheiten im Bildungssystem einerseits über die jeweilige Ressourcensituation im Elternhaus, andererseits über die jeweils klassenspezifische Entscheidungssituation.

Weiterführende Literatur

Einen kurzen, aber umfassenden Überblick zur Entwicklung der Bildungschancen nach der Bildungsexpansion gibt:

- Walter Müller, 1998: Erwartete und unerwartete Folgen der Bildungsexpansion, S. 81-112 in: Jürgen Friedrichs, Karl-Ulrich Mayer und Rainer M. Lepsius (Hg.): Die Diagnosefähigkeit der Soziologie. Sonderheft 38 der Kölner Zeitschrift für Soziologie und Sozialpsychologie. Opladen: Westdeutscher Verlag.

Die Folgen der Bildungsexpansion, vor allem für die Entwicklung der Chancenungleichheit werden umfassend behandelt in:

- Andreas Hadjar und Rolf Becker (Hg.), 2006: Die Bildungsexpansion: Erwartete und unerwartete Folgen. Wiesbaden: VS.

Wiederholungsfragen

- Was versteht man unter Chancengleichheit?
- Welche Arten der Messung sozialer Ungleichheit gibt es?
- Was versteht man unter Segregation?

- Welche Bildungsungleichheiten gibt es zwischen West- und Ostdeutschen?
- Wie haben sich die Bildungsungleichheiten zwischen Frauen und Männern entwickelt?
- Welche Bildungsungleichheiten gibt es zwischen Personen mit und ohne Migrationshintergrund in Deutschland?
- Wie kann man die schlechten Bildungschancen von Personen mit Migrationshintergrund in Deutschland erklären?
- Wie hat sich der Einfluss der sozialen Herkunft auf die Bildungschancen in Deutschland entwickelt?
- Wie kann man den Einfluss der sozialen Herkunft auf die Bildungschancen erklären?
- Was versteht man unter primären und sekundären Effekten?

3.1.4 Gibt es eine Bildungsinflation?

Es wurde deutlich, dass die Bildungsexpansion zu einer Zunahme von höheren Bildungsabschlüssen geführt hat und vor allem die Ungleichheit der Bildungschancen zwischen Mädchen und Jungen stark reduziert wurde, während die klassenspezifische Ungleichheit der Bildungschancen sich nur geringfügig verändert hat. Darüber hinaus ist an dieser Stelle die Frage relevant, ob die Bildungsexpansion auch zu einer Verringerung der Bildungsrenditen oder Bildungserträge geführt hat, da sie zu einer deutlichen Steigerung des Angebots an hochqualifizierten Arbeitnehmern geführt hat. Unter Bildungsrenditen versteht man die Einkommenszuwächse, die sich durch einen höheren Bildungsabschluss bzw. durch größere Investitionen in das eigene Humankapital erreichen lassen (vgl. Abschnitt 2.3.1.2). Häufig fällt im Zusammenhang mit der Bildungsexpansion das Schlagwort von der Bildungsinflation bzw. die These, dass Bildung sich nicht mehr lohne (Collins 1979; Bourdieu 1982). Einige Autoren gehen sogar soweit zu behaupten, dass sich der Zusammenhang zwischen Bildungsabschlüssen und Berufspositionen aufgelöst habe (Beck 1986). Dahinter steckt die Vorstellung, dass im Verlauf der Bildungsexpansion so viele Absolventen mit höheren Bildungsabschlüssen das Bildungssystem verlassen haben, dass ihre Anzahl die Zahl der entsprechenden beruflichen Positionen übersteigt. Dies kann an einem einfachen (fiktiven) Rechenbeispiel verdeutlicht werden: vor der Bildungsexpansion war die Bildungsvoraussetzung für 20 % der beruflichen Positionen ein Hochschulabschluss, nur 15 % der Schüler und Studierenden haben das Bildungssystem aber mit einem solchen Abschluss verlassen. Es herrschte also ein Mangel an hochqualifizierten Bewerbern für die im Berufssystem vorhandenen Positionen. Wenn nun der Anteil der Hochschulabsolventen im Verlauf der Bildungsexpansion auf 30 % angestiegen ist, die Berufsstruktur aber gleich geblieben ist, dann liegt ein Überangebot an hochqualifizierten Bewerbern vor, die nun erstens um die bildungsadäquaten Berufe konkurrieren müssen, von denen aber zweitens 10 % eine unterwertige Beschäftigung annehmen müssen. Dies kann nun wiederum zu einer Verdrängung von Personen mit niedrigen bzw. gar keinen Bildungsabschlüssen auf dem Arbeitsmarkt führen (vgl. Solga 2005). Insgesamt bedeutet dies aber, dass hohe Bildungsabschlüsse nicht mehr unbedingt zu hochwertigen Berufspositionen und den damit verbundenen hohen Einkommen führen.

In welchem Umfang trifft aber die Vorstellung einer Bildungsinflation die empirische Realität der Bildungsexpansion in der Bundesrepublik? Führen hohe Bildungsabschlüsse in der Bundesrepublik nicht mehr in eine hochwertige Berufsposition und zu einem entsprechend hohen Einkommen?

Erstens kann festgestellt werden, dass es nicht zu einer Entkopplung von Bildungszertifikaten und Berufspositionen gekommen ist. In Kohortenanalysen zeigen sowohl Mayer und Blossfeld (1990) als auch Müller (2001), dass im Zeitverlauf die Verbindung zwischen Bildung und Beruf sogar etwas stärker geworden ist. In den neunziger Jahren war hohe Bildung also in höherem Maße eine Voraussetzung für eine gute Berufsposition als noch in den sechziger Jahren. Eine mögliche Ausnahme von dieser Entwicklung hat Hartmann (1996, Hartmann/Kopp 2001) im Hinblick auf das Spitzensegment des Arbeitsmarktes festgestellt. So sind z. B. für Positionen im Topmanagement von großen Unternehmen hohe Bildungsabschlüsse – meist eine Promotion – eine notwendige Voraussetzung, daneben scheinen aber für den Zugang zu diesen Positionen durch die soziale Herkunft geprägte Manieren und Umgangsformen, charakterliche Merkmale und soziale Netzwerke von zunehmender Bedeutung zu sein.

Zweitens muss festgehalten werden, dass eine Berufsausbildung weiterhin einen Schutz vor Arbeitslosigkeit bedeutet (Allmendinger/Aisenbrey 2002: 52). Zwar sind für alle Gruppen von Arbeitnehmern seit den siebziger Jahren die Arbeitslosenquoten angestiegen, doch gilt dies insbesondere für Personen ohne Berufsabschluss, die in einer zunehmend prekären Arbeitsmarktsituation sind und leicht durch besser ausgebildete Personen verdrängt werden (Solga 2005; Pollmann-Schult 2005). Dagegen sind Absolventen einer Berufslehre oder Fachschule und noch stärker Fach- oder Hochschulabsolventen deutlich vor Arbeitslosigkeit geschützt.

Drittens kann auch im Hinblick auf die Positionen von Berufseinsteigern festgestellt werden, dass diese in hohem Maße zwischen Personen mit unterschiedlichen Bildungsabschlüssen variieren. Müller (2001: 46) kann in einer Analyse von Berufseinstiegskohorten von vor 1940 bis 1994 zeigen, dass bei Hoch- und Fachhochschulabsolventen keine Bildungsinflation feststellbar ist. Über die Kohorten hinweg steigt das durchschnittliche Prestige des ersten Berufs sogar leicht an. Leichte Einbußen beim Prestige des ersten Berufs mussten allerdings Abiturienten hinnehmen. Insofern muss für das Abitur eine leichte Entwertung festgestellt werden (vgl. auch Schiener 2006). In einer Studie von Müller, Brauns und Steinmann (2002) wurde vergleichend für die Jahre 1982 und 1995 für junge Erwerbstätige (25-34 Jahre) untersucht, welche Klassenposition Personen mit unterschiedlichen Bildungsabschlüssen erreicht haben. Hier konnte festgestellt werden, dass bei den Hochschulabsolventen der Anteil, der in die höhere Dienstklasse – die günstigste Klassenposition – gelangt ist, leicht abgenommen hat. Bei den Fachhochschulabsolventen hat er allerdings deutlich zugenommen. Auch hier wird ersichtlich, dass ein Hochschulabschluss weiterhin eine zentrale Voraussetzung für den Berufseinstieg in eine privilegierte Klassenposition darstellt. Zusätzlich hat in Deutschland aber eine gewisse Annäherung der Wettbewerbschancen von Fachhochschul- und Universitätsabsolventen stattgefunden. Allerdings muss an dieser Stelle auch eine gewisse Divergenz zwischen Männern und Frauen festgestellt werden. Die relativ starke geschlechtsspezifische Segregation der Studienfächer hat insgesamt den Effekt, dass Frauen trotz Hochschulabschluss seltener Positionen in der oberen Dienstklasse einnehmen als Männer (Kim/Kim 2003; Reimer/Steinmetz 2007; Gundert/Mayer 2007).

Viertens hat Butz (2001) für Erwerbstätige in den Jahren 1982 und 1995 vergleichend die Einkommen für Personen mit unterschiedlichen Bildungsabschlüssen untersucht. Dabei kann er zeigen, dass Hoch- und Fachhochschulabsolventen weiterhin deutlich überdurchschnittliche Einkommen erzielen, erstere liegen 1995 um 52 % und letztere um 41 % über dem Durchschnitt. Dies hat sich seit 1982 kaum verändert. Deutliche Einbußen im Vergleich zu den mittleren Einkommen mussten Personen mit mittlerer Reife und Berufsausbildung, Abiturienten ohne und mit Berufsausbildung hinnehmen. Frietsch (2005) kommt allerdings für den Zeitraum von 1980 bis 2004 generell zu dem Ergebnis einer leichten Verringerung der Bildungsrenditen (vgl. dagegen Bellmann/Gartner 2003). Anger und Lupo behaupten eine Verringerung der Bildungsrenditen für den Zeitraum 1984-2005 nur für Frauen, nicht für Männer (Anger/Lupo 2007; vgl. auch Göggel 2007), so dass Frauen gegenwärtig geringere monetäre Bildungsrenditen erzielen als Männer. Auch in Ostdeutschland waren die Bildungsrenditen in den neunziger Jahren niedriger als in Westdeutschland. Diese Unterschiede in den Verwertungschancen von Bildungsqualifikationen zwischen den neuen und den alten Bundesländern haben sich angeglichen (Anger/Lupo 2007). Auch für ausländische Erwerbstätige kann gezeigt werden, dass ihre Bildungsrenditen niedriger sind als für deutsche Erwerbspersonen (Peters 2008). An dieser Stelle wird deutlich, dass es Ungleichheiten nicht nur beim Erwerb von Bildungszertifikaten geben kann, sondern auch bei deren Verwertung, gegenwärtig scheinen Frauen und Ausländer von schlechteren Verwertungschancen für ihre Ausbildung betroffen zu sein. Die entspricht einem Prozess der kumulativen Verteilung von Ressourcen, bei dem bestimmte

Personengruppen dauerhaft geringere Vorteile aus der Investition bestimmter Ressourcen erzielen können (vgl. Abschnitt 2.3.5).

Zusammenfassung

Man kann an dieser Stelle festhalten, dass von einer Bildungsinflation oder davon, „dass Bildung sich nicht mehr lohne" wohl kaum gesprochen werden kann. Höhere Bildungsqualifikationen sind eine zentrale Voraussetzung für die Einnahme von höheren Berufspositionen, schützen überproportional vor Arbeitslosigkeit und sind mit durchschnittlich höheren Einkommen verbunden. Allerdings unterscheiden sich offensichtlich die Bildungsrenditen zwischen verschiedenen sozialen Gruppen, so dass diese auf der Grundlage gleicher Bildungsressourcen langfristig unterschiedliche Einkommen erzielen können.

Weiterführende Literatur

Als Überblick zu diesem Thema bietet sich an:

- Walter Müller, 2001: Zum Verhältnis von Bildung und Beruf in Deutschland, S. 29-63 in: Peter A. Berger und Dirk Konietzka (Hg.): Die Erwerbsgesellschaft. Neue Ungleichheiten und Unsicherheiten. Opladen: Leske + Budrich.

Neuere Ergebnisse zu Bildungsrenditen im Ost-West und geschlechtsspezifischen Vergleich finden sich in:

- Silke Anger und Katie Lupo, 2007: Bildungsrenditen von Vollzeitbeschäftigten in Deutschland: Der Osten hat aufgeholt, DIW-Wochenbericht 74: 149-157.

Wiederholungsfragen

- Welche Vorteile bieten höhere Berufsqualifikationen auf dem Arbeitsmarkt?
- Was versteht man unter Bildungsrendite?
- Wie hat sich die Bildungsrendite in Deutschland entwickelt?
- Welche Unterschiede gibt es in der Bildungsrendite für verschiedene soziale Gruppen?

3.2 Die Allokation monetärer Ressourcen

3.2.1 Die Investition von Ressourcen auf Märkten

Die im Bildungssystem erworbenen Bildungszertifikate haben als Ressourcen zwar eine breite Anwendbarkeit, sie sind aber nur begrenzt in Güter und Dienstleistungen konvertierbar, die dann auch zur unmittelbaren Bedürfnisbefriedigung eingesetzt werden können. Um monetäre Einkommen zu erzielen, mit denen solche Güter und Dienstleistungen erworben werden können, müssen daher die Akteure ihre Ressourcen auf wirtschaftlichen Märkten einsetzen. Sie können ihre Arbeitskraft und ihre Qualifikation in eine abhängige Erwerbstätigkeit einbringen, sie können sich aber auch unter Einsatz von Kapital auf Märkten für Güter und Dienstleistungen als Selbständige betätigen. Um den Erwerbsstatus von Personen zu beschreiben, hat die ILO in Genf ein so genanntes Labour-Force Konzept entwickelt, das zwischen Erwerbstätigen, Erwerbslosen und Nichterwerbspersonen unterscheidet (vgl. Riede/Sacher 2004). *Erwerbstätige* sind Personen ab 15 Jahren, die in einem bestimmten Zeitraum entweder in einem Beschäftigungsverhältnis stehen, als Familienangehörige mithelfen oder selbstständig erwerbstätig sind. Dabei spielt es keine Rolle, in welchem Umfang eine Person erwerbstätig ist. Schon bei einer geleisteten Arbeitsstunde wird sie zu den Erwerbstätigen gerechnet. Als *Erwerbslose* gelten dementsprechend diejenigen Personen, die nicht erwerbstätig im gerade definierten Sinne sind, aktiv nach einer

Beschäftigung suchen und innerhalb von zwei Wochen für eine Beschäftigung verfügbar wären. Erwerbstätige und Erwerbslose ergeben zusammen genommen die Erwerbspersonen. Teilt man die Summe der Erwerbspersonen durch die Bevölkerung im Alter von 15-65 Jahren, dann erhält man die Erwerbsquote, die natürlich auch für spezifische Gruppen der Bevölkerung berechnet werden kann (siehe Tabellen 3.12 und 3.13). Als *Nichterwerbspersonen* werden alle Akteure betrachtet, die weder erwerbstätig noch erwerbslos sind, also z. B. Schüler, Hausfrauen und Rentner. Etwas irreführend an dieser Erläuterung ist nun die Tatsache, dass Erwerbslose im Sinne dieses internationalen Konzepts nicht gleichbedeutend mit Arbeitslosen im Sinne des dritten Sozialgesetzbuchs in Deutschland sind. Registrierte Arbeitslose in dieser Bedeutung sind Personen, die weniger als 15 Stunden pro Woche arbeiten, eine Beschäftigung von über 15 Stunden pro Woche suchen, sich bei der Bundesagentur für Arbeit gemeldet haben und für die Arbeitsvermittlung zur Verfügung stehen.

Tabelle 3.12: Erwerbsquoten in % im Jahr 2006

	Frauen	Männer
Ausländer	53,8	78,6
Ostdeutschland	73,4	80,1
Westdeutschland	67,9	81,4

Quelle: Mikrozensus 2006. Statistisches Bundesamt 2008b.

Tabelle 3.13: Erwerbsquoten in % nach Qualifikation und Region im Jahr 2000

	Ostdeutschland	Westdeutschland
Keine berufliche Qualifikation	29	44
Lehre	84	81
Fachhochschule	88	89
Hochschule	91	89

Quelle: Reinberg/Hummel 2006.

In den Tabellen 3.12 und 3.13 können nun die Erwerbsquoten für unterschiedliche soziale Gruppen entlang der vier üblichen Dimensionen der Struktur der sozialen Ungleichheit betrachtet werden. In Tabelle 3.13 fällt auf, dass die Erwerbsquote stark mit der Berufsqualifikation zusammenhängt. Personen ohne berufliche Qualifikation gehören überproportional häufig nicht zur Erwerbsbevölkerung. Bei Personen mit beruflicher Qualifikation steigt die Erwerbsquote mit der Höhe der Qualifikation an, allerdings nur geringfügig. Vor allem in Westdeutschland verbergen sich hinter diesen Durchschnittswerten gewisse Geschlechterunterschiede. Während Frauen mit hohen beruflichen Qualifikationen typischerweise Familie und Beruf miteinander vereinbaren möchten und daher eine vergleichbar hohe Erwerbsquote wie Männer aufweisen, sind es vor allem Frauen ohne oder mit niedrigen Qualifikationen, die sich nach der Geburt von Kindern aus dem Erwerbsleben zurückziehen (Kreyenfeld/Konietzka/Böhm 2007; Drobnic/Blossfeld 2001). Diese geschlechtsspezifischen Unterschiede in den Erwerbsquoten werden auch in Tabelle 3.12 deutlich. Während Frauen in den neuen Bundesländern nur eine geringfügig niedrigere Erwerbsquote als Männer haben, womit sie an die in der DDR üblichen hohen Erwerbsquoten von Frauen anknüpfen, haben Frauen in Westdeutschland eine deutlich niedrigere Erwerbsquote als Männer. Diese ist zwar in den letzten Jahrzehnten stark gestiegen, sie lag 1968 noch bei 45,9 %, aber sie liegt weiterhin unter der Erwerbsbeteiligung von Männern (Barthelheimer 2005). Hinzu kommt noch, wie in Tabelle 3.14 deutlich wird, dass Frauen sehr viel häufiger als Männer teilzeitbeschäftigt sind. Dabei sind es vor allem verheiratete Frauen mit Kindern, die relativ häufig ihre Erwerbstätigkeit zugunsten der Arbeit als Hausfrau und Mutter aufgeben (BMFSFJ 2005: 118-120). Betrachtet man auch die regionalen und ethnischen Unterschiede in den Erwerbsquoten, fällt erstens auf, dass es zwischen deutschen und ausländischen Männern nur geringfügige Unterschiede gibt, deutlicher aus dem Erwerbsleben ausgeschlossen sind dagegen ausländische Frauen in Deutschland. Auch regional zeigt sich bei den Männern nur eine geringfügige Differenz, dagegen sind die Erwerbsquoten von Frauen in Ostdeutschland deutlicher höher als in Westdeutschland. Neben diesen gruppenspezifischen

Unterschieden in den Erwerbs- und Teilzeitquoten muss an dieser Stelle darauf hingewiesen werden, dass generell in Deutschland eine strukturelle Veränderung des Arbeitsmarktes zu beobachten ist. Während unbefristete Vollzeitstellen in ihrer Bedeutung abnehmen, nehmen befristete, geringfügige und Teilzeitbeschäftigungen sowie Leiharbeit deutlich zu (Andreß/Seeck 2007: 462-465). Von diesen Veränderungen sind insbesondere jüngere Erwerbstätige, Frauen und gering qualifizierte Personen betroffen (vgl. Abschnitt 4.3).

Tabelle 3.14: Teilzeitquoten in % von Männern und Frauen

	Männer	**Frauen**
20 Stunden und weniger	5	29
21 bis 31 Stunden	2	14
32 bis 35 Stunden	8	6
36 Stunden und mehr	85	51

Quelle: BMFSFJ 2005: 122.

Insgesamt können wir feststellen, dass vor allem Personen ohne berufliche Qualifikation eine besonders niedrige Erwerbsquote aufweisen. Dagegen finden wir bei Männern ansonsten keine starken regionalen oder ethnischen Unterschiede der Erwerbsbeteiligung. Diese sind bei Frauen deutlich stärker ausgeprägt, wobei ausländische Frauen eine außerordentlich niedrige und Frauen in den neuen Bundesländern eine etwas überdurchschnittliche Erwerbsquote aufweisen. Allerdings ist damit noch nicht alles über die Möglichkeit der Verwertung von Ressourcen auf wirtschaftlichen Märkten gesagt. Unter den Erwerbspersonen nach der oben vorgestellten Definition befinden sich auch die Erwerbs- bzw. Arbeitslosen, so dass im zweiten Schritt nun auch empirisch betrachtet werden muss, ob es gruppenspezifisch variierende Arbeitslosenquoten gibt. Im Hinblick auf die vertikale Dimension der Ungleichheitsstruktur wird in Tabelle 3.15 wiederum deutlich, dass es starke qualifikationsspezifische Unterschiede in den Arbeitslosigkeitsrisiken gibt. Personen ohne berufliche Ausbildung haben ein sechsfach erhöhtes Risiko der Arbeitslosigkeit im Vergleich zu Absolventen von Hochschulen und Fachhochschulen. Dagegen zeigen sich nur geringfügige geschlechtsspezifische Unterschiede. Deutlichere Ungleichheiten lassen sich zwischen Deutschen und Ausländern feststellen, wobei letztere ein mehr als doppelt so hohes Risiko der Arbeitslosigkeit aufweisen (vgl. Seibert/Solga 2005). Auch die Erwerbslosenquote in Ostdeutschland ist fast doppelt so hoch wie in Westdeutschland. Zur Differenzierung kann man an dieser Stelle allerdings festhalten, dass die regionale Struktur der Arbeitslosigkeit in Deutschland sowohl durch eine Ost-West-Achse, als auch durch eine Nord-Süd-Achse charakterisiert ist. Die niedrigsten Arbeitslosenquoten weisen sowohl in Westdeutschland (Bayern, Baden-Württemberg, Rheinland-Pfalz, Hessen), wie auch in Ostdeutschland (Sachsen, Thüringen) die südlichen Bundesländer auf (Statistisches Bundesamt 2006a: 106).

Tabelle 3.15: Arbeitslosenquoten im Jahr 2006

Deutschland gesamt	10,8
Westdeutschland	9,1
Ostdeutschland	17,3
Ausländer	23,6
Geschlecht	
Männer	10,5
Frauen	11,0
Bildungsabschluss	
(Fach-)Hochschule	4,1
Lehre/Fachschule	9,7
Ohne Berufsabschluss	26,0

Quelle: Bundesagentur für Arbeit 2007; Reinberg/Hummel 2007. Die Angaben für die qualifikationsspezifischen Arbeitslosenquoten sind für 2005.

In einigen Studien wurden die Determinanten der Dauer von Arbeitslosigkeit bzw. des Ausstiegs aus Arbeitslosigkeit (Brandt 2006; Uhlendorff 2004; Klein 1990) untersucht. Dabei stellte sich heraus, dass vor allem Qualifikationsunterschiede eine zentrale Rolle spielen, aber unabhängig davon Frauen, Ausländer und Ostdeutsche schlechtere Chancen für den Wiedereinstieg in eine Erwerbstätigkeit haben. Neben diesen vier Dimensionen sind vor allem die Dauer der Arbeitslosigkeit, wobei mit zunehmender Dauer die Chance auf eine Wiedereinstellung sinkt, sowie die Unterstützung durch soziale Kontakte von Bedeutung für die Wiedereingliederung in ein Beschäftigungsverhältnis.

Betrachtet man die Erwerbsquoten und die Arbeitslosenquoten gemeinsam, so zeigt sich, dass die zentrale Problemgruppe des Arbeitsmarktes Personen ohne Berufsausbildung sind, die in hohem Maße von Arbeitsmarktaktivitäten ausgeschlossen ist. Frauen haben zwar keine höheren Arbeitslosenquoten als Männer, haben aber eine niedrigere Erwerbsquote und arbeiten häufiger in Teilzeit. Dagegen weisen Ostdeutsche und Ausländer zwar eine vergleichbar hohe Erwerbsquote wie Westdeutsche bzw. Deutsche auf, aber ihre Arbeitslosenquoten sind deutlich höher, wobei dies bei Ausländern fast ausschließlich auf ihre fehlenden beruflichen Qualifikationen zurückzuführen ist (Seibert/Solga 2005; Kalter 2006). Damit wird deutlich, dass die Investition von Ressourcen auf wirtschaftlichen Märkten für die hier betrachteten Gruppen eine ausgesprochen differenzierte Struktur annimmt.

Abschließend soll noch ein letzter Punkt betrachtet werden: die berufliche Stellung der Erwerbstätigen in Deutschland im Zeitvergleich, die in Tabelle 3.16 dargestellt wird. Im Zeitvergleich wird in der Tabelle der Rückgang der Gruppe der Selbständigen und der mithelfenden Familienangehörigen, vor allem im Handwerk und in der Landwirtschaft, sehr deutlich. Ein Teil dieses Rückgangs ist durch den sektoralen Strukturwandel zu erklären, also den Rückgang des Anteils der Erwerbstätigen in der Landwirtschaft. Der Anteil der Selbständigen selbst ist nach einer langen Phase des Schrumpfens seit dem Ende der neunziger Jahre wieder im Wachstum begriffen. Dies ist Teil einer Entwicklung, die weltweit in fortgeschrittenen Ländern zu beobachten ist (Arum/Müller 2004; Luber/Gangl 1997). Auch bei der Gruppe der abhängig Erwerbstätigen zeigen sich deutliche Umschichtungen: Der Anteil der Arbeiter ist stark zurückgegangen, während der Anteil der Angestellten kräftig und der Beamtenanteil etwas zugenommen hat. Diese Verschiebung bei den Arbeitnehmern ist zum Teil auch ein Resultat von Deindustrialisierungsprozessen, in denen Arbeiterpositionen verschwunden sind und dem Wandel zur Dienstleistungsgesellschaft, in dem Angestelltenpositionen entstanden sind.[30] Betrachtet man die Chance, in einer bestimmten beruflichen Stellung tätig zu sein, nach Gruppen, so zeigen sich erhebliche Differenzen, wobei hier nur die Selbständigen und die Arbeiter genauer betrachtet werden sollen. Der Anteil von Selbständigen ist in Westdeutschland geringfügig höher als in Ostdeutschland (11 % versus 10 %), für Männer aber wesentlich höher als für Frauen (13,9 % zu 7,0 %) (Statistisches Bundesamt 2006a: 93-95). Auch für Ausländer ist die Chance auf berufliche Selbständigkeit niedriger als für Deutsche (Lohmann/Luber/Müller 1999). Dies gilt insbesondere – entgegen der landläufigen Meinung – für Migranten mit türkischem Hintergrund (Brenke 2008). Als zweite Gruppe sollen noch die Arbeiter etwas genauer betrachtet werden. Diese kann man als eine Gruppe mit einer besonders ungünstigen Arbeitsmarkt- und Arbeitssituation betrachten. Sie haben typischerweise besonders belastende Arbeitsbedingungen, stehen unter relativ kontinuierlicher Kontrolle, haben meist geringe Aufstiegschancen und gehören eher zu den Gruppen mit niedrigen Verdiensten (Weber-Menges 2004). Betrachtet man die verschiedenen Gruppen genauer, so kann man feststellen, dass erstens Männer häufiger als Arbeiter beschäftigt sind als Frauen, die zumeist in Angestelltenpositionen tätig sind[31] (39,2 % zu 21,5 %) , zweitens ist der Anteil der Arbeiter in Ostdeutschland deutlich höher als in Westdeutschland (Bei den Männern: 49,6 % zu 37,1 %). Auch Migranten sind deutlich häufiger in Arbeiterpositionen beschäftigt als Deutsche (Westdeutschland im Jahr 2004: Deutsche: 26 %, Türkischer Hintergrund: 66 %; Südwesteuropäischer Hintergrund: 64 %; Herkunft aus ehemaligem Jugoslawien: 60 %, Spätaussiedler: 61 %) (Statistisches Bundesamt 2006a: 570). Damit wird deutlich, dass nicht allein die Beteili-

---

30 Dies ist nur als grobe Erklärung richtig. Tatsächlich können Angestellte und Arbeiter nicht ohne weiteres produzierenden Tätigkeiten einerseits und Dienstleistungsaktivitäten andererseits zugeordnet werden.

31 Dies gilt nicht für Beamtenpositionen, die deutlich häufiger von Männern eingenommen werden.

gung am Erwerbsleben stark zwischen verschiedenen Gruppen differiert, sondern auch die berufliche Stellung, die diese Gruppen in ihren wirtschaftlichen Aktivitäten einnehmen.

Tabelle 3.16: Erwerbstätige nach Stellung im Beruf im früheren Bundesgebiet in %

	1950	**2004**
Selbstständige	15,6	11,0
Mithelfende Familienangehörige	14,9	1,3
Arbeiter	48,8	29,9
Beamte	4,1	6,6
Angestellte	16,5	51,2

Quelle: Statistisches Bundesamt 2006a: 94.

Zusammenfassung

Um Einkommen zu erzielen müssen die Akteure ihre Ressourcen, wie Bildung oder ökonomisches Kapital, auf dem Arbeitsmarkt oder als Selbständige auf anderen Märkten einsetzen. In diesem Abschnitt wurde deutlich, dass es bei der Partizipation auf Märkten deutliche Unterschiede entlang der vier berücksichtigten Dimensionen gibt. Im Vergleich zu Männern haben Frauen eine deutlich niedrigere Erwerbsquote, aber eine vergleichbare hohe Arbeitslosenquote. Darüber hinaus sind sie seltener als Selbständige und als Arbeiter tätig. Betrachtet man Westdeutsche und Ostdeutsche im Vergleich, so zeigen sich keine Unterschiede in den Erwerbsquoten, allerdings deutlich höhere Arbeitslosenquoten für die Bewohner der neuen Bundesländer. Darüber hinaus sind sie häufiger als Arbeiter und etwas seltener als Selbständige tätig. Auch im Vergleich zwischen Deutschen und Ausländern lassen sich starke Unterschiede feststellen. Zwar haben lediglich ausländische Frauen eine niedrigere Erwerbsquote als deutsche Frauen, während bei den Männern nur geringfügige Unterschiede vorliegen, doch ist die Arbeitslosenquote für

Ausländer ausgesprochen hoch. Zudem weisen sie in ihrer beruflichen Stellung eine starke Konzentration auf Arbeiterpositionen auf. Eine ausgesprochen prekäre Situation auf dem Arbeitsmarkt weisen Personen ohne berufliche Ausbildung auf, die sehr niedrige Erwerbsquoten haben und darüber hinaus ausgesprochen hohe Arbeitslosigkeitsrisiken aufweisen.

Weiterführende Literatur

Einen hervorragenden Überblick zur Arbeitsmarktsoziologie bietet der folgende Band:

- Martin Abraham und Thomas Hinz (Hg.), 2005: Arbeitsmarktsoziologie. Probleme, Theorien, empirische Befunde. Wiesbaden: VS.

Wiederholungsfragen

- Wie wird die Erwerbsquote definiert?
- Was ist der Unterschied zwischen der Definition von Erwerbslosigkeit durch die ILO und der Definition von Arbeitslosigkeit durch das dritte Sozialgesetzbuch in Deutschland?
- Welche gruppenspezifischen Unterschiede in den Erwerbsquoten lassen sich in Deutschland feststellen?
- Welche gruppenspezifischen Unterschiede in den Arbeitslosenquoten lassen sich in Deutschland feststellen?
- Wie sehen die gruppenspezifischen Unterschiede in der Wahrscheinlichkeit eine berufliche Stellung als Selbständiger oder Arbeiter einzunehmen aus?

3.2.2 *Entwicklung und Struktur der Einkommensverteilung*

Im vorhergehenden Abschnitt wurde deutlich, dass es starke Differenzierungen in der Beteiligung am Erwerbsleben und in der jeweiligen beruflichen Stellung zwischen den verschiedenen sozialen Gruppen gibt, die hier im Mittelpunkt der Betrachtung stehen. In diesem Abschnitt soll nun betrachtet werden, welche Ressourcenströme, also welche Einkommen sich aus der unterschiedlichen Beteiligung am Erwerbsleben ergeben. Dazu müssen im ersten Schritt verschiedene Arten von Einkommen differenziert werden. Erstens können *Einkommen für Personen oder Haushalte* betrachtet werden. Da bei der Betrachtung von Personen alle Menschen ohne eigenes Einkommen durch das Netz hindurchfallen, werden wir in diesem Kapitel meist Haushaltseinkommen betrachten. Zweitens werden diese dann zu sogenannten *Äquivalenzeinkommen* umgerechnet werden (siehe Kasten: Äquivalenzgewichtung von Einkommen), um die unterschiedliche Größe von Haushalten angemessen zu berücksichtigen. Damit können die Einkommen zwischen verschiedenen Haushalten und ihren Mitgliedern verglichen werden. Die Grundlage für die Berechnung der Äquivalenzeinkommen sind entweder die *Markt- bzw. Bruttoeinkommen* der Haushalte, also alle Einkünfte aus Erwerbsarbeit, ob abhängig oder selbständig, Vermögenseinkünfte aus Kapital- oder Immobilienbesitz, sowie private Transfers, oder die *Haushaltsnettoeinkommen*, die man durch das Ergänzen von Renten, Pensionen und anderen staatlichen Transfers einerseits und dem Abzug von Steuern und Sozialversicherungsabgaben andererseits erhält. Zieht man vom Haushaltsnettoeinkommen noch die Leistungen für freiwillige Versicherungen und Altersvorsorge ab, so erhält man das verfügbare Einkommen, das für Konsum oder Sparen zur Verfügung steht (Sachverständigenrat 2007: 455-456).

Äquivalenzgewichtung von Einkommen

Beim Vergleich von Einkommen tauchen verschiedene Probleme auf. Betrachten wir nur die Personen, die selbst ein Einkommen beziehen, dann fallen alle Personen, die durch Transfers innerhalb von Haushalten unterstützt werden, durch das Raster hindurch. Sehen wir uns hingegen Haushalte an, dann sind deren Haushaltseinkommen nicht so einfach zu vergleichen, da in den Haushalten unterschiedliche viele Menschen von einem bestimmten Einkommen leben müssen. Um den Personen in Haushalten ein Pro-Kopfeinkommen zuordnen zu können, muss eine sogenannte Äquivalenzgewichtung vorgenommen werden. Diese geht im Regelfall davon aus, dass in Haushalten, in denen mehrere Personen zusammenleben, Einspareffekte auftreten, so im Bereich der Wohnkosten, bei langlebigen Konsumgütern (Waschmaschine), die nur einmal benötigt werden und vielleicht auch durch Familienpackungen von Lebensmitteln. Es gibt verschiedene Möglichkeiten hier eine Gewichtung vorzunehmen. Gegenwärtig wird am häufigsten die neue OECD-Skala verwendet. Diese berücksichtigt den Haushaltsvorstand mit einem Gewicht von 1, weitere Haushaltsmitglieder über 15 Jahren mit einem Gewicht von 0,5 und Haushaltsmitglieder unter 15 Jahren mit einem Gewicht von 0,3. Nimmt man einen Familienhaushalt mit drei Kindern (8, 9 und 16 Jahre) dann wird die vollzeiterwerbstätige Mutter mit 1 gerechnet, der teilzeiterwerbstätige Vater mit 0,5, das sechzehnjährige Kind mit 0,5 und die beiden jüngeren Kinder mit je 0,3. Zusammengerechnet beträgt das Äquivalenzgewicht also 2,6. Hat die Familie ein Haushaltseinkommen von 5200 €, dann beträgt also das äquivalenzgewichtete Pro-Kopfeinkommen genau 2000 €.

In den folgenden Abschnitten sollen zwei Möglichkeiten vorgestellt werden, um die Ungleichheit der Einkommensverteilung darzustellen. Diese können allerdings auch auf die Ungleichheit der Vermögen übertragen werden. Eine erste Möglichkeit ist die Darstellung sogenannter Quantile. Dazu werden alle Personen bzw. Haushalte nach der Höhe ihres Einkommens aufgereiht. Je nach gewählter *Quantilsdarstellung* können diese nun in vier (Quartile), fünf (Quintile), zehn (Dezile) oder eine andere Anzahl von gleich großen Gruppen aufgeteilt werden. Analysiert man z. B. Quintile, wie in Tabelle 3.17, so befinden sich im ersten Quintil die zwanzig Prozent einkommensärmsten Haushalte, im nächsten Quintil folgen nun die nächsten zwanzig Prozent etwas wohlhabenderen Haushalte, bis dann im fünften Quintil die zwanzig Prozent einkommensstärksten Haushalte folgen. So kann in Tabelle 3.17 festgestellt werden, dass die einkommensärmsten zwanzig Prozent der Bevölkerung im Jahr 1993 lediglich 1,8 % des gesamten Markteinkommens bezogen haben, während die einkommensreichsten zwanzig Prozent insgesamt 44,5 % des gesamten Markteinkommens erhalten haben. Hier wird deutlich, dass die Markteinkommen eine erhebliche Ungleichverteilung aufweisen. Allerdings wissen wir aus dem vorhergehenden Abschnitt, dass nur ein Teil der Bevölkerung erwerbstätig ist und daher auch nur ein Teil der Bevölkerung Markteinkommen bezieht. Wie sehen die Ergebnisse aus, wenn auch staatliche Transfereinkommen und Steuerabzüge berücksichtigt werden? Hier zeigt sich, dass die Verteilung der Nettoeinkommen zwar immer noch ungleich ist, aber sehr viel weniger als die der Markteinkommen. Offensichtlich führen Steuern und staatliche Transfers zu einer Umverteilung und damit zu einer Reduktion von Ungleichheit. Dies wird auch noch einmal in der letzten Spalte der Tabelle deutlich gemacht. Diese zeigt, dass die einkommensärmsten Haushalte nur einen unterproportionalen Beitrag zum Einkommenssteueraufkommen in der Bundesrepublik leisten, während der größte Teil des Steueraufkommens von den einkommensstärksten Haushalten geleistet wird. Neben den durch die staatliche Umverteilung entstandenen Unterschieden zwischen Markt- und Nettoeinkommen ist in dieser Tabelle auch der Zeitvergleich interessant. Dieser zeigt sowohl für die Markt- wie auch für die Nettoeinkommen eine Zunahme der Ungleichheit von den frühen neunziger Jahren bis in die Gegenwart.

Tabelle 3.17: Quintilanteile des Einkommens 1993 und 2005 in %

	Markteinkommen		Nettoeinkommen		Anteil am Steueraufkommmen
	1993	2005	1993	2005	
1. Q.	1,8	1,1	9,2	7,7	0,1
2. Q.	10,2	7,0	14,3	13,0	2,6
3. Q.	18,0	15,7	17,9	17,2	9,5
4. Q.	25,6	25,2	22,8	22,5	19,5
5. Q.	44,5	50,9	36,0	39,6	68,4

Quelle: Sachverständigenrat 2007: 460, Datenquelle SOEP; Steueraufkommen: BMAS 2008: 16. Diese Angaben beziehen sich auf die Einkommenssteuern 2007.

Schon in Abschnitt 2.2 ist darauf hingewiesen worden, dass unterschiedliche Gruppen in Deutschland ihr Einkommen aus unterschiedlichen Quellen erhalten. So beziehen die beiden einkommensärmsten Quintile nur einen geringfügigen Anteil ihres Einkommens aus unselbständiger Erwerbsarbeit, diese ist dagegen für alle anderen Quintile die ganz überwiegende Quelle des Einkommens. Selbst die obersten Einkommensgruppen (oberste 10 %) erhalten ihr Einkommen zu über 60 % aus abhängiger Erwerbsarbeit. Das ärmste Einkommensquintil bezieht sein Einkommen ganz überwiegend (mehr als 70 %) aus staatlichen Transfers und Renten. Dagegen sind bei den obersten Einkommensgruppen (oberste 10 %) neben den Einnahmen aus unselbständiger Erwerbstätigkeit auch noch Einkommen aus selbständiger Erwerbstätigkeit (21,2 %), aus Vermietung und Verpachtung (4,9%) und Kapitaleinkünfte (4,2 %) von einer gewissen Bedeutung. In den oberen Einkommensquintilen haben allerdings Transferzahlungen nur eine untergeordnete Bedeutung für das Haushaltseinkommen. Diese Angaben zeigen noch einmal sehr deutlich die in Abschnitt 2.2 angesprochene strukturelle Heterogenität der Einkommensquellen (Sachverständigenrat 2007: 466). Dabei ist zu berücksichtigen, dass sich die Bedeutung der unterschiedlichen Einkommensarten im Zeitverlauf deutlich verändert hat. Im Jahr 1991 hat das Einkommen aus abhängiger Erwerbsarbeit noch 70,7 % der gesamten Einkommen ausgemacht, im Jahr 2005 lag dieser Wert nur noch bei 59,1 %. Dagegen ist die Bedeutung von staatlichen Transfers (von 3,8 % auf 7,0 %)

und Renten (11,1 % auf 13,3 %) einerseits sowie von Selbständigeneinkünften (7,5 % auf 10,2 %) andererseits gestiegen (Sachverständigenrat 2007: 465-466).

Will man die Einkommensverteilung im Zeitverlauf oder zwischen Ländern komparativ analysieren, dann ist der Vergleich von Quantilsdarstellungen nicht nur mühselig, sondern er ist auch nur beschränkt leistungsfähig. Daher wurden in der Forschung zur Einkommensverteilung verschiedene Ungleichheitsindizes entwickelt, die die Ungleichheit einer Verteilung in einer einzigen Maßzahl zum Ausdruck bringen. Am häufigsten findet man in der Literatur und in den Datenbanken den sogenannten *Ginikoeffizienten,* der jedoch nicht notwendigerweise der beste Index ist (siehe auch Kasten: Jenseits des Ginikoeffizienten). Dieser basiert auf der sogenannten Lorenzkurve, die in Schaubild 3.3 dargestellt wird. In der Lorenzkurve werden die Haushalte oder Personen nach der Höhe ihres Einkommens aufsteigend sortiert. Auf der X-Achse wird der jeweilige Anteil der Haushalte abgetragen, auf der Y-Achse der Anteil der Einkommen oder von anderen Merkmalen, die von allen Haushalten bis zu diesem Punkt erzielt werden. Die resultierende Kurve wird als Lorenzkurve bezeichnet. Hätte man in einer Gesellschaft eine absolute Gleichverteilung der Einkommen, so würde die *Lorenzkurve* der Winkelhalbierenden zwischen der X- und der Y-Achse entsprechen. Der Giniindex ergibt sich auf der Grundlage der Größe der Fläche zwischen der Gleichverteilungslinie und der empirischen Lorenzkurve. Er kann zwischen 0 und 1 variieren. Ein Wert von 0 würde sich bei absoluter Gleichverteilung ergeben, ein Wert von 1 würde sich ergeben, wenn ein einziger Haushalt das gesamte Einkommen eines Landes erzielt (Allison 1978).

Schaubild 3.3: Lorenzkurve

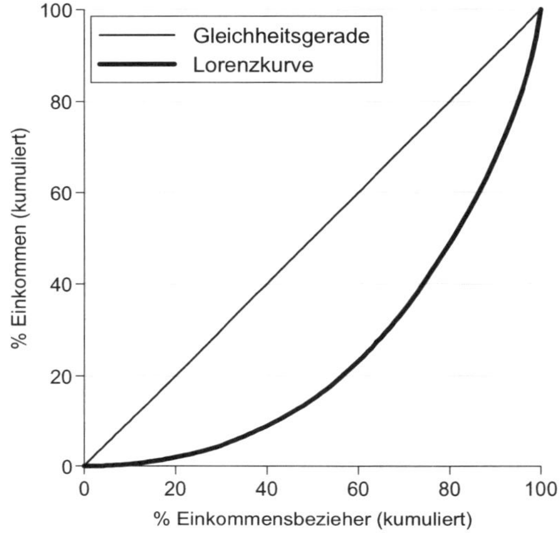

Jenseits des Ginikoeffizienten

Der Ginikoeffizient ist die am weitesten verbreitete Maßzahl zur Messung von Ungleichheit, sie ist aber nicht unbedingt die beste. In der Literatur über die Messung von Einkommensverteilungen gibt es einige Kritik an diesem Koeffizienten und darüber hinaus auch Alternativvorschläge zur Messung von Ungleichheiten. Diese Maßzahl weist vor allem drei Probleme auf (Allison 1978): erstens ist sie im Vergleich zu anderen Indizes relativ aufwändig zu berechnen, was allerdings nur ein pragmatisches Argument ist. Zweitens reagiert der Ginikoeffizient relativ stark auf Veränderungen in den mittleren Bereichen der Einkommensverteilung. Wenn also Umverteilungen am oberen oder am unteren Rand stattfinden, werden diese schwächer gewichtet, als Umverteilungen in der Mitte. Ein drittes Problem stellt die Nichtzerlegbarkeit des Ginikoeffizienten dar. Berechnet man z. B. einen Ginikoeffizienten für die weltweite Einkommensungleichheit, der bei ca. 0,65 liegt (siehe Kasten: Weltweite Ungleichheit der Einkommen), dann würde man gerne wissen, wie groß der Anteil der Ungleichheit zwischen den verschiedenen Ländern und innerhalb der Länder ist. Leider ist eine solche Analyse mit dem Ginikoeffizienten nicht möglich.

Eine relativ einfache Alternative zum Ginikoeffizienten sind sogenannte Quantilsverhältnisse. Dabei teilt man z. B. das Einkommen von Personen am 90 % Quantil durch das Einkommen der Personen am 10 % Quantil. Damit erhält man eine Maßzahl, die einem sagt, um welchen Faktor das Einkommen der wohlhabenderen Personen höher ist als das der ärmeren Personen. Diese Quantilsverhältnisse sind zwar relativ leicht zu berechnen, lösen aber sonst keine der mit dem Ginikoeffizienten verbundenen Probleme, zudem berücksichtigen sie nur einen sehr kleinen Teil der Information in der Einkommensverteilung. Ein zunehmend verwendetes Maß ist Theils H, das auf informationstheoretischen Überlegungen basiert (zur Berechnung Allison 1978: 867). Im Gegensatz zum Ginikoeffizienten kann es zerlegt werden, weshalb es häufig für die Analyse weltweiter Ungleichheiten verwendet wird (vgl. Firebaugh 2003). Wie der Ginikoeffizient reagiert es allerdings unterschiedlich stark auf Transfers in verschiedenen Bereichen der Einkommensverteilung. Theils H ist besonders empfindlich im Hinblick auf Veränderungen auf den unteren Niveaus. An dieser Stelle zeigt sich, dass die Messung von Ungleichheit auch mit normativen Prämissen verbunden sein kann, denn es gibt keine empirische Antwort auf die Frage, ob Veränderungen unten oder oben in der Einkommensverteilung wichtiger sind. Der Ökonom Anthony Atkinson hat daher argumentiert, dass eine Messung von Ungleichheit immer auf einer Theorie über die Wohlfahrt einer Gesellschaft basiert. In dem von ihm entwickelten Atkinsonmaß zur Messung von Ungleichheit gibt es daher die Möglichkeit, unterschiedliche Vorstellungen über die Bedeutung von Ungleichheit für die Wohlfahrt einer Gesellschaft abzubilden (Allison 1978: 872-874). Man kann diesen Index also so gestalten, dass er relativ empfindlich auf Ungleichheiten reagiert, aber auch so, dass er sozusagen „ungleichheitstolerant“ ist.

Um die Entwicklung der Einkommensungleichheit in der Bundesrepublik über einen längeren Zeitraum hinweg zu analysieren kann man den Verlauf des Ginikoeffizienten betrachten, der in Grafik 3.3 dargestellt ist.

Grafik 3.3: Entwicklung der Einkommensungleichheit von 1962 bis 2003

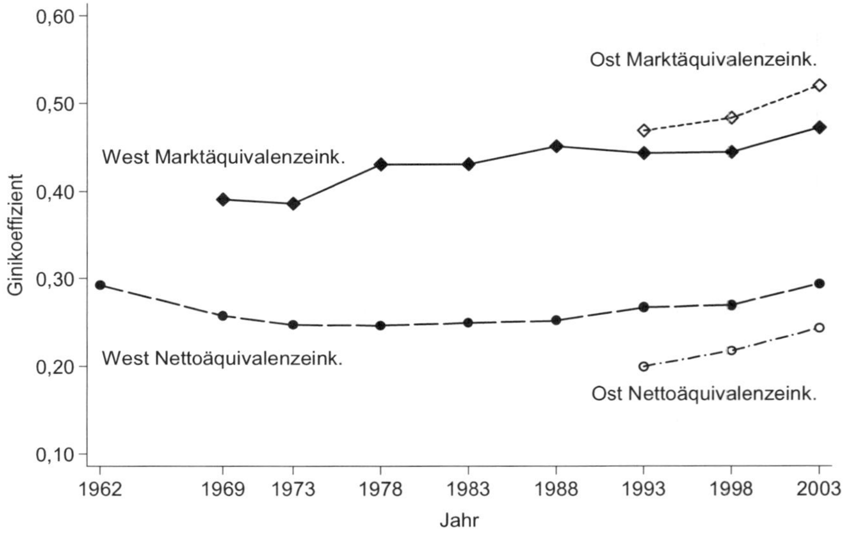

Quelle: Becker/Hauser 1997; Becker/Hauser 2003, Becker/Hauser 2004. Datengrundlage: EVS.

Hier wird wiederum deutlich, dass die Ungleichheit der Haushaltsnettoeinkommen sehr viel geringer ist als die Ungleichheit der Markteinkommen. Darüber hinaus kann man für die Nettoeinkommen die Entwicklung von 1962 bis 2003 verfolgen, wobei sich eine u-förmige Entwicklung zeigt. Bis in die siebziger Jahre hinein nahm die Ungleichheit leicht ab, während sie seit den späten siebziger Jahren langsam ansteigt. Für die Markteinkommen kann allerdings nur der Anstieg seit den späten siebziger Jahren rekonstruiert werden. Darüber hinaus zeigt sich im Vergleich von Ost- und Westdeutschland eine höhere Ungleichheit der Markteinkommen in Ostdeutschland, allerdings eine niedrigere Ungleichheit der

Haushaltsnettoeinkommen. Dies ist auf die höhere Bedeutung der Arbeitslosigkeit in Ostdeutschland zurückzuführen, die zu einer höheren Ungleichheit der Markteinkommen führt, die dann wiederum durch Transferzahlungen verringert wird.

Neuere Daten des Deutschen Instituts für Wirtschaftsforschung zeigen, dass die Polarisierung der Einkommen in der Bundesrepublik Deutschland weiter voranschreitet. Diese zeigen einen Anstieg des Ginikoeffizienten der Markteinkommen von 0,465 (1998) auf 0,520 (2006) und der Nettoeinkommen von 0,261 (1998) auf 0,316 (2006) (BMAS 2008).[32] Im internationalen Vergleich ist allerdings die Ungleichheit der Nettoeinkommen in Deutschland eher als moderat einzustufen (LIS 2008). Niedriger sind die Ungleichheiten der Einkommensverteilung vor allem in Skandinavien, einigen osteuropäischen Ländern (Tschechien, Slowakei) und den Niederlanden, höher dagegen in den angelsächsischen, anderen osteuropäischen (Russland, Polen, Estland) und den südeuropäischen Ländern (Italien, Spanien, Griechenland). Allerdings lässt sich mit wenigen Ausnahmen für alle Gesellschaften ein gemeinsamer Trend der Zunahme der Ungleichheit festhalten (Smeeding 2002; Alderson/Nielsen 2002). Da bis in die siebziger Jahre hinein die Ungleichheit in vielen Ländern abgenommen hat (Atkinson 2005; Dell 2005) und seitdem ansteigt, wird diese Entwicklung auch als „Great U-Turn" bezeichnet (Bluestone/Harrison 1988).

Einen interessanten internationalen Vergleich der Einkommensverteilung und der Bedeutung von Umverteilung nehmen Kenworthy und Pontusson vor (2005). Sie betrachten die Markt- und die Nettoeinkommen von Haushalten mit einem Haushaltsvorstand im erwerbsfähigen Alter, um die Effekte des Rentensystems herauszurechnen. Die Ergebnisse sind in Tabelle 3.18 präsentiert.

---

32 Da sich die Datenquellen unterscheiden, können die Angaben in Grafik 1 und die Daten von Seiten des Deutschen Instituts für Wirtschaftsforschung nicht ohne weiteres verglichen werden (siehe Kasten: EVS und SOEP). Für die Überlassung der Daten möchte ich mich bei Markus Grabka bedanken.

Tabelle 3.18: Markeinkommen, Nettoeinkommen und Umverteilung: Gini-koeffizienten

	Markt-einkommen	Netto-einkommen	Umverteilung	Umverteilung in %
Dänemark	0,345	0,237	0,108	31,3
Finnland	0,352	0,233	0,119	33,8
Norwegen	0,337	0,236	0,101	30,0
Schweden	0,375	0,238	0,137	36,5
Deutschland	0,360	0,254	0,106	29,4
Niederlande	0,339	0,251	0,088	24,4
Schweiz	0,332	0,297	0,035	10,5
Australien	0,396	0,293	0,103	26,0
Kanada	0,380	0,300	0,080	21,1
Großbritannien	0,450	0,341	0,109	24,2
Vereinigte Staaten	0,436	0,363	0,073	16,7

Quelle: Kenworthy/Pontusson 2005: 465-466. Die Daten sind schon etwas älter und stammen meistens aus den späten neunziger Jahren. Darüber hinaus sind die Angaben auf der Basis von Haushalten im erwerbsfähigen Alter berechnet.

Diese Tabelle demonstriert noch einmal sehr deutlich, dass die Ungleichverteilung der Markt- und der Nettoeinkommen sich zwischen verschiedenen Ländern sehr stark unterscheidet, wobei die skandinavischen Länder eher niedrige Ungleichheiten aufweisen und die angelsächsischen Länder eher hohe Disparitäten haben. Daneben variiert aber auch das Ausmaß, in dem die unterschiedlichen *Wohlfahrtsstaaten* durch *Umverteilung* (staatliche Transfers und Steuern) die Ungleichheit der Markteinkommen reduzieren, so dass in allen Ländern die Nettoeinkommen deutlich weniger ungleich verteilt sind. Auch hier zeigen sich wiederum die skandinavischen Länder als besonders egalitär und die angelsächsischen Länder sowie insbesondere die Schweiz als wenig ungleichheitsreduzierend. Deutschland nimmt in dieser Tabelle einen Platz nahe bei den skandinavischen Ländern ein, hier wird also durch staatliche Transfers und Steuern eine relativ starke Reduktion der Ungleichheit der Markteinkommen vorgenommen. Diese Umverteilung staatlicher Institutionen ist vor allem in den Gesellschaften besonders ausgeprägt, die relativ starke Gewerkschaften und linke Parteien haben, wobei dies typischerweise mit einer hohen Wahlbeteiligung zusammenhängt (Pontusson 2005; Kenworthy/Pontusson 2005; Kwon/Pontusson 2006).[33]

An dieser Stelle müssen nun zwei Fragen aufgegriffen werden: erstens die Frage nach den Ursachen für die unterschiedliche Höhe der Ungleichheit von Markt- und Haushaltseinkommen im internationalen Vergleich und zweitens die Frage nach den Ursachen des in fast allen Ländern beobachtbaren Anstiegs der Einkommensungleichheit. Dabei können diese Fragen nicht separat behandelt werden, da zum Teil die Ursachen für den Anstieg der Ungleichheit auch die Ursachen für die Länderdivergenzen darstellen.

Einen ersten wichtigen Ansatz stellen *sektorale Erklärungen* dar, die auf Unterschiede und Verschiebungen zwischen den verschiedenen Sektoren der Wirtschaft (Landwirtschaft, Industrie, Dienstleistungen) verweisen. Erstens sind die Einkommen in der Landwirtschaft und in der Industrie typischerweise weniger ungleich verteilt als im Dienstleistungsbereich, so dass eine sektorale Verschiebung in Richtung Dienstleistungen zu einer Zunahme der Ungleichheit führen kann (Nollmann 2006). Zweitens können sich aber auch die durchschnittlichen Einkommen in den Sektoren unterscheiden, so dass ein sektoraler Wandel auch zu einer Veränderung der Ungleichheit führt. Sektorale Unterschiede zwischen Ländern und sektorale Verschiebungen im Zeitverlauf müssen als eine der wichtigsten Ursachen von Differenzen in der Einkommensungleichheit betrachtet werden (Alderson/Nielsen 1999; 2002; Gustafsson/Johansson 1999; Nollmann 2006).

Eine zweite zentrale Ursache des Niveaus der Einkommensungleichheit stellen die institutionelle Regulierung von Arbeitsmärkten und die Stärke von Gewerkschaften dar. In Gesellschaften mit starken

---

33 Die Wahlbeteiligung korreliert in den meisten Ländern mit dem sozialen Status und mit der Parteineigung von Akteuren. Eine niedrige Wahlbeteiligung bedeutet daher zumeist, dass eher Personen mit einem niedrigen sozialen Status, die eher für Parteien der traditionellen Linken stimmen würden, nicht an der Wahl teilnehmen. Zudem erhöht die Organisation der Arbeitnehmer in Gewerkschaften die Wahlbeteiligung in der Arbeitnehmerschaft (Korpi 1983).

Gewerkschaften, einem großen öffentlichen Sektor und mit relativ zentralistischen Lohnverhandlungssystemen zwischen Arbeit und Kapital ist die Ungleichheit von Löhnen und Einkommen eher niedrig. Die *Verhandlungsmacht der organisierten Arbeitnehmer* kann in diesen Ländern eine höhere Lohnspreizung tendenziell verhindern (Alderson/Nielsen 2002; Gustafsson/Johansson 1999, Rueda/Pontusson 2000; Pontusson 2005; Nollmann 2006).

Drittens muss man Prozesse der *Globalisierung* bzw. Transnationalisierung als Quelle von zunehmender Einkommensungleichheit nennen (vgl. zu den Begriffen Gerhards/Rössel 1999). Eine Zunahme des weltweiten Handels, der Direktinvestitionen und der Migration führt zu einer verstärkten Konkurrenz zwischen Arbeitnehmern in verschiedenen Ländern und damit zu einer Verringerung der Verhandlungsmacht von Arbeitnehmern. Diese Prozesse haben in zahlreichen Ländern zu einer Schwächung der Gewerkschaften beigetragen (Lee 2005; Western 1995) und darüber hinaus die Konkurrenz zwischen den Arbeitnehmern erhöht. Damit ist die wirtschaftliche Globalisierung eine der wichtigen Ursachen zunehmender Einkommensungleichheit innerhalb von Ländern (Alderson/Nielsen 2002; vgl. aber Nollmann 2006; Bussman et al. 2005). Beckfield argumentiert zudem, dass die europäische Integration eine besonders starke und ausgeprägte Form von ökonomischer Transnationalisierung darstellt, die zu ausgeprägter Konkurrenz auf den Produkt- und Arbeitsmärkten führt und daher auch insbesondere die Ungleichheit der Einkommen prägt (Beckfield 2006).

Viertens werden von einer Reihe von Autoren, vor allem von Wirtschaftswissenschaftlern, Prozesse des sogenannten *„skill-biased change“* als Ursachen für die zunehmende Ungleichheit der Einkommen genannt. Damit ist gemeint, dass technologische und organisatorische Veränderungen in der Wirtschaft dazu führen, dass hochqualifizierte im Vergleich zu beruflich weniger qualifizierten Personen immer höhere Einkommen erzielen können. Zu diesen Wandlungen gehören die Einführung von flexibleren Organisationsformen, die nur mit qualifizierten Mitarbeitern organisierbar sind sowie von Technologien, die nur mit hohen Qualifikationen produktiv nutzbar sind (vgl. Levy/Murnane 1992).

Diese Vorstellungen vom „skill biased change“ haben zwar weite Verbreitung auch in der öffentlichen Diskussion gefunden, sie haben allerdings einige Probleme. Erstens ist – wie schon in Abschnitt 2.2.3.1 (Kasten: Bildung: Humankapital oder Schließungsmechanismus) deutlich wurde – höchst umstritten, welche Rolle kognitive Qualifikationen tatsächlich für die Produktivität von Arbeitnehmern spielen (Bowles/Gintis/Osborne 2001). Zweitens müssten mit dem „skill-biased change“ höhere Bildungsrenditen einhergehen. Diese können aber in zahlreichen Ländern, darunter auch in Deutschland, trotz steigender Einkommensungleichheit nicht über einen längeren Zeitraum hinweg festgestellt werden (vgl. Abschnitt 3.1.4 über Bildungsrenditen) (Blau/Kahn 2002).

Weltweite Ungleichheit der Einkommen

In den vergangenen zehn bis fünfzehn Jahren ist vor allem in den Wirtschaftswissenschaften im Zusammenhang mit der Globalisierungsdebatte eine hitzige Diskussion über das Ausmaß und die Entwicklung der weltweiten Ungleichheit der Einkommen entbrannt. Dabei stimmen eigentlich alle Studien darin überein, dass die globale Einkommensungleichheit ziemlich hoch ist, dabei werden für den Ginikoeffizienten in den neunziger Jahren Werte zwischen 0,63 und 0,69 genannt. Alle Studien stimmen auch überein, dass die Ungleichheit der Einkommen zwischen den verschiedenen Ländern deutlich größer ist als die Ungleichheit innerhalb der Länder. Für den eigenen absoluten Lebensstandard ist also die Frage, in welchem Land man lebt, von sehr viel größerer Bedeutung, als die Frage, ob man sich in diesem Land eher in den unteren oder den oberen sozialen Positionen befindet. Dabei unterscheiden sich allerdings die Schätzungen hinsichtlich der Bedeutung der Länderebene. In einigen Studien wird geschätzt, dass ca. 65 % der Ungleichheit durch Länderunterschiede entsteht (Sala-I-Martin 2006), dagegen wird dieser Anteil in anderen Studien auf ca. 80 % eingeschätzt (Anand/Segal 2008: 84). Ein weiterer Punkt, in dem die meisten Studien grundsätzlich übereinstimmen, ist, dass innerhalb der Länder die durchschnittliche Ungleichheit in den vergangenen Jahrzehnten zugenommen hat (Anand/Segal 2008: 85-86). Ob allerdings die Ungleichheit zwischen den Ländern und die weltweite Gesamtungleichheit – wie dies von Sala-I-Martin in einer umfangreichen Analyse behauptet wird (2006) – tatsächlich abgenommen haben, ist höchst umstritten. Anand und Segal kommen in ihrer umfassenden Bestandsaufnahme der Forschung zu der Schlussfolgerung, dass zumindest auf der Basis vorliegender Forschung keine stichhaltige Evidenz für einen klaren Trend der Abnahme oder Zunahme der weltweiten Ungleichheit vorliegt (Anand/Segal 2008).

Nachdem nun die wichtigsten Ursachen für internationale Unterschiede in den Einkommensungleichheiten und für die Zunahme der Einkommensungleichheiten dargestellt wurden, soll nun betrachtet werden, wie denn eigentlich die Verteilung der Einkommen entlang der vier berücksichtigten Dimensionen der Struktur sozialer Ungleichheit aussieht. Dies ist in Tabelle 3.19 ausführlich dargestellt. Betrachtet man die vertikale Dimension der Struktur sozialer Ungleichheit, so werden kräftige Unterschiede deutlich. Die monatlichen Nettoeinkommen un- und angelernter Arbeiter liegen im Durchschnitt bei weniger als 50 % der Einkommen in der höheren Dienstklasse. Ebenfalls relativ hohe Einkommen beziehen die Selbständigen, wobei deren Einkommen hier noch unterschätzt werden, da in der hier verwendeten Klassifikation von Goldthorpe die größeren Selbständigen in die höhere Dienstklasse gruppiert werden. Auch die Unterschiede nach der Ausbildung sind sehr ausgeprägt: Personen ohne Berufsausbildung erreichen Monatseinkommen, die ca. 50 % der Verdienste von Personen mit Hochschulabschluss betragen. Aber auch entlang der anderen drei Strukturdimensionen zeigen sich Ungleichheiten. So belaufen sich die monatlichen Bruttoeinkommen der Ostdeutschen auf nur 70 % Einkommen der Westdeutschen, Ausländer kommen nur auf ca. 93 % der Einkommen von Deutschen[34] und Frauen nur auf

[34] Beim Vergleich von Ausländern und Deutschen müssen zwei Probleme berücksichtigt werden. Erstens gibt es einen gewissen Kompositionseffekt. Untern den ausländischen Beschäftigten in Deutschland sind im Vergleich zu den Deutschen weniger Frauen und vor allem weniger Personen in Ostdeutschland, so dass die Einkommen von Auslän-

76 % der Einkommen von Männern. Ein gewisses methodisches Problem ergibt sich allerdings beim regionalen Vergleich. In der Wirtschaftsgeographie ist es ein bekanntes Phänomen, dass sich zwischen Regionen die Preisniveaus und damit die Lebenshaltungskosten unterscheiden. Dies wird von Roos (2006) für Ost- und Westdeutschland systematisch nachgewiesen. Insofern muss man die realen ökonomischen Ungleichheiten zwischen Ost- und Westdeutschland auch niedriger ansetzen, als es in Tabelle 3.19 ersichtlich wird.

dern in einem bivariaten Vergleich zu hoch eingeschätzt werden. Zweitens besteht die Gefahr, dass man in einer Stichprobe vor allem gut ausgebildete und dementsprechend gut verdienende Ausländer berücksichtigt. Aufgrund von Sprachproblemen dürfte dieser Mittelschichtbias (siehe Kasten: EVS und SOEP) bei Ausländern stärker als bei Deutschen ausgeprägt sein.

Tabelle 3.19: Gruppenspezifische Differenzen in den persönlichen Arbeitseinkommen 2005

	Monatsbruttoeinkommen	Monatsnettoeinkommen
Geschlecht		
Männer	3200,5	1561,7
Frauen	2440,3	2236,2
Staatsbürgerschaft		
Deutsche	2947,4	1889,9
Ausländer	2753,6	1799,8
Region		
Westdeutschland	3092,3	1978,7
Ostdeutschland	2195,1	1439,9
Berufsausbildung		
Ohne Berufsausbildung	2091,8	1358,6
Berufsausbildung	2591,0	1672,0
Abitur und Berufsausb.	2945,8	1879,8
(Fach-)Hochschule	3990,6	2529,7
Klassenlage		
Obere Dienstklasse	4446,6	2769,8
Untere Dienstklasse	3083,4	1975,6
Routineangestellte	2534,6	1570,3
Selbständige	3090,8	1951,8
Facharbeiter	2487,2	1668,0
Un- u. angelernte Arbeiter	2129,4	1419,9

Quelle: SOEP 2005. Eigene Berechnungen.[35] Dargestellt sind die gewichteten persönlichen Monatseinkommen.

In multivariaten Analysen kann festgestellt werden, dass vor allem die Markteinkommen hochqualifizierter und selbständiger Erwerbstätiger

35 Für die Berechnungen habe ich Bettina Isengard zu danken.

überdurchschnittlich hoch sind. Unter Kontrolle dieser Faktoren verdienen Frauen deutlich weniger als Männer und Ostdeutsche deutlich weniger als Westdeutsche, während die Unterschiede zwischen Deutschen und Ausländern eher gering sind (Diekmann et al. 1993; Jungbauer-Gans 1999; Bellmann/Gartner 2003; Peters 2008). Allerdings haben sich im vergangenen Jahrzehnt die Unterschiede zwischen sozialen Klassen sowie Ausländern und Deutschen im Kontext der Zunahme der Einkommensungleichheit verstärkt (Giesecke/Verwiebe 2008). Den Hintergrund für die Ergebnisse multivariater Analyse bildet die Tatsache, dass ausländische Beschäftigte in Deutschland sich vor allem in Arbeiterpositionen konzentrieren und ein relativ niedriges Qualifikationsniveau aufweisen. Kontrolliert man diese Faktoren in einem statistischen Modell, so zeigt sich dann, dass spezifisch ethnische Ungleichheiten auf dem Arbeitsmarkt vergleichsweise klein sind (Granato/Kalter 2001; Brenke 2008). Darüber hinaus wurde schon darauf verwiesen, dass ausländische Arbeitskräfte für ihre Qualifikationen etwas geringere Renditen erhalten als deutsche Arbeitnehmer (vgl. Abschnitt 3.1.4). Dies verweist darauf, dass hier einerseits Prozesse der Abwertung von Qualifikationen stattfinden könnten, dass z. B. im Heimatland erworbene Abschlüsse in Deutschland nicht vollständig anerkannt werden (Szydlik 1996) oder andererseits möglicherweise doch gewisse Diskriminierungsmechanismen auf dem Arbeitsmarkt existieren (Seibert/Solga 2005). Für die Existenz von Diskriminierung auf dem deutschen Arbeitsmarkt gibt es empirische Evidenz aus Feldexperimenten, die mit fingierten Bewerbungen geprüft haben, ob deutsche Bewerber türkischen Bewerbern vorgezogen werden (Goldberg et al. 1995). Allerdings sind die Diskriminierungsraten gegenüber türkischen Bewerbern in Deutschland im internationalen Vergleich ausgesprochen niedrig. Deutlich höhere Werte finden sich für Marokkaner in Belgien, den Niederlanden und Spanien sowie für türkische und südosteuropäische Bewerber in der Deutschschweiz (Fibbi et al. 2006: 359). Zudem kann Kalter (2006) zeigen, dass keine Unterschiede im Arbeitsmarkterfolg zwischen Deutschen und Ausländern festgestellt werden können, wenn erstens die jeweiligen Sprachkenntnisse berücksichtigt werden und zweitens die Einbindung in soziale Netzwerke, die für den

Arbeitsmarkterfolg generell von großer Bedeutung ist. Dies spräche dafür, dass zentral für die Positionierung auf dem Arbeitsmarkt die Ausstattung mit relevanten Ressourcen ist. Festzuhalten bleibt aber generell, dass der größte Teil der ethnischen Ungleichheit auf dem Arbeitsmarkt durch die Unterschiede in den Qualifikationen erklärt werden kann (Kalter 2006).

Zum Abschluss muss allerdings noch betont werden, dass die Haushaltseinkommen auch durch andere Faktoren als die vier Dimensionen der Struktur sozialer Ungleichheit systematisch beeinflusst werden und hier ist vor allem die Familienstruktur zu nennen (Drobnic/Blossfeld 2001; Diewald/Sørensen 1995). Die Anzahl der erwerbstätigen Personen in einem Haushalt führt zu einer Steigerung des Einkommens, während die Anwesenheit von Kindern in einer Familie nicht nur dazu führt, dass das Haushaltseinkommen auf eine größere Anzahl von Personen verteilt werden muss, sondern häufig die Erwerbspartizipation eingeschränkt wird. Dies hat zur Folge, dass Alleinerziehende und Familien mit mehreren Kindern in niedrigen Klassenpositionen häufig nur niedrige Einkommen erzielen und unter die Armutsgrenze fallen (vgl. Abschnitt 3.2.3).

Es bleiben an dieser Stelle noch zwei Fragen: Warum sind die Verdienste von Frauen deutlich geringer als die von Männern und warum sind die Einkommen von Ostdeutschen geringer als die von Westdeutschen? Hinsichtlich der Einkommensunterschiede nach Qualifikation und Selbstständigkeit kann auf die rivalisierenden Erklärungsmechanismen in Abschnitt 2.2 verwiesen werden. Den Einsatz von Qualifikationen auf dem Arbeitsmarkt zum Erwerb von monetären Ressourcen kann man entsprechend der Humankapitaltheorie interpretieren, aber auch auf der Grundlage der Theorie sozialer Schließung. Wie in Abschnitt 2.2.3 deutlich wurde, spricht sowohl für die humankapitaltheoretische Erklärung, wie auch für die schließungstheoretische Erklärung ein Teil der Evidenz. Auch für den Einsatz von Produktionsmitteln und Qualifikation auf Produktmärkten kann man die Modelle aus Abschnitt 2.2 heranziehen. Wirtschaftstheoretische Überlegungen würden das Einkommen von Selbständigen im Kern auf zwei Quellen zurückführen: einerseits beziehen

Selbständige und mithelfende Familienangehörige entsprechend ihrer beruflichen Qualifikation einen Unternehmerlohn für ihre Arbeitsleistung, auf der anderen Seite erzielen sie unter Einsatz von Kapital auf Produktmärkten Gewinne, die für eine Differenzierung der Selbständigen- von den Arbeitnehmereinkommen sorgen (Cezanne 2005: 531-532). Dagegen würde die marxistische Ausbeutungstheorie die Einkommen der Selbständigen, soweit sie Arbeitnehmer beschäftigen, zumindest teilweise als Resultat von Ausbeutungsprozessen betrachten, in denen sich die Unternehmer den Ertrag der Arbeit der Arbeitnehmer aneignen. Es wird deutlich, dass für diese vertikal strukturierten Ungleichheiten Erklärungen vorliegen, die sich aber zum Teil widersprechen. Die Entscheidung über die Gültigkeit der Theorien muss zukünftiger empirischer Forschung überlassen bleiben.

Welche Ursachen können nun für die Ungleichheit der Einkommen von Frauen und Männern genannt werden? Ein zentraler geschlechtsspezifischer Unterschied in unserer Gesellschaft ist die Tatsache, dass Männer sich nach einer *Familiengründung* typischerweise stärker auf ihre Erwerbsarbeit und Karriere ausrichten können, während Frauen in sehr viel stärkerem Maße in die Erziehung der Kinder und die Hausarbeit eingebunden sind (Kurz 1998; Kreckel 2004: Kapitel 4, vgl. auch Abschnitt 2.2). Dieser Unterschied lässt sich offenbar nicht auf Ressourcen- oder Ausbildungsunterschiede zwischen Frauen und Männern zurückführen, sondern hat mit gesellschaftlich relativ fest verwurzelten kulturellen Geschlechtervorstellungen zu tun, die sich sehr viel langsamer ändern als die Bildungs- und Arbeitsmarktpartizipation von Frauen (Drobnic/Blossfeld 2001). Dies hat nicht nur zur Folge, dass Frauen häufiger als Männer in ihrer Karriere Erwerbsunterbrechungen aufweisen, die einer Karriere tendenziell eher schaden, sondern sie sind in ihren Berufen dadurch zeitlich weniger flexibel und können weniger Überstunden machen. Dies wurde in Abschnitt 3.2.1 schon in den niedrigeren Erwerbsquoten und den höheren Teilzeitbeschäftigungen von Frauen deutlich.

Eine sehr wichtige Rolle bei der Erklärung von Karriere- und Einkommensunterschieden zwischen Frauen und Männern spielt auch die *geschlechtsspezifische Segregation* der Berufsausbildung, Studienfächer und der Berufe (Achatz 2005). Diese hat den Effekt, dass Frauen seltener in die oberen Klassenpositionen vorrücken und auch insgesamt niedrigere Einkommen als Männer erzielen (Kim/Kim 2003; Reimer/Steinmetz 2007; Gundert/Mayer 2007). Hinz und Gartner (2005) führen dies für Deutschland exemplarisch vor. In ihrer Studie können sie für den Gesamtarbeitsmarkt feststellen, dass die Bruttolöhne von vollzeitbeschäftigten Frauen ca. 75 % der Männerlöhne ausmachen. Innerhalb des gleichen Berufs vergrößert sich dieser Anteil auf 79 %, innerhalb des gleichen Betriebs auf 81,5 %, im gleichen Beruf und im gleichen Betrieb auf 84,7 %, wenn dann auch die Höhe der beruflichen Qualifikation gleich ist, dann erhöht sich dieser Anteil auf 88 %. Dies zeigt einerseits, dass die berufliche Segregation von Frauen einen Einfluss auf die Einkommenssituation hat, dass aber andererseits auch nach einer sehr differenzierten Analyse immer noch ein Lohnunterschied von 12 % verbleibt, der nicht auf geschlechtsspezifische Segregation zurückzuführen ist (Hinz/Gartner 2005). In einer neueren Studie kann jedoch gezeigt werden (Aisenbrey/Brückner 2008), dass die horizontale Segregation von Frauen und Männern zwischen Berufen in den jüngeren Alterskohorten kaum noch die Ungleichheit der Löhne erklären kann. Dies deutet darauf hin, dass in zunehmendem Maße die vertikale Ungleichheit innerhalb von Berufsgruppen die Ursache für die geschlechtsspezifische Ungleichheit der Einkommen darstellt.

Allerdings bleibt an dieser Stelle noch die Frage, warum eigentlich typisch weibliche Aktivitäten schlechter bezahlt werden? Eine in der Literatur häufig vertretene These ist die der *kulturellen Entwertung* von weiblichen Berufen (Liebeskind 2004). Damit ist gemeint, dass in männerdominierten Gesellschaften Aktivitäten und Merkmale von Frauen schlechter bewertet und eingeschätzt werden als die Tätigkeiten von Männern. Dies wird auch auf die Bewertung von Berufen und Ausbildungen übertragen, die wie personenbezogene oder haushaltsnahe Tätigkeiten als typisch weiblich interpretiert werden. Diese These verweist auf individuelle oder kollektive Diskriminierungsprozesse. Es ist schwierig diese These empirisch zu prüfen (Liebeskind 2004), in einer schwedischen Studie wurde allerdings gezeigt, dass typische Frauenberufe kein niedrigeres Berufsprestige aufweisen als typische Männerberufe (Magnusson 2009). Dies spricht deutlich gegen die These der kulturellen Entwertung. Wenn typische Frauenberufe kulturell entwertet wären, dann müssten diese auch ein niedrigeres Prestige aufweisen. Allerdings gibt es durchaus Hinweise auf verbreitete *Stereotypen*, die eine Einkommensdiskriminierung von Frauen stützen. Sowohl Männer als auch Frauen neigen z. B. als Probanden in experimentellen Studien dazu, den beurteilten Frauen ein durchschnittlich niedrigeres Einkommen zuzusprechen als den Männern (Jann 2003). Auch Frauen selbst verhandeln deutlich zaghafter über ihr Einkommen als männliche Bewerber (Babcock et al. 2003). Darin kommen offensichtlich Geschlechterstereotypen zum Ausdruck, die das Verhalten nicht nur von Männern, sondern auch von Frauen prägen und die Frauen und den von Frauen konkret ausgeübten Tätigkeiten einen niedrigeren ökonomischen Wert zuschreiben (Ridgeway 2001). Einerseits werden daher Arbeitgeber Frauen und ihre Tätigkeiten ökonomisch niedriger bewerten, andererseits werden auf dieser Grundlage aber auch Frauen selbst ihre beruflichen Aktivitäten und die daraus resultierenden Einkommen vergleichsweise niedriger einstufen als Männer. Die Zählebigkeit der geschlechtsspezifischen Ungleichheit in gegenwärtigen Gesellschaften zeigt sehr deutlich die Relevanz von Stereotypen und der damit verbundenen sozialpsychologischen Forschung für die Erklärung sozialer Ungleichheit.

Nachdem zumindest einige wichtige Ursachen der geschlechtsspezifischen Ungleichheit auf dem Arbeitsmarkt und bei den Einkommen angesprochen wurden, geht es nun um die regionalen Einkommensunterschiede zwischen Ost- und Westdeutschland und ihre Ursachen. Die zentrale Erklärung für die niedrigeren Einkommen in Ostdeutschland ist die *niedrigere Produktivität der ostdeutschen Wirtschaft*. So betrug das Bruttoinlandsprodukt pro Kopf in Ostdeutschland im Jahr 2007 21106 €, während es sich in Westdeutschland auf 31400 € belief, der ostdeutsche Wert lag also bei 67 % des westdeutschen Wertes. Auch die Bruttowertschöpfung pro Arbeitsstunde lag mit 29,1 € deutlich unter der westdeutschen mit 40,2 € (72 %) (VGRDL 2008). Die Produktivität und Leistungsfähigkeit der ostdeutschen Wirtschaft ist durch die in Abschnitt 2.4.1.6 skizzierte Auseinanderentwicklung seit dem zweiten Weltkrieg bis heute in Mitleidenschaft gezogen (Ritschl 1997; Sleifer 2006; Steiner 2007). Die niedrige Produktivität der DDR-Wirtschaft, ihre mangelnde Infrastruktur im Bereich von Verkehr und Kommunikation und die überwiegend verschlissenen Anlagen sind für die ostdeutsche Wirtschaft eine benachteiligende Hypothek. Da Löhne sich nach der neoklassischen Arbeitsmarkttheorie an der Produktivität orientieren, ist diese Differenz in der Bruttowertschöpfung die zentrale Grundlage für unterschiedliche Einkommen in Ost- und Westdeutschland. Diese werden allerdings durch die Transferzahlungen des Wohlfahrtstaates teilweise angeglichen.

Aus ökonomischer Perspektive stellt sich freilich an dieser Stelle die Frage, warum es keine stärkeren Migrationsströme von Ostdeutschland nach Westdeutschland gibt, die von den höheren Einkommen in Westdeutschland erzeugt werden. Insgesamt sind von 1991 bis 2005 2,3 Millionen Menschen von Ost nach West gewandert und in umgekehrter Richtung 1,4 Millionen (Statistisches Bundesamt 2006b). Im einfachsten Modell der neoklassischen Wirtschaftstheorie würde man erwarten, dass so viele Menschen wandern, bis sich das Lohnniveau zwischen den Regionen angeglichen hat (Kalter 2000). Dies gilt im Prinzip genauso für die regionalen Unterschiede in den Arbeitslosenquoten in Westdeutschland, die zwischen Süd- und Norddeutschland stark differieren. Hier zeigt sich sehr deutlich, dass nur ein relativ kleiner Teil der Bevölkerung, vor allem junge und hochgebildete Personen, zu einem Wohnstandortwechsel bereit und fähig sind (Windzio 2004). Gerade ältere, stark sozial und kulturell in eine Region integrierte Personen sind zu einem Wohnortwechsel über längere Distanzen meist nicht zu bewegen (Jobst/Skrobanek 2006). Dies zeigt sehr deutlich, dass bei der Erklärung von interregionalen Wanderungen auch nichtökonomische Faktoren zu berücksichtigen sind. Insofern kann auch die Persistenz der regionalen Ungleichheit zwischen West- und Ostdeutschland nicht allein durch ökonomische Faktoren erklärt werden.

Neben den Produktivitätsdifferenzen zwischen Ost- und Westdeutschland muss als eine zweite zentrale Ursache der divergierenden

Arbeitsmarktentwicklungen die am 1.7.1990, also noch vor der Vereinigung in Kraft getretene, Währungs-, Wirtschafts- und Sozialunion zwischen DDR und Bundesrepublik genannt werden. Schon im Vorfeld dieser „wirtschaftlichen Vereinigung" wurde diskutiert, wie der Umtauschkurs zwischen Mark der DDR und D-Mark zu gestalten sei. Vor allem von Seiten der Politik wurde befürchtet, dass ein zu niedriger Umtauschkurs, der in Ostdeutschland deutlich niedrigere Löhne als in Westdeutschland festgeschrieben hätte, zu einer unkontrollierten Migration geführt hätte. Dagegen hatten Wirtschaftsexperten schon frühzeitig darauf verwiesen, dass eine Währungsunion mit dem Wechselkurs 1 : 1 zu Massenarbeitslosigkeit führen werde (Ritschl 1995: 39-41). Genau diese Prognose ist dann auch in der Folge eingetreten. Die Umstellung der Löhne und Gehälter zum Wechselkurs von 1 : 1 und die darüber hinaus in der Folge stattfindenden Lohnerhöhungen haben die Lohnkosten für die Unternehmen in Ostdeutschland quasi über Nacht um das Drei- bis Vierfache erhöht. Damit war es für zahlreiche Unternehmen nicht mehr möglich im internationalen Wettbewerb, dem sie nun vollständig ausgesetzt waren, zu bestehen (Windolf 2001). Dies dürfte eine der zentralen Ursachen für die bis in die Gegenwart bestehenden Probleme auf dem ostdeutschen Arbeitsmarkt darstellen.

Zusammenfassung

Die Ungleichheit der Markt- und Haushaltsnettoeinkommen in der Bundesrepublik hat seit den siebziger Jahren etwas zugenommen. Im internationalen Vergleich bewegt sich das Niveau der Ungleichheit auf einem mittleren Niveau. Zudem reduziert in Deutschland der Wohlfahrtsstaat in recht starkem Maße die auf dem Markt entstehenden Einkommensdisparitäten. Relativ günstige Einkommenspositionen haben in Deutschland hochqualifizierte Arbeitskräfte und Selbständige, darüber hinaus erzielen Westdeutsche höhere Einkommen als Ostdeutsche und Männer haben eine bessere Einkommensposition als Frauen. Zwischen Ausländern und Deutschen lassen sich beim Einkommen nur geringfügige Unterschiede ausmachen, die überwiegend auf die Differenzen in der beruflichen Qualifikation zurückzuführen sind. Einkommensungleichheiten zwischen Frauen und Männern lassen sich vor allem auf drei Ursachenkomplexe zurückführen: erstens die stärkere Einbindung von Frauen in Hausarbeit und Kinderbetreuung, zweitens auf die geschlechtsspezifische Segregation von Ausbildung und Beruf und drittens auf persistente Geschlechterstereotypen, die weiblichen Tätigkeiten einen niedrigeren ökonomischen Status zuweisen. Die Ungleichheit zwischen Ost- und Westdeutschland lässt sich einerseits auf die Produktivitätsunterschiede der regionalen Wirtschaften und andererseits auf den Zusammenbruch der ostdeutschen Wirtschaft in Folge der Währungsunion zurückführen.

Weiterführende Literatur

Einen umfassenden Überblick über Fragen der Einkommensverteilung erhält man in folgendem Buch:

- Irene Becker und Richard Hauser, 2003: Anatomie der Einkommensverteilung. Ergebnisse der Einkommens- und Verbrauchsstichproben, 1969-1998. Berlin: Sigma.

Theoretische Erklärungen zu Ungleichheiten auf dem Arbeitsmarkt finden sich in:

- David B. Grusky (Hg.), 2008: Social Stratification. Class, Race and Gender in Sociological Perspective. Boulder: Westview: 486-595; 673-727; 730-860.

Wiederholungsfragen

- Was ist der Unterschied zwischen Netto- und Markteinkommen?
- Warum berechnet man äquivalenzgewichtete Einkommen?
- Wie kann man die Ungleichheit der Einkommensverteilung darstellen?

- Wie hat sich die Ungleichheit der Einkommensverteilung in Deutschland in den vergangenen Jahrzehnten entwickelt?
- Welche Gruppen haben auf dem deutschen Arbeitsmarkt besonders günstige Einkommenspositionen?
- Wie kann die schlechtere Arbeitsmarktposition von Ausländern erklärt werden?
- Wie können die höheren Einkommen von Selbständigen und qualifizierten Arbeitnehmern erklärt werden?
- Welche Ursachen haben die durchschnittlich niedrigeren Einkommen von Frauen im Vergleich zu Männern?
- Wie kann man die niedrigeren Einkommen in Ostdeutschland erklären?

3.2.3 *Einkommen und Armut*

Die im vorhergehenden Abschnitt diskutierte Einkommensverteilung ist im Prinzip eine völlig kontinuierliche Verteilung, die ohne Brüche oder Grenzziehungen von unendlich kleinen bis hin zu unendlich großen Werten variieren könnte. Als Sozialwissenschaftler ziehen wir aber eine definitorische Grenze, wenn die Ausstattung eines Haushaltes oder einer Person mit Ressourcen das Existenzminimum unterschreitet und sprechen in diesem Fall von Armut. Dabei kann man zwischen einer *absoluten und einer relativen Definition von Armut* unterscheiden (Ludwig-Mayerhofer/Barlösius 2001: 26-28). Die absolute Definition orientiert sich am physischen Existenzminimum, das der Mensch zum Überleben benötigt. Dieses wird z. B. in der berühmten „Ein Dollar pro Tag"-Regel der Weltbank vorausgesetzt, die besagt, dass eine Person, die über weniger als einen Dollar pro Tag verfügt, als absolut arm betrachtet werden muss (Chen/Ravallion 2007). Armut in diesem absoluten Sinne dürfte in der Bundesrepublik Deutschland – wenn überhaupt – nur in kleinen Randgruppen existieren (Mingot et al. 2003). Eine relative Definition von Armut orientiert sich dagegen an den sozio-kulturellen Standards der jeweiligen Gesellschaft. Armut ist in diesem Fall als das Unterschreiten eines bestimmten Mindeststandards, der sich aber am jeweiligen sozioökonomischen und kulturellen Entwicklungsniveau einer Gesellschaft bemisst, definiert.

In fortgeschrittenen kapitalistischen Gesellschaften wird man es überwiegend mit Armut in einem relativen Sinne zu tun haben. Wie kann man dieses Konzept, das sich an den relativen sozio-kulturellen Standards einer Gesellschaft orientiert, aber operationalisieren? Diese Frage ergibt sich aus der Problematik, dass eine Bestimmung eines bestimmen sozio-kulturellen Mindeststandards gar nicht so einfach ist. Dazu sollen an dieser Stelle vier Konzeptionen vorgestellt werden: Sozialhilfebezug als Indikator, Einkommensarmut, Lebenslagenarmut und Deprivationsarmut.

Vor allem in der öffentlichen Diskussion wird der Anteil der Bevölkerung, der Sozialhilfe bezieht, gelegentlich als Indikator für die Entwicklung der relativen Armut in der Gesellschaft verwendet (Ludwig-Mayerhofer/Barlösius 2001: 11). Zum Teil wird er aber auch in der wissenschaftlichen Armutsforschung verwendet (Leibfried et al. 1995). Dieser Indikator ist allerdings ausgesprochen problematisch: einerseits gibt es hier eine erhebliche Dunkelziffer, die auch möglicherweise in der Zeit und über soziale Gruppen hinweg veränderlich ist. Man kann davon ausgehen, dass ca. die Hälfte der Anspruchsberechtigten keine Sozialhilfe beantragt (Klocke 2000: 320; Mika 2006). Es handelt sich hier häufig um Haushalte, die nur geringe Sozialhilfeansprüche hätten, die über ihre Ansprüche zu wenig Informationen haben und die befürchten, dass Verwandte von Seiten der Behörden für ihren Unterhalt herangezogen würden (Mika 2006). Andererseits wird von politischer Seite argumentiert, dass es sich bei der Sozialhilfe ja gerade um eine Bekämpfung von Armut handele, so dass dieser Indikator gerade nicht für den Anteil der Armen in der Bevölkerung stehen kann. Insgesamt ist also festzuhalten, dass der amtlich festgestellte Anteil der Sozialhilfeempfänger nicht als guter Indikator für die Armutsquote in einem Land dienen kann.

Der in der Forschung am häufigsten verwendete Indikator zur Bestimmung von relativer Armut, ist die *Einkommensarmut*. Dieses Konzept bemisst Armut an der Ausstattung von Haushalten mit monetären Ressourcen und vergleicht diese mit einem bestimmten gesellschaftlichen Standard. Als gesellschaftlicher Standard wird dabei zumeist der Mittelwert oder der Median der Einkommensverteilung verwendet. In Deutschland wurde in der bisherigen Forschung meist als Bezugspunkt das arithmetische Mittel der Einkommensverteilung verwendet. Da in der Regel das arithmetische Mittel höher liegt als der Median der Einkommensverteilung führt dies auch zu einer höheren Armutsquote. Als einkommensarm werden in diesem Konzept diejenigen bezeichnet, die unterhalb eines bestimmten Prozentsatzes des Durchschnittseinkommens bleiben. Häufig werden Personen als arm bezeichnet, wenn ihr bedarfsgewichtetes Pro-Kopfeinkommen weniger als 50 % des Durchschnittseinkommens (arithmetisches Mittel) beträgt, dagegen wird die Situation von Personen mit weniger als 40 % des Durchschnittseinkommens als strenge Armut und von Personen mit weniger als 60 % als Niedrigeinkommensbereich bezeichnet (Klocke 2000: 315). Die Europäische Union betrachtet dagegen in ihren neueren Studien Personen als armutsgefährdet, wenn sie weniger als 60 % des Durchschnittseinkommens (Median) verdienen. Dieses Kriterium wird auch in der deutschsprachigen Forschung seit einigen Jahren zumeist verwendet. Die verschiedenen Standards zur Bestimmung von Einkommensarmut mögen auf den ersten Blick etwas unübersichtlich erscheinen, sie haben aber alle das gleiche Konstruktionsprinzip: eine Person wird als arm bezeichnet, wenn ihr bedarfsgewichtetes Pro-Kopfeinkommen einen bestimmten Prozentsatz des Durchschnittseinkommens (durch den Median oder das arithmetisch Mittel gemessen) in einem Land unterschreitet.

Das Konzept der Einkommensarmut wird häufig verwendet, da es relativ leicht zu operationalisieren und zu messen ist. Allerdings betrachtet es nur die einem Haushalt zur Verfügung stehenden monetären Ressourcen, aber nicht seine tatsächliche Versorgung in zentralen Lebensbereichen (Voges et al. 2003: 30). Im *Lebenslagenansatz* wird daher Armut in komplexerer Weise gemessen, indem verschiedene Dimensionen von Lebenslagen betrachtet und auch nichtmaterielle Aspekte in Rechnung gestellt werden (Voges et al. 2003: 43). Daher berücksichtigen Voges et al. in ihrem ausführlichen Bericht über den Lebenslagenansatz neben dem

Einkommen als weiterhin zentralem Aspekt der Lebenslage eines Haushaltes, auch die Partizipation an Erwerbsarbeit, die Bildung der Personen im Haushalt, die Wohn- sowie die Gesundheitssituation (Voges et al. 2003: 31; vgl. auch Klocke 2000: 317). Damit kann in differenzierter Weise die Befähigung der Personen und Haushalte zur Bewältigung von kritischen Lebensereignissen und die Genese von Unterversorgung in spezifischen Lebenslagendimensionen erfasst werden.

Neben dem Lebenslagenkonzept hat sich in der Armutsforschung noch das *Deprivationskonzept* etabliert, das in direkter Weise die Ausstattung von Haushalten mit Gütern und Dienstleistungen betrachtet, um den Lebensstandard von Haushalten zu bestimmen (Andreß/Lipsmeier 1999; Böhnke/Delhey 2001). Zur Erfassung von Deprivationsarmut werden den Befragten Listen mit Gütern oder Dienstleistungen als Merkmalen des Lebensstandards vorgelegt. Einerseits sollen die Interviewten nun angeben, ob ihr Haushalt über diese Dinge verfügt. Wenn nicht, wird differenziert, ob dies aus finanziellen oder aus anderen Gründen der Fall ist. Ein Haushalt kann einerseits keinen Fernseher haben, weil dieser zu teuer ist, andererseits aber auch, weil die Haushaltsmitglieder einfach nicht fernsehen möchten. Darüber hinaus wird erfragt, wie hoch der Anteil von Personen in der Bevölkerung ist, die ein bestimmtes Merkmal als einen notwendigen Bestandteil des Lebensstandards betrachten. Einige Beispiele finden sich in Tabelle 3.20. Hier wird z. B. deutlich, dass in Westdeutschland ein Fernseher von 59 % der Befragten als ein notwendiger Bestandteil des Lebensstandards angesehen wird, in Ostdeutschland von 72 %. Allerdings verfügen in den alten Bundesländern 99 % und in den neuen Bundesländern 95 % der Haushalte über ein solches Gerät. In Westdeutschland könnten sich alle Haushalte einen Fernseher leisten, dagegen geben in Ostdeutschland 2 % der Befragten an, dass sie sich ein solches Gerät nicht leisten könnten.

Tabelle 3.20: Lebensstandard in Ost- und Westdeutschland

Gegenstand	Westdeutschland			Ostdeutschland		
	Notwendig	Habe ich	Kann ich mir nicht leisten	Notwendig	Habe ich	Kann ich mir nicht leisten
WC/Bad in Wohnung	92	99	1	93	97	1
Waschmaschine	88	96	1	92	95	1
Eine warme Mahlzeit am Tag	87	96	1	91	95	1
Fernseher	59	99	0	72	95	2
Auto	46	79	8	61	75	11
Eine Urlaubsreise im Jahr	29	68	16	34	60	21
Stereoanlage	22	80	6	22	71	7
Freunde zum Essen einladen	18	55	11	17	41	16
Computer	14	43	10	13	35	14
Monatlicher Restaurantbesuch	12	48	17	12	33	23

Quelle: Böhnke/Delhey 2001: 320.

Andreß und Lipsmeier haben vor diesem Hintergrund einen Deprivationsindex entwickelt (Andreß/Lipsmeier 1999). Dieser summiert alle Lebensstandardmerkmale auf, die in einem Haushalt aus finanziellen Gründen fehlen und gewichtet diese mit dem Anteil der von Alter und Bildung vergleichbaren Personen, die dieses Merkmal als notwendig betrachten. Die Ausstattung des Haushalts wird daher vor dem Hintergrund der Vorstellungen über den notwendigen Lebensstandard in der jeweiligen Referenzgruppe betrachtet. Sowohl das Lebenslagen- als auch das Deprivationskonzept von Armut ermöglichen also eine differenziertere Erfassung dieser Lebenssituation, die über die reine Betrachtung der monetären Ausstattung der Haushalte hinaus geht und müssen daher als eine wichtige Ergänzung der bisherigen Armutsforschung betrachtet werden.

Im Anschluss an diese recht ausführliche Beschäftigung mit der Frage der Konzeptualisierung und Messung von Armut soll nun die Frage im Mittelpunkt stehen, wie sich der Anteil der Armen in Deutschland entwickelt hat und welche Personengruppen besonders hohe Armutsrisiken aufweisen. In Grafik 3.4 ist die Quote der Einkommensarmen in Deutschland für den Zeitraum von 1973 bis 2003 abgezeichnet. Als arm werden diejenigen bezeichnet, deren Äquivalenzeinkommen weniger als 50 % dieses Durchschnitts beträgt. Seit 1973 kann man eine gewisse Zunahme der Einkommensarmut feststellen, unabhängig vom gewählten Indikator. Leider wird in dieser Grafik nicht deutlich, dass vor 1973 diese Quote in Deutschland kräftig gesunken ist, so dass sich seit 1960 ein u-förmiger Verlauf abzeichnet. Des weiteren kann man aus dieser Grafik ersehen, dass der Anteil von Armen niedriger ist, wenn das Durchschnittseinkommen über den Median gemessen wird. Schließlich kann auch festgestellt werden, dass die Armutsquote in Ostdeutschland höher ist als in Westdeutschland. Allerdings hängt dieses Ergebnis auch von einer methodologischen Entscheidung ab. In dieser Grafik wurde das Durchschnittseinkommen für Ost- und Westdeutschland gemeinsam berechnet, würde man es für die neuen und die alten Bundesländer getrennt berechnen, dann wäre die westdeutsche Armutsquote höher als die ostdeutsche. Festhalten lässt sich aber, dass die Armutsquote in Deutschland seit den siebziger Jahren relativ deutlich angestiegen ist. Für so lange Zeiträume lässt sich eine Armutsmessung nur mit Hilfe der Einkommensarmut vornehmen, da entsprechende Daten für die anderen Armutskonzepte nicht vorliegen.

Grafik 3.4: Entwicklung des Anteils der Einkommensarmen von 1973 bis 2003

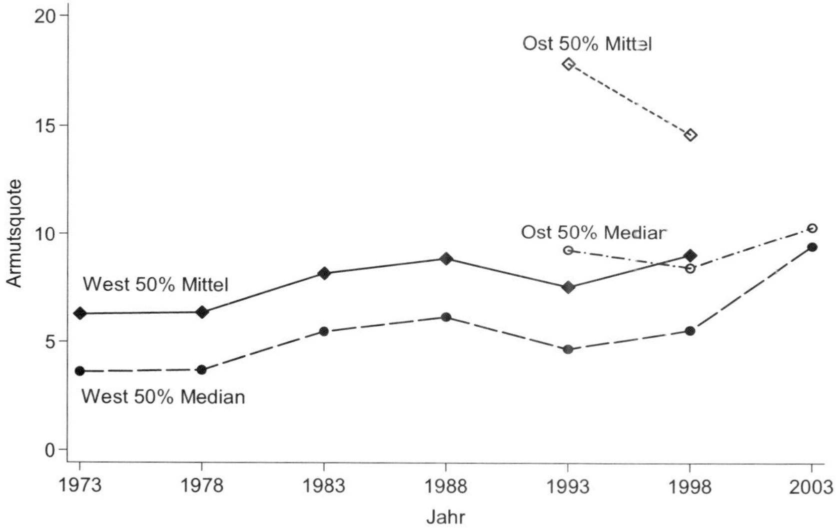

Quelle: Bis 1998: BMAS 2001, Anhang S. 26. Für 2003: Becker/Hauser 2004. Datengrundlage ist die EVS.

Im internationalen Vergleich liegt die Armutsquote in Deutschland relativ niedrig. Für das Jahr 2006 betrug die Armutsquote (60 % des Medians) in der EU (25) 16 %, während Deutschland entsprechend diesem Standard nur einen Armutsanteil von 13 % aufwies. Niedrigere Quoten als Deutschland weisen Schweden (9 %), die Tschechische Republik (10 %), Island (10 %), Niederlande (11 %) und Norwegen (11 %) auf, während Italien (20 %), Litauen (20 %), Spanien (20 %), Griechenland (21 %) und Lettland (23 %) am oberen Ende liegen (Eurostat 2008). Die Ursachen für die Entwicklung und für die Unterschiede in den Armutsquoten wurden in einer Reihe von international vergleichenden Studien untersucht, deren Ergebnisse hier nur kurz zusammengefasst werden können (Bäckman 2009; Brady 2005; Lohmann 2008; Moller 2003). Dabei zeigt sich, dass die zeitlichen Veränderungen in der Häufigkeit von Armut vor allem aus der Deindustrialisierung und dem daraus resultierenden Verschwinden von gut bezahlten und stabilen Arbeitsplätzen vor allem für niedrig qualifizierte Arbeitnehmer und generell aus dem Anstieg der Arbeitslosigkeit erklärt werden kann. Zudem sind auch die Anteile von Familien mit Kindern und Alleinerziehenden relevant, die beide zu einer Steigerung der Armutsquote führen. Im internationalen Vergleich zeigt sich allerdings, dass die unterschiedlichen Armutsquoten vor allem durch die Stärke des Wohlfahrtsstaates und von zentralisierten Arbeitsmarktinstitutionen erklärt werden können. Besonders in relativ umfassenden, sozialdemokratisch geprägten Wohlfahrtsstaaten gelingt die Reduktion sehr viel erfolgreicher als in anderen Wohlfahrtsstaaten. Wie oben schon verdeutlicht, gehört Deutschland dabei zu den Ländern, in denen der Wohlfahrtsstaat die marktgenerierte Ungleichheit der Einkommen in besonders starkem Maße durch Umverteilung beeinflusst und damit auch Armut reduziert (Kenworthy/Pontusson 2005).

Es hat sich gezeigt, dass relative Einkommensarmut in Deutschland in den vergangenen Jahrzehnten zugenommen hat. Im Anschluss daran stellt sich die Frage, welche Gruppen insbesondere davon betroffen sind. Hierzu gibt Tabelle 3.21 ausführlich Auskunft. Im ersten Schritt können die üblichen vier Dimensionen der Struktur sozialer Ungleichheit betrachtet werden. Hier zeigt sich wiederum, dass die Armutsquote in den neuen Bundesländern deutlich höher ist als in den alten Bundesländern, wenn man einen gemeinsamen Einkommensdurchschnitt als Bezugspunkt wählt. Der oben erläuterte Deprivationsindex unterscheidet sich allerdings für Ost- und Westdeutschland kaum.[36] Zwischen Frauen und Männern gibt es dagegen weniger starke Unterschiede. Frauen haben ein um 1,6 Prozentpunkte höheres Einkommensarmutsrisiko als Männer, beim Deprivationsindex zeigen sich keine Unterschiede. Deutlich größer sind wiederum die Unterschiede zwischen Deutschen und Ausländern. Letztere haben ein um mehr als 150 % höheres Armutsrisiko als deutsche Staatsbürger und ihnen fehlen auch deutlich mehr Güter und Dienstleistungen, die in Deutschland zum notwendigen Lebensstandard gerechnet

---

[36] Die Werte des Deprivationsindex konnten nicht ohne weiteres den in dieser Tabelle verwendeten Merkmalen zugeordnet werden. Daher gibt es einige Ungenauigkeiten und viele fehlende Werte.

werden (vgl. Seifert 2001). Betrachtet man schließlich die vertikale Dimension sozialer Ungleichheit, so zeigen sich starke Unterschiede entlang der Bildung und der beruflichen Stellung. Personen ohne Hauptschulabschluss haben ein ca. 5-fach höheres Armutsrisiko als Personen mit Hochschulabschluss. Vergleichbar groß sind auch die Unterschiede im Deprivationsindex. Vergleicht man das Armutsrisiko für un- und angelernte Arbeiter einerseits, für qualifizierte und leitende Angestellte, sowie Beamte andererseits, so zeigen sich dramatische Unterschiede. Die vertikale Dimension der Struktur sozialer Ungleichheit ist offensichtlich zentral für die Armutsbetroffenheit in der Gesellschaft. Daneben wird in der Tabelle deutlich, dass das Armutsrisiko auch entlang anderer Dimensionen strukturiert ist. Erstens fällt die Relevanz von Haushaltstypen auf. Vor allem Alleinerziehende und Familien mit minderjährigen Kindern sind relativ häufig von Armut betroffen. Für die Haushalte von Alleinerziehenden wird dies auch im vergleichsweise hohen Deprivationsindex deutlich. Diese unterschiedliche Armutsbetroffenheit von verschiedenen Haushaltstypen hat als Konsequenz, dass vor allem Kinder und Jugendliche in Deutschland ein hohes Armutsrisiko tragen. Dagegen haben ältere Personen zwischen 50 und 70 Jahren ein ausgesprochen kleines Armutsrisiko (Statistisches Bundesamt 2008c: 157). Weiterhin fällt in der Tabelle noch das sehr hohe Armutsrisiko von arbeitslosen Personen auf, die auch in besonderem Maße depriviert sind. Damit wird deutlich, dass das Armutsrisiko nicht nur entlang der vier Dimensionen der Struktur sozialer Ungleichheit verteilt ist, sondern auch von anderen Strukturmerkmalen, wie Arbeitslosigkeit und Haushaltstypus, stark beeinflusst wird. Von den vier Strukturdimensionen haben sich vor allem die vertikale und die ethnische Dimension als besonders ausgeprägt erwiesen, die regionale Dimension war etwas weniger relevant und die geschlechtsspezifische am wenigsten stark. In einer multivariaten Analyse konnte Groh-Samberg zeigen, dass diese Dimensionen unabhängig voneinander einen Einfluss auf das Armutsrisiko haben (Groh-Samberg 2004).[37]

---

37 Das Geschlecht wurde in dieser Studie nicht berücksichtigt.

Tabelle 3.21: Gruppenspezifische Armutsquoten im Jahr 2006

	Bevölkerungsanteil	Armutsquote	Deprivationsindex
Bevölkerung insgesamt	100,00	13,9	9,0
Ostdeutschland	16,2	22,7	10,0
Geschlecht			
Männlich	47,5	13,1	9,0
Weiblich	52,5	14,7	9,0
Nationalität			
Deutsch	--	13,2	8,0
Nicht Deutsch	--	22,8	14,0
Bildung			
Ohne Hauptschulabschluss	12,1	26,3	19,0
Hauptschule	27,6	13,2	9,0
Realschule	23,8	11,7	8,0
(Fach-)Abitur	9,0	11,9	6,0
(Fach-)Hochschulabschluss	17,8	4,7	4,0
Berufliche Stellung			
Un-/angelernter Arbeiter	13,7	18,1	
Facharbeiter/Meister	12,9	8,8	
Selbstständige	11,4	10,6	
Einfache Angestellte	13,5	10,9	
Qualifizierte Angestellte	22,5	4,0	
Leitende Angestellte	13,2	0,6	
Einfache/mittlere Beamte	2,1	0,2	
Gehobene/höhere Beamte	5,1	0,4	
Haushaltstypen			
Singlehaushalt	18,1	20,0	11,0
Paar ohne Kinder	27,7	7,2	6,0
Paar mit minderjährigen Kindern	37,1	13,3	
Paar mit mindestens 3 Kindern (2004)	7,0	19,8	13,0
Einelternhaushalt	5,0	35,4	20,0
Erwerbsstatus			
Vollzeiterwerbstätig	37,2	4,6	7,0
Teilzeiterwerbstätig	15,5	13,3	8,0
Arbeitslos	7,9	57,0	20,0

Als einkommensarm werden Personen bezeichnet, die weniger als 60 % des Median des Äquivalenzeinkommens erzielen. Quelle: Statistisches Bundesamt 2008c: 167-169, Statistisches Bundesamt 2006a: 617-619. Andreß et al. (2004): 49. Daten aus der SOEP Befragung von 2003 und 2006.

Armut in der gegenwärtigen Gesellschaft: Unterklasse, Exklusion oder Prekariat?

Im Kontext gegenwärtiger Diskussionen über Armut taucht häufig eine Reihe von Schlagworten auf, die an dieser Stelle kurz vorgestellt und eingeschätzt werden sollen:

Der Begriff der *Unterklasse* wurde vor allem in den Vereinigten Staaten verwendet, um die meist schwarze Armutsbevölkerung in den innerstädtischen Ghettos zu beschreiben (Wilson 1987; Maßey/Denton 1993). Diese ist nicht nur durch ihre Armut gekennzeichnet, sondern durch ihre räumliche und strukturelle Isolation, z. B. von Arbeitsplätzen, die sich zumeist außerhalb der Innenstädte befinden oder von den Angehörigen der schwarzen Mittelklasse, die im Gefolge der Bürgerrechtsbewegung in suburbane Wohngebiete gezogen ist und daher nicht mehr als erfolgreiche Rollenmodelle dienen können. Damit wird das Leben in Wohngebieten mit einer armen Bevölkerung zu einer weiteren Quelle der Reproduktion und Verfestigung von Armutslagen. Dieses Konzept kann auf Armutslagen in der Bundesrepublik Deutschland nur begrenzt angewandt werden, da eine vergleichbare strukturelle und räumliche Isolation der Armutsbevölkerung aufgrund von Segregationsprozessen und die damit verbundene Verfestigung von Armut höchstens in Ansätzen vorhanden ist (Andreß 1999; Friedrichs/Blasius 2000).

Der Begriff der *Exklusion* wurde in Europa, vor allem von Frankreich ausgehend, breit diskutiert (Kronauer 2000: 25). Er verweist darauf, dass mit Armut häufig auch eine soziale Ausgrenzung aus verschiedenen gesellschaftlichen Bereichen, geringere gesellschaftliche Partizipationschancen und eine zunehmende soziale Isolation verbunden ist. Das Konzept der sozialen Exklusion hat gewisse Ähnlichkeiten mit dem Lebenslagen- und dem Deprivationsansatz zur Definition von Armut, da es nicht nur die monetäre Ausstattung von armen Haushalten betrachtet, sondern deren faktische Lebenssituation und gesellschaftliche Teilhabe. Was die soziale Isolation von Armen angeht, so laufen die bisherigen Forschungen in der Bundesrepublik allerdings der These der sozialen Exklusion von Armen zuwider. Diese sind nur geringfügiger schwächer in soziale Netzwerke eingebunden als nichtarme Personen (Andreß/Lipsmeier/Salentin 1995; Friedrichs/Blasius 2000).

Der Begriff des *Prekariats* ist eine neudeutsche Wortschöpfung, die sich auf Personen bezieht, die in geringfügigen, prekären oder befristeten Beschäftigungsverhältnissen erwerbstätig sind. Diese Beschäftigungsverhältnisse haben in den vergangenen Jahren deutlich zugenommen (vgl. Abschnitte 3.2.1 und 4.3). Der Idealtypus ist ein Hochschulabsolvent, der nach dem Studium mehrere Praktika absolviert und dann von Werkauftrag zu befristetem Arbeitsvertrag hin und her pendelt. Diese Gruppe hat durchaus eine leicht erhöhte Armutsquote (Strengmann-Kuhn 2003), aber der größte Teil der armen Personen, die trotz Erwerbstätigkeit arm sind, arbeitet nicht in einem prekären Beschäftigungsverhältnis. Dabei handelt es sich häufig um Frauen mit Armutslöhnen oder männliche un- und angelernte Arbeiter, die mit ihren Einkommen eine Familie ernähren müssen (Strengmann-Kuhn 2003; Groh-Samberg 2007; Andreß/Seeck 2007). Dies verweist auf die unzureichende Unterstützung für Familien mit mehreren Kindern in der Bundesrepublik. Insofern kann man zusammenfassen, dass prekäre Arbeitsverhältnisse zwar an Bedeutung zunehmen und ein erhöhtes Armutsrisiko mit sich bringen, dass aber das Gros der erwerbstätigen Armen nicht in solchen prekären Formen beschäftigt ist. Insofern deckt die Wortschöpfung Prekariat nur einen kleinen Teil der von Armut betroffenen Personengruppen ab.

Zusammenfassung

Als arm werden Personen oder Haushalte bezeichnet, deren Lebensstandard sich unter einem bestimmten, physisch oder soziokulturell definierten Existenzminimum befindet. Häufig wird die Einkommenssituation von Haushalten verwendet, um Armut zu messen (Einkommensarmut). Dabei gerät aber der faktische Lebensstandard der betroffenen Personen aus dem Blick, so dass mit dem Lebenslagen- und dem Deprivationsansatz zwei umfassendere Konzepte zur Messung von Armut vorgeschlagen wurden. Insgesamt hat sich der Anteil von Armen in Deutschland seit den siebziger Jahren etwas vergrößert, im internationalen Vergleich ist die Armutsquote in der Bundesrepublik aber eher auf einem mittleren Niveau. Besonders von Armut betroffen sind niedrig qualifizierte Arbeitskräfte, Ausländer, Alleinerziehende, Familien mit mehreren Kindern sowie Arbeitslose.

Weiterführende Literatur

Einen umfassenden Überblick zum Thema Armut in Deutschland findet man in:

- Wolfgang Ludwig-Mayerhofer und Eva Barlösius (Hg.), 2001: Die Armut der Gesellschaft. Opladen: Leske + Budrich.

Wiederholungsfragen

- Wie kann man absolute und relative Armutsdefinitionen unterscheiden?
- Welche Möglichkeiten zur Operationalisierung des Armutsbegriffs gibt es?
- Wie hat sich der Anteil der Armen an der deutschen Bevölkerung seit den sechziger Jahren entwickelt?
- Welche Gruppen sind besonders stark von Armut betroffen?

3.2.4 *Entwicklung und Struktur der Vermögensverteilung*

Unter dem *Vermögen* versteht man die monetär bewerteten, im Eigentum von Haushalten oder Personen befindlichen Güter und Rechte. Im Gegensatz zum Einkommen handelt es sich hier also nicht um laufende Einnahmen, sondern um den Bestand von monetär bewertbarem Eigentum. Wichtige Bestandteile des Vermögens sind Immobilien, Geld (Sparguthaben, Aktien/Wertpapiere, Spar- und Pfandbriefe), Vermögen aus

Versicherungen (Lebensversicherungen, private Rentenversicherungen, Bausparverträge), Betriebsvermögen (Besitz oder Beteiligung an Firmen), Sachvermögen (Schmuck, langlebige Konsumgüter, Gold, Kunst) und Schulden. Zieht man die Schulden vom Vermögen ab, so erhält man das Nettovermögen. In Tabelle 3.22 ist die Bedeutung verschiedener Vermögensarten in der Bundesrepublik für das Jahr 2002 dargestellt. Die Tabelle zeigt sehr deutlich, dass ein großer Teil des Vermögens in der Bundesrepublik aus selbstgenutzten Immobilien besteht. Daneben machen auch sonstige Immobilien, Geldvermögen, Versicherungen und Betriebsvermögen noch einen erheblichen Anteil aus, während das Sachvermögen in seiner Bedeutung eher zu vernachlässigen ist. Ein Blick in die zweite Spalte von Tabelle 3.22 zeigt allerdings, dass nicht alle Vermögensarten gleich breit in der Bevölkerung verteilt sind. Fast jede zweite Person in der Bundesrepublik verfügt zwar über Geldvermögen oder private Versicherungen, dagegen nur jeder dritte über selbstgenutztes Immobilieneigentum, ca. jeder zehnte über sonstige Immobilien oder Sachvermögen und nur ca. jeder fünfundzwanzigste über Betriebsvermögen. Nicht zu vergessen ist auch, dass fast 30% der Befragten Schulden haben.

Tabelle 3.22: Portfoliostruktur des Nettovermögens 2002

	Anteil am Gesamtvermögen	Anteil von Personen, die über die Vermögensart verfügen	Mittelwert in Euro
Selbst genutzte Immobilien	62,89	36,35	50762
Sonstige Immobilien	20,21	10,02	16312
Geldvermögen	12,01	43,07	9697
Private Versicherungen	10,98	47,30	8862
Betriebsvermögen	12,20	4,11	9846
Sachvermögen	1,66	8,46	1337
Schulden	-19,93	28,53	-16095
Nettogesamtvermögen	100,00	--	80722

Quelle: Sachverständigenrat 2007: 475. Vermögen unter 2500 € sind hier nicht berücksichtigt. Datengrundlage ist das SOEP. Angaben für 2007 finden sich in Frick/Grabka 2009.

Generell kann man festhalten, dass die Vermögen weitaus ungleicher verteilt sind als die Einkommen. Dies wird auch in Tabelle 3.23 deutlich, die die Vermögensquintile zeigt. Im Jahr 2003 besaßen in Ostdeutschland die vermögensreichsten 20 % der Bevölkerung immerhin 68,6 % des Gesamtvermögens, die vermögensärmsten 60 % besaßen weniger als 10 % des Gesamtvermögens. In Westdeutschland ist die Verteilung nur geringfügig ausgeglichener. Betrachtet man die Entwicklung der Vermögensungleichheit, dann wird deutlich, dass diese in Ostdeutschland seit 1993 zurückgeht. Dies hat vor allem mit der zunehmenden Verbreitung von Wohneigentum in Ostdeutschland zu tun, die auch eine breitere Streuung der Vermögen als Folge hat (Statistisches Bundesamt 2008c: 227). Dagegen können wir in Westdeutschland eine u-förmige Entwicklung der Vermögensungleichheit feststellen. Bis 1993 kann eine gewisse Verringerung der Ungleichheit festgestellt werden, erst ab 1993 beginnt diese wieder zu steigen. Dies wird auch in Grafik 3.5 ersichtlich, die die Entwicklung der Vermögensungleichheit von 1973 bis 2003 nachzeichnet. Diese zeigt sehr schön die Konvergenz der Vermögensverteilung in Ost- und Westdeutschland, aber auch den u-förmigen Verlauf der Höhe der Vermögensungleichheit. Allerdings wird auch deutlich, dass selbst 2003 noch nicht wieder die höheren Werte der Vermögensungleichheit der siebziger Jahre erreicht wurden. Dabei muss berücksichtigt werden, dass die verschiedenen Vermögensarten unterschiedlich ungleich verteilt sind. So liegt der Giniindex für das Gesamt- und auch das Geldvermögen 2003 bei 0,68, dagegen lag der Ginikoeffizient für das Nettoimmobilienvermögen (also abzüglich Hypothekenschulden) bei ca. 0,75 und der Ginikoeffizient für die Betriebsvermögen bei 0,99 (Ammermüller et al. 2005).[38] Es zeigt sich, dass zwar das Vermögen generell sehr ungleich verteilt ist, dies aber insbesondere für das Betriebsvermögen gilt.

---

38 Zu berücksichtigen ist an dieser Stelle auch, dass die in den verschiedenen Studien verwendeten Daten sich unterscheiden (siehe Kasten: EVS und SOEP).

Tabelle 3.23: Die anteilsmässige Quintilsverteilung des Nettovermögens privater Haushalte

	Alte Bundesländer					Neue Bundesländer		
	1983	1988	1993	1998	2003	1993	1998	2003
1. Quintil	-0,8	-0,7	0,0	-0,3	-0,4	-0,3	-0,3	-1,2
2. Quintil	1,8	1,7	2,3	1,9	1,8	3,1	2,6	2,2
3. Quintil	6,9	7,4	10,4	9,5	9,0	6,4	7,4	7,6
4. Quintil	23,0	24,7	26,3	25,9	24,7	15,4	19,8	22,6
5. Quintil	69,1	66,9	61,0	63,0	65,1	74,8	70,3	68,8

Quelle: Stein 2004: 188; BMAS 2005: 36. Datengrundlage ist die EVS.

Es ist relativ schwierig, die Vermögensverteilung im internationalen Vergleich zu betrachten, da bisher die Datenlage extrem schlecht ist (vgl. Wolff 1996; Davies/Shorrocks 2000). Erst in jüngster Zeit wurde im Rahmen der Luxembourg Wealth Study damit begonnen, international vergleichbare Daten über Vermögen und Vermögensverteilung in unterschiedlichen Ländern zu sammeln (LIS 2008). Betrachtet man die dort vorgestellten Ginikoeffizienten, so kann man feststellen, dass Deutschland eine besonders ungleiche Verteilung von Vermögen aufweist. Der Wert für Deutschland liegt bei 0,78, höher liegen noch der Wert in Schweden mit 0,89 und der Wert für die Vereinigten Staaten mit 0,81 bzw. 0,84 je nach Stichprobe. Geringere Ungleichheitswerte weisen Kanada (0,75), Finnland (0,68), Großbritannien (0,66) und Italien (0,61) auf (Sierminska et al. 2006). Die relativ hohen Werte für Deutschland und Schweden überraschen an dieser Stelle, da Schweden bei den anderen Indikatoren eher zu den egalitären Ländern gehört und auch Deutschland im internationalen Vergleich meist eher einen durchschnittlichen Wert bei der Ungleichheit der Verteilung von Ressourcen aufweist. Eine mögliche Erklärung für diese hohen Ginikoeffizienten bei der Vermögensungleichheit lassen sich im Anteil der Eigentümer von selbstgenutzten Immobilien finden. In Tabelle 3.22 wurde schon ersichtlich, dass selbstgenutzte Immobilien eine sehr große Bedeutung in der Vermögensverteilung haben. Diese sind in Deutschland (39 %) und Schweden (53 %)

deutlich weniger verbreitet als in den anderen Ländern, die durchweg Werte zwischen 60 und 70 % aufweisen.

Grafik 3.5: Entwicklung der Vermögensungleichheit von 1973 bis 2003

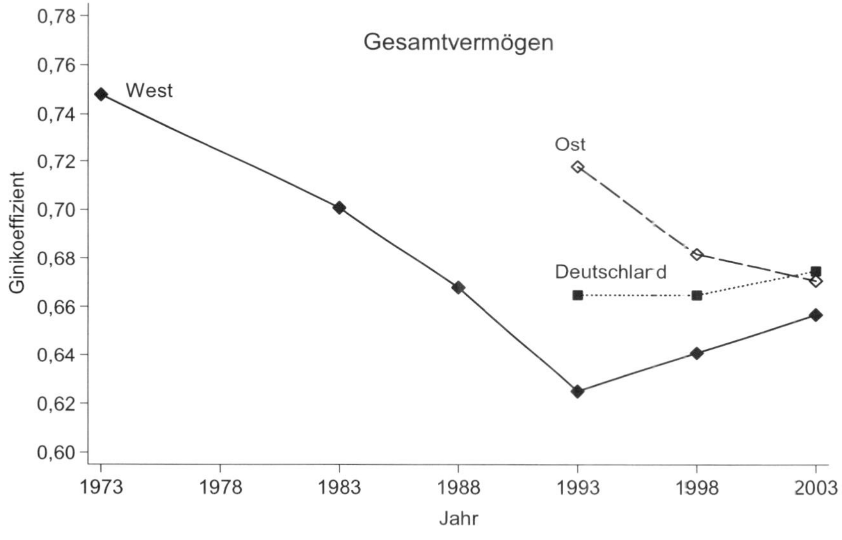

Quelle: Stein 2004; Ammermüller et al. 2005. Datengrundlage ist die EVS.

Wie kann man nun die Entwicklung der Ungleichheit von Vermögen erklären? Rein formal betrachtet ergeben sich Vermögensänderungen aus drei Quellen: erstens aus der *Ersparnis* aus laufendem Einkommen, zweitens aus Wertveränderungen des Vermögens und drittens aus Vermögensübertragungen, d. h. Schenkungen und Erbschaften (Stein 2004: 109). Der erste Punkt verweist darauf, dass die Verteilung der Vermögen von der Einkommensverteilung abhängig ist. Da höhere Einkommen eine höhere Sparquote ermöglichen, wird die Vermögensverteilung unter diesen Bedingungen zwangsläufig ungleicher sein als die Einkommensverteilung. Die oben skizzierte Zunahme der Ungleichheit der Einkommen kann einen Beitrag zur Erklärung der zunehmenden Vermögensungleichheit seit 1993 leisten. Da Vermögen unter anderem aus Spartätigkeit resultieren, findet man typischerweise auch eine Zunahme der Vermögen mit dem Alter, so dass ältere Bevölkerungsgruppen zumeist über höhere Vermögen verfügen. Erst in den letzten Lebensjahrzehnten geht dies zum Teil wieder zurück. Im zweiten Punkt wird darauf verwiesen, dass sich Vermögensbestandteile im Zeitverlauf in ihrem *Wert ändern* können: Wertpapiere können in ihrem Kurs steigen oder fallen, die Bewertung von Immobilien kann sich im Zeitverlauf verändern. Insofern ist die Verteilung von Vermögen immer auch von den jeweiligen Wertentwicklungen abhängig. Wenn Aktien und andere Wertpapiere, die tendenziell eher von wohlhabenderen Personen gehalten werden, in ihrem Kurs stärker steigen als Sparguthaben oder Immobilien, dann wird dies zu einer Zunahme der Vermögensungleichheit führen. Drittens werden aber Vermögensbestände auch durch *Schenkungen und Erbschaften* beeinflusst. Vor allem Erbschaften sind in den vergangenen Jahren zu einem wichtigen Thema der Forschung geworden (Szydlik/Schupp 2004; Beckert 2004; Kohli et al. 2006), da in den kommenden Jahren in Deutschland jährlich außerordentlich große Vermögenssummen vererbt werden (Stein 2004: 123). Die Ergebnisse aus dieser Forschung sind allerdings auf den ersten Blick etwas widersprüchlich. Es zeigt sich, dass die Wahrscheinlichkeit des Erhalts einer Erbschaft und ihre Höhe entlang der vier Dimensionen der Struktur sozialer Ungleichheit verteilt sind. Höher qualifizierte Personen haben einen höhere Chance auf Erbschaften, auch Westdeutsche haben eine größere Chance zu erben als Ostdeutsche und schließlich haben Deutsche mehr Chancen auf eine Erbschaft als Ausländer. Zwischen Frauen und Männern gibt es allerdings keine Unterschiede (Szydlik/Schupp 2004: 623). Obwohl also Erbschaften vor allem den Personen zufallen, die in der Struktur sozialer Ungleichheit schon bevorzugt sind, resultiert daraus keine Erhöhung der gesamten Vermögensungleichheit. Der Hintergrund ist, dass die Erbschaften bei Personen mit hohem Vermögen keinen großen Unterschied mehr machen, während sie bei Personen ohne Vermögen erstmals einen Vermögensaufbau ermöglichen und daher insgesamt keinen ungleichheitssteigernden Effekt haben (Kohli et al. 2006).

Zum Abschluss soll nun noch betrachtet werden, wie das Vermögen entlang der vier zentralen Dimensionen der Struktur sozialer Ungleichheit verteilt ist. In Tabelle 3.24 kann die Ungleichheit der Vermögensverteilung nach unterschiedlichen Erwerbsstellungen und nach beruflicher Bildung betrachtet werden. Hier zeigen sich zwischen den verschieden Bildungsgruppen nicht so starke Unterschiede. Personen mit Meister oder Technikerabschluss und mit einem Hochschulabschluss haben im Durchschnitt ein um ca. 70 % höheres Vermögen als Personen ohne beruflichen Bildungsabschluss.[39] Die Vermögensungleichheit wäre vermutlich höher, wenn man Personen im gleichen Alter betrachten würde, da mit zunehmenden Alter die Vermögen im Durchschnitt ansteigen und in den jüngeren Alterskohorten die höheren Bildungsabschlüsse stärker verbreitet sind als in den älteren Bildungskohorten. Eine stärkere Differenzierung findet sich bei der Erwerbsstellung des Haushaltsvorstandes. Hier zeigt sich, dass Selbständige im Durchschnitt ein mehr als dreimal so großes Vermögen aufweisen als Arbeiter und Arbeitslose, die sich kaum unterscheiden. Dieser Unterschied würde noch größer ausfallen, wenn man zwischen Selbständigen mit und ohne Beschäftigten unterscheidet. So zeigen Frick und Grabka (2009), dass Selbständige mit zehn oder mehr Mitarbeitern ein etwa dreißigfach höheres Vermögen als ungelernte Arbeiter aufweisen. Freilich muss bei den Durchschnittswerten der Selbständigen in Rechnung gestellt werden, dass diese meist eine private Rentenversicherung haben, die in dieser Vermögensrechnung berücksichtigt wird. Würde man bei Arbeitnehmern die Renten- und Pensionsansprüche mitberücksichtigen, läge auch deren Vermögen deutlich höher (vgl. Hauser/Stein 2001). Auf der anderen Seite kann man an dieser Stelle betonen, dass die wirklich großen Vermögen nicht aus einer Tätigkeit als Arbeitnehmer angespart werden können. Das Manager Magazin publiziert jährlich eine sehr interessante Liste der reichsten Deutschen. Auf dieser fallen aus soziologischer Perspektive vor allem zwei Dinge auf: erstens finden sich auf dieser Liste nur Selbständige. Damit

[39] Hier muss noch ergänzt werden, dass in Tabelle 3.24 die Haushaltsvermögen betrachtet werden und die Erwerbsstellung oder die Berufsausbildung des Haushaltsvorstandes betrachtet wird.

wird deutlich, dass eine selbständige Erwerbsarbeit und damit der Besitz von Produktionsmitteln eine zentrale Voraussetzung für den Erwerb großer Vermögen darstellt. Wie sich oben gezeigt hat, sind gerade Betriebsvermögen besonders ungleich verteilt. Zweitens fällt allerdings auch auf, dass die meisten Personen und Familien auf dieser Liste in der Öffentlichkeit kaum diskutiert werden, geschweige denn bekannt sind. Prominente wird man hier also umsonst suchen.

Tabelle 3.24: Die Verteilung von Nettovermögen auf Bildungs- und Erwerbsgruppen

Erwerbsgruppe	**Durchschnitts-vermögen 1998 in 1000 €**	**Bildungsgruppe**	**Durchschnitts-vermögen 1998 in 1000 €**
Selbständige	101	Ohne Abschluss	40
Landwirte	87	Lehre, Berufsausb.	45
Beamte	64	Meister, Techniker	63
Angestellte	48	(Fach-)Hochschule	68
Arbeiter	32		
Arbeitslose	30		
Nichterwerbstätig	68		

Quelle: Stein (2004): 232, 276. Datengrundlage EVS.

Neben der Vermögensverteilung entlang der vertikalen Dimension der Struktur sozialer Ungleichheit soll hier aber die Ungleichheit der Vermögen entlang der anderen Dimensionen in Tabelle 3.25 betrachtet werden. Hier zeigen sich erstens sehr deutlich Unterschiede in den Vermögen zwischen Ost- und Westdeutschland, wobei die Werte in Westdeutschland ca. dreimal so hoch liegen. Zweitens ergibt sich ein deutlicher Unterschied zwischen Migranten und Nichtmigranten, wobei hier die Werte für die Nichtmigranten mehr als doppelt so hoch liegen. Schließlich zeigen sich deutliche Unterschiede zwischen Männern und Frauen, diese Unterschiede sind aber im Vergleich deutlich niedriger. Damit wird wiederum deutlich, dass auch die Vermögen entlang aller vier Dimensionen der Struktur sozialer Ungleichheit verteilt sind. Diese Ungleichheiten können in ihrer Höhe in einer multivariaten Analysen bestätigt werden

(Muggli 2008). Es muss berücksichtigt werden, dass Vermögen sehr ungleich über die Altersgruppen verteilt sind, da diese von vielen Menschen erst im Verlauf ihres Lebens angespart wird (Frick/Grabka 2009: 61-62). Dabei kann man vor allem drei Ursachen für diese Ungleichheiten nennen: erstens die Einkommensunterschiede zwischen den Gruppen, die unterschiedliche Sparquoten möglich machen (vgl. Abschnitt 3.2.3), zweitens die größere Häufigkeit von Erbschaften bei Deutschen, hoch qualifizierten Personen und Westdeutschen und drittens schließlich die eingeschränkteren Möglichkeiten des Erwerbs von Eigentum für Ostdeutsche zur Zeit der DDR. Die Vermögensungleichheiten werden allerdings auch stark von der jeweiligen monetären Bewertung von Vermögensbestandteilen beeinflusst. So haben die Preise von Immobilien, die in Deutschland für viele Menschen den wichtigsten Vermögensanteil darstellen, eher stagniert, während Wertpapiere, die für eine kleinere soziale Gruppe einen wichtigen Vermögensbestandteil darstellen, in ihrem Wert bis 2008 zugenommen haben (Frick/Grabka 2009: 55). Die Finanzkrise wird dementsprechend gerade die Vermögen der größten Vermögensbesitzer verringern und damit vermutlich zu einer Verringerung der Vermögensungleichheit führen.

Tabelle 3.25: Die Verteilung des Nettovermögens auf soziale Gruppen 2002

	Durchschnittliches Vermögen in 1000 € Westdeuschland	**Durchschnittliches Vermögen in 1000 € Ostdeutschland**
Ohne Migrationsh.	101	35
Migrationshintergrund	48	15
Frauen	76	33
Männer	104	40

Quelle: Grabka/Frick 2007; Ammermüller et al. 2005: 123. Datengrundlage SOEP.

EVS und SOEP

Zwei zentrale Datenquellen für die Ungleichheitsforschung sind die Einkommens- und Verbrauchsstichprobe (EVS) und das Sozioökonomische Panel (SOEP).

Die EVS wurde zum ersten Mal 1962/63 und seitdem regelmäßig alle fünf Jahre durch das Statistische Bundesamt und die Statistischen Landesämter durchgeführt, so dass sie eine relativ langfristige Betrachtung der Ungleichheitsentwicklung ermöglicht (vgl. Stein 2004: 42-52). Es werden allerdings nicht die gleichen Haushalte befragt, so dass nur Querschnittsvergleiche möglich sind, aber keine Aussagen über die Dynamik von Einkommen und Vermögen. Im Bundesdurchschnitt sollen 0,2 % aller Haushalte befragt werden, was eine relativ große Stichprobe ermöglicht. So nahmen an der EVS 1998 62300 Haushalte teil. Allerdings werden erst seit 1993 auch Haushalte mit einem ausländischen Haushaltsvorstand befragt. Die Teilnahme ist im Gegensatz etwa zum Mikrozensus freiwillig, so dass die Stichprobe leichte Verzerrungen aufweist. Sowohl Personen und Haushalte mit einem besonders niedrigen als auch mit einem besonders hohen Einkommen sind unterrepräsentiert, so dass die Stichprobe einen Mittelschichtbias aufweist. Weiterhin werden in der EVS Haushalte über einem bestimmten Haushaltseinkommen nicht ausgewiesen (vor 1993 25000 DM, seit 1993 35000 DM). Im Hinblick auf die Vermögensverteilung ist darüber hinaus relevant, dass in der EVS bestimmte Vermögensarten nicht berücksichtigt werden, so das Sachvermögen und in den neueren Befragungen auch das Betriebsvermögen. Die EVS 2008 wird gerade durchgeführt, während dieses Buch geschrieben wird. Es bleibt abzuwarten welche Ergebnisse sie im Hinblick auf die langfristige Entwicklung von Armut und Ungleichheit bringt.

Das SOEP ist eine seit 1984 in Deutschland im jährlichen Rhythmus vom Deutschen Institut für Wirtschaftsforschung in Berlin durchgeführte Panelbefragung (DIW 2008). Dabei wurden im Jahr 2006 12499 Haushalte befragt, die 22665 Einzelpersonen umfassten. Ein zentrales Merkmal des SOEP ist seine Panelstruktur. Die gleichen Haushalte werden jährlich wieder befragt, so dass auch Aussagen über die Entwicklung von Einkommen, Vermögen und Armut auf Haushalts- und Individualebene möglich sind. Seit der ersten Befragung im Jahr 1984 wurden sukzessive zusätzliche Stichproben ergänzt. Erstens wurde das SOEP auch auf Ostdeutschland ausgeweitet, zweitens werden seit 1994 auch Zuwanderer befragt, drittens wurden Auffrischungsstichproben integriert, die den Schwund von Haushalten aus den ersten Befragungen ausgleichen sollen und viertens wird seit dem Jahr 2002 eine Hocheinkommensstichprobe berücksichtigt, die die Erfassung von Personen mit hohen Einkommen und Vermögen ermöglicht. Dabei werden die Vermögensbestände breiter als in der EVS abgefragt. Daher wurde das SOEP von 2002 als Grundlage für die international vergleichende Luxembourg Wealth Study berücksichtigt. Das Themenspektrum des SOEP umfasst Informationen zu Haushaltstrukturen, Einkommen, Persönlichkeit, Gesundheit und Einstellungen, so dass es ein zentraler Datensatz für die Überprüfung einer Vielzahl von soziologischen Theorien ist. Auch für das SOEP ist allerdings davon auszugehen, dass ein gewisser Mittelschichtbias existiert.

Zusammenfassung

Beim Vermögen handelt es sich um die monetär bewerteten Güter und Rechte im Eigentum von Haushalten. Den größten Anteil am Gesamtvermögen in der Bundesrepublik macht das selbstgenutzte Immobilieneigentum aus. Die Vermögensungleichheit ist deutlich größer als die Einkommensungleichheit. Sie ist bis in die neunziger Jahre hinein gesunken und steigt seitdem wieder leicht an. Die Struktur der Verteilung ist ähnlich wie bei den Einkommen. Vor allem Selbständige, teilweise auch hochqualifizierte Arbeitnehmer verfügen über größere Vermögen. Ferner haben Männer, Deutsche und Bewohner der alten Bundesländer eine günstige Vermögensposition.

Weiterführende Literatur

Einen umfassenden Überblick zur Ungleichheit der Vermögen erhält man bei:

- Holger Stein, 2004: Anatomie der Vermögensverteilung. Ergebnisse der Einkommens- und Verbrauchsstichproben 1983-1998. Berlin: sigma.

Wiederholungsfragen

- Welche Bedeutung haben unterschiedliche Vermögensarten in der Bundesrepublik?
- Welche Vermögensarten sind besonders ungleich und welche weniger ungleich verteilt?
- Wie hat sich die Ungleichheit der Vermögen in Deutschland in den vergangenen Jahrzehnten entwickelt?
- Welche Gruppen haben eine bevorzugte, welche eine benachteiligte Vermögensposition?
- Wie kann die Ungleichheit der Vermögen in Deutschland im internationalen Vergleich eingeschätzt werden?
- Wie kann die Ungleichheit der Vermögen und ihre Entwicklung erklärt werden?

3.3 Strukturierte soziale Ungleichheit: Eine Bilanz

Zum Abschluss dieser beiden umfangreichen und detailreichen Abschnitte über den Bildungserwerb und die Verteilung monetärer Ressourcen sollte eine Zwischenbilanz gezogen werden. Dabei werden zwei Fragen im Vordergrund stehen: einerseits soll nach der Bedeutung der vier berücksichtigten Dimensionen der Struktur sozialer Ungleichheit gefragt werden. Andererseits muss aber auch die Frage gestellt werden, ob sich denn eigentlich soziale Ungleichheit im Bildungserwerb und der Verteilung monetärer Ressourcen erschöpft.

Wenn man die zahlreichen empirischen Ergebnisse der beiden vorhergehenden Kapitel Revue passieren lässt, dann wird recht schnell deutlich, dass es eine dominante Dimension der Struktur sozialer Ungleichheit gibt. Dies ist die vertikale Dimension, die durch Konzepte der Klassenlage oder sozioökonomische Statusskalen erfasst werden kann. Dies wurde besonders deutlich im Bereich des Bildungserwerbs, da die Ungleichheiten entlang der anderen Dimensionen sich hier als eher klein erwiesen. Selbst die ausgesprochen schlechten Bildungschancen der Kinder mit einem Migrationshintergrund waren ganz überwiegend auf deren soziale Herkunft zurückzuführen, so dass im Bildungsbereich nur in sehr begrenztem Maß von einer originär ethnischen Ungleichheit gesprochen werden kann. Auch im Hinblick auf die Partizipation auf dem Arbeitsmarkt, die Einkommen und die Vermögen waren die Ungleichheiten entlang der vertikalen Dimension ausgesprochen ausgeprägt. Die Einkommensunterschiede zwischen den Klassenlagen und Berufsqualifikationen waren am stärksten ausgeprägt, auch bei den Armutsquoten zeigten sich dramatische Unterschiede zwischen Personen mit unterschiedlicher beruflicher Stellung und unterschiedlichen Ausbildungsniveaus und schließlich waren auch die Vermögen zwischen den verschiedenen Berufsgruppen extrem ungleich verteilt. Daher kann man davon sprechen, dass die vertikale Dimension in der Sozialstruktur weiterhin eine klare Dominanz ausübt.

Deutliche Ungleichheiten haben sich auch entlang der geschlechtsspezifischen und der regionalen Dimension sozialer Ungleichheit ergeben. Allerdings war hier eine gewisse Diskrepanz bei den Ergebnissen für das Bildungssystem und den Arbeitsmarkt festzustellen. Im Bildungssystem zeigten sich leichte Ungleichheiten zugunsten von Frauen einerseits und Ostdeutschen andererseits. Dagegen mussten in den Bereichen von Arbeitsmarkt, Einkommen und Vermögen für diese Gruppen wiederum deutliche Nachteile festgestellt werden. Dabei wurde ersichtlich, dass die Ostdeutschen bei einer hohen Erwerbsquote deutlich höhere Arbeitslosenquoten, niedrigere Einkommen, höhere Armutsquoten und ein niedrigeres Vermögen aufweisen als die Westdeutschen. Entlang dieser regionalen Dimension existiert also tatsächlich eine klar ausgeprägte, in erster Linie ökonomische Ungleichheit, die vor allem auf die historisch gewachsenen Produktivitätsunterschiede in der west- und ostdeutschen Wirtschaft sowie die spezifischen Modalitäten der deutschen Vereinigung zurückzuführen sind. Für die Frauen ließ sich dagegen eine niedrigere Erwerbsbeteiligung als für Männer feststellen und darüber hinaus deutlich geringere Einkommen aus der Berufsarbeit und niedrigere Vermögen. Der Hintergrund für die geringeren Chancen von Frauen ihre schulischen Qualifikationen auch in monetäre Ressourcen umzusetzen, liegt vor allem in der gesellschaftlichen und kulturellen Festlegung von Frauen auf Haushaltstätigkeiten und Kinderbetreuung in der Familie, der starken geschlechtsspezifischen Segregation von Ausbildung und Arbeitsmarkt sowie den geschlechtsspezifischen Stereotypen über die Bewertung und Belohnung von beruflichen Tätigkeiten.

Schließlich ließen sich nur wenige spezifisch ethnische Ungleichheiten feststellen. Die ungleichen Bildungschancen von Kindern mit und ohne Migrationshintergrund konnten weitgehend auf die ungleiche soziale Herkunft zurückgeführt werden, auch bei den Einkommen waren unter Kontrolle der beruflichen Qualifikation kaum noch Unterschiede festzustellen. Gewisse ethnische Ungleichheiten waren allerdings beim Arbeitslosigkeits- und Armutsrisiko sowie bei der Vermögensausstattung festzustellen. Allerdings bleibt auch hier zu untersuchen, ob diese unterschiedlichen Risiken nicht auf Unterschiede in den beruflichen Qualifikationen zurückzuführen sind. Damit bleibt im Hinblick auf ethnische Ungleichheiten festzuhalten, dass sich Personen mit einem nichtdeutschen ethnischen Hintergrund in der Struktur der sozialen Ungleichheit überwiegend in den schlechteren Positionen wiederfinden. Dies ist aber überwiegend nicht auf spezifisch ethnische Ursachen, sondern auf die niedrige schulische und berufliche Qualifikation dieser Gruppen zurückzuführen. Die Prozesse der Einwanderung nach Deutschland lassen sich überwiegend als eine selektive Migration beschreiben, in denen vor allem gering qualifizierte Bevölkerungsgruppen rekrutiert wurden. Diese Qualifikationssituation und die damit zusammenhängende soziale Lage reproduzieren sich in Deutschland nun in gleichem Maße wie die Reproduktion von Klassenungleichheiten. Dennoch muss es als eine problematische Situation betrachtet werden, dass sich mangelnde Ausbildung, Arbeitslosigkeit und Transferabhängigkeit in so starkem Maße in der Gruppe der Migranten ballen (Brenke 2008).

In den vorhergehenden Kapiteln wurde ausführlich die soziale Ungleichheit im Bildungserwerb und bei der Verteilung monetärer Ressourcen dargestellt und diskutiert. Hierbei handelt es sich um Ressourcen, die tatsächlich in unserer Gesellschaft einen breiten Anwendungsbereich haben. Ihre Zentralität lässt sich auch an der Tatsache ablesen, dass die sozialwissenschaftliche Diskussion über die begriffliche Erfassung der vertikalen Dimension sozialer Ungleichheit vor allem auf diese beiden Merkmale und den Beruf fokussiert war (vgl. Abschnitt 2.4.1). Dennoch wurde in Ansätzen in der Diskussion über die Armutsforschung deutlich, dass mit diesem Fokus eine Einschränkung verbunden ist. Der Erwerb von Bildung und die Ausstattung mit monetären Ressourcen ist sicher eine wichtige Voraussetzung für die Partizipation in unterschiedlichen Lebensbereichen und die Lebenschancen von Menschen, aber diese sind vielgestaltiger als der ausschließliche Blick auf Bildung und Geld nahelegt. Diese ganze Vielfalt und Differenziertheit der Lebenschancen kann in diesem Buch allein schon aus Platzgründen nicht dargestellt werden. Allerdings bringt es der breite Anwendungsbereich von Bildung einerseits, von monetären Ressourcen andererseits mit sich, dass diese in hohem Maße die Lebensbedingungen der Menschen prägen. Dies gilt nicht nur für zentrale Bereiche, wie das Wohnen im Eigenheim (Kurz/Blossfeld 2004), die Wohnumfeldbedingungen und die ökologische Belastung (Bolte/Kohlhuber 2006), beeinträchtigende Arbeitsbedingungen (Weber-Menges 2004), die Gesundheit und die Lebenserwartung (Hradil 2006; Timm/Helmert/Müller 2006), sondern auch für die Partizipation an der Kunst (Rössel 2008) und im Sport (Lamprecht/Stamm 1995). In allen diesen Bereichen zeigt sich, dass die Lebensbedingungen der Menschen durch ihre Bildung und ihr Einkommen bestimmt werden. Insofern kann man festhalten, dass hier zwar nicht die ganze Breite der Lebenschancen und Lebensbedingungen in ihrer Vielfalt dargestellt werden konnte, dafür wurden aber mit der Bildung und den monetären Ressourcen zwei Größen betrachtet, die die Lebenschancen in vielen Bereichen deutlich prägen.

4 Strukturierte soziale Ungleichheit: Von der Statik zur Dynamik

In den vorhergehenden Kapiteln und Abschnitten wurde unausgesprochen ein relativ statisches Bild der sozialen Ungleichheit gezeichnet. Bestimmten Gruppen wurden schlechte oder bessere Bildungschancen zugesprochen, andere wiederum hatten ein erhöhtes Armutsrisiko oder ein niedriges Durchschnittseinkommen. Dies könnte dazu verleiten, in der Gesellschaft mit relativ stabilen Personengruppen zu rechnen, den ‚Armen', den ‚Arbeitslosen' und den ‚Arbeitern'. Dies wäre aber in zwei Hinsichten keine realistische Einschätzung der Struktur sozialer Ungleichheit. Einerseits werden Phasen der Armut oder der Arbeitslosigkeit von sehr vielen Menschen im Laufe ihres Lebens zumindest einmal erlebt, insofern sind große Teile der Bevölkerung von diesen Lebensereignissen betroffen. Andererseits verbleibt nur ein relativ kleiner Teil dauerhaft in diesen Positionen (zur Arbeitslosigkeit: Berger 1990: 324-327; Berger 1996: 19; zur Armut: Leibfried et al. 1995: 83; Berger 1990: 327; Berger 1996: 19-20). Diese Hinweise verdeutlichen, dass man sich die Sozialstruktur nicht als starr und statisch vorstellen darf, sondern dass sich die Akteure erstens durch die Sozialstruktur bewegen und zweitens damit die Sozialstruktur auch verändern. Die Bewegung der Akteure durch die Sozialstruktur bzw. die Struktur sozialer Ungleichheit ist der Gegenstand der Mobilitätsforschung. Dabei versteht man unter *Mobilität* im weitesten Sinne eine Bewegung der Akteure von einer Ausgangsposition zu einer Zielposition.

4.1 Grundbegriffe der Mobilitätsforschung

Bei der Behandlung von Mobilität unterscheidet man typischerweise zwischen zwei Arten: einerseits räumlicher und andererseits sozialer Mobilität. Unter *räumlicher Mobilität* versteht man die Bewegungen von Akteuren im geographischen Raum. Hier beschäftigt man sich beispielsweise mit den täglichen Wegstrecken, die von Pendlern zurückgelegt werden oder mit der Umzugshäufigkeit von Personen. Im Hinblick auf den letztgenannten Punkt ist die Forschung zu dem Resultat gekommen, dass die Menschen immer seltener umziehen und daher immer weniger mobil sind. Für Deutschland lässt sich fast durch das gesamte 20. Jahrhundert hindurch eine Abnahme von räumlicher Mobilität im Sinne von Umzugsmobilität feststellen (Hochstadt 1999; Wagner 1989). Freilich haben dagegen andere Formen der Mobilität, wie das tägliche Pendeln zum Arbeitsplatz, Wochenendpendeln und nicht zu vergessen, die regelmäßige Urlaubsreise deutlich zugenommen (Schneider et al. 2002). Von der räumlichen kann die *soziale Mobilität* unterschieden werden, die sich auf Bewegungen zwischen Positionen in der Sozialstruktur bezieht. Dabei kann soziale Mobilität im Hinblick auf unterschiedliche Dimensionen und Ressourcen der Struktur sozialer Ungleichheit sowie der Sozialstruktur im weiteren Sinne betrachtet werden. Dominant in der soziologischen Mobilitätsforschung war und ist die Erforschung von Bewegungen entlang der vertikalen Dimension der Struktur sozialer Ungleichheit in Form von Klassen-, Schichten- oder Statusmobilität (Erikson/Goldthorpe 2002), zunehmend wird aber auch die Einkommensmobilität, also der Wechsel zwischen verschiedenen Einkommenspositionen, hier insbesondere der Weg in die und der Ausgang aus der Armut betrachtet (Fabig 1999; Leibfried et al. 1995). Kaum wurde bisher die Bewegung zwischen unterschiedlichen Lebensstilen oder sozialen Milieus betrachtet. Generell lässt sich Mobilität nur für erworbene und nicht für zugeschriebene (askriptive) Merkmale sinnvoll untersuchen. Insofern wird das Geschlecht, aber auch die ethnische Zugehörigkeit kaum Gegenstand der Mobilitätsforschung sein.

In der Erforschung der sozialen Mobilität wird darüber hinaus zwischen vertikaler und horizontaler Mobilität unterschieden. Bei der *vertikalen Mobilität* handelt es sich um Bewegungen zwischen höher und niedriger angeordneten Positionen auf der vertikalen Dimension der Struktur sozialer Ungleichheit. Wenn eine Person z. B. aus der Arbeiterklasse in die höhere Dienstklasse aufsteigt, dann handelt es sich um ein Beispiel für vertikale Mobilität. *Horizontale Mobilität* verbleibt dagegen auf einem bestimmten Niveau, sie liegt also vor, wenn z. B. ein Arbeiter innerhalb seiner Klasse den Beruf wechselt. Eine weitere wichtige Unterscheidung wird zwischen intergenerationaler und intragenerationaler Mobilität vorgenommen. Die *intergenerationale Mobilität* betrifft die Mobilität zwischen Generationen, d. h. hier wird die soziale Position des Elternhauses mit der sozialen Position der Kinder verglichen. Gerade die ältere Mobilitätsforschung hat dabei fast ausschließlich auf den Vergleich der Berufs- oder Klassenpositionen von Vätern und Söhnen fokussiert – wobei zum Teil auch Datenrestriktionen für diese Engführung verantwortlich waren. Dagegen beschäftigt sich die Erforschung der *intragenerationalen Mobilität* mit den Bewegungen, die Personen in ihrem Lebensverlauf zwischen sozialen Positionen vollziehen. Da sich ein erheblicher Teil dieser Forschung mit Wechseln auf dem Arbeitsmarkt beschäftigt, wird hier auch häufig von Karrieremobilität oder Jobmobilität gesprochen.

Die Mobilitätsforschung hat sich häufig mit der Frage nach der Offenheit von Gesellschaften beschäftigt, die natürlich stark normativ eingefärbt ist. Dabei geht es im Kern darum, wie durchlässig die Struktur der sozialen Ungleichheit in einer Gesellschaft ist und ob eben auch eine Tochter oder ein Sohn aus einer Arbeiterfamilie bei entsprechender Leistung in höhere Klassenpositionen aufsteigen kann. Diese Durchlässigkeit der Struktur sozialer Ungleichheit ist allerdings gar nicht so einfach festzustellen. Würde man z. B. einfach die Klassenpositionen von Vätern und Söhnen vergleichen, um zu analysieren wie hoch der Anteil der sozial mobilen Söhne ist, so würde man die soziale Durchlässigkeit vermutlich überschätzen. Die tatsächlich beobachtete Mobilität ist nicht allein auf die Durchlässigkeit der Gesellschaft, sondern auch auf strukturelle Wandlungen zurückzuführen. Wenn z. B. der landwirtschaftliche Sektor in einer Gesellschaft schrumpft, dann wird es für die Söhne und Töchter von Landwirten und Landarbeitern immer weniger soziale Positionen in der Landwirtschaft geben, so dass sie zu einem Ausweichen in andere Klassenpositionen quasi gezwungen sind. Strukturelle Mobilität kann darüber hinaus auch durch Veränderungen in der Größe von Geburtskohorten erzeugt werden. Wenn Landwirte in einem bestimmten Zeitraum besonders viele Nachkommen haben, dann wird es für diese besonders schwierig wieder Positionen in der Landwirtschaft zu finden. In der älteren Forschung hat man daher häufig versucht diese strukturell induzierte Mobilität (*strukturelle Mobilität*) von der tatsächlichen Durchlässigkeit der Struktur sozialer Ungleichheit (*Austausch- oder Zirkulationsmobilität*) zu unterscheiden. In der neueren Literatur findet man zumeist eine etwas andere Unterscheidung: hier wird häufig die *absolute Mobilität*, die sowohl auf strukturelle Veränderungen, wie auf die Durchlässigkeit der Sozialstruktur zurückzuführen ist, von der relativen Mobilität unterschieden, die sich nur auf die Durchlässigkeit der Struktur sozialer Ungleichheit bezieht (Erikson/Goldthorpe 1992: 58-59). Während also die absoluten Mobilitätsraten sich auf den Anteil aller mobilen Personen in einer Bevölkerung beziehen, erfasst die *relative Mobilität* unter Berücksichtigung der Struktur und des Wandels der Positionenverteilung die Chancen bestimmter Gruppen im Vergleich zu anderen Gruppen eine bestimmte soziale Position zu erreichen: Welche Chancen haben z. B. Söhne und Töchter aus Arbeiterfamilien relativ zu den Nachkommen von Elternhäusern in der höheren Dienstklasse eine Position in eben dieser höheren Dienstklasse zu erreichen? Bei der relativen Mobilität geht es also um die relativen Chancen von unterschiedlichen Bevölkerungsgruppen bestimmte Zielpositionen zu erreichen. Sowohl die Beschäftigung mit absoluten, wie mit relativen Mobilitätsraten ist für die soziologische Forschung von großer Bedeutung. Während es bei den relativen Mobilitätsraten letztlich um die Frage der Chancengleichheit in einer Gesellschaft geht, stehen bei den absoluten Mobilitätsraten strukturelle Wandlungsprozesse und ihre Konsequenzen im Vordergrund. So wird z. B. die Expansion einer bestimmten Klassenlage, z. B. der höheren Dienstklassen in den vergangenen Jahrzehnten, dazu führen, dass sich diese Klasse nicht alleine aus ihren eigenen Nachkommen reproduzieren kann, sondern auch Personen aus anderen Klassenlagen rekrutieren muss. Dies führt zu einer relativ heterogenen Zusammensetzung der Dienstklasse, die auch Konsequenzen für die kulturelle Homogenität und die Organisationsfähigkeit dieser Klasse haben kann.

Zusammenfassung

Die Mobilitätsforschung befasst sich mit Bewegungen zwischen Herkunfts- und Zielpositionen, wobei es sich um Positionen im geographischen Raum und in der Sozialstruktur handeln kann. Des weiteren kann der Wechsel von Positionen in der Generationenfolge (intergenerationale Mobilität) oder innerhalb eines Lebenslaufs (intragenerationale Mobilität) betrachtet werden. Mobilitätsraten sind auch immer abhängig von den strukturellen Wandlungen in einer Gesellschaft, weshalb man zwischen absoluten und relativen Mobilitätsraten unterscheiden muss.

Weiterführende Literatur

Einen guten Überblick zur Mobilitätsforschung erhält man in:

- Martin Groß, 2008: Klassen, Schichten, Mobilität. Eine Einführung. Wiesbaden: VS: Kapitel 4 und 5.
- Pointner, Sonja und Thomas Hinz, 2005: Mobilität im Arbeitsmarkt, S. 99-132 in: Martin Abraham und Thomas Hinz (Hg.): Arbeitsmarktsoziologie. Probleme, Theorien, empirische Befunde. Wiesbaden: VS.

Wiederholungsfragen

- Was versteht man unter räumlicher und sozialer Mobilität?

- Welche Entwicklungen lassen sich für die räumliche Mobilität in der Bundesrepublik feststellen?
- Was ist der Unterschied zwischen inter- und intragenerationaler Mobilität?
- Was ist der Unterschied zwischen absoluten und relativen Mobilitätsraten?

4.2 Die Analyse intergenerationaler Mobilität

Eine klassische Vorgehensweise um Prozesse sozialer Mobilität zu analysieren, ist die Zusammenstellung von Mobilitätsmatrizen. Dies soll hier am Beispiel der intergenerationalen Mobilität erläutert werden. Eine Mobilitätsmatrix (siehe Tabelle 4.1 und 4.2) wird so angeordnet, dass in den Zeilen die Klassenpositionen der Eltern bzw. der Väter zu finden sind und sich in den Spalten die Klassenposition der Kinder bzw. der Söhne befindet. Die in einem Datensatz berücksichtigten Personen werden in einer Mobilitätsmatrix nun aufgrund ihrer eigenen Klassenposition und der Klassenposition ihres Elternhauses eingetragen. Je nach Prozentuierung kann man nun in einer solchen Mobilitätsmatrix betrachten, aus welchen Herkunftsklassen sich die Söhne und Töchter in einer bestimmten Klassenposition rekrutieren, hier spricht man von den *Zustromquoten*. Diese sind in Tabelle 4.1 dargestellt. Hier wird deutlich, dass die heute in landwirtschaftlichen Klassenpositionen befindlichen Söhne zu 83,3 % einen Vater mit einer landwirtschaftlichen Klassenposition hatten. Die Selbstrekrutierungsquote ist also in der Landwirtschaft ausgesprochen hoch. Relativ hoch ist sie auch bei den Facharbeitern mit 52,7 % und den Selbständigen mit 40,6 %. Alle anderen Klassen weisen ein breiteres Rekrutierungsmuster auf. Betrachtet man z. B. die obere Dienstklasse, so fällt auf, dass deren Angehörige aus recht unterschiedlichen Klassenlagen stammen. So hatten immerhin 25,8 % der Personen in der oberen Dienstklasse einen Facharbeiter als Vater. Dies hängt mit der Ausweitung der oberen Dienstklasse in den vergangenen Jahrzehnten zusammen, die notwendigerweise zu einer sozial heterogenen Rekrutierung führt. Gerade bei den in ihren Anteilen schrumpfenden sozialen Gruppen (Landwirte, Arbeiter) finden sich dagegen typischerweise hohe Raten der Selbstrekrutierung.

Tabelle 4.1: Intergenerationale Klassenmobilität in Westdeutschland. Zustromquoten

		Söhne					
		Obere Dienstklasse	**Untere Dienstklasse**	**Facha/. Techniker**	**Sonstige Arbeiter**	**Selbständige**	**Landw. Berufe**
Väter	**Obere Dienstklasse**	31,1	8,4	2,9	2,0	7,3	(1,5)
	Untere Dienstklasse	19,6	18,6	6,8	4,0	7,2	(1,1)
	Facharb./ Techniker	25,8	40,7	52,7	36,7	26,7	8,4
	Sonstige Arbeiter	3,0	8,7	14,6	24,9	5,2	2,6
	Selbständige	13,0	13,9	8,6	8,6	40,6	3,2
	Landw. Berufe	7,4	9,7	14,5	23,8	13,1	83,3
	N	1327	2113	4584	1105	848	466

Quelle: Hartmann 1998: 49. Befragungen zwischen 1976 und 1994 in Westdeutschland. Werte in Klammern sollten aufgrund niedriger Fallzahlen vorsichtig interpretiert werden.

In Tabelle 4.2 wurden dagegen die *Abstromquoten* eingetragen, d. h. es wird betrachtet in welchen Klassenlagen sich Söhne mit einem bestimmten Klassenhintergrund befinden. Hier wird deutlich, dass nur ein Bruchteil (22,4%) der Söhne von Vätern mit einer landwirtschaftlichen Klassenlage wieder in einer landwirtschaftlichen Klassenposition landet. An dieser Stelle werden die strukturellen Wandlungstendenzen sehr deutlich. Auf der einen Seite ist die Landwirtschaft ein Bereich mit hoher Selbstrekrutierungsquote, auf der anderen Seite wandert ein erheblicher Anteil der Söhne aus der Landwirtschaft ab, was als Folge der abnehmenden Bedeutung des landwirtschaftlichen Sektors zu betrachten ist.

Aus der Perspektive der Abstromquoten zeigt sich weiterhin, dass die Söhne aus der Dienstklasse überproportional häufig wieder in die Dienstklasse gelangen, Söhne aus den beiden Arbeiterpositionen gelangen überproportional häufig in die Klassenlage der Facharbeiter und Techniker. Insgesamt wird in dieser Tabelle auch deutlich, dass ein nicht unerheblicher Anteil der Söhne im Verhältnis zu ihren Vätern intergenerational mobil ist. Gerade bei den Kindern aus landwirtschaftlichen Klassenlagen, den Selbstständigen und den sonstigen Arbeitern finden sich jeweils nur ca. 25 % in der gleichen Klassenlage wie ihre Väter wieder, während die anderen sozial mobil sind, d. h. sich in eine andere Klassenlage bewegt haben.

Tabelle 4.2: Intergenerationale Klassenmobilität in Westdeutschland. Abstromquoten

		Söhne						
		Obere Dienst klasse	**Untere Dienst klasse**	**Facha./ Tech-niker**	**Sonst. Arbei-ter**	**Selb-stän-dige**	**Landw. Berufe**	**N**
Väter	**Obere Dienst-klasse**	50,8	21,8	16,2	2,7	7,6	(0,9)	813
	Untere Dienst-klasse	24,2	36,5	29,0	4,1	5,7	(0,5)	1073
	Facharb./ Techniker	8,0	20,1	56,3	9,5	5,3	0,9	4291
	Sonstige Arbeiter	3,3	15,0	56,4	22,5	3,6	1,0	1223
	Selb-ständige	13,2	22,4	29,9	7,2	26,2	1,1	1314
	Landw. Berufe	5,7	11,9	38,4	15,2	6,4	22,4	1729

Quelle: Hartmann 1998: 53. Befragungen zwischen 1976 und 1994 in Westdeutschland. Werte in Klammern sollten aufgrund niedriger Fallzahlen vorsichtig interpretiert werden.

Mobilitätsmatrizen sind ein methodisches Instrument mit dem ein erster Einblick in das Mobilitätsgeschehen gewonnen werden kann. Sie können selbstverständlich nicht nur für die Analyse von Klassenmobilität verwendet werden. Man könnte statt der Klassen hier auch andere Variablen berücksichtigen, so z. B. Einkommensquintile, Schichten oder Berufsgruppen. Darüber hinaus können sie auch für die Analyse intragenerationaler Mobilität verwendet werden, so kann man z. B. die Klassenposition einer Person zu Beginn ihres Berufslebens mit einer späteren Klassenposition vergleichen, oder das Einkommensquintil einer Person zu einem bestimmten Zeitpunkt mit der Quintilszugehörigkeit zu einem späteren Zeitpunkt. Will man Mobilitätsmatrizen allerdings als Ausgangspunkt für differenzierte Analyse verwenden, dann müssen verschiedene Punkte berücksichtigt werden. Erstens muss in Rechnung gestellt werden, dass die verschiedenen Klassenlagen unterschiedlich große Bevölkerungsanteile auf sich vereinen, d. h. man muss die Randverteilungen der Variablen in der Kreuztabelle berücksichtigen. Dazu müssen entsprechende Koeffizienten berechnet werden, die die Randverteilung und damit die Größe der verschiedenen Gruppen berücksichtigen. Deren Berechnung soll an dieser Stelle allerdings nicht erläutert werden, dies findet sich in Lehrbüchern der deskriptiven Statistik. In Tabelle 4.3 sind als ein Beispiel die tau-Koeffizienten angegeben. Diese geben für jede Gruppe von Söhnen an, um welchen Faktor ihre Chance auf die Zugehörigkeit zu einer bestimmten Klasse größer oder kleiner als der Durchschnitt ist. So können wir z. B. in Tabelle 4.3 feststellen, dass die Söhne von Vätern mit einer landwirtschaftlichen Klassenlage eine 12,33 mal höhere Chance haben wieder in einer solchen Klassenlage zu landen als der Durchschnitt. Dies zeigt eine sehr hohe Vererbung von Klassenpositionen an. Relativ hoch ist auch die Klassenreproduktion in der oberen Dienstklasse, deutlich niedriger ist sie dann schon bei den Selbständigen, der unteren Dienstklasse und den Klassenlagen der Arbeiterschaft. In Tabelle 4.3 sind die Chancen im Vergleich zum Durchschnitt angegeben, will man zwei Gruppen miteinander vergleichen, dann müssen ihre Chancen ins Verhältnis gesetzt werden. So kann man die Chance für Söhne aus der oberen Dienstklasse und aus der Klassenlage der sonstigen Arbeiter in die obere Dienstklasse zu gelangen, vergleichen. Dazu muss die Chance für die Dienstklassensöhne, 4,22 ins Verhältnis zur Chance der Söhne aus der Klassenlage der sonstigen Arbeiter 0,41 gesetzt werden (4,22/0,41 =

10,29). Im Vergleich zu den Arbeitersöhnen haben also die Dienstklassensöhne eine zehnfach höhere Chance in die obere Dienstklasse zu gelangen. Während Tabelle 4.2 verdeutlicht hat, dass es in der deutschen Gesellschaft ein durchaus hohes Maß von sozialer Mobilität gibt, zeigt Tabelle 4.3, dass daneben auch eine starke intergenerationale Vererbung von Klassenpositionen festzustellen ist. Darüber hinaus wird deutlich, dass Mobilität häufiger über kurze Strecken (Arbeiter gelangen eher in die untere als in die obere Dienstklasse) zu beobachten ist.

Tabelle 4.3: Relative intergenerationale Klassenmobilität in Westdeutschland

	Söhne						
Väter	**Obere Dienst klasse**	**Untere Dienst klasse**	**Facha./Techniker**	**Sonst. Arbeiter**	**Selbständige**	**Landw. Berufe**	**Gesamt**
Obere Dienst-klasse	4,22	1,37	0,70	(0,75)	1,28	(0,26)	0,57
Untere Dienst-klasse	1,51	2,15	1,07	(0,52)	0,87	(0,63)	0,70
Facharb./Techniker	0,79	1,14	2,07	1,53	0,83	(0,43)	2,42
Sonstige Arbeiter	0,41	0,87	1,93	1,66	(0,65)	(1,35)	0,76
Selbständige	0,98	1,05	0,62	0,77	2,37	(0,87)	0,85
Landw. Berufe	0,49	0,33	0,54	1,31	0,70	12,33	1,61

Quelle: Hartmann 1998: 66. Befragungen zwischen 1976 und 1994 in Westdeutschland. Angegeben ist der tau-Koeffizient. Werte in Klammern sollten aufgrund niedriger Fallzahlen vorsichtig interpretiert werden.

Die erste Generation der Mobilitätsforschung hat fast ausschließlich auf der Grundlage von Mobilitätsmatrizen gearbeitet, wobei häufig nur drei Gruppen unterschieden wurden: landwirtschaftliche, manuelle und nichtmanuelle Berufe (Ganzeboom et al. 1991). Die zentralen forschungsleitenden Fragen richteten sich vor allem auf den internationalen Vergleich der Mobilitätsraten, die Veränderungen der Mobilität im Prozess der Industrialisierung und die Art und Weise in der unterschiedliche politische Regime Mobilität beeinflussen. Dabei wurde vermutet, dass erstens der Prozess der Industrialisierung zu einer Steigerung der Mobilitätsraten führen wird und zweitens in sozialistischen Gesellschaften Mobilität stärker ausgeprägt sei, da diese in besonderem Maße den Aufstieg von Bauern und Arbeitern fördern würden. Auf die erste These werden wir im Verlauf dieses Abschnitts noch ausführlicher zurückkommen. Im Hinblick auf die zweite These kann festgehalten werden, dass bisherige komparative Studien zeigen, dass die Mobilitätschancen in sozialistischen Gesellschaften nicht höher als in kapitalistischen Gesellschaften waren. Bildung und Beruf einer Person waren also auch deutlich von der jeweiligen sozialen Herkunft geprägt (Marshall/Sydorenko/Roberts 1995; Mayer/Solga 1994; Gerber/Hout 1995).

Die methodisch relativ einfache Herangehensweise der frühen Mobilitätsforschung wurde in den sechziger Jahren durch die sogenannte Statuserwerbsforschung als zweiter Generation der Mobilitätsforschung ersetzt, die sich mit dem bahnbrechenden Werk „The American Occupational Structure" von Blau und Duncan (1967) durchsetzte. Der Statuserwerbsforschung ging es vor allem um die Rolle unterschiedlicher Ressourcen im Prozess des Statuserwerbs, also der Positionierung in der vertikalen Dimension der Ungleichheitsstruktur. Zentral war dabei vor allem die Frage, ob eher die soziale Herkunft als askriptives Merkmal oder die Bildung als erworbenes Merkmal den Prozess des Statuserwerbs beeinflusst. Dabei wurde der Status in dieser Forschungstradition zumeist über Prestigeskalen oder Indizes des sozioökonomischen Status gemessen, so dass auch komplexe statistische Verfahren der Pfadanalyse angewendet werden konnten (siehe Abschnitt 2.4.1.5). Als Beispiele sind in Schaubild 4.1 zwei Statuserwerbsmodelle dargestellt. In diesen werden nicht nur die statistischen Zusammenhänge zwischen Beruf des Vaters und Ausbildung des Sohnes, sondern darüber hinaus der erste Beruf des Sohnes und seine Berufsposition im Alter von dreißig Jahren betrachtet. Es lassen sich also in einem solchen Modell nicht nur die Prozesse der intergenerationalen, sondern auch der intragenerationalen Mobilität (erster Beruf, Beruf im Alter von 30 Jahren) betrachten. Die hier dargestellten Pfadmodelle sind noch aus einem anderen Grund bemerkenswert, sie kontrollieren nämlich die Geburtskohorte der betrachteten Akteure, so dass im Vergleich der Geburtskohorten auch der Wandel im Statuserwerbsprozess betrachtet werden kann. Die Beschriftungen an den Pfaden im Modell stellen die standardisierten Regressionskoeffizienten dar. Diese statistischen Maßzahlen geben die Stärke des Zusammenhangs zwischen zwei Variablen an und können im Betrag zwischen 0 und 1 variieren. Ein Wert nahe bei 0 steht für einen sehr geringen Zusammenhang, während ein Wert von 1 einen perfekten, deterministischen Zusammenhang darstellt. In dem Schaubild lässt sich der folgende dominante Wirkungsmechanismus feststellen. Die soziale Herkunft einer Person – gemessen über den Beruf des Vaters – hat einen starken Einfluss auf die jeweilige Ausbildung, die Ausbildung hat dann wiederum einen starken Einfluss auf den ersten Beruf. Gemeinsam bestimmten die Ausbildung und der erste Beruf den Beruf im Alter von 30 Jahren. Dagegen hat der Beruf des Vaters unter Kontrolle der Ausbildung des Sohnes nur einen geringfügigen Einfluss auf die Berufspositionen des Sohnes. Verblüffend ist im Vergleich der beiden Pfadmodelle vor allem die Tatsache, dass sich zwischen den beiden betrachteten Geburtskohorten, die immerhin zwanzig Jahre auseinanderliegen, so wenig geändert hat. Tendenziell sind die statistischen Zusammenhänge eher stärker geworden (Mayer/Blossfeld 1990: 310). Die Schemata machen darüber hinaus deutlich, dass in den Statuserwerbsmodellen methodisch die Prüfung einer Vielzahl von Hypothesen möglich ist. So könnte man in diesen Modellen z. B. die Bildungs- und Mobilitätserwartungen der Eltern oder die kognitive Leistungsfähigkeit der Kinder berücksichtigen und deren Einfluss auf die berufliche Positionierung analysieren. Diese Variablen haben tatsächlich einen Einfluss auf den Prozess des Statuserwerbs, aber auch unter Kontrolle dieser Größen verbleiben systematische Effekte der sozialen Herkunft auf die Bildungschancen und die berufliche Positionierung bestehen (Jencks et al. 1972; Sewell/Hauser 1975). Insofern lässt sich der Einfluss der sozialen Herkunft auf den Bildungserwerb und die Arbeitsmarktpositionierung nicht allein über die höhere Leistungsfähigkeit von Kindern und Jugendlichen aus höheren sozialen Klassenlagen erklären.

Schaubild 4.1: Statuserwerbsprozesse für zwei Geburtskohorten[40]

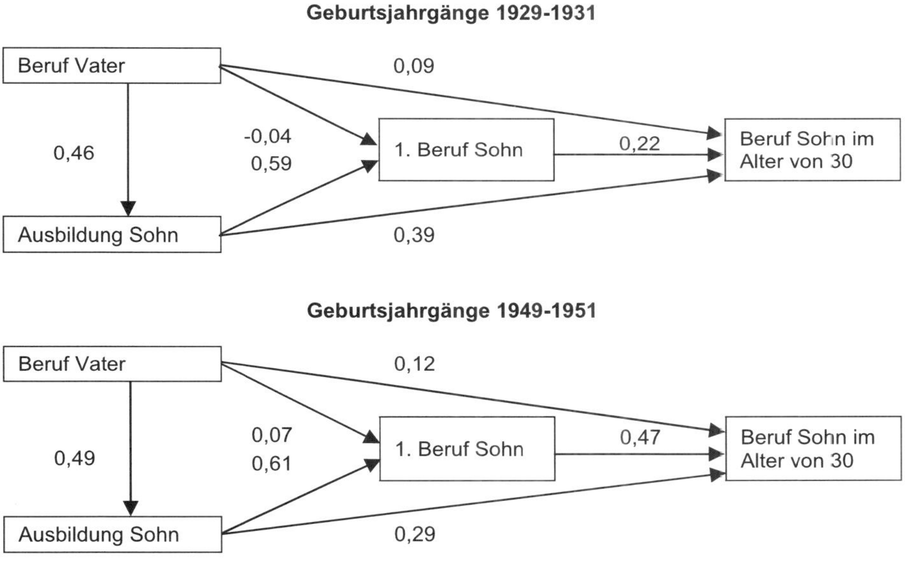

Dargestellt sind die standardisierten Regressionskoeffizienten. Der Berufsstatus wurde durch die SIOPS Berufsprestigeskala gemessen (vgl. Abschnitt 2.4.1.2).

Seit den siebziger Jahren wurde eine dritte Generation von Mobilitätsstudien entwickelt, die im Gegensatz zu den Statuserwerbsmodellen zumeist mit Klassenschemata gearbeitet hat. Daher können in diesen Untersuchungen bestimmte statistische Verfahren, wie die lineare Regression, die den oben abgebildeten Pfadmodellen zugrundeliegt, nicht angewendet werden. In der neueren Mobilitätsforschung werden daher komplexere loglineare statistische Modelle verwendet, die die differenzierte Analyse von nominalskalierten Variablen ermöglichen (siehe Kasten Messniveaus in Abschnitt 2.4.1.5). Mit diesen Verfahren können ei-

40 In Anlehnung an Mayer/Blossfeld 1990: 309.

nerseits die absoluten Mobilitätsraten systematisch von den relativen Raten separiert werden und die klassenspezifischen Muster der Mobilität können differenzierter betrachtet werden. So wurde oben in Tabelle 4.3 die extrem hohe Klassenreproduktion bei den landwirtschaftlichen Klassenlagen deutlich, die in einem Statuserwerbsmodell nicht ersichtlich würde, da alle Berufsgruppen ohne die Berücksichtigung von qualitativen Unterschieden auf einer Statusskala abgebildet werden (siehe Abschnitt 2.4.1.5). In einem loglinearen Modell kann erstens diese besonders starke Reproduktion erfasst werden. Darüber hinaus kann zweitens gezeigt werden, dass die Klassenreproduktion bei den landwirtschaftlichen Berufsgruppen im Gegensatz zu der Grundannahme der Statuserwerbsforschung nicht über den Bildungserwerb vermittelt ist, sondern vor allem über die direkte Vererbung von Grund und Boden. Der Bildungserwerb ist in erster Linie eine zentrale Bedingung für die Reproduktion der Dienstklassen, die aus hochqualifizierten Arbeitskräften zusammengesetzt sind (Ishida et al. 1995: 170-171). In einem Modell des Statuserwerbs würden diese Unterschiede im Prozess der Klassenreproduktion unsichtbar werden.

Diese dritte Generation der Mobilitätsforschung wurde vor allem im Kontext des Projektes „Comparative Analysis of Social Mobility in Industrial Nations“ (CASMIN) institutionalisiert (vgl. Erikson/Goldthorpe 1992; Ishida et al. 1995). In dieser international vergleichenden Studie konnte nicht nur gezeigt werden, dass die Muster der Klassenreproduktion in zahlreichen industrialisierten Ländern eine hohe Ähnlichkeit aufweisen, darüber hinaus haben vor allem Erickson und Goldthorpe die These vertreten, dass die relativen Mobilitätschancen sich zwischen verschiedenen Gesellschaften erstens nicht grundlegend unterscheiden und zweitens relativ stabil sind. Damit wäre auch die Hypothese, dass der Prozess der Industrialisierung zu einer Steigerung der Mobilitätsraten führt, widerlegt. Die Forschung der vergangenen Dekade hat allerdings gezeigt, dass die beiden Thesen in dieser Stärke nicht haltbar sind. Neuere Forschungen, die auf längere Datenreihen zurückgreifen können (Breen/Luijkx 2004; Ganzeboom et al. 1989) verdeutlichen, dass in den meisten entwickelten Gesellschaften ein langsames Ansteigen der sozialen Durchlässigkeit zu verzeichnen ist. Müller und Pollack sowie Mayer und Aisenbrey können dies auch für Deutschland auf verschiedenen Datengrundlagen bestätigen (Müller/Pollack 2004; Mayer/Aisenbrey 2007). Allerdings muss hier ein ähnliches Ergebnis wie für die Entwicklung der herkunftsspezifischen Bildungschancen festgehalten werden (vgl. Abschnitt 3.1.3): die deutsche Gesellschaft ist zwar zunehmend durchlässiger geworden, im internationalen Vergleich gehört sie allerdings zu den weniger offenen Gesellschaften, in denen die eigene Klassenposition relativ stark durch die Klassenposition der Eltern beeinflusst wird (Breen/Jonsson 2005: 231-232). Während die skandinavischen Gesellschaften sowie Polen und Ungarn sozial relativ durchlässig sind, gehört Deutschland zusammen mit Frankreich und Italien zu den weniger offenen Gesellschaften. Interessanterweise gilt dies aber nicht für alle Maße der intergenerationalen Vererbung. So ist die intergenerationale Prägung des Einkommens von Söhnen oder Töchtern durch das Einkommen ihrer Eltern in Deutschland eher schwach (Solon 2002, Schnitzlein 2008). Die Weitergabe von Einkommensvorteilen ist dagegen in Großbritannien oder den Vereinigten Staaten deutlich stärker ausgeprägt und in den skandinavischen Gesellschaften vergleichbar hoch wie in Deutschland. Das bedeutet auch, dass Einkommensarmut in Deutschland nur in geringem Maße intergenerational vererbt wird. Insgesamt muss für den internationalen Vergleich festgehalten werden, dass zwar die Muster der Vererbung von Klassenpositionen erstaunlich ähnlich sind (Ishida et al. 1995),[41] dass aber die Stärke der Vererbung zwischen den Gesellschaften variiert und im Zeitverlauf schwächer wird.

Das ausgesprochen ähnliche Muster der Vererbung von Klassenpositionen in verschiedenen Gesellschaften kann vor allem durch die Ressourcen erklärt werden, die die Zugehörigkeit zu einer bestimmten sozia-

---

41 Auch in der dritten Generation von Mobilitätsstudien wurde geprüft, ob die Vererbung von Klassenpositionen auch unter Kontrolle der kognitiven Leistungsfähigkeit der Akteure stattfindet. Es konnte festgestellt werden, dass die Zusammenhänge zwischen der Klassenposition der Eltern und der Klassenposition der Kinder zwar kleiner wurden, dass sie aber auch unter Kontrolle der kognitiven Leistungsfähigkeit der Kinder existieren (Breen/Goldthorpe 1999).

len Klasse mit sich bringen. So können Landwirte und Selbstständige ökonomische Ressourcen mehr oder weniger direkt an ihre Kinder vererben. Dagegen werden die Kinder aus den Dienstklassen durch das umfangreiche kulturelle Kapital ihrer Eltern auf den Erwerb höherer Bildungsabschlüsse und ein Studium hervorragend vorbereitet. Darüber hinaus können sie sich im Falle zu geringer intellektueller Fähigkeiten oft noch durch die sozialen Beziehungen, also das soziale Kapital der Eltern, in eine höhere Klassenposition bewegen. Die Nachkommen aus Arbeiter und Routineangestelltenfamilien können auf solche Ressourcen nur in geringem Maße zurückgreifen (Goldthorpe 2000; Bourdieu 2004; Ishida et al. 1995; Robinson/Garnier 1985). Neben der klassenspezifischen Ausstattung mit Ressourcen, die wiederum eine Voraussetzung für das Erreichen bestimmter Klassenpositionen darstellt, muss aber auch für den Prozess der sozialen Mobilität berücksichtigt werden, dass Eltern und Kinder aus unterschiedlichen sozialen Klassen verschiedene Bildungs- und Berufsaspirationen aufweisen. Eine Berufsposition in der unteren Dienstklasse stellt für eine Facharbeitertochter einen sozialen Aufstieg dar, während sie für eine junge Frau aus einer oberen Dienstklassenposition einem sozialen Abstieg gleichkommt. Insofern streben Eltern und Kindern aus unterschiedlichen Klassenlagen verschiedene Berufsziele an. Darüber hinaus nehmen sie aber auch die Risiken von Mobilitätsstrategien unterschiedlich wahr. Vor allem in Elternhäusern mit wenig kulturellem Kapital werden höhere Bildungslaufbahnen, die zu Positionen in der oberen Dienstklasse führen, häufig als mit zu großen Risiken des Scheiterns behaftet betrachtet (Goldthorpe 2000). Es sind also nicht nur die unterschiedlichen klassenspezifischen Ressourcen, die die Stabilität der Mobilitätsmuster erklären, sondern auch die klassenspezifischen Wahrnehmungen von Mobilitätschancen und -risiken.

Zusammenfassung

Die Mobilitätsforschung wurde durch unterschiedliche konzeptuelle und methodische Zugänge geprägt. Dabei wurden in der frühen Mobilitätsforschung vor allem Mobilitätsmatrizen zur Analyse verwendet, während die Statuserwerbsforschung vor allem statistische Regressionsverfahren und Pfadmodelle verwendet hat. Schließlich finden sich in der neueren, stärker klassenorientierten Mobilitätsforschung häufig statistische Verfahren aus der Klasse der log-linearen Modelle. Die empirische Forschung zeigt insgesamt, dass gegenwärtige Gesellschaften zwar durch ein hohes Ausmaß von intergenerationaler Mobilität geprägt sind, daneben aber auch eine ausgeprägte Vererbung von Klassenpositionen existiert. Im historischen Wandel hat allerdings die intergenerationale Prägung der Klassenposition der Kinder durch die Klassenlage der Eltern in Deutschland abgenommen. Dennoch muss Deutschland im internationalen Vergleich zu den Gesellschaften gerechnet werden, deren Klassenstruktur weniger durchlässig ist.

Weiterführende Literatur

Einen Überblick über die Generationen der intergenerationalen Mobilitätsforschung findet man bei:

- Harry B. Ganzeboom, Donald J. Treiman und Wout C. Ultee, 1991: Comparative Intergenerational Stratification Research: Three Generations and Beyond, Annual Review of Sociology 17: 277-302.

Den gegenwärtigen Stand der intergenerationalen Mobilitätsforschung findet man in:

- Richard Breen und Jan O. Jonsson, 2005: Inequality of Opportunity in Comparative Perspective: Recent Research on Educational Attainment and Social Mobility, Annual Review of Sociology 31: 223-244.

Wiederholungsfragen

- Was sind Abstrom- und Zustromquoten?
- Welche Probleme ergeben sich bei der Analyse sozialer Mobilität mit Mobilitätsmatrizen?
- Welche Vor- und Nachteile haben Statuserwerbsmodelle in der Mobilitätsforschung?
- Was kennzeichnet die dritte Generation der intergenerationalen Mobilitätsforschung?
- Wie hat sich die Durchlässigkeit der bundesdeutschen Klassenstruktur für intergenerationale Mobilität entwickelt?
- Wie können Prozesse der sozialen Mobilität erklärt werden?

4.3 Die Analyse intragenerationaler Mobilität

Im Zentrum der Mobilitätsforschung stand lange Zeit die Erforschung der intergenerationalen Mobilität, nicht zuletzt, weil damit auch normativ aufgeladene Fragen nach der sozialen Durchlässigkeit von Gesellschaften verbunden waren. Die Erforschung der intragenerationalen Mobilität findet zum Teil in anderen, eigenständigen Bereichen der sozialwissenschaftlichen Forschung statt, so werden Prozesse der beruflichen und Einkommensmobilität sowie der Arbeitslosigkeit in hohem Maße im Rahmen der Arbeitsmarktsoziologie behandelt (Pointner/Hinz 2005), im Rahmen der Lebensverlaufsforschung kommen darüber hinaus auch Wohnstandortwechsel, Prozesse der Familiengründung und des Übergangs vom Bildungssystem in den Beruf in den Blick (Brückner/Mayer 2005). Fernerhin werden Prozesse des Abstiegs in die und des Ausstiegs aus der Armut in der dynamischen Armutsforschung behandelt (Leibfried et al. 1995). Aus dieser Vielfalt kann an dieser Stelle nur eine Auswahl vorgestellt werden.

Betrachtet man die Entwicklung der beruflichen Mobilität in Deutschland, also des Wechsels von einem Job zu einem anderen, so kann eine deutliche Zunahme von Mobilität über verschiedene Alterskohorten (von den um 1930 geborenen zu den um 1960 geborenen) hinweg festgestellt werden (Uunk et al. 2005; Carroll/Mayer 1986; Mayer/Hillmert 2003). Allerdings verbleibt diese berufliche Mobilität ganz überwiegend innerhalb von Klassengrenzen und ist typischerweise stärker ausgeprägt für Personen mit weniger hohen Klassenpositionen (Mayer/Carroll 1987). Allerdings deuten sich für die jüngeren Geburtskohorten Umbrüche auf dem Arbeitsmarkt und beim Übergang vom Bildungssystem in den Beruf an. Es sind vor allem die auf den Arbeitsmarkt neu eintretenden Altersgruppen, die von der zunehmenden Flexibilisierung von Arbeitsverhältnissen in Form von befristeten Verträgen, unbezahlten Praktika, Teilzeitarbeit, prekärer Selbständigkeit und Arbeitslosigkeit betroffen sind (Mayer/Hillmert 2003: 90; Blossfeld et al. 2007). Vor allem im international vergleichenden GLOBALIFE Projekt wurde die These vertreten, dass neben den jüngeren Alterskohorten vor allem Frauen und gering qualifizierte Männer von der zunehmenden Flexibilisierung des Arbeitsmarktes betroffen sind. Vor allem gut qualifizierte Männer in den mittleren Altersgruppen sind kaum mit diesen Entwicklungen konfrontiert. Es kommt zu einer gewissen Separierung zwischen den Insidern und den Outsidern des Arbeitsmarktes (Blossfeld et al. 2007). Gangl (2002) sowie Hillmert und Mayer (2004) stellen insgesamt allerdings eine größere Konstanz der Lebensverläufe über die verschiedenen Alterskohorten hinweg fest. Zwar benötigen die jüngeren Alterskohorten häufig länger, um in stabile Erwerbspositionen zu gelangen und müssen dabei auch manchen Umweg hinnehmen. In ihren endgültigen Platzierungen unterscheiden sie sich aber wenig von den älteren Kohorten, für Frauen lässt sich sogar über die Alterskohorten hinweg eine Verbesserung ihrer Karrierechancen im Lebensverlauf feststellen. Von den Verwerfungen auf dem Arbeitsmarkt sind insbesondere Migranten und Personen ohne Berufsqualifikationen betroffen. Damit zeigt sich in den unterschiedlichen Studien ein durchgängiges Fazit, dass nämlich die Chancen zwischen Personen ohne Berufsausbildung und den Erwerbstätigen mit Berufsqualifikationen immer weiter auseinanderklaffen.

Arbeitsmarktentwicklungen sind allerdings stark von den jeweiligen institutionellen Bedingungen abhängig. Während in den konservativen

Wohlfahrtsstaaten Mitteleuropas, also z. B. in Deutschland, die Insider des Arbeitsmarktes sehr gut geschützt sind und die Karrieren älterer Arbeitnehmer durch Frühverrentungsprogramme abgefedert werden, zeigen sich auf den Arbeitsmärkten der liberalen Wohlfahrtsstaaten, wie den Vereinigten Staaten, solche Insider-Outsider Mechanismen nur in geringem Maße. Die individuellen Arbeitsmarktrisiken werden dort vor allem durch die individuelle Ressourcenausstattung bestimmt (Blossfeld et al. 2007; DiPrete et al. 1997). Generell lässt sich für Deutschland eine im internationalen Vergleich relativ hohe Stabilität des Arbeitsmarktes feststellen, auf dem die einzelnen Arbeitnehmer eher wenig Berufs- oder Jobwechsel aufweisen, so dass auch die Klassenzugehörigkeit sich kaum verändert (DiPrete et al. 1997; DiPrete 2002: 282). Die wesentliche Erklärung für diese Unterschiede im Ausmaß der Jobmobilität sind vor allem die Divergenzen in der Institutionalisierung von Arbeitsmarktregelungen (DiPrete et al. 1997; Gangl 2003). Diese schützen zwar typischerweise die Inhaber eines Arbeitsplatzes, machen aber zugleich für die Arbeitslosen die Suche schwieriger.

Die zunehmende Flexibilisierung auf dem Arbeitsmarkt erklären Blossfeld und seine Kollegen über die Auswirkungen der Globalisierung, die zu einer Verschärfung der weltweiten Konkurrenz auf Märkten führt und damit die Unternehmen zu einer stärker konkurrenzorientierten Strategie zwingt. Allerdings werden diese Auswirkungen der Globalisierung durch die jeweiligen Arbeitsmarktinstitutionen und Wohlfahrtsstaaten in hohem Maße vermittelt. Während die zunehmende internationale Konkurrenz unter den Bedingungen der deutschen Arbeitsmarktinstitutionen eine Tendenz zu einem Insider-Outsider System erzeugt, führt sie unter Bedingungen liberaler Arbeitsmärkte zu stärker wachsender Ungleichheit zwischen unterschiedlich qualifizierten Arbeitnehmern (Blossfeld et al. 2007). Insgesamt zeigt diese Diskussion wiederum, dass die Karrierechancen von Personen nicht allein von ihrer eigenen Ressourcenausstattung abhängt, sondern auch von den Handlungsrestriktionen, die durch die jeweiligen Arbeitsmarktstrukturen und -institutionen sowie durch die Größe der auf den Arbeitsmarkt eintretenden Alterskohorten bestimmt werden.

Nicht nur die berufliche Mobilität zwischen Jobs kann man aus einer intragenerationalen Perspektive betrachten, sondern auch Einkommens- und Armutsverläufe. Dazu kann die Einkommensverteilung in unterschiedliche Gruppen aufgeteilt und dann untersucht werden, wie sich die Einkommensposition einer Person bzw. eines Haushaltes im Verlauf mehrerer Jahre verändert. Ein Beispiel ist in Tabelle 4.4 dargestellt. Hier wird die Einkommensmobilität für drei verschiedene Einkommensgruppen betrachtet. Ein erster Blick auf die Tabelle zeigt, dass im Verlauf von vier Jahren die meisten Personen innerhalb ihrer Einkommensgruppe verblieben sind (vgl. Klein/Zimmermann 1991: 441; Fabig 1999). Des weiteren führt Einkommensmobilität zumeist auch nur in die benachbarten Einkommenspositionen (Fabig 1999: 332). Von den Armutsgefährdeten des Jahres 2002 haben es 2006 nur 2,2 % unter die Einkommensstarken geschafft. Je kleiner die Gruppen gebildet werden, desto höher ist natürlich auch die Mobilität. Daraus resultiert dann die Tatsache, dass von den Einkommensarmen, also von einer relativ kleinen Gruppe, nur ein relativ kleiner Teil über längere Zeiträume einkommensarm bleibt. So kann für die achtziger Jahre festgestellt werden, dass lediglich 2-3 % der Bevölkerung über mehrere Jahre als einkommensarm (weniger als 50 % des Durchschnittseinkommens) eingestuft werden konnte (Klein/Zimmermann 1991; Berntsen/Rendtel 1991). Neuere Studien zeigen vergleichbare Ergebnisse auch für die neunziger Jahre an (Fabig 1999). Ähnliche Resultate erzielt man auch für die Mobilität der Vermögen. Diese wurde von Frick und Grabka (2009) für Vermögensdezile zwischen 2002 und 2007 untersucht. Dabei wird deutlich, dass die meisten Personen zwar innerhalb der Vermögensverteilung mobil sind, dies aber nur über kurze Distanzen. So sind aus den beiden untersten Vermögensdezilen im Jahr 2002 weniger als 2 % in das höchste Vermögensdezil im Jahr 2007 aufgestiegen. Verblieben sind in diesen Positionen oder ihren direkten Nachbardezilen aber jeweils mindestens 60 % (Frick/Grabka 2009: 65). Dennoch verdeutlichen diese Ergebnisse, dass die Position von Personen in der Verteilungsstruktur von Ressourcen keineswegs als statisch betrachtet werden kann.

Auch in der neueren Armutsforschung, die Armutsphasen häufig auf Grundlage des Sozialhilfebezugs analysiert, wird deutlich, dass die meisten Bezieher von Sozialhilfe eine Bezugsdauer von unter einem Jahr aufweisen (Olk/Rentzsch 1997; Leibfried et al. 1995). Insofern ist Armut in der Regel nur für eine kurze Lebensphase prägend. Allerdings zeigen die Ergebnisse zur Einkommensmobilität auch recht deutlich, dass die meisten Menschen sich aus der Einkommensarmut nur ein Stück weit herausbewegen (Fabig 1999). Insofern sind relativ klar abgegrenzte soziale Gruppen, die typischerweise niedrige Einkommen beziehen, auch besonders armutsgefährdet (vgl. Abschnitte 3.2.2 und 3.2.3 und Groh-Samberg 2004).

Tabelle 4.4: Einkommensmobilität 2002-2006

		2006			
		Armuts-gefährdete (< 70 % des Median)	**Mittelschicht** (70-150 % des Median)	**Einkommens-starke** (> 150 % des Median)	**Ge-samt**
2002	**Armuts-gefährdete** (< 70 % des M.*)	66,2	31,6	2,2	100
	Mittelschicht (70 bis 150 % des M.)	14,4	74,6	11,1	100
	Einkom-mensstarke (> 150 % des M.)	3,9	27,6	68,5	100
	Gesamt	23,4	56,2	20,4	100

Quelle: Grabka/Frick 2008: 104. * M. = Median.

Im internationalen Vergleich zeigt sich für Deutschland eine erstaunlich hohe Mobilität der Markteinkommen, die mit Daten für Großbritannien vergleichbar ist und höher als in den Vereinigten Staaten ausfällt (Fabig 1999). Betrachtet man allerdings die Nettoeinkommen der Haushalte nach Steuern und Transferzahlungen ist die Einkommensmobilität in Deutschland deutlich geringer als in den Vergleichsländern. Dies zeigt, dass die Arbeitsmarktdynamik in Deutschland bei hohen Arbeitslosenziffern eine recht hohe Variabilität der Markteinkommen erzeugt. Diese Dynamik wird aber durch das Steuer- und Sozialsystem in sehr viel stärkerem Maße als den Vergleichsländern ausgeglichen bzw. geglättet (Fabig 1999; DiPrete/McManus 2000). Die Mobilität des Äquivalenzeinkommens und damit z. B. auch Einkommensarmut wird aber nicht allein durch Veränderungen auf dem Arbeitsmarkt, wie Jobwechsel oder Arbeitslosigkeit erzeugt, sondern auch durch entsprechende berufliche Veränderungen bei einem Lebenspartner, durch Familiengründung, das Auflösen der Partnerschaft oder durch Scheidung (DiPrete 2002; DiPrete/McManus 2000, speziell zu den Auswirkungen von Scheidungen in Deutschland Andreß 2003). In einer dynamischen Perspektive wird damit die Einkommenssituation nicht allein durch die berufliche Situation einer Fokusperson alleine bestimmt, sondern durch ihre geschlechtsspezifische Einbettung in bestimmte Haushaltsstrukturen, die sich im Zeitverlauf durch die Gründung, Veränderung und Auflösung von Haushalten wandeln können. Insofern wird gerade beim Thema der Mobilität im Lebensverlauf deutlich, wie wichtig die Berücksichtigung der jeweiligen Haushaltskontexte der untersuchten Personen ist.

Zusammenfassung

Intragenerationale Mobilität ist in deutlich geringerem Maße als die intergenerationale Mobilität Gegenstand der Mobilitätsforschung geworden. Hier wurde exemplarisch die Berufs- und die Einkommensmobilität betrachtet. Insgesamt zeigt sich in Deutschland eine Zunahme beruflicher Mobilität, die zum Teil für die jüngeren Alterskohorten, vor allem aber für Personen ohne berufliche Qualifikationen, auch mit gewissen Risiken verbunden ist. Im internationalen Vergleich ist der deutsche Arbeitsmarkt eher durch ein niedriges Niveau der Jobmobilität geprägt. Dagegen ist Deutschland durch eine hohe Mobilität der Markteinkommen charakterisierbar, die aber durch das Steuer- und Transfersystem des Wohlfahrtsstaates bei den Nettoeinkommen deutlich geglättet wird. Vor allem die Betrachtung von Einkommensverläufen verdeutlicht noch einmal, dass die Einkommens- und Lebenssituation von Personen in hohem Maße durch ihren Haushaltskontext geprägt wird, der sich im Zeitverlauf verändern kann.

Weiterführende Literatur

Die Ergebnisse des GLOBALIFE Projekts werden knapp zusammengefasst in:

- Hans-Peter Blossfeld et al., 2007: Globalisierung und die Veränderung sozialer Ungleichheiten in modernen Gesellschaften. Eine Zusammenfassung der Ergebnisse des GLOBALIFE-Projektes, Kölner Zeitschrift für Soziologie und Sozialpsychologie 59: 667-691.

Eine international vergleichende, umfassende Studie zur Einkommensmobilität in Deutschland ist:

- Holger Fabig, 1999: Einkommensdynamik im internationalen Vergleich. Eine empirische Mobilitätsanalyse mit Paneldaten. Frankfurt: Campus.

Wiederholungsfragen

- Wie können die Muster der beruflichen Mobilität in Deutschland im internationalen Vergleich beschrieben werden?
- Welche Merkmale kennzeichnen die Einkommensmobilität in Deutschland im internationalen Vergleich?

5 Lebensstile, Geschmack und soziale Ungleichheit

5.1 Lebensstile und Geschmack – Begriffsklärungen

In Kapitel 1 wurde dargestellt, wie sich die verschiedenen Bereiche der Sozialstrukturanalyse auf ein einfaches handlungstheoretisches Modell beziehen lassen. Die Ungleichheitsforschung als Gegenstand der vorhergehenden Kapitel beschäftigt sich mit der Verteilung von Handlungsressourcen und Handlungsrestriktionen in der Bevölkerung, wobei wir uns hier auf die Analyse der Ungleichheit der Handlungsressourcen konzentriert haben. Dagegen beschäftigt sich die Lebensstilforschung laut Kapitel 1 mit den Zielen des Handelns. Was das genau bedeutet, soll nun in der Auseinandersetzung mit zwei Definitionen des Lebensstils aus der Literatur herausgearbeitet werden. So heißt es in einem Standardwerk der Ungleichheitsforschung: „Ein *Lebensstil* ist demnach der regelmäßig wiederkehrende Gesamtzusammenhang der Verhaltensweisen, Interaktionen, Meinungen, Wissensbestände und bewertenden Einstellungen eines Menschen“ (Hradil 2001: 46). Dagegen heißt es in einem Klassiker der empirischen Lebensstilforschung in Deutschland: „*Lebensstile* sind gruppenspezifische Formen der Alltagsorganisation und -gestaltung, die auf der Ebene des kulturellen Geschmacks und der Freizeitaktivitäten symbolisch zum Ausdruck kommen. Sie dienen der hier vertretenen Auffassung nach der aktiven Zuordnung zu und Abgrenzung von kollektiv geteilten Lebensweisen“ (Spellerberg 1996: 57). In beiden Definitionen fällt auf, dass ganz unterschiedliche Aspekte des in Kapitel 1 entwickelten handlungstheoretischen Modells genannt werden: einerseits Verhaltensweisen, Freizeitaktivitäten und Interaktionen als abhängige Variablen der Handlungstheorie, andererseits bewertende Einstellungen und kultureller Geschmack als Zielvorstellungen, die das Handeln prägen. Es werden also die abhängige Variable und eine erklärende Variable aus dem handlungstheoretischen Modell in die Definition aufgenommen. Dies ist natürlich problematisch, wenn man das Verhalten von Akteuren durch ihre Ziele erklären will, da sich diese beiden Aspekte in den zitierten Lebensstildefinitionen gar nicht trennen lassen. Eine vergleichbare Problematik taucht auch auf, wenn man sich gängige empirische Operationalisierungen von Lebensstilen ansieht: einerseits werden Lebensstile zumeist durch Muster des Konsums und des Freizeitverhaltens operationalisiert, andererseits greifen einige Autoren auch auf Einstellungen, den Geschmack oder Wertorientierungen als Bestandteile der empirischen Messung von Lebensstilen zurück (Spellerberg 1996: 81). Während nun aber der Geschmack bzw. die Einstellungen Verhaltensweisen erst erzeugen und damit erklären, ist die faktische Praxis einer Person, z. B. deren Freizeitverhalten, das Resultat dieses Geschmacks. Zieht man diese beiden Elemente in einer Definition und in einem empirischen Konstrukt zusammen, so können dann auch Explanans und Explanandum nicht mehr getrennt werden. Damit ist die theoretische und empirische Brauchbarkeit dieses Lebensstilbegriffs schon per Definitionem deutlich eingeschränkt. Diese Vermischung zwischen den Zielvorstellungen oder Präferenzen der Akteure einerseits und den tatsächlichen Verhaltensweisen der Personen in der Definition des Lebensstilkonzepts andererseits findet sich leider relativ häufig (vgl. zur Kritik Rössel 2005: Kapitel 3). Zwischen diesen beiden Aspekten sollte man trennen, da nur so eine angemessene Erklärung von menschlichem Handeln möglich ist. Dann könnte man *Lebensstile* also der bisherigen Forschung folgend als typische Verhaltensmuster in den Bereichen der Freizeit und des Konsums definieren. Davon können dann die zugrundeliegenden *kulturellen Präferenzen* oder Geschmacksmuster der Akteure als spezifische Handlungsziele unterschieden werden.[42] Der eigentliche theoretische und empirische Gewinn der Lebensstilforschung liegt genau in diesem zweiten Gesichts-

[42] Die Begriffe kulturelle Präferenz und Geschmack werde ich in der Folge synomym verwenden.

punkt, dass nämlich nicht die Verhaltensmuster allein in den Blick gelangen, sondern die zugrundeliegenden Handlungsziele der Akteure. Diese sollen im Gegensatz zu den Lebensstilen, die sich vorwiegend mit den Verhaltensmustern beschäftigen, als kulturelle Präferenzen bezeichnet werden. Die Einschränkung auf den Begriff der kulturellen Präferenzen wird vorgenommen, da die Lebensstilforschung sich nicht mit allen Formen des Handelns beschäftigt, sondern einen Fokus auf die kulturell und ästhetisch aufgeladenen Bereiche von Konsum und Freizeit hat. An dieser Stelle ist daher auch eine Einschränkung der Relevanz der Lebensstilforschung zu formulieren. Sie beschäftigt sich nicht mit der Verteilung aller Handlungsziele in der Bevölkerung, sondern nur mit den ästhetisch orientierten Vorlieben, den kulturellen Präferenzen (vgl. auch Abschnitt 1.1).

Entstanden ist die Lebensstilforschung explizit als Alternative bzw. als Ergänzung zur klassischen Ungleichheitsforschung. Zur Abgrenzung wurden dabei mehrere zentrale Merkmale von Lebensstilen und Lebensstilforschung hervorgehoben: Erstens wird mit dem Begriff der Lebensstile im Gegensatz zur klassischen Sozialstrukturanalyse nicht auf die ungleiche Ausstattung von Personen mit Ressourcen fokussiert, sondern die tatsächliche Nutzung dieser Ressourcen in das Zentrum der Aufmerksamkeit gerückt (Georg 1998: 92; Klocke 1993: 143; Spellerberg 1996: 58, 74). Zweitens wird innerhalb der deutschsprachigen Diskussion typischerweise davon ausgegangen, dass die Ausbildung von Lebensstilen nur dann möglich ist, wenn die Individuen Handlungsspielräume besitzen und daher nicht allein durch strukturelle Zwänge gesteuert, sondern auf der Grundlage ihrer subjektiven Präferenzen handeln können (Hörning/Michailow 1990: 502; Michailow 1994; Giegler 1994: 255; Georg 1998: 92; Müller 1992: 371-376).[43] Schließlich muss drittens auf einen weiteren Punkt verwiesen werden, der in der Literatur zwar seltener erwähnt

[43] Während sich diese Position in stärkerem oder schwächerem Maße bei allen deutschsprachigen Vertretern der Lebensstilforschung findet, wird vor allem Pierre Bourdieu eine deterministische Konzeption von Lebensstilen zugeschrieben, die beim Individuum keine subjektive Gestaltungsabsichten vermutet (Hartmann 1999: 42; Müller 1986).

wird, der aber dennoch zentral für die mit dem Lebensstilbegriff verbundenen theoretischen Ambitionen ist: die Autonomie sozialer Felder und damit auch der kulturellen Sphäre der Gesellschaft (Vester et al. 2001; Michailow 1994; Bourdieu 1999). Mit dem Begriff der Lebensstile und dessen partieller Abkopplung von der Ressourcenausstattung der Akteure wird darauf verwiesen, dass die Entwicklung von kulturell und symbolisch geprägten Lebensstilen sich nicht ohne weiteres auf eine sozialstrukturelle oder ökonomische Basis zurückführen lässt, sondern auch durch kulturelle Diskurse geprägt ist.

Betrachtet man diese drei zentralen Intentionen für die Einführung des Lebensstilbegriffs, so wird schnell deutlich, dass das Konzept der kulturellen Präferenzen diesen Erwartungen gerecht werden kann. Im Gegensatz zum Begriff des Lebensstils fokussiert es nicht auf die faktische Nutzung von Ressourcen, sondern auf deren gewünschte Nutzung, rückt also die subjektiven Absichten der Akteure präziser ins Zentrum. Während der Lebensstil ein Resultat von präferenzgesteuertem Handeln unter Berücksichtigung von Handlungsrestriktionen und Ressourcenausstattung darstellt, so dass die freiwilligen und erzwungenen Elemente nicht klar voneinander getrennt werden können, rückt beim Konzept der kulturellen Präferenzen die subjektive Seite der Akteure sehr viel präziser in den Blick. Im Gegensatz zum Konzept der Lebensstile kann unter Verwendung des Begriffs der kulturellen Präferenzen und des in Abschnitt 1.1 vorgestellten Handlungsmodells sehr viel deutlicher unterschieden werden, ob die Akteure in ihrem Handeln ihren jeweiligen Präferenzen folgen, oder ob sie sich den Handlungsrestriktionen und den zur Verfügung stehenden Ressourcen beugen müssen. Mit dem hier vorgestellten Konzept kann das Element der Handlungsoptionen präziser abgebildet werden als mit dem Lebensstilbegriff selbst. Auch im Hinblick auf das dritte Ziel der Lebensstilanalyse, die Berücksichtigung der Autonomie der Kultur, unterliegt das skizzierte Konzept der kulturellen Präferenzen keinen Beschränkungen. Da keine vorgängigen Annahmen über die Rückbindung von kulturellen Präferenzen an strukturelle Bedingungen gemacht wurden, erlaubt diese Konzeption die Analyse der Entstehung kultureller Präferenzen als Resultat der autonomen Logik der kulturellen Sphäre. Insofern erweist sich die begriffliche Trennung zwischen Lebensstilen als Verhaltensmustern einerseits und kulturellen Präferenzen als den zugrundeliegenden Handlungszielen andererseits als wegweisend (vgl. Rössel 2008; Katz-Gerro 2008). Dies ermöglicht zugleich eine präzisere Analyse des Zusammenhangs der Struktur sozialer Ungleichheit und der Lebensstile, wie Schaubild 5.1 verdeutlicht. Es sind die kulturellen Präferenzen, also die ästhetischen Ziele der Akteure, die im Zusammenspiel mit ihren Handlungsressourcen und Handlungsrestriktionen, die sich aus der Position der Akteure in der Struktur sozialer Ungleichheit ergeben, die Lebensstilmuster erklären. Darüber hinaus kann aber in diesem Schema auch die Frage angesprochen werden, welche Determinanten die kulturellen Präferenzen der Akteure haben. Diese können einerseits selbstverständlich auch von den zentralen Dimensionen der Struktur sozialer Ungleichheit beeinflusst werden, andererseits aber auch anderen Strukturdimensionen der Gesellschaft, wobei z. B. dem Alter eine besonders große Rolle bei der Prägung des Geschmacks, bzw. der kulturellen Präferenzen zukommt (siehe Abschnitt 5.4).

Schaubild 5.1: Soziale Ungleichheit, kulturelle Präferenzen und Lebensstile

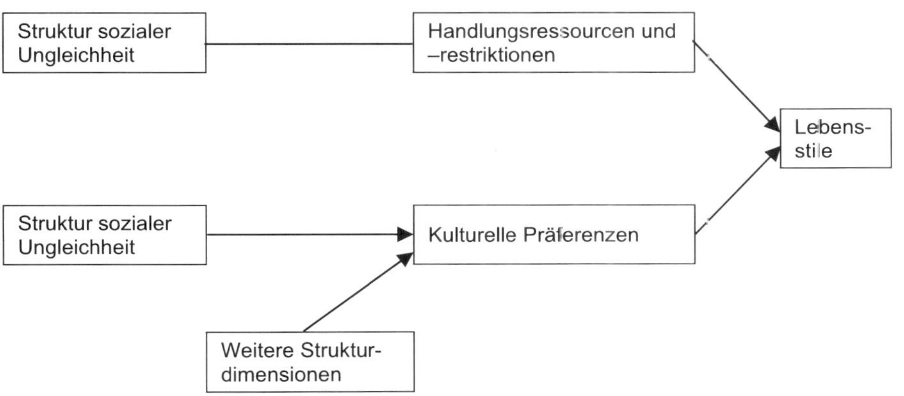

In den folgenden Abschnitten werden diese Fragen genauer aufgegriffen. In einem ersten Schritt soll in Abschnitt 5.2 die sozio-kulturelle Klassentheorie von Pierre Bourdieu erläutert werden, die den zentralen Ausgangspunkt für die Lebensstilforschung gebildet hat und in der internationalen Diskussion immer noch den primären Bezugspunkt der Diskussion darstellt (vgl. Sallaz/Zavisca 2007). Im darauf folgenden Abschnitt soll betrachtet werden, welches die Grunddimensionen von Lebensstilen und kulturellen Präferenzen in der gegenwärtigen Gesellschaft sind. Abschnitt 5.4 nimmt dann die Frage nach den Determinanten von Lebensstilen und kulturellen Präferenzen auf. Hier sind vor allem zwei Fragen zentral: erstens muss man sich mit der in manchen Teilen der Soziologie verbreiteten These auseinandersetzen, dass Lebensstile von der Struktur sozialer Ungleichheit mehr oder weniger abgekoppelt seien, zweitens stellt sich die spannendere Frage, ob die Relevanz der verschiedenen Dimensionen der Struktur sozialer Ungleichheit für die Bildung von Lebensstilen und kulturellen Präferenzen der in Abschnitt 3.3 festgestellten Relevanz dieser Dimensionen entspricht. Schließlich soll in Abschnitt 5.5 auch demonstriert werden, dass Lebensstile und kulturelle Präferenzen auch für andere Bereiche der Sozialstrukturanalyse inhaltlich bedeutsam sind.

Zusammenfassung

In gängigen Definitionen des Lebensstilbegriffs werden häufig Verhaltens- und Präferenzmuster aufgenommen. Dies hat den Nachteil, dass das Verhalten nicht mehr mit Bezug auf die Präferenzen erklärt werden kann. Hier wird daher vorgeschlagen, Lebensstile ausschließlich mit Bezug auf das Handeln der Akteure zu definieren und davon die kulturellen Präferenzen abzugrenzen, die sich allein auf den zugrundeliegenden Geschmack beziehen.

Weiterführende Literatur

Diskussionen zum Stand der Lebensstilforschung finden sich in:

- Gunnar Otte, 2005a: Hat die Lebensstilforschung eine Zukunft? Kölner Zeitschrift für Soziologie und Sozialpsychologie 57: 1-31.
- Jörg Rössel, 2005: Plurale Sozialstrukturanalyse. Eine handlungstheoretische Rekonstruktion der Grundbegriffe der Sozialstrukturanalyse. Wiesbaden: VS.

Wiederholungsfragen

- Wie werden in gängigen Definitionen Lebensstile definiert?
- Welche Probleme treten in diesen Definitionen auf?
- Wie werden Lebensstile und kulturelle Präferenzen hier definiert?

5.2 Die sozio-kulturelle Klassentheorie von Pierre Bourdieu

Die sozio-kulturelle Klassentheorie von Pierre Bourdieu ist im Verlauf dieses Buches schon mehrfach angesprochen worden, einerseits bei der Diskussion des Ressourcenbegriffs, dort wurde Bourdieus Konzeption der verschiedenen Kapitalsorten vorgestellt (Abschnitt 2.1). Außerdem wurde in Abschnitt 2.2.5 die Möglichkeit der Investition und Konvertierbarkeit dieser verschiedenen Arten von Kapital diskutiert. Jetzt sollen aber diese Konzepte in den Gesamtzusammenhang seiner Klassentheorie gestellt werden, die hier nur in knapper Form skizziert werden soll. In Schaubild 5.2 ist sozusagen das Fundamentaltheorem von Bourdieus Theorie dargestellt, an dem sich die Präsentation seiner Theorie orientiert.

Schaubild 5.2: Das Fundamentaltheorem der Klassentheorie von Pierre Bourdieu

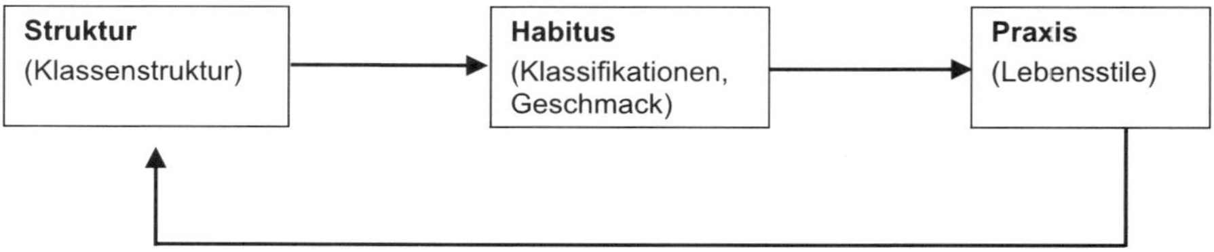

Bourdieu verortet das Handeln und Denken der Akteure in einem sozialen Raum der durch eine zentrale Struktur geprägt ist. Dabei fokussiert er insbesondere auf die Klassenstruktur der Gesellschaft. Er sieht die verschiedenen Klassen und Klassenfraktionen der kapitalistischen Gesellschaft nicht allein in einem ökonomischen Klassenkampf befangen, sondern auch in einem symbolischen Konflikt um die Geltung von Lebensstilen und Kultur. Die Klassenstruktur hat in Bourdieus Modell zwei grundlegende Achsen, die sich aus der Verteilung der Kapitalsorten im sozialen Raum ergeben (siehe Schaubild 5.3). Dabei repräsentiert die vertikale Achse das Gesamtvolumen des Kapitals, über das eine Person verfügt. Allerdings berücksichtigt Bourdieu hier nur die Verteilung des ökonomischen und des kulturellen Kapitals. Berufsgruppen mit einem hohen *Kapitalvolumen* befinden sich daher in Schaubild 5.3 oben, Gruppen mit einer niedrigen Ausstattung unten. Entlang der vertikalen Achse teilt Bourdieu die Gesellschaft grob in drei Klassen ein. Oben findet sich die herrschende Klasse, darunter die Mittelklasse und unten die Volksklassen der Arbeiter und Bauern.[44] Dagegen repräsentiert die horizontale Achse die *Zusammensetzung des Kapitals*. Auf der rechten Seite befinden sich die Berufsgruppen, deren Kapitalausstattung vor allem durch das ökonomische Kapital dominiert ist, wie die Unternehmer, während sich auf der linken Seite Personengruppen mit einer stärkeren Bedeutung des kulturellen Kapitals finden, wie Hochschullehrer oder Künstler. Dies

[44] Der bei Bourdieu verwendete Begriff der „classes populaires" lässt sich nur mit Schwierigkeiten ins Deutsche übersetzen. Vester et al. (2001) verwenden den Begriff Volksklassen.

bedeutet, dass innerhalb der Klassen, je nach Zusammensetzung des Kapitals, verschiedene Klassenfraktionen unterschieden werden können.

Bourdieu vertritt nun die These, dass die Menschen ihre Position in diesem sozialen Raum in Prozessen der Sozialisation und Konditionierung internalisieren. Daher entwickeln sie je nach Klassenlage einen unterschiedlichen Klassenhabitus. Unter dem *Habitus* versteht er einen Satz von Handlungs-, Beurteilungs- und Wahrnehmungsschemata. Dies bedeutet, dass der Habitus aus dem Menschen innewohnenden, relativ stabilen und häufig unbewussten Dispositionen besteht. Diese strukturieren das Handeln und die Präsentation einer Person, ihre Wahrnehmung von anderen Menschen sowie ihre Beurteilung dieses Handelns und dieser Präsentationsformen. Ein zentraler Bestandteil des Habitus ist damit also der *Geschmack*, der zur Beurteilung und Auswahl von Handlungsalternativen und zur Bestimmung von Handlungszielen dient. Der Habitus ist damit auch dem in Abschnitt 5.1 eingeführten Konzept der kulturellen Präferenzen ähnlich. Allerdings betont Bourdieu neben dem Habitus als Grundlage von Handlungen auch die Rolle des Habitus in der Wahrnehmung und Beurteilung anderer Personen. Unser Habitus ist laut Bourdieu die Grundlage dafür, dass wir andere Menschen anhand ihrer äußeren Merkmale relativ schnell als Mitglieder bestimmter sozialer Gruppen identifizieren können (vgl. Pape/Rössel/Solga 2008). Im Kontext des in Schaubild 5.2 dargestellten Modells ist allerdings von zentraler Bedeutung, dass der Habitus einer Person eine spezifische Praxis, d. h. vor allem einen bestimmten, klassenspezifischen Lebensstil erzeugt. Daher ergibt sich ein dem sozialen Raum der sozialen Klassen korrespondierender Raum der Lebensstile, der auch in Schaubild 5.2 sichtbar ist. Bourdieu geht davon aus, dass sich die verschiedenen Klassen und Klassenfraktionen weniger durch das ihnen zur Verfügung stehende Kapital abgrenzen, sondern durch die von ihnen praktizierten Lebensstile und den darin zum Ausdruck kommenden Geschmack. Lebensstile und Geschmack haben also die Funktion der sozialen *Distinktion*, der symbolischen Abgrenzung und der Abhebung der herrschenden Klassen von den anderen sozialen Klassen.

Schaubild 5.3: Sozialer Raum und Raum der Lebensstile

Berufsgruppen
Lebensstile

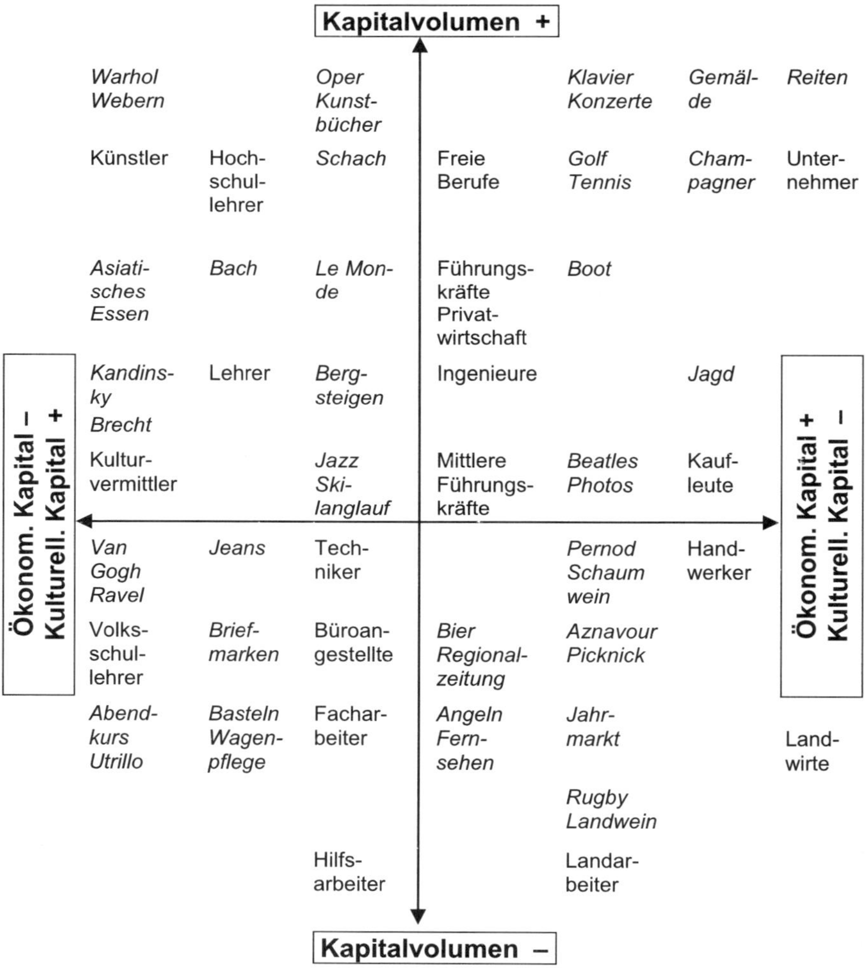

In Anlehnung an Bourdieu 1982: 212-213.

Dabei unterscheiden sich nicht allein die Vorlieben der Akteure für bestimmte Lebensstilformen, sondern auch ihre Fähigkeit ästhetisierbare Güter und Dienstleistungen zu verstehen und zu genießen, da sie aufgrund ihrer Sozialisationsbedingungen mit einem unterschiedlichen Ausmaß von ästhetischer Kompetenz und kulturellem Kapital ausgestattet sind (siehe Abschnitt 5.4 für weitere Ausführungen dazu). Konsum und Lebensstile lassen den Geschmack und das kulturelle Kapital eines Akteurs sichtbar werden, da sie die materiellen, real existierenden Eigenschaften von Konsumgütern um symbolische Eigenschaften ergänzen und den Objekten eine distinktive Funktion zukommen lassen, was die soziale Einordnung des Konsumenten ermöglicht. Analog zu den drei Klassen in der Gesellschaft identifiziert Bourdieu drei verschiedene Geschmäcker: den Luxusgeschmack der herrschenden Klasse, den prätentiösen Geschmack der Mittelklasse und den Notwendigkeitsgeschmack der unteren Klasse. Während die Angehörigen der herrschenden Klasse, deren Geschmack von Großzügigkeit und Freiheit bestimmt ist, in sämtlichen Bereichen des Konsums eine Präferenz der Form gegenüber der Funktion erkennen lassen, legen die Akteure mit einem Notwendigkeitsgeschmack, der von Mangel geprägt ist, eher Wert auf den Inhalt bzw. die Funktion von Dingen und Erlebnissen (Bourdieu 1982: 283-298). Während Personen mit einem Notwendigkeitsgeschmack ein Gemälde oder eine Photographie vor allem anhand der Schönheit des abgebildeten Gegenstandes beurteilen (Sonnenuntergang), werden Akteure mit einem formorientierten Geschmack eher deren formale und stilistische Aspekte betonen. Dies macht deutlich, dass sich nicht allein die Vorlieben der verschiedenen sozialen Klassen unterscheiden, sondern auch die Art und Weise, in der sie Konsumgüter rezipieren und konsumieren. Die Mittelklasse strebt fortwährend nach oben und versucht dementsprechend, den Geschmack der herrschenden Klasse zu imitieren. Prätentiös ist dieses Vorgehen, da den Akteuren aus der Mittelklasse sowohl die finanziellen Möglichkeiten als auch das kulturelle Kapital für jenen Stil fehlen, so dass sie nur vorgeben können, den gleichen Geschmack wie die oberste Klasse zu haben, ihre fehlende Vertrautheit mit dem Geschmack der Herrschenden allerdings nicht verbergen können (Bourdieu 1982: 391-395). Insofern werden ihre Versuche zur Nachahmung der Kultur der herrschenden Klasse laut Bourdieu oft plump und streberhaft ausfallen.

Bereits im alltäglichen Bereich der Ernährung, also in Situationen mit eher geringen Kostendifferenzen zwischen den Konsumalternativen, macht Bourdieu deutlich, wie sehr der Konsum eines Akteurs durch seinen Geschmack und sein kulturelles Kapital geprägt wird: Die untere Klasse zeichnet sich durch eine Vorliebe für schwere, sättigende Speisen aus, deren Zubereitung aus der Notwendigkeit der primären Bedürfnisbefriedigung heraus entstanden ist, wohingegen der Luxusgeschmack der oberen Klasse die elementare Versorgungsproblematik völlig entbehrt, und dort dementsprechend eher leichte, verfeinerte Gerichte präferiert werden, nicht zuletzt aus dem Bedürfnis heraus, „sich von eben dieser körperlichen Notwendigkeit [der unteren Klasse] zu distanzieren und dem (kulturellen) Genuss gegenüber der (natürlichen) Bedürftigkeit den Vorrang einzuräumen." (Prahl/Setzwein 1999: 75) Aber nicht nur die Nahrung selbst, sondern auch die Art und Weise, wie sie konsumiert wird, drückt den Lebensstil aus: So wird in der herrschenden Klasse in der Regel Wert auf einen geregelten Ablauf der Mahlzeit und bestimmte Tischsitten gelegt, während in der unteren Klasse das Sattwerden und die unkomplizierte Geselligkeit wichtiger sind, so dass z.B. alle Speisen gleichzeitig auf den Tisch kommen und der Suppenteller möglicherweise auch für den Hauptgang benutzt wird. Diese klassenspezifischen Unterschiede in den konsumierten Gütern und in der Art und Weise des Konsums können auch in gegenwärtigen Gesellschaften noch in Gaststätten beobachtet werden (Rössel/Hölscher 2004). Selbst eine derart alltägliche Handlung wie die Nahrungszubereitung und -aufnahme hängt also eng mit dem Geschmack und dem kulturellen Kapital des Akteurs zusammen.

Insgesamt ergibt sich bei Bourdieu ein Bild der geschmacksgesteuerten Lebensstile, das stark durch die Verteilung von Ressourcen, bzw. Kapitalsorten in der Gesellschaft charakterisiert ist. Die dominante vertikale Achse ist durch den Gegensatz der populären Kultur der Volksklassen einerseits und der legitime Kultur der herrschenden Klassen andererseits geprägt.[45] Er geht in seinen Studien allerdings über die Erklärung klassenspezifischer Lebensstile hinaus, indem er diese mit einer Konzeption zur Analyse der kulturellen Reproduktion der Klassenstruktur erweitert. Im Zentrum dieser Untersuchungen steht vor allem der Zusammenhang zwischen inkorporiertem kulturellem Kapital (vgl. Abschnitt 2.1) und dem Bildungserfolg. Der in frühen Sozialisationsphasen im Elternhaus erworbene Habitus ist laut Bourdieu grundlegend für den Lernerfolg in der Schule und den Erwerb von Bildungstiteln. Schüler und Studenten mit hohem kulturellem Kapital sind in ihren Interessen vielseitiger, sie verfügen über die Fähigkeit, Werke der klassischen Hochkultur zu verstehen und zu genießen (Bourdieu/Passeron 1971: 35). Sie unterscheiden sich also in ihren Lebensstilen von den anderen Schülern. Genau diese Fähigkeiten können sie im Lebensverlauf in messbare Bildungserfolge übersetzen, da Lehrer Schüler mit derartigen Vorlieben besser bewerten, diese Neigungen auch in stärkerem Maße dem schulischen Lehrplan entsprechen und hochkulturelles Kapital auch die Erfassung von schulischem Wissen leichter macht (DiMaggio 1982, vergleiche Abschnitt 5.5). Insofern erklärt Bourdieu die soziale Ungleichheit der Bildungschancen vor allem durch den Unterschied des im Elternhaushalt erworbenen kulturellen Kapitals. Daher ist es auch angemessen Bourdieus Konzeption als eine soziokulturelle Klassentheorie zu bezeichnen, da sie der Kultur und den Lebensstilen eine zentrale Rolle bei der Reproduktion der Klassenstruktur zuweist. Dies wird in Abbildung 5.2 durch den Pfeil von der Praxis zurück zur Klassenstruktur verdeutlicht.

Zusammenfassung

Pierre Bourdieu hat eine Klassentheorie entwickelt, die verschiedene soziale Klassen auf der Grundlage des ihnen zur Verfügung stehenden kulturellen und ökonomischen Kapitals abgrenzt. Die jeweils klassenspezifische Lebenslage prägt auch den Habitus, ein System von Verhaltens-

[45] Bourdieu analysiert zwar auch die horizontale Achse in ihrer Relevanz für die Lebensstile, diese hat aber eine untergeordnete Bedeutung (Rössel/Pape 2008).

und Wahrnehmungsdispositionen, welches das Verhalten der Akteure in unterschiedlichen sozialen Kontexten erzeugt. Im Habitus ist auch der Geschmack inbegriffen, der eine klassenspezifische soziale Praxis in Form von Lebensstilen bedingt, die auf der symbolischen Ebene die Grenzen zwischen den sozialen Klassen deutlich markierten. Daher tragen die Lebensstile auch zur Reproduktion der sozialen Klassenpositionen bei.

Weiterführende Literatur

Gute Einführungen zur Klassentheorie von Pierre Bourdieu bieten:

- Hans-Peter Müller, 1986: Kultur, Geschmack und Distinktion. Grundzüge der Kultursoziologie Pierre Bourdieus. S. 162-190 in: Friedhelm Neidhardt, Rainer M. Lepsius und Johannes Weiß (Hg.): Kultur und Gesellschaft (Sonderband 27 der Kölner Zeitschrift für Soziologie und Sozialpsychologie). Opladen: Westdeutscher Verlag.
- Gerhard Fröhlich, 1994: Kapital, Habitus, Feld, Symbol. Grundbegriffe der Kulturtheorie bei Pierre Bourdieu. S. 31-54 in: ders. und Ingo Mörth (Hg.): Das symbolische Kapital der Lebensstile. Frankfurt: Campus.

Wiederholungsfragen

- Welche Dimensionen spannen in Bourdieus Theorie den sozialen Raum auf?
- Was versteht Bourdieu unter dem Habitus?
- Wie entsteht der Habitus?
- Wie erklärt Bourdieu die Entstehung klassenspezifischer Lebensstile?
- Warum tragen die Lebensstile zur Reproduktion sozialer Klassen bei?

5.3 Lebensstil- und Geschmacksdimensionen im Wandel

Im vorhergehenden Abschnitt wurde deutlich, dass Bourdieu verschiedene Ausprägungen des Geschmacks bzw. der kulturellen Präferenzen dominant entlang einer vertikalen Achse, die mit der Klassenstruktur der Gesellschaft korrespondiert, konzipiert. In der deutschsprachigen Lebensstilforschung wurde diese Konzeption häufig kritisiert, da sie die Vielfalt und Mehrdimensionalität des Geschmacks in gegenwärtigen Gesellschaften unterschätzt (Schulze 1992; Spellerberg 1996). Dagegen wurde sehr viel stärker die Pluralität von Geschmacksdimensionen und Lebensstilen betont. Eine Reihe von Forschern hat auch die von Bourdieu behauptete enge Verknüpfung von Geschmack und Klassenstruktur bestritten. Diesen Punkt werden wir in Abschnitt 5.4 genauer behandeln. An dieser Stelle soll nun zuerst die Frage diskutiert werden, wie die Struktur und die Dimensionen des Geschmacks bzw. von Lebensstilen in Deutschland angemessen beschrieben werden können.

Einen Gegenentwurf zu Bourdieus soziokultureller Klassentheorie hat in Deutschland Gerhard Schulze mit seiner Studie „Die Erlebnisgesellschaft" (1992) vorgelegt. In einer Umfrage, die in der Mitte der achtziger Jahre in Nürnberg durchgeführt wurde, hat er die Freizeitaktivitäten, den Konsum und die Geschmacksvorlieben der befragten Personen in umfassender Weise erhoben. Seine These ist nun, dass der Geschmack nicht vollständig individualisiert ist, sondern sich in sogenannten *alltagsästhetischen Schemata* bündeln lässt, die eine Vielzahl von gesellschaftlich produzierten, ästhetischen Zeichen auf eine geringe Zahl von Grundbedeutungen beziehen. Sie sind Resultat kollektiver und individueller Definitionsanstrengungen, bei denen bestimmte Zeichen z. B. als trivial, unanständig und kitschig definiert werden und andere als kultiviert und auratisch (Schulze 1992: 137). In seiner empirischen Studie kristallisieren sich drei solcher alltagsästhetischer Schemata heraus: das *Hochkultur-, das Trivial- und das Spannungsschema* (Schulze 1992: 142-157). Während die Alltagsästhetik laut Schulze noch vor wenigen Jahrzehnten eindimensional durch den Gegensatz zwischen traditioneller Hochkultur auf der einen Seite und Trivialkultur auf der anderen Seite geprägt war – also der dominanten Achse des Raums der Lebensstile bei Bourdieu entsprach – hat die Entwicklung des Spannungsschemas zu einer Mehrdimensionalität des Raums der Alltagsästhetik geführt (Müller-Schneider 1994; 1996). Damit ist eine Form des Geschmacks gemeint, die sich an Schnelligkeit, Körperlichkeit und Action orientiert. Typische Beispiele für das Spannungsschema sind Rock- und Popmusik, Kinobesuch, Actionfilme und modische Formen des Tanzens (Schulze 1992: 153-154). Mit den drei alltagsästhetischen Schemata hat Schulze drei Variablen benannt, mit deren Hilfe eine Vielzahl von kulturellen Präferenzen gebündelt werden können und der Raum der kulturellen Symbole sinnvoll gegliedert wird. Es ist daher auch keineswegs zufällig, dass diese Schemata in zahlreichen Studien wieder aufgenommen wurden und sich als relativ interpretations- und erklärungskräftig bewährt haben (Gerhards/Rössel 2002; Rössel/Beckert-Zieglschmid 2002; Spellerberg 1996: 122, 145; Hartmann 1999). Nach Schulze geht mit der Differenzierung der Geschmacksdimensionen auch die Bedeutung der Distinktion durch alltagsästhetische Praktiken im Zeitverlauf zurück, während die Bedeutung der Ebene des Genuss zunimmt (Schulze 1992: 167). In Bourdieus Theorie wurde unterstellt, dass die verschiedenen Klassen sich durch ihren Geschmack und ihre Lebensstile voneinander abgrenzen, also distinguieren. Davon kann laut Schulze in gegenwärtigen Gesellschaften keine Rede mehr sein. Aus seiner Perspektive kann der Besuch eines klassischen Konzertes kaum noch als distinguierende Handlung erklärt werden, sondern ist in erster Linie auf die Herstellung bestimmter psychophysischer Prozesse – den Genuss – bezogen. Die Menschen in Schulzes Analyse werden also primär als Erlebnis- und Genusssuchende beschrieben, zur Abgrenzung von sozialen Klassen oder Schichten tragen dabei zu Tage tretende Geschmacks- oder Lebensstilunterschiede nichts mehr bei.

Annette Spellerberg hat in einer weiteren, für die deutsche Lebensstilforschung paradigmatischen Studie, darauf hingewiesen, dass sich die Lebensstile der Bevölkerung nicht allein nach den drei alltagsästhetischen Schemata ausdifferenzieren lassen, sondern auch durch den jeweiligen Aktionsradius charakterisiert sind, der von einer eher häuslichen bis zu einer dominant außerhäuslichen Orientierung reicht. Ihre Einteilung der Bevölkerung in Lebensstilgruppen ist in Schaubild 5.4 dargestellt. Diese Untersuchung ist insofern paradigmatisch, als in ihr die typische methodische Vorgehensweise der deutschsprachigen Lebensstilforschung zum Ausdruck kommt. Diese Forschung ist stark empirisch und induktiv ausgerichtet. Sie versucht den Geschmack, die Freizeitaktivitäten, den Konsum und die Mediennutzung von Personen zumeist überaus differenziert zu erheben, so dass in der Regel mehrere Dutzend Variablen vorliegen, die die ästhetischen Vorlieben und Handlungsmuster der befragten Personen charakterisieren. Diese werden in der Regel unter Verwendung von statistischen Verfahren gebündelt, so dass überschaubare Personengruppen mit einem vergleichbaren Lebensstil und Geschmack zusammengefasst, also Typen gebildet werden (vgl. Otte 2005b). Damit unterscheiden sich diese Studien auch von Schulzes Vorgehensweise. Bei seinen alltagsästhetischen Schemata handelt es sich um dimensionale Variablen. Eine Person kann also an jedem der Schemata stark oder schwach orientiert sein. Wir können in Schulzes Modell sowohl eine Person erfassen, die alle Arten von Kultur sehr schätzt, aber auch jemanden, der überhaupt keine Art von Kultur schätzt. Dagegen wird im größten Teil der Lebensstilforschung versucht, klar abgegrenzte Lebensstiltypen und damit Personengruppen zu benennen, die durch eine bestimmte Konfiguration von Geschmacks- und Handlungsmustern charakterisiert sind. Eine Person wird daher auch in der Regel einem Typus eindeutig zugeordnet. Die in Schaubild 5.4 dargestellten Lebensstiltypen nach Spellerberg sind nur ein Beispiel für die Vielzahl von unterschiedlichen Lebensstiltypologien, die mittlerweile vorliegen (Otte 2005b: 448-449 führt für Deutschland 17 auf).

In seiner Metaanalyse der Vielfalt von Lebensstiltypologien für Deutschland vertritt Otte (2005b) die These, dass diese sich auf zwei grundlegende Dimensionen zurückführen lassen. Erstens die Achse des *Ausstattungsniveaus*, die durch die Hierarchisierung von Statussymbolen und Kulturkompetenzen charakterisiert werden kann. Damit kann einerseits der Gegensatz zwischen der volkstümlichen Trivial- und der Hochkultur abgebildet werden, aber auch der stärker materielle Gegensatz zwischen einem Notwendigkeits- und einem Luxuskonsum. Diese Dimension entspricht also relativ stark der vertikalen Achse bei Bourdieu oder dem vermeintlichen Gegensatz von Hochkultur- und Trivialschema bei Schulze. Davon unterscheidet Otte eine zweite Achse der *Modernität und der biographischen Perspektive,* die stärker zeitlich strukturiert ist. Einerseits durch die zeitliche Abfolge von Geburtskohorten, die einen Gegensatz zwischen stärker traditional orientierten und modernen kulturellen Mustern abbilden, andererseits durch die jeweilige Alterszugehörigkeit und die damit verbundene biographische Offenheit und Spontaneität. Die empirische Validität dieses Vorschlags hat Otte in mehreren Studien demonstrieren können (Otte 2004; Otte/Baur 2008). Insofern liegt hier eine Systematisierung von Lebensstil- und Geschmacksdimensionen vor, die auch für die zukünftige Forschung von großem Nutzen sein wird.

Schaubild 5.4: Lebensstilgruppen in Westdeutschland

Hochkultur	Kreativ, sozial, naturverbunden, engagiert, Selbsterfahrung (10 %)	Arbeitsorientiert, strebt Führung an, qualitätsbewusst (13 %)		Postmateriell, erlebnisorientiert, informiert (10 %)
Spannungskultur	Strebt Attraktivität an, Unterhaltung, jugendliche Kleidung (14 %)	Arbeits-, sport-, genussorientiert, weiterbildend, kaum kulturelle Interessen (15 %)	Expressiv, stilisierend, Pop (4 %)	Abwechslung, Freunde, gesellig, Informationen unwichtig (13 %)
Trivialkultur	Bescheiden, kaum kulturelle Interessen, sicherheitsorientiert (11 %)	Freizeitaktiv, Hobbys und Garten, volkstümlicher Geschmack (11 %)		

Häuslich ⟶ **Außerhäuslich**

Quelle: Spellerberg 1996: 122.

Mit der Analyse von Otte und den drei alltagsästhetischen Schemata von Schulze liegen zwei differenzierte Versuche zur Beschreibung der Geschmacks- und Lebensstildimensionen für Deutschland vor. In der internationalen Forschung dominiert gegenwärtig allerdings eine andere Diskussion, die sich am Modell des sogenannten *kulturellen Allesfressers* ausrichtet, das vor allem in den Vereinigten Staaten von Richard A. Peterson formuliert wurde (Peterson/Kern 1996). Der Kerngehalt dieses Konzepts ist die Annahme, dass eine ausschließliche Orientierung an der klassischen Hochkultur in gegenwärtigen Gesellschaften ihre soziale Funktion verloren hat (Gebesmair 2004) und dass an diese Stelle eine Vorliebe für die kulturelle Vielfalt getreten ist, die neben der Hochkultur auch Elemente der populären Kultur einschließt. Dies würde z. B. einer Kombination von Hochkultur- und Spannungsschema in Schulzes Modell entsprechen. Nach Petersons Ansicht wird damit der hochkulturelle Snobismus im Sinne Bourdieus zugunsten einer geschmacklichen Vielfalt verdrängt, die nun als vorherrschender Distinktionsmechanismus fungiert. Das Allesfresserkonzept geht also davon aus, dass Geschmack und Lebensstile weiterhin eine distinktive Funktion in der Gesellschaft haben, auch wenn sich die dominanten Inhalte geändert haben. Allerdings gibt es verschiedene Varianten dieser These: während Peterson und Kern empirisch davon ausgehen, dass in den statushohen Gruppen tatsächlich eine Verbreiterung der Geschmackspräferenzen stattfindet, stellt Bryson fest, dass dieser Prozess seine Grenzen hat (Bryson 1996). Sie hat die These aufgestellt, dass gerade die kulturellen Genres, die von den untersten Statusgruppen bevorzugt werden, von den höchsten Statusgruppen bei aller ästhetischen Offenheit nicht toleriert werden. Dies kann sie auch empirisch nachweisen. Emmison (2003) vertritt in einer australischen Studie die These, dass das Konzept der kulturellen Allesfresserei in einem zentralen Punkt einen Fehler aufweist. Es ist seines Erachtens keineswegs so, dass gerade statushohe Gruppen zunehmend alle Formen der Kultur akzeptieren und tolerieren, wichtig ist vor allem, dass sie sich mit ganz unterschiedlichen kulturellen Produkten auskennen, ohne sie notwendigerweise zu schätzen. Die soziale Funktion des Geschmacks erfordert also vor allem, dass man über viele Genre plaudern kann, aber nicht, dass man alle Genres auch wirklich schätzt. Zur Thematik des kulturellen Allesfressers gibt es gegenwärtig eine ausgesprochen lebendige Forschung, so dass noch keine abschließende Einschätzung formuliert werden kann. Die Überprüfungen für Deutschland kommen zu einer eher skeptischen Einschätzung der Allesfresserthese (Neuhoff 2001; Rössel 2006b). Jedoch kann insgesamt für die Bundesrepublik nicht von einer einfachen Fortexistenz des Hochkultursnobismus gesprochen werden, sondern eher von einer dosierten Grenzüberschreitung zwischen hochkulturellem und populärem Geschmack, wie sich auch im Modell von Schulze behauptet wird (Gebesmair 2004).

Zusammenfassung

In der Sozialstrukturanalyse wird gegenwärtig davon ausgegangen, dass man Geschmack und Lebensstile nicht allein durch die Gegenüberstellung von Hoch- und Trivialkultur beschreiben kann. In Deutschland sind vor allem Schulzes drei alltagsästhetische Schemata und das Zweidimensionen-Modell von Otte zentrale Ansätze zu einer stärker differenzierenden Erfassung der kulturellen Präferenzen und der Lebensstile. International wird stärker das Konzept des kulturellen Allesfressers diskutiert, dass eine zunehmende Verbreiterung des Geschmacks der statushohen Gruppen behauptet.

Weiterführende Literatur

Als Überblick empfiehlt sich der folgende Aufsatz:

- Gunnar Otte, 2005b: Entwicklung und Test einer integrativen Typologie der Lebensführung für die Bundesrepublik Deutschland, Zeitschrift für Soziologie 34: 442-467.

Die verschiedenen Varianten der Allesfresserthese werden im folgenden Aufsatz dargestellt:

- Jörg Rössel, 2006b: Allesfresser im Kinosaal? Zur Übertragbarkeit des Konzepts der kulturellen Allesfresser auf Deutschland. Soziale Welt 57: 259-272.

Wiederholungsfragen

- Was versteht man unter alltagsästhetischen Schemata?
- Welche alltagsästhetischen Schemata unterscheidet Gerhard Schulze?
- Welche Geschmacks- und Lebensstildimensionen werden von Otte unterschieden?
- Was versteht man unter einem kulturellen Allesfresser?

5.4 Lebensstile zwischen strukturierter Ungleichheit und Entstrukturierung

In Bourdieus soziokultureller Klassentheorie wird davon ausgegangen, dass der Habitus, also unter anderem der Geschmack und dadurch auch die Lebensstile stark durch die klassenspezifischen Lebens- und Sozialisationsbedingungen geprägt sind. Die deutsche Forschung hat fast vollständig mit der Vorstellung gebrochen, dass Lebensstile vor allem klassenspezifisch bedingt sind. Dagegen finden sich in der angelsächsischen Diskussion zur Allesfresserthese noch in stärkerem Maße eine Bindung von Lebensstilen und Geschmack an Klassen- oder Statuspositionen. Einige Autoren in der Lebensstilforschung haben sich sogar zu der These hinreißen lassen, dass Lebensstile primär als autonome und subjektive Erzeugnisse zu betrachten seien, die von der Position einer Person in der Struktur sozialer Ungleichheit oder anderen sozialen Merkmalen der Person kaum noch geprägt seien, sondern letztlich das Resultat einer mehr oder weniger freien Wahl seien (Hörning/Michailow 1990, Schulze 1992). Diese These ist freilich nach mehr als einem Jahrzehnt der Forschung über Geschmacksmuster, Lebensstile und ihre Determinanten kaum noch zu halten (als Überblick Rössel 2005: 310-323; Otte 2004). Zwar kommt die Vielzahl von Studien über die strukturellen Determinanten von Lebensstilen nicht zu vollständig übereinstimmenden Ergebnissen, aber es kristallisieren sich doch bestimmte Variablen heraus, die sich in nahezu allen Untersuchungen als erklärungskräftig erwiesen haben.

In einem ersten Schritt soll nun die Bedeutung der vier Dimensionen der Struktur der sozialen Ungleichheit betrachtet werden. In fast allen Untersuchungen wird die Relevanz der vertikalen Dimension der Struktur sozialer Ungleichheit deutlich, die einen messbaren Einfluss auf den Lebensstil hat. Als besonders wichtig erscheint dabei die Bildung, weniger relevant sind Indikatoren des beruflichen Status oder des Einkommens. Wenn Lebensstile klassenspezifisch geprägt sind, dann vor allem aufgrund der unterschiedlichen Bildungsniveaus verschiedener sozialer Klassen. Mit höherer Bildung und höherem Status geht typischerweise eine stärkere Hochkulturorientierung und ein stärkerer Luxuskonsum einher. Auch das Geschlecht zeigt sich in empirischen Studien immer wieder als Determinante des Lebensstils. So haben Frauen im Durchschnitt eine etwas stärkere Hochkulturorientierung als Männer und sie verbringen mehr Zeit mit Lesen. Im Hinblick auf Lebensstilunterschiede zwischen Ost- und Westdeutschland liegen insgesamt nur wenige Studien vor (Spellerberg 1996; Lechner 2003; Otte/Baur 2008). Diese verweisen auf eine relativ große Strukturähnlichkeit zwischen den alten und den neuen Bundesländern. Insgesamt erweisen sich die Lebensstile in Ostdeutschland im Vergleich zu Westdeutschland als stärker häuslich geprägt und weniger an Hochkultur und Luxuskonsum orientiert (Spellerberg 1996; Otte/Baur 2008). Ethnische Unterschiede des Lebensstils sind systematisch bisher kaum untersucht worden. In einer Studie von Otte (2004) stellt sich heraus, dass zwischen Ausländern und Deutschen tatsächlich signifikante Lebensstilunterschiede existieren. Neben diesen vier Dimensionen der Struktur sozialer Ungleichheit zeigen sich allerdings auch andere Variablen als erklärungskräftig. In zahlreichen ist das Alter die Variable, die den Lebensstil am stärksten prägt. Ältere Menschen sind in Deutschland deutlich weniger an Populärkultur im Sinne von Schulzes Spannungsschema orientiert und dafür sehr viel stärker seinem Trivialschema zugeneigt, das auf eine Vorliebe für volkstümliche Musik, Heimatfilme und -romane verweist. Über das Alter hinaus hat sich auch der Haushaltskontext als eine wichtige Größe erwiesen. Der Haushaltskontext strukturiert nicht nur die freie Zeit der Akteure, sondern auch die inhaltliche Ausrichtung in der Freizeit. Personen mit Kindern unternehmen in ihrer Freizeit zumeist ganz andere Aktivitäten als Personen ohne Kinder. Insofern kann man an dieser Stelle festhalten, dass Lebensstile in gegenwärtigen Gesellschaften keine klare klassenspezifische Ausprägung mehr haben, sie sind aber auch keinesfalls als frei gewählt zu betrachten, sondern Resultate unterschiedlicher struktureller Prägungen.

An dieser Stelle muss auf die Diskussion aus Abschnitt 5.1 zurückgegriffen werden. Dort wurde deutlich gemacht, dass man zwischen Lebensstilen als Handlungsmustern einerseits und den zugrundeliegenden kulturellen Präferenzen andererseits trennen sollte (siehe Schaubild 5.1), was in der bisherigen Forschung kaum geschehen ist. Dann kann auch genauer betrachtet werden, welche strukturellen Größen erstens einen Einfluss auf die kulturellen Präferenzen haben und welche dann zweitens noch für die Lebensstile relevant sind, wenn man den Geschmack der Akteure berücksichtigt. Will man die kulturellen Präferenzen der Akteure erklären, so haben sich vor allem die Bildung einer Person, ihr Alter und ihre soziale Herkunft als erklärungskräftig erwiesen (Rössel 2005: 310-323; Katz-Gerro/Raz/Yaish 2007). Die Verteilung von ökonomischen Ressourcen ist für den Geschmack der Akteure von geringer Bedeutung (Katz-Gerro/Yaish 2008). Hier stellt sich freilich die Frage, warum gerade Alter, Bildung und soziale Herkunft eine so große Bedeutung für die Ausbildung von kulturellen Präferenzen haben. Den Einfluss des Alters auf den Geschmack kann man aus zwei Perspektiven betrachten, einerseits einer kohortenspezifischen und andererseits einer lebenszyklischen.[46] Die kohortenspezifische Interpretation würde darauf verweisen, dass jede Geburtskohorte (Eine Personengruppe, die in einem

[46] Zur Trennung zwischen Kohorten-, Lebenszyklus- und Periodeneffekten sieht Diekmann 1995: 279-287.

bestimmten Zeitraum, z. B. den Geburtsjahrgängen 1959-1961, geboren wurde.) in ihrer Kindheit und Jugend durch unterschiedliche Moden und Stile geprägt wird, die sie dann auch im weiteren Verlaufe ihres Lebens beibehält. Personen, die in den sechziger Jahren aufgewachsen sind und die die Musik der Beatles schätzen gelernt haben, würden in der Regel auch für den Rest ihres Lebens die Beatles mögen. Dagegen betont die lebenszyklische Interpretation die Veränderungen des Geschmacks im Lebensverlauf. Hier wird typischerweise angenommen, dass jüngere Menschen eine größere Affinität zu stärker köper- und actionorientierten ästhetischen Genres haben, während ältere Menschen ruhigere und gesetztere Formen vorziehen. Bisher liegen kaum Studien vor, die eine Entscheidung zwischen diesen theoretischen Interpretationen der Altersprägung des Geschmacks erlauben würden. Hartmann (1999) kann in seiner Untersuchung vor allem eine kohortenspezifische Prägung feststellen, aber in diesem thematischen Feld sind weitere empirische Studien zur Abgrenzung von Lebenszyklus- und Kohorteneffekten nötig. Um den Einfluss von Bildung und sozialer Herkunft auf den Geschmack von Personen zu erklären, hat wiederum Pierre Bourdieu eine einflussreiche Theorie der Kunstrezeption vorgeschlagen (Bourdieu 1997). Er geht davon aus, dass ästhetische Güter und Dienstleistungen auf verschiedenen Ebenen interpretiert werden können. Einerseits kann man sie hinsichtlich ihrer Oberflächenschicht betrachten, also bei Gemälden die darauf abgebildeten Objekte und Personen betrachten. Andererseits kann man aber auch ihre Tiefenschicht analysieren, also die formalen Gestaltungsmittel, die in der Herstellung eines Gemäldes und in der Präsentation von Personen und Objekten verwendet wurden. Diese Interpretation von ästhetischen Gütern führt aber nur zu einem zufriedenstellenden Ergebnis, wenn der Betrachter über das nötige kulturelle Kapital verfügt. Gerade Werke der Hochkultur sind laut Bourdieu so strukturiert, dass sie nur von einer Person mit einer ausreichenden Ausstattung von kulturellem Kapital angemessen verstanden und mit künstlerischem Genuss betrachtet werden können. Wie schon in den Abschnitten 2.1 und 5.2 dargestellt, erwerben Akteure dieses kulturelle Kapital vor allem im Elternhaus und in Bildungseinrichtungen, so dass der Einfluss von sozialer Herkunft und

Bildung auf den Geschmack damit erklärt werden kann (Rössel/Beckert-Zieglschmid 2002; Katz-Gerro/Raz/Yaish 2007).

Nachdem betrachtet wurde, welche Determinanten die kulturellen Präferenzen von Akteuren haben, soll nun analysiert werden, welche Faktoren die Lebensstile prägen, wenn man auch die Handlungsziele der Akteure, also ihren Geschmack, berücksichtigt (vgl. Schaubild 5.1). Zu dieser Frage liegen bisher nur wenige Studien vor, die allerdings schon eine Reihe von Aussagen ermöglichen. Erstens kann man feststellen, dass die kulturellen Präferenzen der Akteure ihr Verhalten vor allem dann bestimmen, wenn die Handlungsalternativen sich in ihren Kosten nicht zu stark unterscheiden. Hat man z. B. die Wahl zwischen zwei verschiedenen Kugeln Eis mit gleichem Preis, dann spielt vor allem der Geschmack eine zentrale Rolle bei der Erklärung. Wenn man sich aber zwischen verschiedenen Autos mit stark unterschiedlichen Preisen entscheiden muss, dann sind für die meisten Akteure die kulturellen Präferenzen nicht mehr von so großer Bedeutung. Zweitens kann man auch festhalten, dass die kulturellen Präferenzen lediglich die Lebensstile der Akteure bestimmen. In Verhaltensbereichen, die nicht ästhetischen Kriterien unterliegen, seien es die Politik oder die Wirtschaft, sind die kulturellen Präferenzen als Handlungsziele nicht relevant (Rössel 2006a; Rössel 2008). Damit wird auch deutlich, dass Geschmack und Lebensstile nur einen begrenzten Bereich des Lebens abdecken. Eine umfassende Sozialstrukturanalyse müsste darüber hinaus auch die Handlungsziele der Akteure in anderen Verhaltensbereichen umfassen. Drittens können wir aber festhalten, dass neben den kulturellen Präferenzen die Lebensstile vor allem von der Ressourcenausstattung der Akteure und ihren Handlungsrestriktionen geprägt werden (Katz-Gerro/Yaish 2008; Rössel 2004). Die Verfügung über monetäre Ressourcen und Zeit ist eine wichtige Voraussetzung, um seine kulturellen Präferenzen auszuleben. Wenn man für bestimmte Verhaltensweisen größere räumliche Distanzen überwinden muss, dann ist dies eher ein Hinderungsgrund, also eine Handlungsrestriktion. Die Möglichkeit zum Ausleben der jeweiligen kulturellen Präferenzen ist also in hohem Maße von der Struktur sozialer Ungleichheit bestimmt.

Zusammenfassung

Die bisherige Lebensstilforschung konnte zeigen, dass Lebensstile weder als ausschließlich klassenspezifisch geprägt verstanden werden können, noch eine Sache der freien Wahl sind. Sie sind relativ deutlich durch strukturelle Bedingungen bedingt. Diese Prägung kann noch deutlicher herausgearbeitet werden, wenn zwischen Lebensstilen einerseits und kulturellen Präferenzen andererseits unterschieden wird. Die empirische Forschung zu dieser Thematik kann zeigen, dass der Geschmack von Personen insbesondere durch Alter, Bildung und soziale Herkunft geprägt ist. Die Möglichkeit zur präferenzgesteuerten Umsetzung dieses Geschmacks in spezifische Lebensstile hängt dann wiederum vor allem von der Ressourcenausstattung von Akteuren und ihren Handlungsrestriktionen ab.

Weiterführende Literatur

Diskussionen zur Prägung von Lebensstilen durch Strukturdimensionen der sozialen Ungleichheit finden sich in:

- Gunnar Otte, 2004: Sozialstrukturanalyse mit Lebensstilen. Eine Studie zur methodischen und theoretischen Neuorientierung der Lebensstilforschung. Wiesbaden: VS.
- Jörg Rössel, 2005: Plurale Sozialstrukturanalyse. Eine handlungstheoretische Rekonstruktion der Grundbegriffe der Sozialstrukturanalyse. Wiesbaden: VS.

Eine Analyse der Erklärungskraft von kulturellen Präferenzen findet sich in:

- Jörg Rössel, 2008: Conditions for the Explanatory Power of Life Styles, European Sociological Review 24: 231-241.

Wiederholungsfragen

- Welche Variablen haben sich in der Lebensstilforschung als prägend für die Ausbildung von Lebensstilen erwiesen?
- Welchen Vorteil hat die Trennung zwischen kulturellen Präferenzen einerseits und Lebensstilen andererseits, wenn die Entstehung von Lebensstilen erklärt werden soll?
- Von welchen Determinanten hängt der Geschmack einer Person vor allem ab?

5.5 Die soziologische Relevanz von Lebensstilen

Hält man sich noch einmal die Ergebnisse des vorhergehenden Abschnitts vor Augen, so könnte man daraus schlussfolgern, dass kulturelle Präferenzen und Lebensstile letztlich doch nur ein begrenzt relevantes Phänomen sind, das sich vor allem auf den Bereich von Freizeit und Konsum beschränkt. Daher soll in diesem Abschnitt an zwei Beispielen noch einmal die weitere Relevanz dieser Konzepte verdeutlicht werden. Im ersten Schritt soll kurz auf Bourdieus These von der Relevanz der Lebensstile für die kulturelle Reproduktion der Klassenstruktur eingegangen werden, im zweiten Schritt auf die Bedeutung von Lebensstilen für die Stadtentwicklung, insbesondere für Prozesse der Gentrifizierung.

1) Kulturelles Kapital und Bildungserfolg: In Abschnitt 5.2 wurde schon Bourdieus These skizziert, dass das von Schülern im Elternhaus erworbene kulturelle Kapital und damit ihre Lebensstile einen zentralen Einfluss auf den Bildungserfolg haben. Diese These hat eine sehr breite Diskussion und eine Vielzahl an Forschungen initiiert, die hier nur knapp vorgestellt werden können. Zumeist wurde in empirischen Studien das kulturelle Kapital von Personen durch deren hochkulturelle Praktiken – also durch ihren Lebensstil – operationalisiert (Hartmann 1999: 95-100). Dem liegt die Annahme zugrunde, dass sich in hochkulturellen Praktiken ein entsprechendes kulturelles Kapital äußert, welches das Verständnis und den Genuss derartiger Aktivitäten einerseits ermöglicht und andererseits von wichtigen Entscheidungsinstanzen im Bildungssystem und auf dem Arbeitsmarkt anerkannt wird (vgl. DiMaggio/Mukhtar 2004). Die Bedeutung kulturellen Kapitals für den Bildungserfolg wurde mittlerweile in einer Reihe von Studien in mehreren Ländern mit meist positiven Resultaten überprüft (Hartmann 1999: 100-105; Lareau/Weininger 2003; vgl. aber Katsilis/Rubinson 1990). Der Einfluss des kulturellen Kapitals der Eltern auf die Bildungsbeteiligung und die Schulnoten der Kinder konnte für Deutschland von De Graaf (1988) und von Rössel/Beckert-Zieglschmid (2002) bestätigt werden. Im Hinblick auf die Lesekompetenz von Schülern konnte Jungbauer-Gans für Deutschland, Frankreich und die Schweiz (2004) die Bedeutung des kulturellen Kapitals im Herkunftshaushalt und bei den Jugendlichen nachweisen. Becker und Schubert (2006) können darüber hinaus zeigen, dass schon die Lesekompetenz in der Grundschule vom kulturellen Kapital des Haushaltes und der vorschulisch erworbenen Lesekompetenz abhängt. Insofern wird aus der bisherigen Forschung ganz im Sinne der These von Bourdieu ersichtlich, dass der Bildungserfolg von Schülern von ihrem inkorporierten kulturellen Kapital abhängig ist. Es bleiben allerdings noch zwei Probleme, die in Zukunft geklärt werden müssen. Einerseits bleibt die Forschung bisher eine überzeugende Erklärung für diese Effekte schuldig: warum haben Schüler, die gerne klassische Musik hören oder in ihrer Freizeit Literatur lesen eigentlich bessere Noten und bessere Schulabschlüsse? Andererseits zeigen auch die bisherigen Studien schon, dass Bourdieus Modell nicht so mechanisch funktioniert, wie in Schaubild 5.2 angedeutet. Nicht allein das inkorporierte kulturelle Kapital und die Lebensstile bestimmen über den Schulerfolg, sondern eine ganze Reihe von anderen Variablen, die schon in Abschnitt 3.1.3 behandelt wurden und die daher in einem vollständigen Modell berücksichtigt werden müssen.

2) Lebensstile und Gentrifizierung: Eine besondere Aufmerksamkeit wurde der Rolle von kulturellen Präferenzen bei der Erklärung von residenzieller Segregation, insbesondere im Prozess der Gentrifizierung gewidmet (Blasius 1993, Dangschat/Blasius 1990; Wynne/O'Connor 1998). Unter residenzieller Segregation wird dabei die disproportionale Verteilung von Bevölkerungsgruppen über räumliche bzw. städtische Teilgebiete verstanden (Friedrichs 1995: 79; siehe Kasten Segregation in Abschnitt 3.1.3). Wenn z. B. die Arbeiter- und die Mittelklasse je für sich in spezifischen städtischen Teilgebieten wohnt, dann kann von einer residenziellen Segregation dieser sozialen Klassen gesprochen werden, wenn diese sich nach ihrem Anteil an der Gesamtbevölkerung über die verschiedenen städtischen Quartiere verteilen, dann liegt keine Segregation vor.

Genau an dieser Stelle setzt nun die Frage an, ob die jeweiligen kulturellen Präferenzen oder Lebensstile der Akteure eine ursächliche Rolle für die, der residenziellen Segregation, zugrundeliegenden Prozesse der Wohnstandortwahl besitzen. Diese Frage wird vor allem im Zusammenhang mit dem Prozess der Gentrifizierung in der Stadtsoziologie diskutiert. Unter Gentrifizierung wird eine soziale und bauliche Aufwertung von Stadtteilen verstanden (für Definitionen: Dangschat/Blasius 1990, Friedrichs 2000). Diese findet typischerweise in innerstädtisch gelegenen Altbauquartieren mit einem gründerzeitlichen Baubestand und niedrigen Mieten statt, die vor Beginn des Prozesses häufig eine sozial schwache Bevölkerung aus Arbeitern, Ausländern und Älteren aufweisen. Im Prozess der Gentrifizierung drängen sukzessive Gruppen von neuen Bewohnern in das Viertel ein. Handelt es sich im ersten Schritt um Personengruppen wie Künstler und Studenten auf der Suche nach günstigem und attraktivem Wohnraum, so folgen im zweiten Schritt besserverdienende Bevölkerungsgruppen mit neuen Lebensstilen und Haushaltsformen, also häufig unverheiratet zusammenlebende Paare ohne Kinder, die einen innerstädtischen Lebensstil pflegen wollen. Für diese zweite Gruppe ist das Viertel unter anderem auch aufgrund der Aktivitäten der ersten Gruppe attraktiv, die zur Ansiedlung interessanter Geschäfte, Galerien und Gaststätten auf der einen Seite und zur Renovierung zahlreicher Gebäude geführt haben. Die Veränderung der Infrastruktur in den Vierteln wurde für Deutschland vor allem von Küppers (1996) und Franzmann dokumentiert (1996). Darin wird deutlich, dass bei den der Gentrifizierung zugrundeliegenden Wohnstandortwahlen vermutlich auch Lebensstilelemente oder kulturelle Vorlieben eine Rolle spielen (vgl. Rössel/Hölscher 2005). Vor allem in der amerikanischen Forschung wurde darüber hinaus betont, dass diese Prozesse der Gentrifizierung zu einer Verdrängung von ärmeren und sozial schwachen Bevölkerungsgruppen aus dem Stadtviertel führen und insgesamt günstigen Wohnraum verknappen (Zukin 1987).

Diese Prozesse lassen sich aus zwei Perspektiven betrachten (Friedrichs 2000): einerseits angebotsseitig aus der Perspektive der Investoren, die die Profitabilität einer Investition in heruntergekommene Altbaugebäude abschätzen müssen. Für die hier vorliegende Fragestellung ist freilich die nutzerseitige Erklärung relevanter, die die Nachfrage nach innerstädtischen Altbauwohnungen in kulturell vielfältigen Quartieren auf die Zunahme von Haushaltstypen mit spezifischen Merkmalen zurückführt: hohes Einkommen, Singles, Zusammenlebende oder kleine Familien mit Arbeitsplätzen in der Innenstadt. Zentral ist aber die Entwicklung einer Lebensstilgruppe, deren kulturelle Vorlieben eine spezifische innenstadtnahe Infrastruktur mit Gaststätten, Kinos, Lebensmittelgeschäften und kulturellen Angeboten benötigt (Friedrichs 2000: 64). Die Zunahme von Lebensstilgruppen mit diesen Merkmalen hat sich nach dieser These in deutlichen Wandlungsprozessen städtischer Altbauquartiere in Form von Gentrifizierungsprozessen niedergeschlagen. Empirische Studien können die Bedeutung von Lebensstilen bei der Wohnstandortwahl tatsächlich demonstrieren, allerdings bleibt die Einflussstärke eher gering, da Wohnstandortscheidungen insbesondere durch die verfügbaren monetären Ressourcen und die familiäre Situation geprägt sind (Otte 2004; Blasius 1993; Rössel/Hölscher 2005).

Zusammenfassung

Kulturelle Präferenzen und Lebensstile scheinen auf den ersten Blick in ihrer Relevanz recht beschränkt zu sein. In diesem Abschnitt wurde verdeutlicht, dass sie über den Bereich von Freizeit und Konsum hinaus relevant für die Erklärung von zentralen soziologischen Fragestellungen sind. So wurde gezeigt, dass inkorporiertes kulturelles Kapital, das zumeist über Indikatoren eines hochkulturellen Lebensstils operationalisiert wurde, einen Einfluss auf den Bildungserfolg von Personen hat. Darüber hinaus wurde verdeutlicht, dass auch Prozesse der Stadtentwicklung von den Lebensstilen der Wohnungsnachfrager mitbestimmt werden.

Weiterführende Literatur

Die folgende Studie untersucht für verschiedene Formen des kulturellen Kapitals den Einfluss auf den Bildungserfolg:

- Jörg Rössel und Claudia Beckert-Zieglschmid, 2002: Die Reproduktion kulturellen Kapitals, Zeitschrift für Soziologie 31: 497-513.

Einen knappen Überblick zur Diskussion über Gentrifizierungsprozesse gibt:

- Jürgen Friedrichs, 2000: Gentrification, S. 57-67 in: Hartmut Häußerman (Hg.): Großstadt. Soziologische Stichworte. Opladen: Leske + Budrich.

Wiederholungsfragen

- Welchen Einfluss hat das kulturelle Kapital auf den Bildungserfolg von Schülern?
- In welcher Form beeinflussen Lebensstile Prozesse der Stadtentwicklung?

6 Soziale Milieus

6.1 Soziale Milieus und soziale Netzwerke: Grundbegriffe und Theorien

In Abschnitt 1.1 wurde der Milieubegriff eingeführt, um die Tatsache zu erfassen, dass wir in unserem sozialen Handeln gewöhnlich nicht völlig isoliert und atomisiert unsere Entscheidungen treffen, sondern dass sich unsere Ziele häufig auf andere Menschen richten, sich unser Handeln an ihnen orientiert und wir von ihnen in unseren Vorlieben und Abneigungen beeinflusst werden. Der Begriff des sozialen Milieus soll genau diese anderen Personen erfassen, mit denen wir es in unserem Handeln häufig zu tun haben und die daher auch für die Erklärung des jeweiligen Verhaltens berücksichtigt werden müssen. Dies ist natürlich nur ein erster, intuitiver Zugang zum Milieubegriff und noch keine Definition. Bevor diese präzisiert wird, sollten wir in einem ersten Schritt die Verwendung dieses Konzepts in den Sozialwissenschaften betrachten.

In seinem Forschungsüberblick zu diesem Thema sieht Hradil die Grundidee des Milieukonzepts darin, dass es sich hier um verschiedenartige Umweltkomponenten handelt, „die auf eine konkrete Gruppe von Menschen einwirkt und deren Denken und Handeln prägt" (Hradil 1992: 21). Im Verlaufe der Geschichte des Milieukonzepts lässt sich einerseits ein Bedeutungszuwachs der sozialen Umweltaspekte feststellen, so dass besser von sozialen Milieus als von Milieus im allgemeinen gesprochen werden sollte, andererseits gibt es eine Entwicklung hin zu Milieukonzepten, die die Individuen nicht als passive Objekte äußerer Prägungen betrachten, sondern die aktive Wahrnehmung der Umwelt durch die Akteure betont (Hradil 1992: 23). Daher gibt es in der Literatur zu sozialen Milieus durchaus einen gemeinsamen Nenner, der sich ausgesprochen präzise in der Definition von Gerhard Schulze formuliert findet. Dieser definiert soziale Milieus als „...Personengruppen, die sich durch gruppenspezifische Existenzformen und erhöhte Binnenkommunikation voneinander abheben.“ (Schulze 1992: 174). Hier wird offensichtlich auf zwei zentrale Merkmale des sozialen Milieus abgehoben: auf der einen Seite spezifische Ähnlichkeiten zwischen den zugehörigen Personen und andererseits verstärkte soziale Beziehungen und Interaktion zwischen ihnen. Damit wird zugleich auch berücksichtigt, dass soziale Milieus jeweils die Umwelt bzw. die Kontexte sozialen Handelns sind, wie dies von Hradil hervorgehoben wurde. Auch Matthiesen behauptet in seinem umfassenden Überblick über das Milieukonzept in den Sozialwissenschaften, dass innerhalb der Forschung mittlerweile Konsens darüber besteht, dass es hier um Gestaltbildungen mit erhöhter Binnenkommunikation geht, die zusätzlich über eigenständige normative Regelungen verfügen (Matthiesen 1998: 67-68).[47] Ausgesprochen explizit findet sich eine derartige Vorstellung von sozialen Milieus auch in den Studien von Lepsius über Vergemeinschaftungsprozesse im deutschen Bildungsbürgertum; diese verweisen vor allem auf eine erhöhte Interaktionsdichte im Milieu und gleichartige Standards der Lebensführung. Damit verbunden ist ein Forschungsprogramm, das vor allem auf die Analyse von Heiratsmärkten, Freundschaftsbeziehungen und die Mitgliedschaft in Assoziationen zielt (Lepsius 1993). In allen diesen Definitionsversuchen tauchen zwei Kernelemente auf: erstens bestimmte Ähnlichkeiten der Mitglieder eines Milieus und zweitens eine verstärkte Binnenkommunikation unter ihnen. Insofern soll hier im Anschluss an diese Kernelemente der Milieuforschung von sozialen Milieus gesprochen werden, wenn Mengen von Personen, die sich in bestimmten Hinsichten ähnlich sind, eine erhöhte Binnenkommunikation aufweisen. Vor allem das Definitionsmerkmal der erhöhten Binnenkommunikation verweist unmittelbar auf die sozialen Beziehungen bzw. Netzwerke von Personen. Das soziale Milieu eines Akteurs wird in einem alltagssprachlichen Sinne schlicht

[47] Auch im hier nicht berücksichtigten Milieukonzept der sozialphänomenologischen Forschung spielen die sozialen Beziehungen zwischen den zu einem Milieu gehörenden Personen eine zentrale Rolle bei ihrer Beschreibung (Grathoff 1989: 434-435).

durch die Personen gebildet, mit denen sich der Akteur abgibt. Aus soziologischer Perspektive handelt es sich hier um das soziale Netzwerk von Akteuren. Da es sich bei der Netzwerkanalyse um eine etablierte und ausgesprochen systematische Forschungstradition in den Sozialwissenschaften handelt (Jansen 2003), soll daher im folgenden Abschnitt das Milieukonzept netzwerktheoretisch präziser formuliert werden.

Folgt man dem Überblickswerk von Jansen (2003: 58), so ist ein *Netzwerk* „definiert als eine abgegrenzte Menge von Knoten oder Elementen und der Menge der zwischen ihnen verlaufenden sogenannten Kanten" (vgl. Burt 1982: 20). Knoten oder Elemente können alle möglichen sozialen Einheiten oder Akteure sein, unsere Diskussion beschränkt sich allein auf Individuen als Elemente von sozialen Netzwerken. Der Begriff der Kanten verweist auf die zwischen den Elementen eines Netzwerks bestehenden Relationen bzw. Beziehungen. Diese können ausgesprochen unterschiedlicher Art sein, von ökonomischen Transaktionen zwischen Käufern und Verkäufern über Kommunikationen, gemeinsame Mitgliedschaften, emotionale Verbindungen bis hin zu Herrschaftsbeziehungen (Jansen 2003: 59). Besitzt ein Akteur nur einen Typus von Beziehungen zu den anderen Mitgliedern des Netzwerkes, so spricht man von Uniplexität, dagegen wird von Multiplexität gesprochen, wenn er über soziale Relationen unterschiedlicher Art zu den anderen Akteuren verfügt (Burt 1982: 32). Sollen soziale Netzwerke als Grundlage eines Konzepts sozialer Milieus Verwendung finden, dann muss der Fokus im Anschluss an die oben vorgestellte Milieukonzeption vor allem auf drei Merkmale gelegt werden: Erstens geht es hier um die Netzwerke von einzelnen Personen, sogenannte ego-zentrierte soziale Netzwerke. Diese ermöglichen die Erfassung der Einbettung von Personen in ihre jeweilige soziale Umwelt (Jansen 2003: 65; Burt 1982: 32). Dabei wird eine Person – Ego – per Umfrage aufgefordert, bestimmte andere Personen – die sogenannten Alteri – zu nennen und zu beschreiben, zu denen Ego soziale Beziehungen einer bestimmten Art unterhält. Eine typische Frage in egozentrierten Netzwerkanalysen, der sogenannte Burtgenerator (Wolf 2004), lautet folgendermaßen: Hin und wieder besprechen die meisten Leute wichtige Angelegenheiten mit anderen. Wenn Sie an die letzten 6 Monate zurückdenken, mit wem haben Sie über Dinge gesprochen, die Ihnen wichtig waren? Im nächsten Schritt werden die Befragten gebeten, für diese Personen genauere Angaben über deren Merkmale und die jeweilige Beziehung zu den Personen zu machen. Auf diese Weise kann in der hier vorgeschlagenen Verwendung der Netzwerkanalyse untersucht werden, in welchem Maße die jeweiligen Befragten in soziale Netzwerke ganz unterschiedlicher Art integriert sind. Die genannten Alteri können Freunde oder Verwandte sein, der Kontakt mit ihnen kann stark durch Gefühle geprägt, aber auch eher sachlich sein. Die egozentrierte Netzwerkanalyse hat den Vorteil, dass sie die Erfassung der sozialen Beziehungen von Personen in ihrer Vielgestaltigkeit ermöglicht. Damit kann man also in der Netzwerkanalyse recht genau einen der zentralen Aspekte der oben skizzierten Milieukonzeption umsetzen. Zweitens können aber die sozialen Relationen in ihrer Stärke variieren, sie können von flüchtigen Bekannten bis hin zu intimen Lebenspartnern reichen. Der Begriff des sozialen Milieus in seiner oben erläuterten Verwendung legt es nahe, den Fokus dabei auf relativ enge soziale Beziehungen zu legen, wie Ehen und Freundschaften (vgl. Lepsius 1993). Diese Fokussierung ist auch inhaltlich höchst sinnvoll, wenn man davon spricht, dass eine Person einem bestimmten Milieu angehört, so ist damit nicht gemeint, dass alle flüchtigen Bekannten einer Person auch diesem Milieu angehören, sondern dass die wesentlichen Bezugspersonen für diesen sozialen Akteur ein bestimmtes Milieu bilden und ihm auch angehören. Die milieuzugehörigen Personen sind insofern nur ein Ausschnitt aus dem egozentrierten Netzwerk einer Person. Dies schließt nicht aus, dass diese Person in anderen Lebensbereichen auch schwächere soziale Kontakte mit milieufremden Akteuren hat, die auch in gewisser Hinsicht von hoher Relevanz sind. Drittens ist aber – um wiederum die oben angeführte Definition aufzunehmen – für soziale Milieus zentral, dass die zugehörenden Personen in bestimmten Hinsichten ähnlich sind. In der Netzwerkanalyse wird hier meist von Homogenität gesprochen, die den Grad der Ähnlichkeit von Personen in sozialen Netzwerken angibt. Darüber hinaus kann zwischen Homogamie und Homophilie unterscheiden. Von *Homogamie* spricht man, wenn sich Personen in einer Ehe in bestimmten Hinsichten gleich bzw. ähnlich sind, von *Homophilie* spricht man, wenn es sich um die Ähnlichkeiten zwischen Freunden handelt. Wie in Abschnitt 6.4 noch anhand empirischer Beispiele eingehend verdeutlicht wird, können durch soziale Relationen verbundene Personen in ausgesprochen unterschiedlichen Hinsichten ähnlich bzw. unähnlich sein: sie können die gleiche Klassenzugehörigkeit, den gleichen Bildungsabschluss, die gleiche Konfessionszugehörigkeit, die Vorliebe für den gleichen Sportverein, die Freude am Billardspielen und die Abneigung gegenüber einem bestimmten Politiker teilen. Hier soll also zusammenfassend von der *Einbettung von Personen in soziale Milieus* gesprochen werden, wenn diese überzufällig häufig enge soziale Beziehungen pflegen, die in bestimmten Hinsichten homophil bzw. homogam sind. Mit dieser Konzeption sozialer Milieus ist ganz offensichtlich die Vorstellung einer Pluralität derselben verbunden. Eine Person kann gleichzeitig in das Arbeiter- und das katholische Milieu eingebettet sein. Die Vorstellung, dass ein sozialer Akteur eindeutig einem bestimmten Milieu zugeordnet werden kann, wie sie die unten skizzierten Analysen von Schulze und Vester prägt (siehe Abschnitte 6.2 und 6.3), wird damit verabschiedet. Für moderne Gesellschaften ist die Annahme homogener, kulturell geschlossener Milieus wenig plausibel, wie DiMaggio schon in einem seiner klassischen Aufsätze formulierte: „Instead of residing in clearly bounded status groups, most status cultures are located in diffuse networks, membership in which stems less from residence or kinship than from the ability to manipulate cultural symbols" (DiMaggio 1987: 445). Nicht nur diese eindeutige Zuordnung zu einzelnen Milieus, sondern auch die damit verbundene Geschlossenheit sozialer Gemeinschaften ist eine ausgesprochen problematische Annahme. Gerade die Netzwerkanalyse zeigt, dass egozentrierte Netzwerke meist keine besonders hohe Geschlossenheit aufweisen. Zwischen den Netzwerkpartnern einer Person existieren nur in beschränktem Maße soziale Beziehungen, so dass hier eher von einer verzweigten Struktur der alteri um ego gesprochen werden kann, als von einem geschlossenen Netzwerk (Marsden 1987: 126; Fischer 1982: 145; Wellman 1979: 1215). Dies gilt in besonderem Maße für die sozialen Partner einer Person, mit denen sie nicht verwandt ist (Marsden 1987: 127). „The majority of respondents are not encapsulated within the bounds of one solidary group, but are linked through their intimates to multiple, not strongly connected, social networks." (Wellman 1979: 1215). In diesen Studien bleibt empirisch wenig von der Vorstellung eindeutiger Zugehörigkeiten zu sozialen Milieus übrig, die Fakten sprechen eher für die hier vorgeschlagene plurale Einbettung von Akteuren in soziale Milieus, d. h. ein Akteur kann unterschiedlichen sozialen Milieus gleichzeitig angehören. Die jeweilig fokussierte soziale Einbettung von Personen in bestimmte Milieus wird dann vor allem durch die jeweilige Forschungsfrage bestimmt. Wenn untersucht wird, ob die Klassenzugehörigkeit das Klassenbewusstsein bestimmt, dann muss vermutlich die Einbettung in Klassenmilieus berücksichtigt werden (Wright 1997: 407-458), wenn es um die sozialen Anreize für die Beteiligung an Protestereignissen geht, dann muss vor allem die Zugehörigkeit zu Bewegungsmilieus im Mittelpunkt der Studie stehen (Gerhards 1993) und wenn der Besuch von hochkulturellen Veranstaltungen erklärt werden soll, dann muss die Einbettung in ein hochkulturelles Milieu berücksichtigt werden (Rössel 2005: 300-303). Die hier vorgestellte Konzeption von sozialen Milieus ist also inhaltlich nicht bestimmt, sondern allein durch ihre relationale Komponente definiert. Im Gegensatz zu klassischen Vorstellungen über klassenbasierte Milieus, wie sie bei Vester noch dominierend sind, oder Schulzes Konzeption von Erlebnismilieus bleibt in dieser relationalen Definition der Inhalt von sozialen Milieus offen. Damit wird der Tatsache Rechnung getragen, dass sich die Milieustruktur moderner Gesellschaften nicht auf der Basis eines einzelnen Prinzips beschreiben lässt, sondern typischerweise durch eine Vielzahl von Milieus bestimmt wird, die durch unterschiedliche Prinzipien begründet werden.

Ein wichtiger Punkt bei der Beschreibung sozialer Netzwerke sind die sogenannte Foki. Den Begriff des *Fokus* hat Scott Feld in den frühen achtziger Jahren herangezogen, um die sozialen Kontexte und Entitäten zu beschreiben, um die herum Individuen ihre sozialen Beziehungen organisieren (Feld 1981). Die Entstehung von sozialen Beziehungen und sozialen Netzwerken kann meist nur begrenzt aus den jeweiligen Handlungszielen der Akteure erklärt werden. Eine sehr viele größere Rolle spielen zumeist die Handlungsrestriktionen in Form von Gelegenheitsstrukturen. Wen man nicht trifft, kann man eben auch nicht kennenlernen (Verbrugge 1977). Die spezifischen Kontexte des Kennenlernens und der Reproduktion von sozialen Beziehungen sind die Foki in Felds Sinne. Diese sind erstens stark räumlich strukturiert, man lernt eher Personen aus der Nähe kennen und nicht aus weit entfernten Orten. Zweitens sind sie häufig durch Familie und Verwandtschaft vorstrukturiert. Drittens entstehen Gelegenheitsstrukturen aber oft aus den Kontexten von Organisationen heraus. Dies können Bildungseinrichtungen sein, in denen sich Schüler und Studenten kennenlernen, aber auch Vereine oder Unternehmen (McPherson et al. 2001: 429-435). Die Foki des Kennenlernens sind allerdings nicht nur relevant, weil sie uns das Zustandekommen spezifischer sozialer Beziehungen erklären, sie sagen darüber hinaus auch etwas über die Kultur und die Werte eines Milieus aus. So spielten vor dem „Dritten Reich" in Deutschland sowohl für das Arbeitermilieu wie auch für das katholische Milieu soziale und politische Organisationen als Foki eine nicht unerhebliche Rolle. Diese Organisationen wurden im „Dritten Reich" zerschlagen und nach dem zweiten Weltkrieg nicht wieder gegründet. Daher hat sich die Strukturierung des katholischen Milieus stärker auf die Kirchengemeinde und die des Arbeitermilieus stärker auf den Bereich der Freizeit verschoben (Rössel 2005: 248-283). Insofern ist für die Analyse sozialer Milieus nicht nur die jeweilige Stärke der Binnenorientierung relevant, sondern auch die jeweiligen Foki, um die sich die Milieus bilden.

Zusammenfassung

Das Konzept der sozialen Milieus wurde hier eingeführt, um die typischen Handlungspartner von Akteuren zu erfassen. In der Literatur wurde bei der Definition von sozialen Milieus zumeist zwei Merkmale hervorgehoben: erstens teilen Mitglieder sozialer Milieus bestimmte Charakteristika, zweitens weisen die Personen im Milieu eine erhöhte Binnenkommunikation auf. Diese Definitionsmerkmale lassen sich relativ leicht in netzwerkanalytische Konzepte übersetzen.

Weiterführende Literatur

Eine ausführlichere Darstellung der hier vorgestellten Argumentation findet man in:

- Jörg Rössel, 2005: Plurale Sozialstrukturanalyse. Eine handlungstheoretische Rekonstruktion der Grundbegriffe der Sozialstrukturanalyse. Wiesbaden: VS: 248-259.

Wiederholungsfragen

- Welche Merkmale werden in der Literatur zumeist genannt, um soziale Milieus zu definieren?
- Wie kann man diese Merkmale in Begriffen der Netzwerkanalyse erfassen?
- Was versteht man unter Homogamie und Homophilie?

6.2 Erlebnismilieus

In seiner Analyse sozialer Milieus in der Bundesrepublik vertritt Gerhard Schulze (1992) die These, dass die einstmals geschichteten Klassen- oder Schichtenmilieus der Industriegesellschaft einer Landschaft von Erlebnismilieus Platz gemacht haben, die sich nicht mehr eindeutig vertikal hierarchisieren lassen. Den Hintergrund für diese Entwicklung stellt der umfassende soziale Wandel in den vergangenen Jahrzehnten dar, der zu einer Vervielfachung der individuellen Einkommen, einem deutlichen Zuwachs von freier Zeit und einer Auflockerung der normativen Restriktionen des Handelns geführt hat. Dies hat auf der Ebene der Akteure dazu geführt, dass Güter und Dienstleistungen nicht mehr primär auf ihren instrumentellen Nutzen hin befragt werden. Beim Kauf eines Autos geht es eben nicht allein um die Frage, ob es einen von A nach B bringen kann. Dagegen sind ästhetische Kriterien immer stärker in den Vordergrund gerückt. Die Menschen orientieren sich in ihrer Umwelt zunehmend anhand der Fragen: Was gefällt mir? Wo kann ich etwas erleben? Schulze spricht hier von einem Wandel von der Überlebens- hin zur Erlebnisorientierung. Dies hat auch Konsequenzen für die Milieubildung, also die Einbettung von Menschen in enge, homogene soziale Beziehungen. In Knappheitsgesellschaften, die vor allem am Problem des Überlebens orientiert waren, haben sich die Menschen in ihren sozialen Beziehungen an der Ressourcenaustattung der anderen Personen ausgerichtet, so dass sich geschichtete Milieus ergeben haben. Wenn die Akteure sich an der Ressourcenausstattung orientieren, dann werden typischerweise Milieus entstehen, bei denen die Mitglieder ungefähr über ähnliche Ressourcenausstattungen verfügen.

In einer Überflussgesellschaft, die sich vor allem am Erlebniswert orientiert, werden die Menschen laut Schulze in der Wahl von Interaktionspartnern anders vorgehen. Nicht mehr der soziale Status und die Ressourcenausstattung stehen im Vordergrund, sondern ob man mit einer anderen Person etwas Schönes erleben kann. Hier stellt sich natürlich die Frage, wie man das erkennt und woran sich die Akteure hier orientieren können. Schulze behauptet, dass es drei evidente und signifikante Zeichen für den Erlebniswert eines anderen Akteurs gibt. Der Begriff der Evidenz verweist darauf, dass es sich um Zeichen handeln muss, die man leicht erkennen kann, da man im Alltag meist nicht so genau nachfragen kann, mit wem man es gerade zu tun hat. Dagegen meint Signifikanz, dass es sich auch um Zeichen handeln muss, die tatsächlich etwas über den Erlebniswert einer anderen Person aussagen. Gerhard Schulze hält das Lebensalter, die Bildung und den alltagsästhetischen Stil für solche Zeichen. Der alltagsästhetische Stil einer Person wird durch ihre jeweilige Orientierung an den drei in Abschnitt 5.3 erläuterten alltagsästhetischen Schemata, also dem Hochkultur-, Trivial- und Spannungsschema, gebildet. Diese deuten auf die Vorlieben einer Person hin und sind zumeist an ihrem Äußeren oder ihren Aktivitäten erkennbar.

Darüber hinaus sind aber die drei Schemata mit dem Lebensalter und der Bildung eines Akteurs korreliert (siehe Abschnitt 5.4). Ältere Menschen haben eine stärkere Vorliebe für das Trivialschema und eine geringere für das Spannungsschema, für jüngere Menschen gilt das Umgekehrte. Darüber hinaus haben höher gebildete Personen eine größere Vorliebe für das Hochkulturschema und eine stärkere Abneigung gegen das Trivialschema. Insofern kann die Orientierung an den drei Zeichen auch relativ zuverlässig über den Erlebniswert einer anderen Person Auskunft geben.

Wenn sich nun Menschen in der Wahl ihrer Interaktionspartner, seien es Freunde und Bekannte oder sogar beim Finden des Lebenspartners an den drei erläuterten Zeichen Bildung, Alter und Lebensstil orientieren, dann werden sich soziale Milieus mit Personen herausbilden, die sich einerseits in Alter und Bildung und andererseits in ihrem Lebensstil ähneln. Genau im Sinne der oben skizzierten Definition wird sich innerhalb dieser Milieus eine erhöhte Binnenkommunikation ergeben, während über die Milieugrenzen hinweg die Interaktions- und Kommunikationsaktivitäten schwächer sein werden. In Schulzes Studie kristallisieren sich fünf solcher Erlebnismilieus heraus. Diese sind einerseits durch die Altersgrenze bei ca. 40 Lebensjahren geteilt, andererseits durch die Bildung. Bei den älteren Altersgruppen unterscheidet Schulze drei Milieus. Erstens das Niveaumilieu der hoch gebildeten Personen mit einer starken Orientierung am Hochkulturschema und einer deutlich ausgeprägten Distanz zu den anderen Schemata. Diese Personengruppe trifft man im Alltag in leitenden beruflichen Positionen und in der Freizeit in Opernhäusern, klassischen Konzerten und Kunstmuseen.[48] Zweitens das Integrationsmilieu der Personen mit einer mittleren Bildung sowie einer Orientierung an Hochkultur- und Trivialschema, aber einer Distanz zum Spannungsschema. Menschen aus diesem Milieu findet man in den mittleren Angestelltenpositionen und in der Freizeit teilweise auch in Hochkultureinrichtungen, aber nicht im gleichen Maße wie die Angehörigen

---

48 An dieser Stelle können die Milieus natürlich nur exemplarisch durch Verallgemeinerungen und Beispiele beschrieben werden. Eine höchst anschauliche und interessante Darstellung findet sich in Schulze 1992: Kapitel 6.

des Niveaumilieus. Drittens kann man bei den älteren Bevölkerungsgruppen noch das Harmoniemilieu der relativ niedrig gebildeten Personen mit einer deutlichen Orientierung am Trivialschema ausmachen. Im Berufsleben manifestiert sich dieses Milieu in Form älterer Arbeiter oder Verkäuferinnen, im Freizeitbereich im älteren Fußballpublikum und im Pauschaltourismus. Darüber hinaus zeichnet sich dieses Milieu durch eine große Häuslichkeit aus, d. h. man trifft in der Öffentlichkeit gar nicht so häufig auf dessen Mitglieder. Bei den jüngeren Altersgruppen unterscheidet Schulze nur zwei Milieus. Erstens das Unterhaltungsmilieu der eher niedrig gebildeten Personen mit einer starken Orientierung am Spannungsschema und einer Distanz zu den anderen Schemata. Im Berufsleben trifft man Personen aus diesem Milieu als jüngere Arbeiter oder Verkäuferinnen, in der Freizeit begegnet man ihnen beim Bodybuilding oder in Sonnenstudios. Zweitens das Selbstverwirklichungsmilieu der mittel und hoch gebildeten Personen mit einer Orientierung am Spannungs- und Hochkulturschema. Dieser Gruppe begegnet man im Alltagsleben als Studenten oder junge Angestellte in mittleren bis höheren Positionen. Im Bereich der Freizeit überbrücken sie den Gegensatz zwischen den Hochkultureinrichtungen einerseits und der Alternativkultur und Kneipenszene andererseits. Diese Gruppe entspricht in recht starkem Maße der in Abschnitt 5.3 entwickelten Konstruktion des kulturellen Allesfressers.

Schaubild 6.1: Die Erlebnismilieus nach Gerhard Schulze

	Alter < 40	**Alter > 40**
Hohe Bildung	Selbstverwirklichungsmilieu	Niveaumilieu
↕		Integrationsmilieu
Niedrige Bildung	Unterhaltungsmilieu	Harmoniemilieu

Quelle: Schulze 1992: 279.

Schulzes Konzeption der Erlebnismilieus in der deutschen Gesellschaft beschreibt wichtige Aspekte der gegenwärtigen Struktur sozialer Milieus. Aber es erfasst sie eben nur in einem Aspekt, nämlich im Hinblick auf die Freizeit. Andere Bereiche werden ausgeblendet. Darüber hinaus tauchen andere Probleme auf. Allein wenn man daran denkt, dass die meisten Menschen auch enge soziale Kontakte mit ihren Eltern oder ihren Kindern pflegen, erscheint die Trennung der Milieus entlang der Altersabstufung als wenig sinnvoll. Darüber hinaus wird in der Beschreibung der Milieus auch deutlich, dass sie entgegen Schulzes eigener Beschreibung kaum als Resultat freier subjektiver Wahl (siehe Abschnitt 5.4) betrachtet werden können, sondern stark mit der Struktur der sozialen Ungleichheit zusammenhängen.

Zusammenfassung

Gerhard Schulze beschreibt eine umfassende Transformation sozialer Milieus in Deutschland von geschichteten Klassenmilieus hin zu Erlebnismilieus. Grundlage für diesen Wandel ist die Entstehung der Erlebnisorientierung als primärer Handlungsorientierung. Diese führt zu einer Wahl von Handlungspartnern, die sich insbesondere an Lebensstil, Alter und Bildung ausrichtet und damit auch Erlebnismilieus begründet, die im Hinblick auf diese Merkmale relativ homogen sind.

Weiterführende Literatur

Eine umfassende Darstellung von Schulzes Entwurf findet sich in:

- Gerhard Schulze, 1992: Die Erlebnisgesellschaft. Kultursoziologie der Gegenwart. Frankfurt: Campus.

Eine zusammenfassende Skizze wurde vorgelegt in:

- Ute Volkmann, 2000: Das Projekt des schönen Lebens – Gerhard Schulzes Erlebnisgesellschaft. S. 75-98 in: Uwe Schimank und Ute

Volkmann (Hg.): Soziologische Gegenwartsdiagnosen I. Eine Bestandsaufnahme. Opladen: Leske + Budrich.

Wiederholungsfragen

- Wie findet die Wahl von Handlungspartnern in gegenwärtigen Gesellschaften statt?
- Welcher Mechanismus führt in Schulzes Milieuanalyse zur Herausbildung sozialer Milieus?
- Welche Milieus unterscheidet Gerhard Schulze in der gegenwärtigen Gesellschaft?

6.3 Von der Marktforschung zu Klassenmilieus

Neben Gerhard Schulze hat Michael Vester gemeinsam mit einer Forschungsgruppe an der Universität Hannover eine umfassende Studie über soziale Milieus in Deutschland vorgelegt (Vester et al. 2001). Im Gegensatz zu Schulzes Analyse ist die Hauptthese der Untersuchung von Vester et al., dass zwar eine Transformation von Klassenmilieus zu beobachten ist, dass aber die heutigen Milieus weiterhin an die klassenspezifischen Traditionen anknüpfen.

Empirisch knüpfen Vester und seine Kollegen an Milieustudien aus der kommerziellen Marktforschung an. Seit den späten siebziger Jahren hat das Heidelberger Sinus-Institut eine für Marketingzwecke geeignete Einteilung der Bevölkerung in Milieus zu entwickeln versucht, die über die klassischen Schicht- und Klassenkonzepte hinaus reicht (vgl. Zerger 2000: 84-95). Vor allem auf der Grundlage der kulturellen Werte von Befragten hat das Institut eine Milieutypologie konstruiert, die es seit den achtziger Jahren kontinuierlich immer wieder in Umfragen validiert und an neue Entwicklungen angepasst hat (www.sinus-sociovision.de). Vester und seine Kollegen haben diese Sinus-Milieus in ihrer Studie aufgegriffen und versucht diesen eine umfassendere theoretische Begründung zu geben. Die in Schaubild 6.2 verwendeten Milieubezeichnungen stammen daher unmittelbar aus den Studien des Sinus-Instituts.

Schon das Sinus-Institut hatte seine Milieus in einem zweidimensionalen Raum angesiedelt. Vertikal wurden die verschiedenen Milieus nach ihrer sozialen Lage in der Schichthierarchie der Gesellschaft eingeordnet, auf der horizontalen Dimension wurden die Milieus aber nach ihrer jeweiligen Werteorientierung klassifiziert. Dabei wurden auf der einen Seite Milieus mit einer stärker traditionellen und materialistischen Orientierung eigenordnet, während auf der anderen Seite die Milieus mit den stärker hedonistischen und postmaterialistischen Zielvorstellungen platziert wurden (Zerger 2000: 94). Im Prinzip knüpfen Vester und seine Kollegen an die Ideen des Sinus-Instituts an, versuchen diese aber stärker theoretisch zu fundieren. Im Anschluss an Bourdieu vertreten sie die These, dass der soziale Raum durch mehrere Achsen charakterisiert werden kann. Erstens die vertikale Achse der Über- und Unterordnung. Entlang dieser Dimension lassen sich drei gesellschaftliche Stufen unterscheiden, die durch unterschiedliche Habitus geprägt sind. Oberhalb der Grenze der Distinktion finden sich die führenden gesellschaftlichen Milieus, die durch Bildung, Besitz und Macht geprägt sind (siehe Schaubild 6.2). Im Verhältnis zu den anderen Klassen und Klassenfraktionen stehen diese Milieus in einer Relation der Herrschaft, Ausbeutung und Distinktion (Vester et al. 2001: 26-28). Unterhalb dieser Grenze befinden sich die Milieus der Volksklassen, die aus Angestellten, Arbeitern und kleinen Selbständigen bestehen. Diese machen ca. 65 % der Bevölkerung aus, während zu den führenden Gruppen lediglich 20-25 % der Bevölkerung gehören. Auf der vertikalen Raumdimension grenzen sich die mittleren Klassen noch einmal nach unten durch die Grenze der Respektabilität von den unterprivilegierten Klassen der gering Qualifizierten und unter prekären Bedingungen lebenden Personen ab.

Schaubild 6.2: Die Milieus der alltäglichen Lebensführung nach Michael Vester

	Avantgardistisch ⟷		**Autoritär**
Habitus der Distinktion	Alternatives Milieu 5 %	Technokratisch-liberales Milieu 9 %	Konservativ-gehobenes Milieu 9 %
Habitus der Arrivierten	Hedonistisches Milieu 10 %	Leistungsorientiertes Arbeitnehmermilieu 20 %	Kleinbürgerliches Arbeitnehmermilieu 28 %
Habitus der Strebenden		Traditionelles Arbeitermilieu 10 %	
Habitus der Notwendigkeit		Traditionsloses Arbeitnehmermilieu 9 %	

Quelle: Vester et al. 2001: 49.

Von der vertikalen Achse des sozialen Raumes grenzen Vester et al. zweitens eine horizontale Achse der gesellschaftlichen Arbeitsteilung ab. Diese erlaubt es, die Entwicklung der Produktivkräfte vom traditionellen ökonomischen Pol hin zu stärker kulturell und intellektuell spezialisierten Tätigkeiten abzubilden. Ähnlich wie bei Bourdieu spielt hier also auch die Ausstattung der Akteure mit kulturellem Kapital eine zentrale Rolle (Vester et al. 2001: 31, 180, 398). Allerdings haben die Bildungsexpansion und die zunehmende Bedeutung von hochqualifizierten Berufen und Tätigkeiten aus dieser Perspektive nicht selbstverständlich zu einer Veränderung von Klassenmilieus geführt. Daher führen die Autoren als dritte Achse den historischen Wandel ein. Es sind nicht die anonymen Prozesse der Bildungsexpansion und des berufsstrukturellen Wandels, die automatisch zu einer Veränderung der Werte und des Verhaltens führen, dazu bedurfte es Konflikten und Auseinandersetzungen zwischen individuellen und kollektiven Akteuren. Die horizontale Achse von Schaubild 6.2 bildet daher nicht allein den Wandel von Bildungs- und Berufsstrukturen ab, sondern ist ein Resultat der Kämpfe vor allem der Jugendkulturen und der Studentenbewegung. Links sind in diesem

Schaubild die stärker modernisierten avantgardistischen und an Autonomievorstellungen orientierten Haltungen abgebildet, während rechts die stärker traditionellen und autoritären Werthaltungen dominieren. Daher sehen wir auch in diesem Schaubild oberhalb der Grenze der Distinktion drei verschiedene Milieus in den führenden Klassen, das alternative Milieu, das technokratisch-liberale und das konservativ-gehobene. Vergleichbare Unterschiede lassen sich auch in den populären Klassen zwischen der Grenze der Distinktion und der Respektabilität feststellen. Hier variieren die Milieus vom eher autoritären kleinbürgerlichen Milieu über die leistungsorientierten bis hin zu den hedonistischen Milieus. Lediglich unterhalb der Grenze der Respektabilität findet sich nur ein Milieu, das traditionslose Arbeitermilieu. Dabei liegt folgende Definition sozialer Milieus zugrunde: „Milieus bezeichnen Gruppen mit ähnlichem Habitus, die durch Verwandtschaft oder Nachbarschaft, Arbeiten oder Lernen zusammenkommen und eine ähnliche Alltagskultur entwickeln. Sie sind einander durch soziale Kohäsion oder auch nur durch ähnliche Gerichtetheit des Habitus verbunden. Insofern sie ähnliche Orte im sozialen Raum einnehmen, sind sie die historischen Nachfahren der sozialen Klassen, Stände und Schichten“ (Vester et al. 2001: 24-25). Vergleichbar der Definition sozialer Milieus in Abschnitt 6.1 wird hier also die Ähnlichkeit der Mitglieder eines Milieus als zentrales Definitionskriterium verwendet. Auch in dieser Definition wird auf die erhöhte Binnenkommunikation innerhalb der Milieus verwiesen, allerdings nicht so ausgeprägt wie in Schulzes Definition.

Schließlich betrachten Vester und seine Kollegen noch eine vierte Achse des sozialen Raumes, dessen Differenzierung in unterschiedliche soziale Felder. Damit wollen sie darauf hinweisen, dass zwischen den verschiedenen Ebenen des sozialen Raumes keine deterministischen Entsprechungsverhältnisse existieren, sondern diese jeweils eine relativ hohe Autonomie haben. Wie oben anhand der zweiten Achse des sozialen Raumes dargestellt, haben die Veränderungen der Bildungs- und Berufsstruktur nicht automatisch zu Veränderungen des Habitus und der Milieus geführt. Diese sind also relativ unabhängig voneinander. So sind auch politische Konflikte nicht unmittelbar an die jeweiligen sozialen

Milieus gebunden, sondern abhängig von der Entwicklung größerer politischer Lager, die unter Führung von politischen Eliten eine Koalition aus unterschiedlichen Milieus bilden. Diese theoretische Differenzierung gibt dem Konzept von Vester eine relativ hohe Flexibilität. Selbst wenn z. B. im politischen Bereich die Konflikte nicht zwischen Klassen verlaufen, kann dies im Bereich der industriellen Beziehungen weiterhin der Fall sein und im Bereich der sozialen Milieus können eben auch weiterhin die transformierten Klassenmilieus das Alltagsleben prägen.

Die Milieuanalyse von Vester und seinen Kollegen hat eine Reihe von Problemen, von denen hier nur zwei genannt werden sollen. Erstens bleibt es etwas unklar, warum die Sinusmilieus, die auch in dieser Studie verwendet wurden, überhaupt als Milieus zu bezeichnen sind. Die verschiedenen Gruppen werden auf der Grundlage ihrer jeweiligen kulturellen Werte abgegrenzt. Hier könnte man statt von Milieus von Wertetypen sprechen. Zweitens sprechen die empirischen Studien nicht dafür, dass die von Sinus abgegrenzten Milieus oder Wertetypen klassenspezifisch sind. Die Zugehörigkeit zu den Sinustypen korreliert deutlich stärker mit dem Alter und der Kirchenbindung als mit der Klassenzugehörigkeit von Personen (Rössel 2005: 119).

Zusammenfassung

In der Studie von Vester und Kollegen werden für Deutschland soziale Milieus diagnostiziert, die weiterhin in einer klassenspezifischen Tradition stehen. Sie werden auf der Grundlage von Umfragedaten abgegrenzt, die die kulturellen Werte der Befragten erfassen. Die Veränderungen der Bildungs- und Berufsstruktur sowie politischen und sozialen Konflikte in der Geschichte der Bundesrepublik haben allerdings zu einer Differenzierung der Milieulandschaft geführt, wobei sich stärker postmaterialistische und avantgardistische Milieus auf der einen Seite und autoritäre und materialistische auf der anderen Seite gegenüber stehen.

Weiterführende Literatur

Eine umfassende Darstellung der Studie von Vester und Kollegen:

- Michael Vester et al., 2001: Soziale Milieus im gesellschaftlichen Strukturwandel. Zwischen Integration und Ausgrenzung. Frankfurt: Suhrkamp.

Eine zusammenfassende Skizze findet sich in:

- Jörg Rössel, 2005: Plurale Sozialstrukturanalyse. Eine handlungstheoretische Rekonstruktion der Grundbegriffe der Sozialstrukturanalyse. Wiesbaden: VS: 107-120.

Weiterführende Fragen

- Wie werden die sozialen Milieus des Sinus-Instituts konstruiert und abgegrenzt?
- Welche Achsen des sozialen Raumes unterscheiden Vester und seine Kollegen?
- Wie definieren Vester und seine Kollegen den Begriff des sozialen Milieus?

6.4 Die Entwicklung sozialer Milieus in Deutschland

Nachdem die beiden Entwürfe von Schulze und Vester vorgestellt wurden, stellt sich die Frage, welche Beschreibung die Struktur und die Entwicklung der Milieulandschaft für Deutschland angemessen zusammenfasst. Die beiden vorgestellten Modelle waren weiterhin der Vorstellung verhaftet, dass man eine Person eindeutig einem sozialen Milieu zuordnen kann, während sich aus der in Abschnitt 6.1 vorgestellten Definition die Möglichkeit einer pluralen Einbettung in soziale Milieus ergibt. Um die Vielfalt der möglichen Konstitutionsdimensionen von sozialen Netzwerken bzw. Milieus sowie deren Bedeutung empirisch zu demonstrieren, soll das Ausmaß der Homophilie bzw. Homogamie von Freundschaften und Ehen an dieser Stelle dokumentiert werden. Dies sind höchst plausible Indikatoren, da Milieus über enge soziale Beziehungen definiert wurden. Dabei sollen erstens wiederum die vier Strukturdimensionen der sozialen Ungleichheit berücksichtigt werden, zweitens aber auch darüber hinaus gehende Merkmale, die von großer Bedeutung für die Milieubildung sind.

Entlang der vertikalen Dimension der Struktur sozialer Ungleichheit lassen sich deutlich Hinweise auf die Homophilie von Freundschaften und die Homogamie von Ehen feststellen. Die gründlichsten Studien über die Entwicklung der Klassenhomogamie von Ehen in Deutschland wurden von Heike Wirth durchgeführt (Wirth/Lüttinger 1998; Wirth 2000). Diese vergleicht Ehen im Jahr 1970 mit denen des Jahres 1993 und kann hier keine Auflösungstendenzen feststellen. Vor allem im Bereich der Dienstklassen und der Arbeiterklasse existiert weiterhin eine relativ deutliche soziale Schließung bei der Partnerwahl (Wirth 2000: 234-236). Freilich kann Wirth in ihrer Studie zeigen, dass ein relativ großer Anteil der Klassenhomogamie der Ehepartner nicht auf reinen Klasseneffekten beruht, sondern auf der Basis von Bildungshomogamie entsteht. Auch wenn man die Klassenzugehörigkeit von Ehepartnern im langfristigen Zeitverlauf über das späte 19. Jahrhundert bis zur Mitte des 20. Jahrhunderts betrachtet, so zeigen sich keine Anzeichen für eine Auflösung der Klassenhomogamie von Ehen in Deutschland (van der Leuwen/Maas 1996). Stärker ausgeprägt ist sogar die Bildungshomogamie zwischen Ehepartnern (vgl. auch Franzen/Hartmann 2001). Im Zeitverlauf sind in Deutschland Hinweise auf eine steigende Bildungshomogamie von Ehepartnern festzustellen. Vor allem Teckenberg und Blossfeld/Timm vertreten die These einer zunehmenden sozialen Schließung der Bildungsgruppen im Hinblick auf das Heiratsverhalten, die auch für zahlreiche andere Länder bestätigt werden kann (Teckenberg 2000; Blossfeld/Timm 1997; 2003). Auch für Freundschaften zeigt Wolf, dass diese überwiegend bildungshomogam geschlossen werden (Wolf 1996: 32-36). Dabei kann vor allem für Hauptschüler und Hochschulabsolventen eine sehr starke Neigung zu Freundschaftsbeziehungen innerhalb der Eigengruppe festgestellt werden. Entlang der vertikalen Dimension existiert also eine deutlich ausgeprägte Homophilie bzw. Homogamie. Im Längschnitt kann man vor allem für die Ehen eine zunehmende Bedeutung von Homogamie entlang der vertikalen Ungleichheitsdimension feststellen.

Auch im Hinblick auf die Geschlechtsdimension lässt sich eine gewisse Homophilie feststellen, wobei hier aus naheliegenden Gründen nur Freundschaften berücksichtigt werden. Bei der Analyse sozialer Milieus ist also zu berücksichtigen, dass es in verschiedenen Bereichen der Gesellschaft immer noch eine Segregation der Geschlechter gibt, die auch zu geschlechtsspezifischen Vergemeinschaftungsformen führt. Für Freundschaften lässt sich daher häufig eine Geschlechtshomophilie feststellen (Wolf 1996; McPherson et al. 2001: 422-424). Diese zeigt sich insbesondere für ältere Personen (Wolf 1996: 31), wobei der entscheidende Sprung zwischen den Personen unter 30 und den Personen über 30 Jahren liegt. Dies mag damit zusammenhängen, dass bis zur Begründung einer stabilen Partnerschaft geschlechtsheterophile Freundschaften als Teil des Partnermarktes fungieren, dann aber nach der Gründung einer Partnerschaft und Familie zunehmend als problematisch betrachtet werden. Kalmijn nennt als Hinderungsgründe zum einen das normative Verbot, neben dem eigenen Partner noch andere intensivere Beziehungen zum anderen Geschlecht aufrechtzuerhalten und zum anderen die Tatsache, dass Partner dies auch als mögliche Konkurrenz und damit als Störung der Beziehung betrachten könnten (Kalmijn 2002: 104). Auch wenn die Geschlechtshomophilie insgesamt nicht so stark ausgeprägt ist wie die Ähnlichkeit von Freunden und Ehepartnern entlang der vertikalen Strukturdimension der sozialen Ungleichheit, strukturiert sie doch die Kommunikation und Interaktion in Gesellschaften. Leider liegen keine Studien zu ihrer langfristigen Entwicklung vor.

Die ethnische Homogamie bzw. Homophilie von Ehen und Freundschaften war bisher vor allem ein Forschungsthema in klassischen Einwanderungsgesellschaften wie den Vereinigten Staaten, wird aber mit der zunehmenden Anzahl von Migranten auch in der Bundesrepublik stärker zu einem bedeutsamen Forschungsthema. Vor allem Elisabeth Beck-Gernsheim hat in zahlreichen Publikationen auf die zunehmende

Anzahl von binationalen Ehen in der Bundesrepublik hingewiesen (Beck-Gernsheim 2000: 131-172). Dies sollte allerdings nicht darüber hinwegtäuschen, dass zwischen Einwanderern und Einheimischen in der Bundesrepublik nach wie vor erhebliche Barrieren für eine gemischtnationale bzw. ethnische Ehe bestehen, wie Lengerer am Beispiel der türkischen Einwanderer in der Bundesrepublik nachweist, zudem sind diese Ehen von einem besonders hohen Scheidungsrisiko betroffen (Lengerer 2001; vgl. auch Roloff 1998). Insgesamt kann man daher im Hinblick auf die Eheschließung von einer relativ hohen ethnischen Homogamie in der Bundesrepublik sprechen, auch wenn sich eine Tendenz zur Abschwächung zeigt. Dies trifft auch für die ethnische Homophilie von Freundschaften zu. So berichten Alba, Handl und Müller in ihrer Studie, dass mehr als die Hälfte der Migranten in der Bundesrepublik von drei Freunden mindestens zwei in der gleichen ethnischen Gruppe haben. Für Griechen und Türken liegt dieser Anteil sogar noch deutlich höher (Alba/Handl/Müller 1994: 230). In einer neueren Studie kann Haug allerdings nachweisen, dass die interethnische Integration stärker ausfällt, wenn man auch Personen mit deutscher Staatsbürgerschaft und nichtdeutscher Herkunft berücksichtigt (Haug 2003). Hier zeigt sich dennoch, dass Freunde in der Regel aus der eigenen Ethnie gewählt werden. Insgesamt sprechen diese Ergebnisse aber dafür, dass gerade ethnische Barrieren im Vergleich zu den vier anderen Strukturdimensionen in der Bundesrepublik von sehr hoher Bedeutung für die Milieubildung sind. Auf der Grundlage der vorliegenden Studien kann man Hinweise in Richtung eines Abbaus dieser Milieugrenzen feststellen.

Betrachtet man die räumliche Strukturierung sozialer Milieus, insbesondere mit Blick auf die Unterschiede zwischen den neuen und den alten Bundesländern, erhält man relativ deutliche Ergebnisse. Rippl (1995) hat in einer Studie in der Mitte der neunziger Jahre soziale Beziehungen zwischen Ost- und Westdeutschen untersucht. Dabei nannten die beiden Gruppen zwar relativ häufig Kontakte zu Verwandten aus dem jeweils anderen Landesteil, kaum aber zu Freunden und praktisch überhaupt nicht zu Ehepartnern (Rippl 1995: 116). Dies deutet darauf hin, dass Ost- und Westdeutsche in hohem Maße voneinander abgeschottete soziale Milieus bilden. Leider liegen zu diesem Thema wiederum keine Längsschnittstudien vor, so dass über die Entwicklung der sozialen Beziehungen zwischen den Bewohnern der alten und der neuen Bundesländer nichts gesagt werden kann. Allerdings sind diese Ergebnisse auch kaum überraschend. Trotz der Verbreitung von neuen Informationstechnologien ist räumliche Nähe weiterhin eine ausgesprochen wichtige Voraussetzung für die Gründung von Ehen oder Freundschaften (McPherson 2001: 429-430). Insofern würde es eher überraschen, wenn Ost- und Westdeutsche eine starke soziale Vernetzung aufweisen würden.

Insgesamt zeigt sich, dass von den vier Strukturdimensionen der sozialen Ungleichheit insbesondere die regionale und die ethnische stark für die Struktur sozialer Milieus prägend sind. Aber auch entlang der vertikalen Dimension zeigt sich eine etwas weniger starke, aber doch deutlich ausgeprägte Milieustrukturierung, während das Geschlecht im Vergleich am wenigsten für die Kommunikationsstrukturen relevant ist. Daneben existiert noch eine Reihe anderer Dimensionen, die für die Prägung sozialer Milieus höchst bedeutsam sind. Hier sind erstens Religion und Konfession zu nennen. In empirischen Studien kann eine ausgesprochen hohe Endogamie von Ehen innerhalb von Konfessionsgruppen festgestellt werden (Klein/Wunder 1996: 109). Seit Beginn des 20. Jahrhunderts nimmt diese allerdings in Deutschland und in den meisten westlichen Ländern ab (Klein/Wunder 1996; Hendrickx/Schreuder/Ultee 1994). Im Hinblick auf Freundschaften ist dieses Merkmal bisher nur selten untersucht worden. Zweitens kann im Anschluss an die Thesen von Schulze analysiert werden, wie groß Homophilie und Homogamie im Hinblick auf Lebensstile ausfällt. Im Hinblick auf die Bedeutung von Lebensstilen für soziale Netzwerke liegen bisher nur relativ wenige Studien vor. So zeigen de Haan und Uunk für eine große Stichprobe von Ehepaaren in den Niederlanden eine ausgesprochen hohe Lebensstilhomogenität, die nur zum Teil auf eine ähnliche soziale Herkunft oder Bildung der Partner zurückgeführt werden kann (de Haan/Uunk 2001: 85-89). Otte kommt in seiner Studie über Lebensstile und egozentrierte Netzwerke zu der Schlussfolgerung, dass kulturelle Gemeinsamkeiten für die Bildung von Ehen vergleichsweise wichtiger sind als für die Bildung von Freundschaften (Otte 2004). Schließlich sollte im Hinblick auf Homophilie und Homogamie auch das Alter in Betracht gezogen werden. Gerade Schulzes These von der Altersstrukturiertheit der Erlebnismilieus legt dies nahe. Im Hinblick auf die Altershomophilie wollen wir uns an dieser Stelle weitgehend auf die Betrachtung von Freundschaften beschränken, da Ehen ohnehin meist altershomogam geschlossen werden. So beträgt in Deutschland der durchschnittliche Altersunterschied zwischen Ehepartnern 3 Jahre (Klein/Wunder 1996). Es zeigt sich, dass auch Freundschaften durch eine relativ hohe Altershomophilie gekennzeichnet sind (Wolf 1996: 36-39; Otte 2004). Hier ergibt sich in der Studie von Wolf wiederum eine besonders hohe Homophilie bei den jüngsten und den ältesten Altersgruppen. Entgegen der These von Schulze zeichnet sich aber in der vorliegenden Literatur keine Zunahme der Altersstrukturierung von Kommunikation ab (Rössel 2005: 263-264).

Zusammenfassung

Im Gegensatz zu den Studien von Schulze und der Arbeitsgruppe um Vester wurde hier die These vertreten, dass soziale Netzwerke nicht auf der Grundlage eines einzigen Kriteriums entstehen, so dass Menschen auch in mehrere soziale Milieus eingebettet sein können. Hier wurde deutlich, dass soziale Beziehungen und Netzwerke in Deutschland stark von der Konfession, der ethnischen Zugehörigkeit und der räumlichen Struktur geprägt sind. Eine mittlere Prägekraft hat die vertikale Dimension der Struktur sozialer Ungleichheit, das Alter und die Lebensstile von Personen. Etwas weniger relevant ist das Geschlecht. Diese Ergebnisse bestätigen die Vorstellung einer pluralen Milieusstruktur.

Weiterführende Literatur

Überblicke über die Relevanz unterschiedlicher Merkmale für die Bildung sozialer Beziehungen und Netzwerke finden sich in:

- Miller McPherson et al., 2001: Birds of a Feather: Homophily in Social Networks, Annual Review of Sociology 27: 415-444.
- Jörg Rössel, 2005: Plurale Sozialstrukturanalyse. Eine handlungstheoretische Rekonstruktion der Grundbegriffe der Sozialstrukturanalyse. Wiesbaden: VS: 259-269.

Wiederholungsfragen

- Bei welchen Merkmalen lässt sich in Deutschland eine besonders hohe Homophilie bzw. Homogamie sozialer Beziehungen feststellen?
- Welche historische Entwicklung hat die Homogamie bzw. Homophilie unterschiedlicher Merkmale in Deutschland eingeschlagen?

7 Dominante Merkmale der Sozialstruktur

In den vorhergehenden Kapiteln wurde ein knapper Überblick zu zentralen Bereichen der Sozialstrukturanalyse gegeben. In diesem Kapitel soll nicht einfach eine Zusammenfassung aller Themen und Bereiche des Buches präsentiert werden. Diese finden sich am Ende aller Abschnitte des Bandes und können daher sehr gut nachgeschlagen werden. In diesem Kapitel soll stattdessen in wenigen Thesen auf einige grundlegende konzeptuelle Fragen eingegangen werden.

1. Das Themenfeld der Sozialstrukturanalyse wurde für dieses Buch mit Bezug auf eine handlungstheoretische Grundlage abgegrenzt. Dies macht eine nachvollziehbare Interpretation der Aufgaben der verschiedenen Bereiche der Sozialstrukturanalyse möglich. Die Ungleichheitsforschung beschäftigt sich mit der Verteilung von Ressourcen und Restriktionen. Sie untersucht also welche Handlungsmöglichkeiten die Akteure auf der Grundlage ihrer Ressourcenausstattung und ihrer jeweiligen situativen Handlungsrestriktionen haben. Dabei bleibt aber weitgehend außen vor, wie Personen ihre Handlungschancen nutzen. Genau diese Frage wird in der Lebensstilforschung behandelt: was machen die Akteure eigentlich mit ihren Ressourcen in Situationen mit spezifischen Restriktionen? Dabei wurde deutlich, dass in der Lebensstilforschung einerseits das faktische Handeln der Akteure analysiert wird, aber auch die zugrundeliegenden kulturellen Präferenzen, also die Handlungsziele der Personen. Diese Trennung ist zentral, wenn man das Handeln der Akteure systematisch erklären möchte. Hier wurde aber auch eine Einschränkung der Lebensstilforschung deutlich. Während die in der Ungleichheitsforschung analysierte Ressourcenausstattung und die Handlungsrestriktionen für alle Arten des Handelns relevant sind, fokussiert die Lebensstilforschung sehr stark auf die Bereiche des Konsums und der Frei-

zeit. Für eine umfassende Sozialstrukturanalyse müsste dieser Forschungsbereich erweitert werden, z. B. um die Untersuchung der kulturellen Werte und Präferenzen der Akteure in anderen Bereichen des Verhaltens. Schließlich wurde im Konzept sozialer Milieus deutlich, dass die Sozialstrukturanalyse auch die spezifische Struktur sozialer Netzwerke erfasst, die die Akteure mit ihrem Handeln einerseits schaffen, die aber wiederum das Verhalten von Personen in bestimmten Situationen beeinflussen.

2. Es wurde in diesem Buch deutlich gemacht, dass ganz unterschiedliche Dinge Ressourcen und Restriktionen darstellen können. Vielleicht noch wichtiger ist die Tatsache, dass Ressourcen in verschiedenen gesellschaftlichen Feldern verteilt werden. Daraus resultieren zwei wichtige Probleme. Erstens kann man die ganze Vielfältigkeit und Buntheit der Ressourcenausstattung und der Handlungsrestriktionen von Akteuren niemals vollständig darstellen. In diesem Buch wurde ein besonders restriktiver Weg gegangen und mit dem Wissen und den monetären Ressourcen wurden zwei Ressourcen betrachtet, die besonders breit anwendbar und von besonders großer Bedeutung in der Gesellschaft sind. Grundsätzlich wird man aber in der Sozialstrukturanalyse nach der Lektüre jedes Buches und jedes Aufsatzes immer fragen können, ob man nicht diese oder jene Ressource noch hätte berücksichtigen müssen. Man wird also immer eine Gratwanderung zwischen Vereinfachung und theoretischer Konsistenz auf der einen Seite und der Erfassung der Vielfalt der sozialen Welt in ihrer ganzen Heterogenität und Unübersichtlichkeit gehen müssen. Zweitens dürfte es auf der Grundlage dieser Annahmen keine einheitliche Theorie sozialer Ungleichheit geben, da einerseits eine Vielzahl von Ressourcen und Restriktionen in ihrer Verteilung erklärt werden müssen und andererseits dabei auch noch unterschiedliche gesellschaftliche Felder berücksichtigt werden müssen. Insofern wird man vermutlich nicht ohne weiteres eine Globaltheorie der Ungleichheit finden, sondern eher einen Werkzeugkasten von theoretischen Konzepten und Mechanismen, die je nach Fragestellung angewendet werden können.

3. In der Ungleichheitsforschung findet sich häufig noch eine weitere Vereinfachung in der Darstellung der Struktur sozialer Ungleichheit. Zahlreiche Forscher versuchen die vertikale Achse mit Hilfe von zusammenfassenden Konzepten zu erfassen, z. B. Klasse, Schicht, soziale Lage oder sozioökonomischen Statusskalen (SES). In diesem Buch wurde deutlich gemacht, dass man diese Konzepte je nach Forschungsfrage einsetzen kann. Wenn man an den Klassenbegriff keine überspannten politisch-ideologischen, sondern vorwiegend wissenschaftliche Kriterien anlegt, ist er für die Erforschung zahlreicher Fragestellungen sehr gut geeignet. Aber für die Beschreibung und Analyse gesamtgesellschaftlicher Ungleichheitsstrukturen in bestimmten Forschungskontexten sind auch die sozioökonomischen Statusskalen und ihre Bestandteile, also vor allem Bildung und Einkommen sinnvoll. Die Frage, ob man mit dem Klassenbegriff oder einer sozioökonomischen Statusskala (bzw. ihren Bestandteilen) operieren soll, ist also nicht so einfach zu beantworten. Es kommt auf die jeweilige Forschungsfrage an!

4. Es wurde in diesem Buch deutlich, dass es in der deutschen Gesellschaft erhebliche Ungleichheiten gibt. Manche Ressourcen, wie das Einkommen, sind dabei weniger ungleich verteilt, andere wie das Produktivkapital sehr ungleich. Auch die Entwicklung der Ungleichheit ist nicht einheitlich. Im Bildungswesen konnte eine leicht zunehmende Chancengleichheit beobachtet werden, während für die meisten Formen der Verteilung monetärer Ressourcen (Einkommen, Armut, Vermögen) in den letzten Jahrzehnten eine leichte Zunahme der Ungleichheit festzustellen war. Im internationalen Vergleich sind die Verteilungsungleichheiten in Deutschland nicht besonders bemerkenswert: weder gehört es zu den Ländern mit besonders ungleicher Verteilung noch zu denen mit einer besonders egalitären Verteilung. Deutlich ausgeprägt ist in Deutschland bisher allerdings die wohlfahrtsstaatliche Umverteilung.

Weiterhin muss festgehalten werden, dass die Vererbung sozialer Positionen, seien es Klassenpositionen oder Bildungsabschlüsse in Deutschland trotz einer gewissen Öffnung im internationalen Vergleich sehr ausgeprägt ist. Im Hinblick auf die dominanten Dimensionen der Struktur sozialer Ungleichheit wurde deutlich, dass die vertikale Dimension besonders wichtig ist, während Ungleichheit nach Region, Geschlecht und Ethnie deutlich schwächer zur Strukturierung der deutschen Gesellschaft beiträgt. Eine wichtige Forschungsfrage für die Zukunft wird sein, ob soziale Ungleichheit in zunehmendem Maße auch durch die Zugehörigkeit zu bestimmten Geburtskohorten strukturiert ist.

5. Dieses Buch hat für das Lebensstilkonzept eine Neuorientierung vorgeschlagen. Im Sinne des in Kapitel 1 skizzierten handlungstheoretischen Modells wurde hier für eine Trennung der rein verhaltensbasierten Lebensstile einerseits und der kulturellen Präferenzen als Handlungsziele andererseits argumentiert. Damit kann erstens analysiert werden wie die Lebensstile als faktisches Verhalten aus dem Wechselspiel von kulturellen Präferenzen, Ressourcenausstattung (Einkommen, Bildung) und Handlungsrestriktionen (räumliche Entfernung von bestimmten Einrichtungen, Lebensform) entstehen. Zweitens kann aber auch betrachtet werden, wodurch die kulturellen Präferenzen insbesondere geprägt werden: hier wurde deutlich, dass Alter, Bildung und soziale Herkunft eines starke Rolle spielen. Eine spannende, bisher kaum erforschte Frage in diesem Themengebiet ist die ethnische Prägung von kulturellen Präferenzen.

6. Menschen gehören nach der Definition in diesem Buch zu einem sozialen Milieu, wenn sie relativ stark ausgeprägte Kommunikations- und Interaktionsbeziehungen (z. B. Freundschaften, Partnerschaften) mit anderen Menschen haben, die ihnen in bestimmten Hinsichten ähnlich sind. Dies bedeutet aber, dass Akteure gleichzeitig zu mehreren sozialen Milieus gehören können. Es wurde ersichtlich, dass insbesondere ethnische, regionale und konfessionelle Milieubildung in Deutschland weiterhin relativ stark ausgeprägt ist, während soziale Milieus etwas schwächer entlang der vertikalen Dimension der Struktur sozialer Ungleichheit und dem Alter ausgerichtet sind. Als eher wenig relevant zeigten sich geschlechtsspezifische Strukturen der sozialen Netzwerkbildung.

7. Neben der theoretischen Grundausrichtung dieses Buches, die in einer handlungstheoretischen Fundierung der Grundbegriffe der Sozialstrukturanalyse bestand, kann vor allem ein zweites konzeptuelles Ergebnis festgehalten werden. Im Kern zeigt sich in diesem Buch eine relativ hohe Bedeutung und Prägekraft der vertikalen Dimension der Struk-

tur sozialer Ungleichheit, nicht nur im Bereich der Verteilung von Ressourcen und Restriktionen selbst, sondern auch für die Strukturierung von kulturellen Präferenzen, Lebensstilen und sozialen Milieus. Es wurde aber darüber hinaus deutlich, dass erstens soziale Ungleichheit auch entlang anderer Dimensionen (Geschlecht, Region, Ethnie, teilweise Alter) ausgeprägt ist. Zweitens werden darüber hinaus auch die Lebensstile und die Milieus stark durch andere Dimensionen bestimmt (Alter, Ethnie, Region, Konfession). Daher kann man festhalten, dass es zwar mit der vertikalen Dimension eine dominante Achse der Sozialstrukturanalyse gibt, dass daneben aber auch andere Dimensionen, wie Region, Ethnie und Alter die Sozialstruktur in bestimmten Bereichen stark prägen.

8 Literatur

Abraham, Martin und Thomas Hinz (Hg.), 2005: Arbeitsmarktsoziologie. Probleme, Theorien, empirische Befunde. Wiesbaden: VS.

Abraham, Martin und Jürg Arpagaus, 2008: Wettbewerb, soziales Umfeld oder gezielte Lebensplanung? Determinanten der horizontalen Geschlechtersegregation auf dem Lehrstellenmarkt. Soziale Welt 59: 205-225.

Achatz, Juliane, 2005: Geschlechtersegregation auf dem Arbeitsmarkt. S. 263-302 in: Martin Abraham und Thomas Hinz (Hg.): Arbeitsmarktsoziologie. Probleme, Theorien, empirische Befunde. Wiesbaden: VS.

Aisenbrey, Silke und Hannah Brückner, 2008: Occupational Aspirations and the Gender Gap in Wages. European Sociological Review 24: 633-649.

Alba, Richard, Walter Müller und Johann Handl, 1994: Ethnische Ungleichheit im deutschen Bildungssystem, Kölner Zeitschrift für Soziologie und Sozialpsychologie 46: 209-237.

Albert, Hans, 1965: Wertfreiheit als methodisches Prinzip. Zur Frage der Notwendigkeit einer normativen Sozialwissenschaft. S. 181-210 in: Ernst Topitsch (Hg.), Logik der Sozialwissenschaften. Köln: Kiepenheuer & Witsch.

Alderson, Arthur S. und François Nielsen, 2002: Globalization and the Great U-Turn: Income Inequality Trends in 16 OECD Countries. American Journal of Sociology 107: 1244-1299.

Allen, Jeremiah und Roger Barnsley, 1993: Streams and Tiers: The Interaction of Ability, Maturity, and Training in Systems with Age-Dependent Recursive Selection. The Journal of Human Resources 28: 649-659.

Allison, Paul D., 1978: Measures of Inequality. American Sociological Review 43: 865-880.

Allmendinger, Jutta und Silke Aisenbrey, 2002: Soziologische Bildungsforschung. S. 41-60 in: Rudolf Tippelt (Hg.), Handbuch Bildungsforschung. Opladen: Leske + Budrich.

Anand, Sudhir und Paul Segal, 2008: What Do We Know About Global Income Inequality? Journal of Economic Literature 46: 57-94.

Andreß, Hans-Jürgen, 1999: Leben in Armut. Analysen der Verhaltensweisen armer Haushalte mit Umfragedaten. Opladen/Wiesbaden 1999: Westdeutscher Verlag.

Andreß, Hans-Jürgen, et al. 2003: Wenn aus Liebe rote Zahlen werden. Über die wirtschaftlichen Folgen von Trennung und Scheidung. Wiesbaden: Westdeutscher Verlag.

Andreß, Hans-Jürgen, Gero Lipsmeier und Kurt Salentin, 1995: Soziale Isolation und mangelnde soziale Unterstützung im unteren Einkommensbereich? Vergleichende Analysen mit Umfragedaten. Zeitschrift für Soziologie 24: 300-315.

Andreß, Hans-Jürgen und Gero Lipsmeier, 1999: Lebensstandard nicht allein von Einkommen abhängig. Ergebnisse einer aktuellen Umfrage. ISI – Informationsdienst soziale Indikatoren 21: 5-9.

Andreß, Hans-Jürgen, Anne Krüger und Bronia Katharina Sedlacek, 2004: Armut und Lebensstandard. Zur Entwicklung des notwendigen Lebensstandards der Bevölkerung 1996-2003. Gutachten im Rahmen des Armuts- und Reichtumsberichtes der Bundesregierung. Köln.

Andreß, Hans-Jürgen und Till Seeck, 2007: Ist das Normalarbeitsverhältnis noch armutsvermeidend? Erwerbstätigkeit in Zeiten deregulierter Arbeitsmärkte und des Umbaus sozialer Sicherungssysteme. Kölner Zeitschrift für Soziologie und Sozialpsychologie 59: 459-492.

Anger, Silke und Katie Lupo, 2007: Bildungsrenditen von Vollzeitbeschäftigten in Deutschland: Der Osten hat aufgeholt. DIW-Wochenbericht 74: 149-157.

Ammermüller, Andreas, Andrea M. Weber und Peter Westerheide, 2005: Die Entwicklung und Verteilung des Vermögens privater Haushalte unter besonderer Berücksichtigung des Produktivvermögens. Abschlussbericht zum Forschungsauftrag des Bundesministeriums für Gesundheit und Soziale Sicherung. Mannheim.

Arum, Richard und Walter Müller, 2004: The Reemergence of Self-Employment. A Comparative Study of Self-Employment Dynamics and Social Inequality. Princeton: Princeton University Press.

Atkinson, A. B., 2005: Top Incomes in the UK over the Twentieth Century. Journal of the Royal Statistical Society, Series A, 168: 325-343.

Atkinson, A.B. und A. Brandolini, 2004: Global World Inequality: Absolute, Relative or Intermediary? 28th General Conference of the International Association for Research in Income and Wealth, Cork, Ireland, August 22-28, 2004, http://www.iariw.org.

Auspurg, Katrin und Thomas Hinz, 2008: Wer beruft Professorinnen? Eine geschlechtsspezifische Analyse der Berufungsverfahren an der Universität Konstanz. Forschung und Lehre Heft 6: 278-281.

Autorengruppe Bildungsberichterstattung, 2008: Bildung in Deutschland 2008. Ein indikatorengestützter Bericht mit einer Analyse zu Übergängen im Anschluss an den Sekundarbereich I. Bielefeld: Bertelsmann.

Babcock, Linda, Sara Laschever, Michele Gelfand und Deborah Small, 2003: Nice Girls Don't Ask. Harvard Business Review 81, 10: 14-16.

Bäckman, Olof, 2009: Institutions, Structures and Poverty – A Comparative Study of 16 Countries, 1980 – 2000. European Sociological Review 25: 251-264.

Bahrdt, Hans Paul, 1992: Schlüsselbegriffe der Soziologie. Eine Einführung mit Lehrbeispielen. 5. Auflage. München: C.H. Beck.

Barro, Robert J., 2001: Human Capital and Growth. American Economic Review 91: 12-17.

Barthelheimer, Peter, 2005: Teilhabe, Gefährdung, Ausgrenzung. S. 85-124 in: Martin Baethge und Holger Alda (Hg.), Berichterstattung zur sozioökonomischen Entwicklung in Deutschland. Arbeit und Lebensweisen. Erster Bericht. Wiesbaden: VS.

Beck, Ulrich, 1986: Risikogesellschaft. Auf dem Weg in eine andere Moderne. Frankfurt: Suhrkamp.

Beck-Gernsheim, Elisabeth, 2000: Was kommt nach der Familie? Einblicke in neue Lebensformen. München: Beck.

Becker, Birgit und Nicole Biedinger, 2006: Ethnische Bildungsungleichheit zu Schulbeginn. Kölner Zeitschrift für Soziologie und Sozialpsychologie 58: 660-684.

Becker, Gary S., 1982: Der ökonomische Ansatz zur Erklärung menschlichen Verhaltens. Deutsche Ausgabe: Tübingen: J.C.B. Mohr (Paul Siebeck).

Becker, Irene und Richard Hauser, 2003: Anatomie der Einkommensverteilung. Ergebnisse der Einkommens- und Verbrauchsstichproben, 1969-1998. Berlin: Sigma.

Becker, Irene und Richard Hauser, 2004: Verteilung der Einkommen 1999-2003. Bericht zur Studie im Auftrag des Bundesministeriums für Gesundheit und soziale Sicherung. Universität Frankfurt.

Becker, Rolf, 2004: Soziale Ungleichheit von Bildungschancen und Chancengleichheit. S. 161-194 in: Rolf Becker und Wolfgang Lauterbach (Hg.), Bildung als Privileg? Erklärungen und Befunde zu den Ursachen der Bildungsungleichheit. Wiesbaden: VS.

Becker, Rolf und Ekkart Zimmermann, 1995: Statusinkonsistenz im Lebensverlauf. Zeitschrift für Soziologie 24: 358-370.

Becker, Rolf und Frank Schubert, 2006: Soziale Ungleichheit von Lesekompetenzen. Eine Matching-Analyse im Längsschnitt mit Querschnittsdaten von PIRLS 2001 und PISA 2000. Kölner Zeitschrift für Soziologie und Sozialpsychologie 58: 253-284.

Becker, Rolf und Anna Etta Hecken, 2008: Warum werden Arbeiterkinder vom Studium an Universitäten abgelenkt? Eine empirische Überprüfung der „Ablenkungsthese" von Müller und Pollak (2007) und ihrer Erweiterung durch Hillmert und Jacob (2003). Kölner Zeitschrift für Soziologie und Sozialpsychologie 60: 3-29.

Beckert, Jens, 2004: Unverdientes Vermögen. Soziologie des Erbrechts. Reihe Theorie und Gesellschaft. Frankfurt a.M.: Campus.

Beckert, Jens und Jörg Rössel, 2004: Kunst und Preise. Reputation als Mechanismus der Reduktion von Ungewissheit am Kunstmarkt. Kölner Zeitschrift für Soziologie und Sozialpsychologie 56: 32-50.

Beckfield, Jason, 2006: European Integration and Income Inequality. American Sociological Review 71: 964-985.

Beckmann, Petra und Reiner Trometer, 1991: Neue Dienstleistungen des ALLBUS: Haushalts- und Familientypologien, Klassenschema nach Goldthorpe. ZUMA-Nachrichten 28: 7-17.

Bellmann, Lutz und Hermann Gartner, 2003: Fakten zur Entwicklung der qualifikatorischen und sektoralen Lohnstruktur. MittAB – Mitteilungen aus der Arbeitsmarkt- und Berufsforschung 36: 493-508. Nürnberg.

Berger, Peter A., 1990: Ungleichheitsphasen. Stabilität und Instabilität als Aspekte ungleicher Lebenslagen. S. 319-350 in: ders. und Stefan Hradil (Hg.), Lebenslagen, Lebensläufe, Lebensstile (Sonderheft 7 der Sozialen Welt). Göttingen: Schwartz.

Berger, Peter A., 1996: Individualisierung. Statusunsicherheit und Verlaufsvielfalt. Opladen: Westdeutscher Verlag.

Berntsen, Roland und Ulrich Rendtel, 1991: Zur Stabilität von Einkommensarmut im Längsschnitt. S. 457-487 in: Ulrich Rendtel und Gert Wagner (Hg.), Lebenslagen im Wandel. Zur Einkommensdynamik in Deutschland seit 1984. Frankfurt a.M./New York: Campus.

Bertram, Hans, 1981: Sozialstruktur und Sozialisation. Zur mikroanalytischen Analyse von Chancenungleichheit. Darmstadt und Neuwied: Luchterhand.

Blasius, Jörg, 1993: Gentrification und Lebensstile. Eine empirische Untersuchung. Wiesbaden: DUV.

Blau, Francine D. und Lawrence M. Kahn, 2002: At Home and Abroad. U.S. Labor-Market Performance in International Perspective. New York: Russell Sage.

Blau, Peter M. und Otis D. Duncan, 1967: The American Occupational Structure. New York: Wiley.

Blome, Agnes, Wolfgang Keck und Jens Alber, 2008: Generationenbeziehungen im Wohlfahrtsstaat: Lebensbedingungen und Einstellungen von Altersgruppen im internationalen Vergleich. Wiesbaden: VS.

Blossfeld, Hans-Peter, 1987: Karriereprozesse im Wandel der Arbeitsmarktstruktur. Ein dynamischer Ansatz zur Erklärung intragenerationaler Mobilität. Sonderdruck aus: MittAB – Mitteilungen aus der Arbeitsmarkt- und Berufsforschung 20: 74-88. Nürnberg.

Blossfeld, Hans-Peter und Yossi Shavit, 1993: Persisting Barriers. Changes in Educational Opportunities in Thirteen Countries. S. 1-23 in: Yossi Shavit und Hans-Peter Blossfeld, Persistent Inequality. Changing Educational Attainment in Thirteen Countries. Boulder, USA/Oxford, UK: Westview Press, Inc.

Blossfeld, Hans-Peter und Andreas Timm, 1997: Der Einfluß des Bildungssystems auf den Heiratsmarkt. Eine Längsschnittanalyse der Wahl des ersten Ehepartners im Lebensverlauf, Kölner Zeitschrift für Soziologie und Sozialpsychologie 49: 440-476.

Blossfeld, Hans-Peter und Andreas Timm, 2003: Assortative Mating in Cross-National Comparison: A Summary of Results and Conclusions. S. 331-342 in: dies. (Hg.), Who Marries Whom? Educational Systems as Marriage Markets in Modern Societies. Kluwer: Academic.

Blossfeld, Hans-Peter, Sandra Buchholz, Dirk Hofäcker, Heather Hofmeister, Karin Kurz und Melinda Mills, 2007: Globalisierung und die Veränderung sozialer Ungleichheiten in modernen Gesellschaften. Eine Zusammenfassung der Ergebnisse des GLOBALIFE-Projektes. Kölner Zeitschrift für Soziologie und Sozialpsychologie 59: 667-691.

Bluestone, Barry und Bennet Harrison, 1988: The Great U-turn: Corporate Restructuring and the Polarizing of America. New York: Basic Books.

BMAS (Bundesministerium für Arbeit und Soziales), 2001: Lebenslagen in Deutschland. Der 1. Armuts- und Reichtumsbericht der Bundesregierung.

BMAS (Bundesministerium für Arbeit und Soziales), 2005: Lebenslagen in Deutschland. Der 2. Armuts- und Reichtumsbericht der Bundesregierung.

BMAS (Bundesministerium für Arbeit und Soziales), 2008: Lebenslagen in Deutschland. Der 3. Armuts- und Reichtumsbericht der Bundesregierung. Entwurf vom 19.5.2008.

BMBF (Bundesministerium für Bildung und Forschung), 2008: Berufsbildungsbericht 2008. Vorversion.

BMFSFJ (Bundesministerium für Familie, Senioren, Frauen und Jugend), 2005: Gender-Datenreport.

BMELV (Bundesministerium für Ernährung, Landwirtschaft und Verbraucherschutz), 2008: Nationale Verzehrsstudie II. Ergebnisbericht Teil 2. Herausgegeben vom Max Rubner Institut und vom Bundesforschungsinstitut für Ernährung und Lebensmittel.

Böhnke, Petra und Jan Delhey, 2001: Lebensstandard und Einkommensarmut. Plädoyer für eine erweiterte Armutsforschung. S. 315-335 in: Eva Barlösius und Wolfgang Ludwig-Mayerhofer (Hg.), Die Armut der Gesellschaft. Opladen 2001.

Bolte, Gabriele und Martina Kohlhuber, 2006: Soziale Ungleichheit und Gesundheit: Erklärungsansätze aus umweltepidemiologischer Perspektive. S. 91-108 in: Matthias Richter und Klaus Hurrelmann (Hg.), Gesundheitliche Ungleichheit. Grundlagen, Probleme, Perspektiven. Wiesbaden: VS.

Bolte, Karl-Martin, Dietrich Kappe und Friedhelm Neidhardt, 1975: Soziale Ungleichheit. Opladen: Leske und Budrich.

Boudon, Raymond, 1974: Education, Opportunity, and Social Inequality: Changing Prospects in Western Society. New York: Wiley.

Bourdieu, Pierre, 1982: Die feinen Unterschiede. Kritik der gesellschaftlichen Urteilskraft. Frankfurt: Suhrkamp.

Bourdieu, Pierre, 1983: Ökonomisches Kapital, kulturelles Kapital, soziales Kapital, S. 183-198 in: Reinhard Kreckel (Hg.): Soziale Ungleichheiten (Sonderband der Sozialen Welt 2). Göttingen: Schwartz.

Bourdieu, Pierre, 1997: Elemente zu einer soziologischen Theorie der Kunstwahrnehmung. S. 307-336 in: Jürgen Gerhards (Hg.), Soziologie der Kunst. Opladen: Westdeutscher Verlag.

Bourdieu, Pierre, 1999: Die Regeln der Kunst. Genese und Struktur des literarischen Feldes. Frankfurt: Suhrkamp.

Bourdieu, Pierre, 2004: Der Staatsadel. Konstanz: UVK.

Bourdieu, Pierre und Jean Claude Passeron, 1971: Die Illusion der Chancengleichheit. Untersuchungen zur Soziologie des Bildungswesens am Beispiel Frankreichs. Stuttgart: Klett-Cotta.

Bowles, Samuel und Herbert Gintis, 1990: Contested Exchange. New Microfoundations for the Political Economy of Capitalism. Politics and Society 18: 165-222.

Bowles, Samuel, Herbert Gintis und Melissa Osborne, 2001: The Determinants of Earnings: A Behavioral Approach. Journal of Economic Literature 39: 1137-1176.

Brady, David, 2005. The Welfare State and Relative Poverty in Rich Western Democracies, 1967-1997. Social Forces 83: 1329-1364.

Brandt, Martina, 2006: Soziale Kontakte als Weg aus der Erwerbslosigkeit. Kölner Zeitschrift für Soziologie und Sozialpsychologie 58: 468-488.

Braun, Michael und Walter Müller, 1997: Measurement of Education in Comparative Research. Comparative Social Research 16: 163-201.

Brauns, Hildegard, Stefanie Scherer und Susanne Steinmann, 2003: The CASMIN Educational Classification in International Comparative Research. S. 196-221 in: Jürgen Hoffmeyer-Zlotnik und Christof Wolf (Hg.): Advances in Cross-National Comparison. Amsterdam: Springer.

Breen, Richard, 2005: Foundations of a Neo-Weberian Class Analysis. S. 31-50 in: Erik O. Wright, Approaches to Class Analysis. Cambridge: Cambridge University Press.

Breen, Richard und David B. Rottman, 1998: Is the National State the Appropriate Geographical Unit for Class Analysis? Sociology 32: 1-21.

Breen, Richard und John H. Goldthorpe, 1999: Class Inequality and Meritocracy: A Critique of Saunders and an Alternative Analysis. British Journal of Sociology 50: 1-27.

Breen, Richard und Ruud Luijkx, 2004: Social Mobility in Europe between 1970 and 2000. S. 37-76 in: Richard Breen (Hg.), Social Mobility in Europe. Oxford: Oxford University Press.

Breen, Richard und Jan O. Jonsson, 2005: Inequality of Opportunity in Comparative Perspective: Recent Research on Educational Attainment and Social Mobility. Annual Review of Sociology 31: 223-243.

Breen, Richard, Ruud Luijkx, Walter Müller und Reinhard Pollak, 2009a: Long-term Trends in Educational Inequality in Europe: Class Inequalities and Gender Differences. European Sociological Review. Advance Access publiziert 18.2.2009.

Breen, Richard, Ruud Luijkx, Walter Müller und Reinhard Pollak, 2009b: Nonpersistent Inequality in Educational Attainment: Evidence from Eight European Countries. Erscheint in: American Journal of Sociology 114, 5.

Brenke, Karl, 2008: Migranten in Berlin: Schlechte Jobchancen, geringe Einkommen, hohe Transferabhängigkeit. DIW-Wochenbericht 25: 497-507.

Browning, Martin und Jens Bonke, 2006. Allocation Within the Household: Direct Survey Evidence. Economics Series Working Papers 286. University of Oxford, Department of Economics.

Brückner, Hannah und Karl-Ulrich Mayer, 2005: De-Standardization of the Life Course: What it Might Mean? And if it Means Anything, Whether it Actually Took Place. S. 27-54 in: Ross Macmillan (Hg.), The Structure of the Life Course: Standardized? Individualized? Differentiated? (Advances in Life Course Research 9). Amsterdam: JAI Elsevier: 27-54.

Bryson, Bethany, 1996: Anything but Heavy Metal: Symbolic Exclusion and Musical Dislikes, American Social Review 61: 884-899.

Bundesagentur für Arbeit, 2007: Der Arbeitsmarkt im Jahr 2006. Nürnberg.

Burt, Ronald S., 1982: Toward a Structural Theory of Action. New York: Academic Press.

Burzan, Nicole, Brigitta Lökenhoff, Nadine Schöneck und Uwe Schimank, 2008: Das Publikum der Gesellschaft: Inklusionsverhältnisse und Inklusionsprofile in Deutschland. Wiesbaden: VS.

Bussmann, Margit, Indra de Soysa und John R. Oneal, 2005: The Effect of Globalization on National Income Inequality. Comparative Sociology 4: 285-312.

Butz, Marcus, 2001: Lohnt sich Bildung noch? Ein Vergleich der bildungsspezifischen Nettoeinkommen 1982-1995. S. 95-117 in: Peter A. Berger und Dirk Konietzka (Hg.), Die Erwerbsgesellschaft. Neue Ungleichheiten und Unsicherheiten. Opladen: Leske + Budrich.

Carroll, Glenn R. und Karl Ulrich Mayer, 1986: Job-Shift Patterns in the Federal Republic of Germany: The Effects of Social Class, Industrial Sector, and Organizational Size, American Sociological Review 51: 323-341.

Cezanne,Wolfgang, 2005: Allgemeine Volkswirtschaftslehre. 6. überarbeitete Auflage: München: Oldenbourg.

Chan, Tak Wing und John H. Goldthorpe, 2004: Is There a Status Order in Contemporary British Society? Evidence from the Occupational Structure of Friendship. European Sociological Review 20: 383-401.

Chan, Tak Wing und John H. Goldthorpe, 2007a: Class and Status: The Conceptual Distinction and its Empirical Relevance. American Sociological Review 72: 512-532.

Chan, Tak Wing und John H. Goldthorpe, 2007b: Social Stratification and Cultural Consumption: The Visual Arts in England. Poetics 35: 168-190.

Chan, Tak Wing und John H. Goldthorpe, 2007c: Social Stratification and Cultural Consumption: Music in England. European Sociological Review 23: 1-29.

Chan, Tak Wing und John H. Goldthorpe, 2007d: Social Status and Newspaper Readership. American Journal of Sociology 112: 1095-1134.

Chen, Shaohua und Martin Ravallion, 2007: Absolute Poverty Measures for the Developing World, 1981-2004. PNAS 104: 16757-16762.

Collins, Randall, 1971: Functional and Conflict Theories of Educational Stratification. American Sociological Review 36: 1002-1019.

Collins, Randall, 1979: The Credential Society. An Historical Sociology of Education and Stratification. New York: Academic Press.

Cortina, Kai S., Jürgen Baumert, Achim Leschinsky und Karl-Ulrich Mayer, 2003: Das Bildungswesen in der Bundesrepublik Deutschland. Strukturen und Entwicklungen im Überblick. Reinbek: Rowohlt.

Croizet, Jean-Claude und Theresa Claire, 1998: Extending the Concept of Stereotype Threat to Social Class: The Intellectual Underperformance of Students from Low Socioeconomic Backgrounds. Personality and Social Psychology Bulletin 24: 588-594.

Dangschat, Jens und Jörg Blasius (Hg.), 1990: Gentrification. Die Aufwertung innenstadtnaher Wohnviertel. Frankfurt: Campus.

Davies, James B. und Anthony F. Shorrocks, 2000: The Distribution of Wealth. S. 605-675 in: Anthony B. Atkinson und François Bourguignon (eds.), Handbook of Income Distribution. North-Holland Elsevier.

Davis, Nancy. J. und Robert V. Robinson, 1988: Class Identification of Men and Women in the 1970s and 1980s. American Sociological Review 53: 103-112.

De Graaf, Paul M., 1988: Parent's Financial and Cultural Resources, Grades, and Transition to Secondary School in the Federal Republic of Germany, European Sociological Review 4: 209-221.

De Haan, Jos und Wilfred Uunk, 2001: Kulturelle Ähnlichkeiten zwischen Ehepaaren. Der Einfluß von Partnerwahl, Restriktionen und gegenseitiger Beeinflussung. S. 77-97 in: Thomas Klein (Hg.), Partnerwahl und Heiratsmuster. Sozialstrukturelle Voraussetzungen der Liebe. Opladen: Leske + Budrich.

Dell, Fabien, 2005: Top Incomes in Germany and Switzerland over the Twentieth Century. Journal of the European Economic Association 3: 412-421.

Devlin, Bernie, Michael Daniels und Kathryn Roeder, 1997: The Heritability of IQ. Nature 388: 468-471.

Diefenbach, Heike, 2007: Kinder und Jugendliche aus Migrantenfamilien im deutschen Bildungssystem: Erklärungen und empirische Befunde. Wiesbaden: VS.

Diefenbach, Heike und Michael Klein, 2002: Bringing Boys Back In. Soziale Ungleichheit zwischen den Geschlechtern im Bildungssystem zuungunsten von Jungen am Beispiel der Sekundarschulabschlüsse. Zeitschrift für Pädagogik 48: 938-958.

Diehl, Claudia, Michael Friedrich und Anja Hall, 2009: Jugendliche ausländischer Herkunft beim Übergang in die Berufsausbildung: Vom Wollen, Können und Dürfen. Zeitschrift für Soziologie 38: 48-67.

Diekmann, Andreas, 1995: Empirische Sozialforschung. Grundlagen, Methoden, Anwendungen. Reinbek: Rowohlt.

Diekmann, Andreas, Henriette Engelhart und Josef Hartmann, 1993: Einkommensungleichheit in der Bundesrepublik Deutschland: Diskriminierung von Frauen und Ausländern? Mitteilungen aus der Arbeitsmarkt- und Berufsforschung 3/93: 386-398.

Diekmann, Andreas und Thomas Voss, 2004: Die Theorie rationalen Handelns. Stand und Perspektiven. S. 13-29 in: dies. (Hg.), Rational Choice Theorie in den Sozialwissenschaften. München: Oldenburg.

Diewald, Martin und Annemette Sørensen, 1995: Lebensform und Familienverlauf als Determinanten sozialer Ungleichheit. S. 129-148 in: Uta Gerhard, Stefan Hradil, Doris Lucke und Bernd Nauck (Hg.): Familie der Zukunft. Lebensbedingungen und Lebensformen. Opladen: Leske + Budrich.

DiMaggio, Paul, 1987: Classification in Art. American Sociological Review 52: 440-455.

DiMaggio, Paul und Toqir Mukhtar, 2004: Arts Participation as Cultural Capital in the United States, 1982-2002: Signs of Decline? Poetics 32: 169-194.

DiPrete, Thomas A., 2002: Life Course Risks, Mobility Regimes, and Mobility Consequences: A Comparison of Sweden, Germany, and the United States. The American Journal of Sociology 108: 267-309.

DiPrete, Thomas A., Paul M. de Graaf, Ruud Luijkx, Michael Tåhlin und Hans-Peter Blossfeld, 1997: Collectivist versus Individualist Mobility Regimes? Structural Change and Job Mobility in Four Countries. The American Journal of Sociology 103: 318-358.

DiPrete, Thomas A. und Patricia A. McManus, 2000: Family Change, Employment Transitions, and the Welfare State: Household Income Dynamics in the United States and Germany. American Sociological Review 65: 343-370.

DiPrete, Thomas A. und Gregory M. Eirich, 2006: Cumulative Advantage as a Mechanism for Inequality: A Review of Theoretical and Empirical Developments. Annual Review of Sociology 32: 271-297.

Ditton, Hartmut, 2004: Der Beitrag von Schule und Lehrern zur Reproduktion von Bildungsungleichheit. S. 251-280 in: Rolf Becker und Wolfgang Lauterbach (Hg.), Bildung als Privileg? Erklärungen und Befunde zu den Ursachen der Bildungsungleichheit. Wiesbaden: VS.

DIW, 2008: Das Sozio-oekonomische Panel. http://www.diw.de/deutsch/soep/29004.html. Zugriff am 25.9.2008.

Drobnic, Sonja, Hans-Peter Blossfeld und Götz Rohwer, 1999: Dynamics of Women's Employment Patterns Over the Family Life Course. Journal of Marriage and the Family 61: 133-146.

Drobnic, Sonja und Hans-Peter Blossfeld (Hg.), 2001: Careers of Couples in Contemporary Societies. From Male Breadwinner to Dual Earner Families. Oxford: Oxford University Press.

Duncan, Otis D. und Beverly Duncan, 1955: A Methodological Analysis of Segregation. Indices. American Sociological Review 20: 210-217.

Elster, Jon, 1986: Making Sense of Marx. Cambridge: Cambridge University Press.

Emerson, Richard, 1962: Power-Dependence Relations. American Sociological Review 27: 31-41.

Emmison, Michael, 2003: Social Class and Cultural Mobility. Reconfiguring the Cultural Omnivore Thesis, Journal of Sociology 39: 211-230.

Erbslöh, Barbara, Thomas Hagelstange, Dieter Holtmann, Joachim Singelmann und Hermann Strasser, 1990: Ende der Klassengesellschaft? Eine empirische Studie zu Sozialstruktur und Bewusstsein in der Bundesrepublik. Regensburg: Transfer Verlag.

Erikson, Robert und John H. Goldthorpe, 1992: The Constant Flux. A Study of Class Mobility in Industrial Societies. New York: Oxford University Press.

Erikson, Robert und John H. Goldthorpe, 2002: Intergenerational Inequality. A Sociological Perspective. Journal of Economic Perspectives 16: 31-44.

Erikson, Robert, John H. Goldthorpe und Lucienne Portocarero, 1979: Intergenerational Class Mobility in Three Western European Societies: England, France and Sweden. British Journal of Sociology 30: 341-415.

Esser, Hartmut, 1993: Soziologie. Allgemeine Grundlagen. Frankfurt: Campus.

Esser, Hartmut, 2001: Soziologie: Spezielle Grundlagen. Band 5: Institutionen. Frankfurt: Campus.

Eurostat, 2008: http://epp.eurostat.ec.europa.eu. Abruf der Tabelle ILC_DI12. Ginikoeffizient. Zugriff am 18.08.2008.

Fabig, Holger, 1999: Einkommensdynamik im internationalen Vergleich. Eine empirische Mobilitätsanalyse mit Paneldaten. Frankfurt: Campus.

Featherman, David L. und Robert M. Hauser, 1976: Prestige or Socioeconomic Scales in the Study of Occupational Achievement? Sociological Methods & Research 4: 403-422.

Feld, Scott L., 1981: The Focused Organization of Social Ties. American Journal of Sociology 86: 1015-1035.

Fibbi, Rosita, Mathias Lerch und Philippe Wanner, 2006: Unemployment and Discrimination against Youth of Immigrant Origin in Switzerland: When the Name Makes the Difference. Journal of International Migration and Integration 7: 351-366.

Firebaugh, Glenn, 2003: The New Geography of Global Income Inequality. Cambridge, USA: Harvard University Press.

Fischer, Claude S., 1982: To Dwell Among Friends. Personal Networks in Town and City. Chicago: Chicago University Press.

Fischer, Claude S., Kim Voss und Anne Swidler, 1996: Inequality by Design: Cracking the Bell Curve Myth. Princeton: Princeton University Press.

Fiske, Susan T., 1998: Stereotyping, Prejudice, and Discrimination. S. 357-411 in: Daniel T. Gilbert, Susan T. Fiske und G. Lindzey (Hg.), Handbook of Social Psychology. New York: McGraw-Hill.

Fligstein, Neil und Roberto M. Fernandez, 1988: Worker Power, Firm Power, and the Structure of Labor Markets. Sociological Quarterly 29: 5-28.

Franzen, Axel und Josef Hartmann, 2001: Die Partnerwahl zwischen Wunsch und Wirklichkeit: Eine empirische Studie zum Austausch von physischer Attraktivität und sozialen Status. S. 183-206 in: Thomas Klein (Hg.), Partnerwahl und Heiratsmuster. Sozialstrukturelle Voraussetzungen der Liebe. Opladen: Leske + Budrich.

Franzmann, Gabriele, 1996: Gentrification und Einzelhandel. Gibt es die neuen Geschäfte? S. 229-259 in: Jürgen Friedrichs und Robert Kecskes (Hg.), Gentrification. Theorie und Forschungsergebnisse. Opladen: Leske + Budrich.

Frey, Bruno S., 1990: Ökonomie ist Sozialwissenschaft. Die Anwendung der Ökonomie auf neue Gebiete. München: Vahlen.

Frey, Bruno S. und Alois Stutzer, 2002: Happiness and Economics: How the Economy and Institutions Affect Well-being. Princeton: Princeton University Press.

Frick, Joachim R. und Markus M. Grabka, 2009: Gestiegene Vermögensungleichheit in Deutschland. DIW-Wochenbericht 4: 54-67.

Friedrichs, Jürgen, 1995: Stadtsoziologie. Opladen: Leske + Budrich.

Friedrichs, Jürgen, 2000: Gentrification. S. 57-67 in: Hartmut Häußermann (Hg.): Großstadt. Soziologische Stichworte. Opladen: Leske + Budrich.

Friedrichs, Jürgen und Jörg Blasius, 2000: Leben in benachteiligten Wohngebieten. Opladen: Leske + Budrich.

Frietsch, Rainer, 2005: Entwicklung der privaten Bildungsrenditen. 1980-2004. Vortrag auf der vierten Mikrozensus Nutzerkonferenz. Mannheim.

Fröhlich, Gerhard, 1994: Kapital, Habitus, Feld, Symbol. Grundbegriffe der Kulturtheorie bei Pierre Bourdieu. S. 31-54 in: ders. und Ingo Mörth (Hg.), Das symbolische Kapital der Lebensstile. Frankfurt: Campus.

Gangl, Markus, 2002: Changing Labour Markets and Early Career Outcomes: Labour Market Entry in Europe over the Past Decade. Work, Employment and Society 16: 67-90.

Gangl, Markus, 2003: The Only Way is Up? Employment Protection and Job Mobility among Recent Entrants to European Labour Markets. European Sociological Review 19: 429-449.

Ganzeboom, Harry B. G., Ruud Luijkx und Donald J. Treiman, 1989: Intergenerational Class Mobility in Comparative Perspective. Research in Social Stratification and Mobility 8: 3-54.

Ganzeboom, Harry B. G., Donald J. Treiman und Wout C. Ultee, 1991: Comparative Intergenerational Stratification Research: Three Generations and Beyond. Annual Review of Sociology 17: 277-302.

Ganzeboom, Harry B. G., Paul M. de Graaf, Donald J. Treiman and Jan de Leeuw, 1992: An Standard International Socio-Economic Index of Occupational Status. Social Science Research 21: 1-56.

Gebesmair, Andreas, 2004: Renditen der Grenzüberschreitung. Zur Relevanz der Bourdieuschen Kapitaltheorie für die Analyse sozialer Ungleichheiten. Soziale Welt 55: 181-204.

Geis, Alfons J. und Jürgen H.P. Hoffmeyer-Zlotnik, 2001: Kompatibilität von ISCO-68, ISCO-88 und KldB-92. ZUMA-Nachrichten 48: 117-138.

Geißler, Rainer, 1990: Schichten in der postindustriellen Gesellschaft. S. 81-101 in: Peter A. Berger und Stefan Hradil (Hg.), Lebenslagen, Lebensläufe, Lebensstile. Sonderband 7 der Sozialen Welt. Göttingen: Schwartz.

Geißler, Rainer, 2004: Geschlechtsspezifische Ungleichheit. In: Informationen zur politischen Bildung (Heft 269, Sozialer Wandel in Deutschland). Überarbeitete Neuauflage. Bundeszentrale für politische Bildung.

Geißler, Rainer, 2005: Die Metamorphose der Arbeitertochter zum Migrantensohn. Zum Wandel der Chancenstruktur im Bildungssystem nach Schicht, Geschlecht, Ethnie und deren Verknüpfungen. S. 71-100 in: Peter A. Berger und Heike Kahlert (Hg.), Institutionalisierte Ungleichheiten. Wie das Bildungswesen Chancen blockiert. Weinheim und München: Juventa.

Geißler, Rainer, 2006: Die Sozialstruktur Deutschlands: Zur gesellschaftlichen Entwicklung mit einer Bilanz zur Vereinigung. 4. überarbeitete und aktualisierte Auflage. Wiesbaden: VS.

Geißler, Rainer und Sonja Weber-Menges, 2006: „Natürlich gibt es heute noch Schichten!" Bilder der modernen Sozialstruktur in den Köpfen der Menschen. S. 102-127 in: H. Bremer und A. Lange-Vester (Hg.): Soziale Milieus und Wandel der Sozialstruktur. Wiesbaden: VS.

Georg, Werner, 1998: Soziale Lage und Lebensstil. Eine Typologie. Opladen: Leske + Budrich.

Gerber, Theodore, P. und Michal Hout, 1995: Educational Stratification in Russia During the Soviet Period. American Journal of Sociology 101: 611-660.

Gerhard, Ute, 2008: Frauenbewegung. S. 187-218 in: Roland Roth und Dieter Rucht (Hg.): Die sozialen Bewegungen in Deutschland seit 1945. Ein Handbuch. Frankfurt: Campus.

Gerhards, Jürgen, 1993: Neue Konfliktlinien in der Mobilisierung öffentlicher Meinung. Eine Fallanalyse. Opladen: Westdeutscher Verlag.

Gerhards, Jürgen, 2005: Kulturelle Unterschiede in der Europäischen Union. Ein Vergleich zwischen Mitgliedsländern, Beitrittskandidaten und der Türkei. Unter Mitarbeit von Michael Hölscher. Wiesbaden: VS.

Gerhards, Jürgen, 2008: Free to Move? The Acceptance of Free Movement of Labour and Non Discrimination Among Citizens of Europe. European Societies 10: 121-140.

Gerhards, Jürgen und Jörg Rössel, 1999: Zur Transnationalisierung der Gesellschaft der Bundesrepublik. Zeitschrift für Soziologie 28: 325-344.

Gerhards, Jürgen und Jörg Rössel, 2002: Lebensstile und ihr Einfluß auf das Ernährungsverhalten von Jugendlichen, Soziale Welt 53: 261-284.

Gerring, John, 2005: Causation. A Unified Framework for the Social Sciences. Journal of Theoretical Politics 17: 163-198.

Giegler, Helmut, 1994: Lebensstile in Hamburg. S. 255-272 in: Jörg Blasius und Jens Dangschat (Hg.), Lebensstile in den Städten. Konzepte und Methoden. Opladen: Leske + Budrich.

Giesecke, Johannes und Roland Verwiebe, 2008: Die Zunahme der Lohnungleichheit in der Bundesrepublik. Aktuelle Befunde für den Zeitraum von 1998 bis 2005. Zeitschrift für Soziologie 37: 403-422.

Göggel, Kathrin, 2007: Sinkende Bildungsrenditen durch Bildungsreformen? Evidenz aus Mikrozensus und SOEP. ZEW Discussion Paper 07-017.

Goldberg, Andreas, Dora Mourinho und Ursula Kulke, 1995: Arbeitsmarkt-Diskriminierung gegenüber ausländischen Arbeitnehmern in Deutschland. Genf: ILO International Migration Papers 7.

Goldthorpe, John H., 1996: Class Analysis and the Reorientation of Class Theory: The Case of Persisting Differentials in Educational Attainment. British Journal of Sociology 47: 481-506.

Goldthorpe, John H., 2000: On Sociology: Numbers, Narratives and the Integration of Research and Theory. Oxford: Oxford University Press.

Goldthorpe, John H. und Keith Hope, 1972: Occupational Grading and Occupational Prestige. Social Science Information 11: 17-73.

Grabka, Markus M. und Joachim R. Frick, 2007: Vermögen in Deutschland wesentlich ungleicher verteilt als Einkommen. DIW-Wochenbericht 74: 665-672.

Grabka, Markus M. und Joachim R. Frick, 2008: Schrumpfende Mittelschicht – Anzeichen einer dauerhaften Polarisierung der verfügbaren Einkommen. DIW-Wochenbericht 10: 101-108.

Granato, Nadia und Frank Kalter, 2001: Die Persistenz ethnischer Ungleichheit auf dem deutschen Arbeitsmarkt. Kölner Zeitschrift für Soziologie und Sozialpsychologie 53: 497-520.

Granato, Mona und Karin Schittenhelm, 2004: Junge Frauen: Bessere Schulabschlüsse – aber weniger Chancen beim Übergang in die Berufsausbildung. Politik und Zeitgeschichte B 28.

Grathoff, Richard, 1989: Milieu und Lebenswelt. Einführung in die phänomenologische Soziologie und die sozialphänomenologische Forschung. Frankfurt: Suhrkamp.

Groh-Samberg, Olaf, 2004: Armut und Klassenstruktur. Zur Kritik der Entgrenzungsthese aus einer multidimensionalen Perspektive. Kölner Zeitschrift für Soziologie und Sozialpsychologie 56: 653-682.

Groh-Samberg, Olaf, 2007: Armut in Deutschland verfestigt sich. DIW Wochenbericht 74: 177-182. Berlin: Deutsches Institut für Wirtschaftsforschung.

Gross, Martin, 2008: Klassen, Schichten, Mobilität. Eine Einführung. Wiesbaden: VS.

Grumke, Thomas, 2008: Die rechtsextremistische Bewegung. S. 475-492 in: Roland Roth und Dieter Rucht (Hg.): Die sozialen Bewegungen in Deutschland seit 1945. Ein Handbuch. Frankfurt: Campus.

Grusky, David B. (Hg.), 2008: Social Stratification. Class, Race and Gender in Sociological Perspective. Boulder: Westview.

Grusky, David und Jesper Sørensen, 1998: Can Class Analysis be Salvaged? American Journal of Sociology 103: 1187-1234.

Grusky, David B., Kim A. Weeden und Jesper B. Sørensen, 2000: The Case for Realism in Class Analysis. Political Power and Social Theory 14: 291-305.

Grusky, David B. und Kim A. Weeden, 2001: Decompositon Without Death. A Research Agenda for a New Class Analysis, Acta Sociologica 44: 203-218.

Grusky, David B. und Kim A. Weeden, 2005: The Case for a New Class Map. American Journal of Sociology 111: 141-212.

Gundert, Stefanie und Karl-Ulrich Mayer, 2007: Persisting Class Disadvantages Despite Increasing Educational and Social Opportunities – Findings on the Social Mobility of Women in West Germany. CIQLE Working Paper 2007-04.

Gustafsson, Björn und Mats Johansson, 1999: In Search of Smoking Guns: What Makes Income Inequality Vary over Time in Different Countries? American Sociological Review 64: 585-605.

Hadjar, Andreas und Rolf Becker (Hg.), 2006: Die Bildungsexpansion: Erwartete und unerwartete Folgen. Wiesbaden: VS.

Hadler, Markus, 2003: Ist der Klassenkonflikt überholt? Die Wahrnehmung von vertikalen Konflikten im internationalen Vergleich. Soziale Welt 54: 175-200.

Häußermann, Hartmut und Walter Siebel, 2004: Stadtsoziologie. Eine Einführung. Frankfurt: Campus.

Haller, Max, 1986: Sozialstruktur und Schichtungshierarchie im Wohlfahrtsstaat. Zeitschrift für Soziologie 15: 167-187.

Handl, Johann, 1985: Mehr Chancengleichheit im Bildungssystem. Erfolg der Bildungsreform oder statistisches Artefakt? Kölner Zeitschrift für Soziologie und Sozialpsychologie 37: 698-722.

Handl, Johann, 1996: Hat sich die berufliche Wertigkeit der Bildungsabschlüsse in den achtziger Jahren verringert? Eine Analyse der abhängig erwerbstätigen, deutschen Berufsanfänger auf der Basis von Mikrozensusergebnissen. Kölner Zeitschrift für Soziologie und Sozialpsychologie 48: 249-273.

Hartmann, Michael, 1996: Topmanager: Die Rekrutierung einer Elite. Frankfurt: Campus.

Hartmann, Michael und Johannes Kopp, 2001: Elitenselektion durch Bildung oder durch Herkunft? Promotion, soziale Herkunft und der Zugang zu Führungspositionen in der deutschen Wirtschaft. Kölner Zeitschrift für Soziologie und Sozialpsychologie 53: 436-466.

Hartmann, Peter H., 1998: Intergenerationale berufliche Mobilität in West- und Ostdeutschland. S. 43-75 in: Michael Braun und Peter Mohler (Hg.), Blickpunkt Gesellschaft 4. Soziale Ungleichheit in Deutschland. Opladen: Westdeutscher Verlag.

Hartmann, Peter, 1999: Lebensstilforschung. Darstellung, Kritik und Weiterentwicklung. Opladen: Leske + Budrich.

Haug, Sonja, 2003: Interethnische Freundschaftsbeziehungen und soziale Integration. Unterschiede in der Ausstattung mit sozialem Kapital bei jungen Deutschen und Immigranten. Kölner Zeitschrift für Soziologie und Sozialpsychologie 55: 716-736.

Hauser, Richard und Holger Stein, 2001: Die Vermögensverteilung im Vereinigten Deutschland. Frankfurt: Campus.

Hauser, Robert M., 1982: Occupational Status in the Nineteenth and Twentieth Centuries. Historical Methods 15: 111-126.

Hauser, Robert M. und John R. Warren, 1997: Socioeconomic Indexes for Occupations: A Review, Update and Critique. Sociological Methodology 27: 177-298.

Heidenreich, Martin (Hg.), 2006: Die Europäisierung sozialer Ungleichheit. Frankfurt: Campus.

Heidenreich, Martin und Christoph Wunder, 2008: Patterns of Regional Inequality in the Enlarged Europe. European Sociological Review 24: 19-36.

Helsen, Werner F., Jan van Winckel und Mark Williams, 2005: The Relative Age Effect in Youth Soccer Across Europe. Journal of Sports Sciences 23: 629-636.

Hendrickx, John, Osmund Schreuder und Wout Ultee, 1994: Die konfessionelle Mischehe in Deutschland (1901-1986) und den Niederlanden (1914-1986). Kölner Zeitschrift für Soziologie und Sozialpsychologie 46: 619-645.

Henz, Ursula und Ineke Maas, 1995: Chancengleichheit durch die Bildungsexpansion? Kölner Zeitschrift für Soziologie und Sozialpsychologie 47: 605-633.

Hermann, Dieter, 2004: Bilanz der empirischen Lebensstilforschung. Kölner Zeitschrift für Soziologie und Sozialpsychologie 56: 153-179.

Herrnstein, Richard J. und Charles Murray, 1994: The Bell Curve: Intelligence and Class Structure in American Life. New York: Free Press.

Hillmert, Steffen und Karl-Ulrich Mayer (Hg.), 2004: Geboren 1964 und 1971. Neuere Untersuchungen zu Ausbildungs- und Berufschancen in Westdeutschland. Wiesbaden: VS.

Hinz, Thomas und Hermann Gartner, 2005: Geschlechtsspezifische Lohnunterschiede in Branchen, Berufen und Betrieben. Zeitschrift für Soziologie 34: 22-39.

Hochstadt, Steve, 1999: Mobility and Modernity: Migration in Germany 1820-1989. Ann Arbor: University of Michigan Press.

Höffe, Otfried, 2005: Soziale Gerechtigkeit. Ein Zauberwort. Aus Politik und Zeitgeschichte 37: 3-6.

Hörning, Karl H. und Matthias Michailow, 1990: Lebensstil als Vergesellschaftungsform. S. 501-522 in: Peter A. Berger und Stefan Hradil (Hg.): Lebenslagen, Lebensläufe, Lebensstile. Sonderband 7 der Sozialen Welt. Göttingen: Schwartz.

Hout, Michael, Clem Brooks und Jeff Manza, 1993: The Persistence of Classes in Postindustrial Societies. International Sociology 8: 259-277.

Hradil, Stefan, 1983: Die Ungleichheit der „Sozialen Lage". S. 101-118 in: Reinhard Kreckel (Hg.), Soziale Ungleichheiten. Sonderband 2 der Sozialen Welt. Göttingen: Schwartz.

Hradil, Stefan, 1987: Sozialstrukturanalyse in einer fortgeschrittenen Gesellschaft. Von Klassen und Schichten zu Lagen und Milieus. Opladen: Leske + Budrich.

Hradil, Stefan, 1992: Alte Begriffe und neue Strukturen. Die Milieu-, Subkultur- und Lebensstilforschung der 80er Jahre. S. 15-56 in: ders. (Hg.), Zwischen Bewußtsein und Sein. Opladen: Leske + Budrich.

Hradil, Stefan, 2001 : Soziale Ungleichheit in Deutschland. Opladen: Leske + Budrich.

Hradil, Stefan, 2004: Die Sozialstruktur Deutschlands im internationalen Vergleich. Wiesbaden: VS.

Hradil, Stefan, unter Mitarbeit von Jürgen Schiener, 2005: Soziale Ungleichheit in Deutschland. Nachdruck der 8. Auflage. Wiesbaden: VS.

Hradil, Stefan, 2006: Was prägt das Krankheitsrisiko: Schicht, Lage, Lebensstil? S. 33-52 in: Matthias Richter und Klaus Hurrelmann (Hg.): Gesundheitliche Ungleichheit. Grundlagen, Probleme, Perspektiven. Wiesbaden: VS.

Inglehart, Ronald, 1990: Culture Shift in Advanced Industrial Society. Princeton: Princeton University Press.

Ishida, Hiroshi, Walter Müller und John M. Ridge, 1995: Class Origin, Class Destination, and Education: A Cross-National Study of Ten Industrial Nations. American Journal of Sociology 101: 145-193.

Jackman, Mary R. und Robert W. Jackman, 1983. Class Awareness in the United States. Berkeley/Los Angeles, USA: University of California Press.

Jackson, Michelle, Robert Erikson, John H. Goldthorpe und Meir Yaish, 2007: Primary and Secondary Effects in Class Differentials in Educational Attainment. The Transition to A-Level Courses in England and Wales. Acta Sociologica 50: 211-229.

Jann, Benn, 2003: Lohngerechtigkeit und Geschlechterdiskriminierung. Experimentelle Evidenz. Working Paper. ETH Zürich.

Jansen, Dorothea, 2003: Einführung in die Netzwerkanalyse. Stuttgart: UTB.

Jencks, Christopher et al., 1972: Inequality: A Reassessment of the Effect of Family and Schooling in America. New York: Basic Books.

Joas, Hans und Wolfgang Knöbl, 2004: Sozialtheorie: zwanzig einführende Vorlesungen. Frankfurt: Suhrkamp.

Jobst, Solvejg und Jan Skrobanek, 2006: Begrenzung durch kulturelles Kapital? Zu Bedingungen regionaler Mobilität im Kontext der Kapitalientheorie Pierre Bourdieus. Berliner Journal für Soziologie 16: 227-243.

Jöckel, K. H. et al., 1998: Messung und Quantifizierung soziographischer Merkmale in epidemiologischen Studien. Arbeitsgruppe Epidemiologische Methoden in der Deutschen Arbeitsgemeinschaft Epidemiologie der Gesellschaft für Medizinische Informatik, Biometrie und Epidemiologie und der Deutschen Gesellschaft für Sozialmedizin und Prävention.

Jonsson, Jan O., Colin Mills und Walter Müller, 1996: A Half Century of Increasing Educational Openness? Social Class, Gender and Educational Attainment in Sweden, Germany and Britain. S. 183-206 in: Robert Erikson und Jan O. Jonsson, Can Education Be Equalized? The Swedish Case in Comparative Perspective. Boulder, USA: Westview Press.

Juchler, Jakob, 1992: Ende des Sozialismus – Triumph des Kapitalismus? Eine vergleichende Studie moderner Gesellschaftssysteme. Zürich: Seismo.

Jürges, Hendrik und Kerstin Schneider, 2006: Im Frühjahr geborene Kinder haben schlechtere Bildungschancen. DIW-Wochenbericht 73: 209-214.

Jungbauer-Gans, Monika, 1999: Der Lohnunterschied zwischen Frauen und Männern in selbständiger und abhängiger Beschäftigung. Kölner Zeitschrift für Soziologie und Sozialpsychologie 51: 364-390.

Jungbauer-Gans, Monika, 2004: Einfluss des sozialen und kulturellen Kapitals auf die Lesekompetenz. Zeitschrift für Soziologie 33: 375-397.

Kalmijn, Matthijs, 2002: Sex Segregation of Friendship Networks. Individual and Structural Determinants of Having Cross-Sex Friends. European Sociological Review 18: 101-117.

Kalter, Frank, 2000: Theorien der Migration. S. 438-474 in: Ulrich Mueller, Bernhard Nauck und Andreas Diekmann (Hg.): Handbuch der Demographie. Berlin: Springer.

Kalter, Frank, 2003: Chancen, Fouls und Abseitsfallen: Migranten im deutschen Ligenfußball. Opladen: Westdeutscher Verlag.

Kalter, Frank, 2006: Auf der Suche nach einer Erklärung für die spezifischen Arbeitsmarktnachteile von Jugendlichen türkischer Herkunft: zugleich eine Replik auf den Beitrag von Holger Seibert und Heike Solga: "Gleiche Chancen dank einer abgeschlossenen Ausbildung?" Zeitschrift für Soziologie 35: 144-160.

Kalter, Frank, Granato, Nadia und Cornelia Kristen, 2007: Disentangling Recent Trends of the Second Generation's Structural Assimilation in Germany. S. 214-245 in: Stefani Scherer, Reinhard Pollak, Gunnar Otte und Markus Gangl (Hg.): From Origin to Destination. Trends and Mechanisms in Social Stratification Research. Frankfurt: Campus.

Karabel, Jerome, 2005: The Chosen: The Hidden History of Admission and Exclusion at Harvard, Yale, and Princeton. Boston: Houghton Mifflin.

Katsilis, John und Richard Rubinson, 1990: Cultural Capital, Education and Social Reproduction. American Sociological Review 55: 24-33.

Katz-Gerro, Tally, Sharon Raz und Meir Yaish, 2007: Class, Status and Intergenerational Transmission of Musical Tastes in Israel. Poetics 35: 152-167.

Katz-Gerro, Tally, 2008: Disentangling Cultural Capital. The Consequences of Habitus and Economic Resources for Taste and Participation in Israel. Vortrag auf der Konferenz: Classification in the Arts and Media. Rotterdam: Erasmus Universität.

Katz-Gerro, Tally und Meir Yaish, 2008: Cultural Capital. Between Taste and Participation. Newsletter of the American Sociological Association Section on Consumption 9.

Kemper, Theodore und Randall Collins, 1990: Dimensions of Microinteraction. American Journal of Sociology 96: 32-68.

Kenworthy, Lane und Jonas Pontusson, 2005: Rising Inequality and the Politics of Redistribution in Affluent Countries. Perspectives on Politics 3: 449-471.

Kerr, Marion und Nikola Charles, 1986: Servers and Providers: The Distribution of Food Within the Family. Sociological Review 34: 115-157.

Kim, Anna und Ki-Wan Kim, 2003: Returns to Tertiary Education in Germany and the UK: Effects of Fields of Study and Gender. Working Paper Nr. 62. Mannheim: Mannheimer Zentrum für Europäische Sozialforschung. Universität Mannheim.

Kingston, Paul W., 2000: The Classless Society. Stanford, USA: Stanford University Press.

Klein, Thomas, 1990: Arbeitslosigkeit und Wiederbeschäftigung im Erwerbsverlauf. Theorieansätze und empirische Befunde. Kölner Zeitschrift für Soziologie und Sozialpsychologie 42: 688-705.

Klein, Thomas, 2005: Sozialstrukturanalyse. Eine Einführung. Reinbek: Rowohlt.

Klein, Thomas und Gunter E. Zimmermann, 1991: Zur ökonomischen Mobilität von Individuen und Familien: Determinanten und Armutsrisiken. S. 437-456 in: Ulrich Rendtel und Gert Wagner (Hg.), Lebenslagen im Wandel. Zur Einkommensdynamik in Deutschland seit 1984. Frankfurt: Campus.

Klein, Thomas und Edgar Wunder, 1996: Regionale Disparitäten und Konfessionswechsel als Ursache konfessioneller Homogamie. Kölner Zeitschrift für Soziologie und Sozialpsychologie 48: 96-125.

Kleining, Gerhard, 1971: Struktur- und Prestigemobilität in der Bundesrepublik Deutschland. Kölner Zeitschrift für Soziologie und Sozialpsychologie 23: 1-33.

Kleining, Gerhard, 1971: Die Veränderungen der Mobilitätschancen in der Bundesrepublik Deutschland. Kölner Zeitschrift für Soziologie und Sozialpsychologie 23: 789-807.

Kleining, Gerhard, 1975: Soziale Mobilität in der Bundesrepublik Deutschland. I: Klassenmobilität. Kölner Zeitschrift für Soziologie und Sozialpsychologie 27: 97-121.

Kleining, Gerhard, 1975: Soziale Mobilität in der Bundesrepublik Deutschland. II: Status- oder Prestige-Mobilität. Kölner Zeitschrift für Soziologie und Sozialpsychologie 27: 273-292.

Kleining, Gerhard und Harriet Moore, 1968: Soziale Selbsteinstufung, Kölner Zeitschrift für Soziologie und Sozialpsychologie 20: 502-552.

Kleining, Gerhard und Harald Witt, 2004: Von der kommerziellen Marktforschung zur akademischen Lehre – eine ungewöhnliche Karriere. Forum Qualitative Sozialforschung 5 Nummer 3 Artikel 40.

Klemm, Klaus, 2000: Bildung. S. 145-165 in: Jutta Allmendinger und Wolfgang Ludwig-Mayerhofer (Hg.), Soziologie des Sozialstaates. Gesellschaftliche Grundlagen, historische Zusammenhänge und aktuelle Entwicklungstendenzen. München: Juventa.

Klocke, Andreas, 1993: Sozialer Wandel, Sozialstruktur und Lebensstile in der Bundesrepublik Deutschland. Frankfurt: Lang.

Klocke, Andreas, 2000: Methoden der Armutsmessung. Einkommens-, Unterversorgungs-, Deprivations- und Sozialhilfekonzept im Vergleich. Zeitschrift für Soziologie 29: 313-329.

Knight, Jack, 2000: Institutionen und gesellschaftlicher Konflikt. Tübingen: Mohr Siebeck.

Kohler, Ulrich, 2005: Statusinkonsistenz und Entstrukturierung von Lebenslagen. Kölner Zeitschrift für Soziologie und Sozialpsychologie 57: 230-253.

Kohli, Martin, 2009: Ungleichheit, Konflikt und Integration – Anmerkungen zur Bedeutung des Generationenkonzepts in der Soziologie. S. 229-236 in: Harald Künemund und Marc Szydlik (Hg.): Generationen. Multidisziplinäre Perspektiven. Wiesbaden: VS.

Kohli, Martin et al., 2005: Zusammenhänge und Wechselwirkungen zwischen Erbschaften und Vermögensverteilung. Gutachten für das Bundesministerium für Gesundheit und Soziale Sicherung (BMGS).

Kohli, Martin et al., 2006: Erbschaften und ihr Einfluss auf die Vermögensverteilung. Vierteljahreshefte zur Wirtschaftsforschung 75: 58-76.

Konietzka, Dirk, 2004: Berufliche Bildung und der Übergang in den Arbeitsmarkt. S. 273-302 in: Rolf Becker und Wolfgang Lauterbach (Hg.): Bildung als Privileg. Wiesbaden: VS.

Konsortium Bildungsberichterstattung, 2006: Bildung in Deutschland. Ein indikatorengestützter Bericht mit einer Analyse zu Bildung und Migration. Bielefeld: Bertelsmann.

Kornai, Janos, 1992: The Socialist System. The Political Economy of Communism. Princeton: Princeton University Press.

Korpi, Walter, 1983: The Democratic Class Struggle. London: Routledge & Kegan Paul.

Korpi, Walter, 1985: Developments in the Theory of Power and Exchange. Sociological Theory 3: 31-45.

Kramer, Caroline, 1998: Regionale Disparitäten im Bildungswesen – immer noch oder schon wieder aktuell? S. 77-114 in: Michael Braun und Peter Mohler (Hg.), Blickpunkt Gesellschaft 4. Soziale Ungleichheit in Deutschland. Opladen: Westdeutscher Verlag.

Kraus, Franz, 1982: The Historical Development of Income Inequality in Western Europe and the United States. S. 187-236 in: Peter Flora und Arnold J. Heidenheimer (Hg.), The Development of Welfare States in Europe and America. New Brunswick: Transaction.

Krebs, Dagmar und Steffen Kühnel, 2001: Statistik für die Sozialwissenschaften: Grundlagen, Methoden, Anwendungen. Reinbek: Rowohlt.

Kreckel, Reinhard, 1982: Class, Status and Power? Begriffliche Grundlagen für eine Politische Soziologie der sozialen Ungleichheit. Kölner Zeitschrift für Soziologie und Sozialpsychologie 34: 617-648.

Kreckel, Reinhard, 1985: Zentrum und Peripherie. Alte und neue Ungleichheiten in weltgesellschaftlicher Perspektive. S. 307-333 in: Hermann Strasser und John H. Goldthorpe (Hg.), Die Analyse sozialer Ungleichheit. Kontinuität, Erneuerung. Opladen: Westdeutscher Verlag 1985.

Kreckel, Reinhard, 2004: Politische Soziologie der sozialen Ungleichheit. 3., erweiterte Auflage. Frankfurt: Campus.

Kreyenfeld, Michaela, 2004: Soziale Ungleichheit und Kinderbetreuung. Eine Analyse der sozialen und ökonomischen Determinanten der Nutzung von Kindertageseinrichtungen. S. 99-124 in: Rolf Becker und Wolfgang Lauterbach (Hg.): Bildung als Privileg. Wiesbaden: VS.

Kreyenfeld, Michaela, Dirk Konietzka und Sebastian Böhm, 2007: Die Bildungsungleichheit des Erwerbsverhaltens von Frauen mit Kindern: Westdeutschland im Vergleich zwischen 1976 und 2004. Zeitschrift für Soziologie 36: 434-452.

Kristen, Cornelia und Nadia Granato, 2007: The Eduational Attainment of the Second Generation in Germany. Social Origins and Ethnic Inequality. IAB Disscussion Paper 4.

Kriwy, Peter, John Komlos und Marieluise Baur, 2003: Soziale Schicht und Körpergröße in Ost- und Westdeutschland. Kölner Zeitschrift für Soziologie und Sozialpsychologie 55: 543-556.

Kronauer, Martin, 2000: Armut, Ausgrenzung, Unterklasse. S. 13-26 in: Hartmut Häussermann (Hg.): Großstadt. Soziologische Stichworte. Opladen: Leske + Budrich.

Künemund, Harald und Klaus R. Schroeter (Hg.), 2007: Soziale Ungleichheiten und kulturelle Unterschiede in Lebenslauf und Alter. Fakten, Prognosen und Visionen. Wiesbaden: VS.

Küppers, Rolf, 1996: Gentrification in der Kölner Südstadt. S. 133-166 in: Jürgen Friedrichs und Robert Kecskes (Hg.), Gentrification. Theorie und Forschungsergebnisse. Opladen: Leske + Budrich.

Kunz, Volker, 2004: Rational Choice. Frankfurt: Campus.

Kurz, Karin, 1998: Das Erwerbsverhalten von Frauen in der intensiven Familienphase – Ein Vergleich zwischen Müttern in der Bundesrepublik Deutschland und den Vereinigten Staaten von Amerika. Opladen: Leske + Budrich.

Kurz, Karin und Hans-Peter Blossfeld (Hg.), 2004: Home Ownership and Social Inequality in Comparative Perspective. Stanford: Stanford University Press. Social Inequality Series.

Kwon, Hyeok und Jonas Pontusson, 2006: Power Resources Theory Revisited and Revised. Unions and Welfare Spending in OECD Countries. Vortrag APSA Konferenz Philadelphia 2006.

Lamprecht, Markus und Hanspeter Stamm, 1995: Soziale Differenzierung und soziale Ungleichheit im Breiten- und Freizeitsport. Sportwissenschaft 25: 265-284.

Lareau, Annette und Elliot Weininger, 2003: Cultural Capital in Educational Research: A Critical Assessment. Theory and Society 32: 567-606.

Lechner, Götz, 2003: Ist die Erlebnisgesellschaft in Chemnitz angekommen? Von feinen Unterschieden zwischen Ost und West. Opladen: Leske + Budrich.

Lee, Cheol-Sung, 2005: International Migration, Deindustrialization and Union Decline in 16 Affluent OECD Countries. Social Forces 84: 71-88.

Lehmann, Rainer H. und Rainer Peek, 1997: Aspekte der Lernausgangslage von Schülerinnen und Schülern der fünften Klassen an Hamburger Schulen. Hamburg: Behörde für Schule, Jugend und Berufsbildung.

Leibfried, Stefan, Lutz Leisering und Petra Buhr, 1995: Zeit der Armut. Frankfurt: Suhrkamp.

Lengerer, Andrea, 2001: Wo die Liebe hinfällt – ein Beitrag zur Geographie der Partnerwahl. S. 133-162 in: Thomas Klein (Hg.), Partnerwahl und Heiratsmuster. Sozialstrukturelle Voraussetzungen der Liebe. Opladen: Leske + Budrich.

Lepsius, M. Rainer, 1993: Demokratie in Deutschland. Göttingen: Vandenhoeck & Ruprecht.

Levy, Frank und Richard J. Murnane, 1992: U. S. Earnings Levels and Earnings Inequality. A Review of Recent Trends and Proposed Explanations. Journal of Economic Literature 30: 1333-1381.

Lieberson, Stanley, 2001: Understanding Ascriptive Stratification: Some Issues and Principles. S. 781-790 in: David B. Grusky (Hg.): Social Stratification. Class, Race & Gender. Boulder: Westview.

Liebeskind, Uta, 2004: Arbeitsmarktsegregation und Einkommen – Vom Wert „weiblicher" Arbeit. Kölner Zeitschrift für Soziologie und Sozialpsychologie 56: 630-652.

Lindner, Werner, 2008: Jugendproteste und Jugendkonflikte. S. 557-572 in: Roland Roth und Dieter Rucht (Hg.): Die sozialen Bewegungen in Deutschland seit 1945. Ein Handbuch. Frankfurt: Campus.

LIS, 2008: Luxembourg Incomes Study. Datensatz. http://www.lisproject.org/techdoc.htm. Zugriff am 16.7.2008.

Lohmann, Henning, 2008: Welfare States, Labour Market Institutions and the Working Poor: A Comparative Analysis of 20 European Countries. European Sociological Review. Advance Access publiziert 20.11.2008.

Lohmann, Henning, Silvia Luber und Walter Müller, 1999: Who is Self-Employed in France, the United Kingdom and West Germany? Patterns of Non-Agricultural Self-Employment. MZES Working Paper 11/1999.

Lorenz, Wilhelm und Joachim Wagner, 1993: A Note on Returns to Human Capital in the Eighties: Evidence from Twelve Countries." Jahrbücher für Nationalökonomie und Statistik 211: 60-72.

Lorenz, Wilhelm, 1993: Diskriminierung. S. 119-147 in: Bernd-Thomas Ramb und Manfred Tietzel (Hg.), Ökonomische Verhaltenstheorie. München: Vahlen.

Lott, Yvonne, 2007: Geldverwaltung im Haushalt. Bestimmt das individuelle Einkommen die Machtverteilung in Paarbeziehungen? Magisterarbeit am Soziologischen Institut der Universität Göttingen.

Luber, Silvia und Markus Gangl, 1997: Die Entwicklung selbständiger Erwerbstätigkeit in Westeuropa und den USA 1960-1995. MZES Working Paper 16/1997.

Ludwig-Mayerhofer, Wolfgang und Eva Barlösius, 2001: Die Armut der Gesellschaft. S. 11-67 in: Eva Barlösius und Wolfgang Ludwig-Mayerhofer (Hg.), Die Armut der Gesellschaft. Opladen: Leske + Budrich.

Ludwig-Mayerhofer, Wolfgang, Hermann Gartner und Jutta Allmendinger, 2006: The Allocation of Money in Couples. The End of Inequality? Zeitschrift für Soziologie 35: 212-226.

Luhmann, Niklas, 1985: Zum Begriff der Sozialen Klasse. S. 119-162 in: Niklas Luhmann (Hg.): Soziale Differenzierung. Opladen: Westdeutscher Verlag.

Mackert, Jürgen (Hg.), 2004: Die Theorie sozialer Schließung. Tradition, Analysen, Perspektiven. Wiesbaden: VS.

Magnusson, Charlotta, 2009: Gender, Occupational Prestige, and Wages: A Test of Devaluation Theory. European Sociological Review 25: 87-101.

Mann, Michael, 1993: The Sources of Social Power. Vol 2: The Rise of Classes and Nation States. Cambridge: Cambridge University Press.

Marsden, Peter V., 1987: Core Discussion Networks of Americans. American Sociological Review 52: 122-131.

Marshall, Gordon, David Rose, Howard Newby und Carolyn Vogler, 1988: Social Class in Modern Britain. London, UK: Unwin Hyman Ltd.

Marshall, Gordon, Svetlana Sydorenko und Stephen Roberts, 1995: Intergenerational Social Mobility in Communist Russia. Work, Employment and Society 9: 1-27.

Massey, Douglas S. und Nancy A. Denton, 1993: American Apartheid: Segregation and the Making of the Underclass. Cambridge: Harvard University Press.

Matthiesen, Ulf, 1998: Milieus in Transformationen. Positionen und Anschlüsse. S. 17-79 in: ders. (Hg.), Die Räume der Milieus. Neue Tendenzen in der sozial- und raumwissenschaftlichen Milieuforschung. Berlin: Sigma.

Mau, Steffen und Roland Verwiebe, 2009: Die Sozialstruktur Europas. Stuttgart: UTB.

Mayer, Karl-Ulrich, 1977: Statushierarchie und Heiratsmarkt. S. 155-232 in: Johann Handl, Karl-Ulrich Mayer und Walter Müller: Klassenlagen und Sozialstruktur. Frankfurt: Campus.

Mayer, Karl-Ulrich und Glenn Carroll, 1987: Jobs and Classes: Structural Constraints on Career Mobility. European Sociological Review 3: 14-38.

Mayer, Karl-Ulrich und Hans-Peter Blossfeld, 1990: Die gesellschaftliche Konstruktion sozialer Ungleichheit im Lebensverlauf. S. 297-318 in: Peter A. Berger und Stefan Hradil (Hg.), Lebenslagen, Lebensläufe, Lebensstile. Sonderband 7 der Sozialen Welt. Göttingen: Schwartz.

Mayer, Karl-Ulrich und Heike Solga, 1994: Mobilität und Legitimität. Kölner Zeitschrift für Soziologie und Sozialpsychologie 46: 193-208.

Mayer, Karl-Ulrich und Steffen Hillmert, 2003: New Ways of Life or Old Rigidities? Changes in Social Structure and Life Course and their Political Impact. West European Politics 26: 79-100.

Mayer, Karl-Ulrich und Silke Aisenbrey, 2007: Variations on a Theme: Trends in Social Mobility in (West) Germany for Cohorts Born Between 1919 and 1971. S. 125-154 in: Stefani Scherer, Reinhard Pollak, Gunnar Otte und Markus Gangl (Hg.), From Origin to Destination. Trends and Mechanisms in Social Stratification Research. Frankfurt: Campus.

Mazur, Allan, 1993: Signs of Status in Bridal Portraits. Sociological Forum 8: 273-283.

McPherson, Miller, Lynn Smith-Lovin und James M Cook, 2001: Birds of a Feather: Homophily in Social Networks. Annual Review of Sociology 27: 415-444.

Medoff, James L. und Katharine G. Abraham, 1980: Experience, Performance and Earnings. The Quarterly Journal of Economics 95: 703-736.

Merton, Robert K., 1968: The Matthew Effect in Science. Science 159: 56-63.

Meulemann, Heiner, 2006: Soziologie von Anfang an. Eine Einführung in Themen, Ergebnisse und Literatur. 2., überarbeitete Auflage. Wiesbaden: VS.

Michailow, Matthias, 1994: Lebensstilsemantik. Soziale Ungleichheit und Formationsbildung in der Kulturgesellschaft. S. 107-128 in: Ingo Mörth und Gerhard Fröhlich (Hg.), Das symbolische Kapital der Lebensstile. Zur Kultursoziologie der Moderne nach Pierre Bourdieu. Frankfurt: Campus.

Mika, Tatjana, 2006: Informationsdefizite und Schonung Angehöriger. Hauptgründe für Verzicht auf Sozialhilfe. ISI – Informationsdienst soziale Indikatoren 35: 7-10.

Mincer , Jacob, 1974: Schooling, experience, and earnings. New York: NBER.

Mingot, Karl, Udo Neumann und Monika Ludwig, 2003: Menschen in extremer Armut. Forschungsbericht an das Bundesministerium für Gesundheit und soziale Sicherung (BMGS).

Moller, Stephanie et al., 2003: Determinants of Relative Poverty in Advanced Capitalist Democracies. American Sociological Review 68: 22-51.

Moore, Wilbert E. und Kingsley Davis, 1945: Some Principles of Stratification. American Sociological Review 10: 242-249.

Moore, Harriet und Gerhard Kleining, 1960: Das soziale Selbstbild der Gesellschaftsschichten in Deutschland. Kölner Zeitschrift für Soziologie und Sozialpsychologie 12: 86-119.

Muggli, Bodo, 2008: Determinanten des Vermögensbesitzes in Deutschland. Eine Untersuchung mit Daten des Sozio-ökonomischen Panels Lizentiatsarbeit am Soziologischen Institut der Universität Zürich.

Müller, Hans-Peter, 1986: Kultur, Geschmack und Distinktion. Grundzüge der Kultursoziologie Pierre Bourdieus. S. 162-190 in: Friedhelm Neidhardt, Rainer M. Lepsius und Johannes Weiss (Hg.), Kultur und Gesellschaft (Sonderband 27 der Kölner Zeitschrift für Soziologie und Sozialpsychologie). Opladen: Westdeutscher Verlag.

Müller, Hans-Peter, 1992: Sozialstruktur und Lebensstile. Der neuere theoretische Diskurs über soziale Ungleichheit. Frankfurt: Suhrkamp.

Müller, Walter, 1998: Erwartete und unerwartete Folgen der Bildungsexpansion. S. 81-112 in: Jürgen Friedrichs, Karl-Ulrich Mayer und Rainer M. Lepsius (Hg.), Die Diagnosefähigkeit der Soziologie. Sonderheft 38 der Kölner Zeitschrift für Soziologie und Sozialpsychologie. Opladen: Westdeutscher Verlag.

Müller, Walter, 2001: Zum Verhältnis von Bildung und Beruf in Deutschland. S. 29-63 in: Peter A. Berger und Dirk Konietzka (Hg.), Die Erwerbsgesellschaft. Neue Ungleichheiten und Unsicherheiten. Opladen: Leske + Budrich.

Müller, Walter und Wolfgang Karle, 1993: Social Selection in Educational Systems in Europe. European Sociological Review 9: 11-23.

Müller, Walter und Dietmar Haun, 1994: Bildungsungleichheit im sozialen Wandel. Kölner Zeitschrift für Soziologie und Sozialpsychologie 46: 1-42.

Müller, Walter, Susanne Steinmann und Reinhart Schneider, 1997: Bildung in Europa. S. 177-245 in: Stefan Hradil und Stefan Immerfall (Hg.), Die westeuropäischen Gesellschaften im Vergleich. Opladen: Leske + Budrich.

Müller, Walter, Hildegard Brauns und Susanne Steinmann, 2002: Expansion und Erträge tertiärer Bildung in Deutschland, Frankreich und im Vereinigten Königreich. Berliner Journal für Soziologie 12: 37-62.

Müller, Walter, und Reinhard Pollak, 2004: Social Mobility in West Germany. The Long Arms of History Discovered? S. 77-113 in: Richard Breen (Hg.), Social Mobility in Europe. Oxford: Oxford University Press.

Müller, Walter et. al., 2006: ESeC – Kurzbericht zur Validierung und Operationalisierung einer europäischen sozioökonomischen Klassifikation. ZUMA-Nachrichten 30: 11-119.

Müller-Schneider, Thomas, 1994: Von Schichten zu Erlebnismilieus. Der Wandel der Milieustruktur in der Bundesrepublik Deutschland. Wiesbaden: DUV.

Müller-Schneider, Thomas, 1996: Wandel der Milieulandschaft in Deutschland. Von hierarchisierenden zu subjektorientierten Wahrnehmungsmustern. Zeitschrift für Soziologie 25: 190-206.

Neuhoff, Hans, 2001: Wandlungsprozesse elitärer und populärer Geschmackskultur? Die "Allesfresser-Hypothese" im Ländervergleich Deutschland/USA. Kölner Zeitschrift für Soziologie und Sozialpsychologie 53: 751-772.

Noll, Heinz-Herbert, 1999: Subjektive Schichteinstufung. Aktuelle Befunde zu einer traditionellen Frage. S. 147-162 in: Wolfgang Glatzer und Ilona Ostner (Hg.), Deutschland im Wandel. Sozialstrukturelle Analysen. Opladen: Leske + Budrich.

Noll, Heinz-Herbert und Roland Habich, 1990: Individuelle Wohlfahrt: vertikale Ungleichheit oder horizontale Disparitäten? S. 153-188 in: Peter A. Berger und Stefan Hradil (Hg.), Lebenslagen, Lebensläufe, Lebensstile. Sonderband 7 der Sozialen Welt. Göttingen: Schwartz.

Nollen, Stanley D. und Karen N. Gaertner, 1991: Effects of Skill and Attitude on Employee Performance and Earnings. Industrial Relations 30: 435-455.

Nollmann, Gerd, 2006: Erhöht Globalisierung die Ungleichheit der Einkommen? Kölner Zeitschrift für Soziologie und Sozialpsychologie 58: 638-659.

Olk, Thomas und Doris Rentzsch, 1997: Armutsverläufe – erste Ergebnisse einer Kohortenanalyse Hallenser Sozialhilfeempfänger(innen). S. 161-184 in: Becker, Irene und Richard Hauser (Hg.), Einkommensverteilung und Armut. Deutschland auf dem Weg zur Vierfünftel-Gesellschaft? Frankfurt a.M./New York.

Opp, Karl-Dieter, 1999: Contending Conceptions of the Theory of Rational Action. Journal of Theoretical Politics 11: 171-202.

O'Reilly, Karen und David Rose, 1998: Changing Employment Relations: plus ça change, plus c'est la même chose? Reflections Arising from the ESRC Review of Government Social Classifications. Work, Employment & Society 12: 713-733.

Ott, Alfred E., 1979: Grundzüge der Preistheorie. Göttingen: Vandenhoeck & Ruprecht.

Otte, Gunnar, 2004: Sozialstrukturanalyse mit Lebensstilen. Eine Studie zur theoretischen und methodischen Neuorientierung der Lebensstilforschung. Wiesbaden: VS.

Otte, Gunnar, 2005a: Hat die Lebensstilforschung eine Zukunft? Kölner Zeitschrift für Soziologie und Sozialpsychologie 57: 1-31.

Otte, Gunnar, 2005b: Entwicklung und Test einer integrativen Typologie der Lebensführung für die Bundesrepublik Deuschland. Zeitschrift für Soziologie 34: 442-467.

Otte, Gunnar und Nina Baur, 2008: Urbanism as a Way of Life? Räumliche Variationen der Lebensführung in Deutschland. Zeitschrift für Soziologie 37: 93-116.

Pakulski, Jan und Malcolm Waters, 1996: The Death of Class. London: Sage.

Pape, Simone, Jörg Rössel und Heike Solga, 2008: Die visuelle Wahrnehmbarkeit sozialer Ungleichheit. Zeitschrift für Soziologie 37: 25-41.

Pappi, Franz-Urban, 1973: Sozialstruktur und soziale Schichtung in einer Kleinstadt mit heterogener Bevölkerung. Kölner Zeitschrift für Soziologie und Sozialpsychologie 25: 23-74.

Parkin, Frank, 2004: Strategien sozialer Schließung und Klassenbildung. S. 27-44 in: Jürgen Mackert (Hg.): Die Theorie sozialer Schließung. Wiesbaden: VS.

Perrig-Chiello, Pasqualina, François Höpflinger und Christian Suter, 2008: Generationen – Strukturen und Beziehungen. Generationenbericht Schweiz. Zürich: Seismo.

Peters, Heiko, 2008: Development of Wage Inequality for Natives and Immigrants in Germany. SOEP Papers on Multidisciplinary Panel Data Research 113.

Petersen, Lars-Eric und Bernd Six (Hg.), 2008: Stereotype, Vorurteile und soziale Diskriminierung: Theorien, Befunde und Interventionen. Weinheim: Beltz.

Peterson, Richard A. und Roger M. Kern, 1996: Changing Highbrow Taste: From Snob to Omnivore. American Sociological Review 61: 900-907.

PKA (Projekt Klassenanalyse), 1973: Materialien zur Klassenstruktur der BRD. Hamburg: VSA.

Pointner, Sonja und Thomas Hinz, 2005: Mobilität im Arbeitsmarkt. S. 99-132 in: Martin Abraham und Thomas Hinz (Hg.), Arbeitsmarktsoziologie. Probleme, Theorien, empirische Befunde. Wiesbaden: VS.

Pollmann-Schult, Matthias, 2005: Crowding-out of Unskilled Workers in the Business Cycle: Evidence from West Germany. European Sociological Review 21: 467-480.

Pontusson, Jonas, 2005: Inequality and Prosperity. Social Europe vs. Liberal America. Ithaca und London: Cornell University Press.

Portes, Alejandro, 2000: The Resilient Importance of Class: A Nominalist Interpretation. Political Power and Social Theory 14: 249-284.

Powell, Justin, 2006: Special Education and the Risk of Becoming Less Educated. European Societies 8: 577-599.

Powell, Justin und Sandra Wagner, 2001: Daten und Fakten zu Migrantenjugendlichen an Sonderschulen in der Bundesrepublik Deutschland. Independent Research Group working paper 1/2001. Berlin: Max Planck Institute for Human Development.

Prahl, Hans-Werner und Monika Setzwein, 1999: Soziologie der Ernährung. Opladen: Leske + Budrich.

Prandy, Kenneth, 1998: Deconstructing Classes: Critical Comments on the Revised Social Classification. Work, Employment & Society 12: 743-753.

Prandy, Kenneth, 2000: Class, the Stratification Order and Party Identification. British Journal of Political Science 30: 237-258.

Prenzel; Manfred et al., 2003: PISA 2003. Die Ergebnisse des zweiten internationalen Vergleichs. Zusammenfassung. PISA Konsortium Deutschland.

Prenzel; Manfred et al., 2006: PISA 2006. Die Ergebnisse der dritten internationalen Vergleichsstudie. Zusammenfassung. PISA Konsortium Deutschland.

Reimer, David und Stephanie Steinmetz, 2007: Gender Differentiation in Higher Education: Educational Specialization and Labour Market Risks in Spain and Germany. MZES Working Papers 99/2007.

Reinberg, Alexander und Markus Hummel, 2006: Zwanzig Jahre Bildungsgesamtrechnung. Entwicklung im Bildungs- und Erwerbssystem bis zum Jahr 2000. Beiträge zur Arbeitsmarkt und Berufsforschung 306. Nürnberg.

Reinberg, Alexander und Markus Hummel, 2007: Der Trend bleibt – Geringqualifizierte sind häufiger arbeitslos. IAB Kurzbericht Ausgabe Nr. 18. Institut für Arbeitsmarkt- und Berufsforschung der Bundesagentur für Arbeit.

Reuband, Karl-Heinz, 1975: Zur Existenz schichtähnlicher Gruppierungen im interpersonalen Präferenzgefüge. Kölner Zeitschrift für Soziologie und Sozialpsychologie 27: 293-311.

Ridgeway, Cecilia L., 2001: Interaktion und die Hartnäckigkeit der Geschlechterungleichheit in der Arbeitswelt. S. 250-275 in: Bettina Heintz (Hg.): Geschlechtersoziologie. Sonderband 41 der Kölner Zeitschrift für Soziologie und Sozialpsychologie. Wiesbaden: Westdeutscher Verlag.

Riede, Thomas und Matthias Sacher, 2004: Arbeitsmarkt in Deutschland – erster Baustein der neuen ILO-Statistik. Wirtschaft und Statistik 2. Statistisches Bundesamt.

Rippl, Susanne, 1995: Intergruppenkonflikte und persönliche Beziehungen zwischen Ost- und Westdeutschen. Frankfurt a. M.: Peter Lang.

Ritschl, Albrecht, 1995: Aufstieg und Niedergang der Wirtschaft der DDR: Ein Zahlenbild 1945-1989. Jahrbuch für Wirtschaftsgeschichte: 11-46.

Ritschl, Albrecht und Mark Spoerer, 1997: Das Bruttosozialprodukt in Deutschland nach den amtlichen Volkseinkommens- und Sozialproduktsstatistiken 1901-1995. Jahrbuch für Wirtschaftsgeschichte: 11-37.

Robinson, Robert V. und Maurice A. Garnier, 1985: Class Reproduction Among Men and Women in France: Reproduction Theory on its Home Grounds. American Journal of Sociology 91: 250-280.

Rössel, Jörg, 2004: Macht als zentrale Dimension der Sozialstrukturanalyse. Eine handlungstheoretische Begründung. S. 221-240 in: Peter A. Berger und Volker Schmidt (Hg.), Welche Gleichheit, welche Ungleichheit. Wiesbaden: VS.

Rössel, Jörg, 2005: Plurale Sozialstrukturanalyse. Eine handlungstheoretische Rekonstruktion der Grundbegriffe der Sozialstrukturanalyse. Wiesbaden: VS.

Rössel, Jörg, 2006a: Kostenstruktur und Ästhetisierung: Zur Erklärungskraft von Lebensstilen. Kölner Zeitschrift für Soziologie und Sozialpsychologie 58: 453-467.

Rössel, Jörg, 2006b: Allesfresser im Kinosaal? Zur Übertragbarkeit des Konzepts der kulturellen Allesfresser auf Deutschland. Soziale Welt 57: 259-272.

Rössel, Jörg, 2008: Conditions for the Explanatory Power of Life Styles. European Sociological Review 24: 231-241.

Rössel, Jörg und Claudia Beckert-Zieglschmid, 2002: Die Reproduktion kulturellen Kapitals. Zeitschrift für Soziologie 31: 497-513.

Rössel, Jörg und Michael Hölscher, 2004: Soziale Milieus in Gaststätten. Eine Beobachtung. Sociologus 54: 173-203.

Rössel, Jörg und Michael Hölscher, 2005: Plurale Sozialstrukturanalyse und Stadtsoziologie. Manuskript: Leipzig.

Rössel, Jörg und Simone Pape, 2008: Schichtenstereotype zwischen Soziologie und Sozialpsychologie. Manuskript: Universität Zürich.

Rogers, Mark, 2003: A Survey of Economic Growth. The Economic Record 79: 112-135.

Roloff, Juliane, 1998: Eheschließungen und Ehescheidungen von und mit Ausländern in Deutschland. Zeitschrift für Bevölkerungswissenschaft 23: 319-334.

Roos, Michael W. M., 2006: Regional Price Levels in Germany. Applied Economics 38: 1553-1566.

Rucht, Dieter und Wilhelm Heitmeyer, 2008: Mobilisierung von und für Migranten. S. 573-592 in: Roland Roth und Dieter Rucht (Hg.): Die sozialen Bewegungen in Deutschland seit 1945. Ein Handbuch. Frankfurt: Campus.

Rueda, David und Jonas Pontusson, 2000: Wage Inequality and Varieties of Capitalism. World Politics 52: 350-383.

Sachverständigenrat, 2007: Sachverständigenrat zur Begutachtung der gesamtwirtschaftlichen Entwicklung. Das Erreichte nicht verspielen. Jahresgutachten 2007/08. Wiesbaden. Statistisches Bundesamt.

Sala-I-Martin, Xavier, 2006: The World Distribution of Income: Falling Poverty and … Convergence, Period. The Quarterly Journal of Economics 121: 351-393.

Sallaz, Jeffrey J. und Jane Zavisca, 2007: Bourdieu in American Sociology, 1980-2004. Annual Review of Sociology 33: 21-41.

Schäfers, Bernhard und Johannes Kopp (Hg.), 2006: Grundbegriffe der Soziologie. 9., grundlegend überarbeitete und aktualisierte Auflage. Wiesbaden: VS.

Scheuch, Erwin K. und Dietrich Rüschemeyer, 1960: Scaling Social Status in Western Germany. The British Journal of Sociology 11: 151-168.

Schiener, Jürgen, 2006: Bildungserträge in der Erwerbsgesellschaft : Analysen zur Karrieremobilität. Wiesbaden: VS.

Schimank, Uwe, 2002: Handeln und Strukturen: Einführung in die akteurtheoretische Soziologie. Weinheim: Juventa.

Schimpl-Neimanns, Bernhard, 2000: Soziale Herkunft und Bildungsbeteiligung. Empirische Analysen zu herkunftsspezifischen Bildungsungleichheiten zwischen 1950 und 1989. Kölner Zeitschrift für Soziologie und Sozialpsychologie 52: 636-669.

Schlögel, Kerstin, 2003: Zeige mir, wie du wohnst, und ich sage dir wer du bist. Werbewoche 24: 14-15.

Schneider, Norbert F., Ruth Limmer und Kerstin Ruckdeschel, 2002: Mobil, flexibel, gebunden. Frankfurt: Campus.

Schneider, Thorsten, 2004: Der Einfluss des Einkommens der Eltern auf die Schulwahl. Zeitschrift für Soziologie 33: 471-492.

Schnitzlein, Daniel, 2008: Verbunden über Generationen. Struktur und Ausmaß der intergenerationalen Einkommensmobilität in Deutschland. SOEP Papers on Multidisciplinary Panel Data Research 80.

Schooler, Carmi und Mesfin Mulatu, 2001: The Reciprocal Effects of Leisure Time Activities and Intellectual Functioning in Older People. A Longitudinal Analysis, Psychology and Aging 16: 466-482.

Schulze, Gerhard, 1992: Die Erlebnisgesellschaft. Kultursoziologie der Gegenwart. Frankfurt a.M.: Campus.

Schwartz, Barry, 1981: Vertical classification: a Study in Structuralism and the Sociology of Knowledge. Chicago: University of Chicago press.

Schwenk, Otto G., 1999: Soziale Lagen in der Bundesrepublik. Opladen: Leske + Budrich.

Schwinn, Thomas, 2007: Soziale Ungleichheit. Bielefeld: transcript.

Seibert, Holger und Heike Solga, 2005: Gleiche Chancen dank einer abgeschlossenen Ausbildung? Zum Signalwert von Ausbildungsabschlüssen bei ausländischen und deutschen jungen Erwachsenen. Zeitschrift für Soziologie 34: 364-382.

Seifert, Wolfgang, 2001: Migration als Armutsrisiko. S. 201-222 in: Eva Barlösius und Wolfgang Ludwig-Mayerhofer (Hg.): Die Armut der Gesellschaft. Opladen: Leske + Budrich.

Sewell, William H., 1992: A Theory of Structure. Duality, Agency, and Transformation. American Journal of Sociology 98: 1-29.

Sewell, William und Robert M. Hauser, 1975: Education, Occupation, and Earnings: Achievement in the Early Career. New York: Academic Press.

Shavit, Yossi, Meir Yaish und Eyal Bar-Haim, 2007: The Persistence of Persistent Inequality. S. 37-57 in: Stefani Scherer, Reinhard Pollak, Gunnar Otte und Markus Gangl (Hg.): From Origin to Destination. Trends and Mechanisms in Social Stratification Research. Frankfurt: Campus.

Sierminska, Eva, Andrea Brandolini und Timothy Smeeding, 2006: First Results from the Luxembourg Wealth Study. LWS Working Paper 1

Shils, Edward A., 1968: Deference. S. 104-132 in: J. A. Jackson (Hg.): Social Stratification. Cambridge: Cambridge University Press.

Sleifer, Jaap, 2006: Planning Ahead and Falling Behind: the East German Economy in Comparison with West Germany 1936-2002. Berlin: Akademie Verlag.

Smeeding, Timothy M., 2002: Globalization, Inequality and the Rich Countries of the G-20. Evidence from the Luxembourg Income Study. LIS Working Paper No. 320.

Smith, Anthony D., 1983: Nationalism and Classical Social Theory. British Journal of Sociology 34: 19-38.

Smith, Jessi L., 2004: Understanding the Process of Stereotype Threat. Educational Psychology Review 16: 177-206.

Söhn, Janina, 2008: Bildungsunterschiede zwischen Migrantengruppen in Deutschland: Schulabschlüsse von Aussiedlern und anderen Migranten der ersten Generation im Vergleich. Berliner Journal für Soziologie 18: 401-431.

Solga, Heike, 1994: Systemloyalität als Bedingung sozialer Mobilität im Staatssozialismus. Berliner Journal für Soziologie 4: 523-544.

Solga, Heike, 2005: Ohne Abschluss in die Bildungsgesellschaft. Die Erwerbschancen gering qualifizierter Personen aus ökonomischer und soziologischer Perspektive. Opladen: Barbara Budrich.

Solga, Heike und Sandra Wagner, 2004: Die Zurückgelassenen – Die soziale Verarmung der Lernumwelt von Hauptschülern und Hauptschülerinnen. S. 195-224 in: Rolf Becker und Wolfgang Lauterbach (Hg.): Bildung als Privileg. Wiesbaden. VS.

Solga, Heike, Justin Powell und Peter A. Berger (Hg.), 2009: Soziale Ungleichheit. Klassische Texte zur Sozialstrukturanalyse. Frankfurt: Campus.

Solon, Gary, 2002: Cross-Country Differences in Intergenerational Earnings Mobility. The Journal of Economic Perspectives 16: 59-66.

Sørensen, Annemette, 1994: Women, Family and Class. Annual Review of Sociology 20: 27-47.

Sørensen, Aage B., 2000: Symposium on Class Analysis. Toward a Sounder Basis for Class Analysis. American Journal of Sociology 105: 1523-1558.

Spellerberg, Annette, 1996: Soziale Differenzierung durch Lebensstile. Eine empirische Untersuchung zur Lebensqualität in West- und Ostdeutschland. Berlin: Sigma.

Spencer, Bettina und Emmanuele Castano, 2007: Social Class is Dead. Long Live Social Class! Stereotype Threat Among Low Socioeconomic Status. Social Justice Research 20: 418-432.

Sprietsma, Maresa, 2007: The Effect of Relative Age in the First Grade of Primary School on the Long-Term Scholastic Results: International Comparative Evidence Using PISA 2003. ZEW Discussion Paper 07-037.

Stanat, Petra, Cordula Artelt, Jürgen Baumert, Eckhard Klieme, Michael Neubrand, Manfred Prenzel, Ulrich Schiefele, Wolfgang Schneider, Gundel Schümer, Klaus-Jürgen Tillmann und Manfred Weiss, 2000: PISA 2000: Die Studie im Überblick. Grundlagen, Methoden und Ergebnisse. Berlin: Max-Plank-Institut.

Statistisches Bundesamt, 2003: Wo bleibt die Zeit? Die Zeitverwendung der Bevölkerung in Deutschland 2001/2002.

Statistisches Bundesamt, 2006a: Datenreport 2006. Bonn: Bundeszentrale für politische Bildung.

Statistisches Bundesamt, 2006b: Wanderung von Ost- nach Westdeutschland schwächt sich weiter ab. Pressemitteilung Nr. 414 vom 29 09.2006.

Statistisches Bundesamt, 2007: Das statistische Jahrbuch 2007. Wiesbaden: Statistisches Bundesamt.

Statistisches Bundesamt, 2008a: Bevölkerung und Erwerbstätigkeit. Bevölkerung mit Migrationshintergrund. Ergebnisse des Mikrozensus 2006. Wiesbaden: Statistisches Bundesamt.

Statistisches Bundesamt, 2008b: Mikrozensus. Bevölkerung und Erwerbstätigkeit. Stand und Entwicklung der Erwerbstätigkeit. Wiesbaden: Statistisches Bundesamt.

Statistisches Bundesamt, 2008c: Datenreport 2008. Bonn: Bundeszentrale für politische Bildung.

Stauder, Johannes, 2008: Opportunitäten und Restriktionen des Kennenlernens. Zur sozialen Vorstrukturierung der Kontaktgelegenheiten am Beispiel des Partnermarkts. Kölner Zeitschrift für Soziologie und Sozialpsychologie 60: 265-285.

Steele, Claude M. und Joshua Aronson, 1995: Stereotype Threat and the Intellectual Test Performance of African Americans. Journal of Personality and Social Psychology 69: 797-811.

Stein, Holger, 2004: Anatomie der Vermögensverteilung. Ergebnisse der Einkommens- und Verbrauchsstichproben 1983-1998. Berlin: Sigma.

Steiner, Andre, 2007: Von Plan zu Plan: eine Wirtschaftsgeschichte der DDR. Berlin: Aufbau Verlag.

Stinchcombe, Arthur, 1987: Constructing Social Theories. Chicago: Chicago University Press.

Stocke, Volker, 2007: Explaining Educational Decision and Effects of Families' Social Class Position: An Empirical Test of the Breen-Goldthorpe Model of Educational Attainment. European Sociological Review 23: 505-519.

Strange, Susan, 1996: The Retreat of the State: the Diffusion of Power in the World Economy. Cambridge: Cambridge University Press.

Strengmann-Kuhn, Wolfgang, 2001: Armut trotz Erwerbstätigkeit in Deutschland – Folge der „Erosion des Normalarbeitsverhältnisses"? S. 131-150 in: Eva Barlösius und Wolfgang Ludwig-Mayerhofer (Hg.), Die Armut der Gesellschaft. Opladen: Leske + Budrich.

Strengmann-Kuhn, Wolfgang, 2003: Armut trotz Erwerbstätigkeit – Empirisches Ausmaß und sozialpolitische Schlussfolgerungen. In: Josef-Popper-

Nährpflichtstiftung (Hg.): Broschüre zur Verleihung des Forschungspreises 2003/2004 der Nährpflichtstiftung.

Szydlik, Marc, 1993: Arbeitseinkommen und Arbeitsstrukturen. Eine Analyse für die Bundesrepublik Deutschland und die Deutsche Demokratische Republik. Berlin: Sigma.

Szydlik, Marc, 1996: Ethnische Ungleichheiten auf dem deutschen Arbeitsmarkt. Kölner Zeitschrift für Soziologie und Sozialpsychologie 48: 658-676.

Szydlik, Marc und Martin Kohli (Hg.), 2000: Generationen in Familie und Gesellschaft. Opladen: Leske + Budrich.

Szydlik, Marc und Jürgen Schupp, 2004: Wer erbt mehr? Erbschaften, Sozialstruktur und Alterssicherung. Kölner Zeitschrift für Soziologie und Sozialpsychologie 56: 609-629.

Tahlin, Michael, 2007: Class Clues. European Sociological Review 23: 557-572.

Teckenberg, Wolfgang, 2000: Wer heiratet wen? Sozialstruktur und Partnerwahl. Opladen: Leske + Budrich.

Timm, Andreas, Uwe Helmert und Rolf Müller, 2006: Berufsstatus und Morbiditätsentwicklung von Krankenversicherten im Zeitverlauf von 1990 – 2003. Gesundheitswesen 68: 517-525.

Timmermann, Dieter, 2002: Bildungsökonomie. S. 81-122 in: Rudolf Tippelt (Hg.): Handbuch Bildungsforschung. Opladen: Leske + Budrich.

Tjaden, Karl-Hermann und Margarete Tjaden-Steinhauer, 1973: Klassenverhältnisse im Spätkapitalismus : Beitrag zur Analyse der Sozialstruktur unter besonderer Berücksichtigung der BRD. Stuttgart: Enke.

Treiman, Donald J., 1977: Occupational Prestige in Comparative Perspective. New York: Academic Press.

Tumin, Melvin M., 1953: Some Principles of Stratification: A Critical Analysis. American Sociological Review 18: 387-394.

Uhlendorff, Arne, 2004: Der Einfluss von Persönlichkeitseigenschaften und sozialen Ressourcen auf die Arbeitslosigkeitsdauer. Kölner Zeitschrift für Soziologie und Sozialpsychologie 56: 279-303.

Uunk, Wilfred, Bogdan W. Mach und Karl Ulrich Mayer, 2005: Job Mobility in the Former East and West Germany: The Effects of State-Socialism and Labor Market Composition. European Sociological Review 21: 393-408.

Van der Leeuwen, Marc und Ineke Maas, 1996: Long-Term Social Mobility: Research Agenda and a Case Study (Berlin, 1825-1957). Continuity and Change 11: 399-433.

Varian, Hal, 1995: Grundzüge der Mikroökonomik. 3. Auflage. München: Oldenbourg

Verbrugge, Louis M., 1977: The Structure of Adult Friendship Choices, Social Forces 56: 576-597.

Vester, Michael, Peter von Oertzen, Heiko Geiling, Thomas Hermann und Dagmar Müller, 2001: Soziale Milieus im gesellschaftlichen Strukturwandel. Zwischen Integration und Ausgrenzung. Frankfurt: Suhrkamp.

VGRDL, 2008: Volkswirtschaftliche Gesamtrechnungen der Länder. http://www.vgrdl.de
/Arbeitskreis_VGR Zugriff am 20.8.2008.

Voges, Wolfgang, Olaf Jürgens, Andreas Mauer und Eike Meyer, 2005: Methoden und Grundlagen des Lebenslagenansatzes. Endbericht. Bremen: Zentrum für Sozialpolitik, Universität Bremen.

Vogler, Carolyn und Jan Pahl, 1994: Money, Power and Inequality within Marriage. Sociological Review 42: 263-288.

Volkmann, Ute, 2000: Das Projekt des schönen Lebens – Gerhard Schulzes Erlebnisgesellschaft. S. 75-98 in: Uwe Schimank und Ute Volkmann (Hg.), Soziologische Gegenwartsdiagnosen I. Eine Bestandsaufnahme. Opladen: Leske + Budrich.

Wagner, Michael, 1989: Räumliche Mobilität im Lebensverlauf: Eine empirische Untersuchung sozialer Bedingungen der Migration. Stuttgart: Enke.

Weakliem, David, 1990: Relative Wages and the Radical Theory of Economic Segmentation. American Sociological Review 55: 574-590

Weakliem, David, McQuillan, Julia und Tracy Schauer, 1995: Toward Meritocracy? Changing Social Class Differences in Intellectual Ability. Sociology of Education 68: 271-286.

Weber, Max, 1985: Wirtschaft und Gesellschaft. Grundriß der verstehenden Soziologie. Tübingen: Mohr.

Weber-Menges, Sonja, 2004: "Arbeiterklasse" oder Arbeitnehmer? Vergleichende empirische Untersuchung zu Soziallage, Lebenschancen und Lebensstilen von Arbeitern und Angestellten in Industriebetrieben. Wiesbaden: VS.

Weeden, Kim A., 2002: Why Do Some Occupations Pay More Than Others? Social Closure and Earnings Inequality in the United States. American Journal of Sociology 108: 55-101.

Weeden, Kim A. und David B. Grusky, 2005: The Case for a New Class Map. American Journal of Sociology 111: 141-212.

Weeden, Kim A., Kim Young, Matthew Di Carlo und David B. Grusky, 2007: Social Class and Earnings Inequality. American Behavioral Scientist 50: 702-736.

Wellman, Barry, 1979: The Community Question: The Intimate Networks of East Yorkers. American Journal of Sociology 84: 1201-1231.

Wessels, Wolfgang, 2008: Das politische System der Europäischen Union. Wiesbaden: VS.

Western, Bruce, 1995: A Comparative Study of Working Class Disorganization. Union Decline in 18 Advanced Capitalist Countries. American Sociological Review 60: 179-201.

Wilson, William Julius, 1987: The Truly Disadvantaged: the Inner City, the Underclass, and Public Policy. Chicago: University of Chicago Press.

Windolf, Paul, 2001: Die wirtschaftliche Transformation. Politische und ökonomische Systemrationalitäten. S. 392-415 in: Wolfgang Schluchter und Peter E. Quint (Hg.): Der Vereinigungsschock. Weilerswist: Velbrück.

Windzio, Michael, 2004: Zwischen Nord- und Süddeutschland: Die Überwindung räumlicher Distanzen bei der Arbeitsmarktmobilität. In: Zeitschrift für Arbeitmarktforschung 1: 29-44.

Winkler, Joachim, 1999: Adjustierung des Sozialen – Schicht-Index für die Anwendung im Bundesgesundheitssurvey 1998/99. Ergebnisbericht im Auftrag des Robert Koch-Institut Berlin.

Wirth, Heike, 2000: Bildung, Klassenlage und Partnerwahl. Eine empirische Analyse zum Wandel der bildungs- und klassenspezifischen Heiratsbeziehungen. Opladen: Leske + Budrich.

Wirth, Heike und Paul Lüttinger, 1998: Klassenspezifische Heiratsbeziehungen im Wandel? Die Klassenzugehörigkeit von Ehepartnern 1970 und 1993. Kölner Zeitschrift für Soziologie und Sozialpsychologie 50: 48-77.

Wissenschaftsrat, 2002: Eckdaten und Kennzahlen zur Lage der Hochschulen 1980-2000. Köln: Wissenschaftsrat.

Wössmann, Ludger, 2003: Specifying Human Capital. Journal of Economic Surveys 17: 239-270.

Wolf, Christof, 1995: Sozio-ökonomischer Status und berufliches Prestige. Ein kleines Kompendium sozialwissenschaftlicher Skalen auf Basis der beruflichen Stellung und Tätigkeit. ZUMA-Nachrichten 37: 102-136.

Wolf, Christof, 1996: Gleich und Gleich gesellt sich gern. Individuelle und strukturelle Einflüsse auf die Entstehung von Freundschaften. Hamburg: Kovac.

Wolf, Christof, 2004: Egozentrierte Netzwerke: Erhebungsverfahren und Datenquellen. S. 244-273 in: Andreas Diekmann (Hg.): Methoden der Sozialforschung. Sonderheft 44 der Kölner Zeitschrift für Soziologie und Sozialpsychologie 44. Wiesbaden: VS.

Wolff, Edward N., 1996: International Comparisons of Wealth Inequality. Review of Income and Wealth 42: 433-451.

Wright, Erik Olin, 1985: Classes. London, UK: Verso.

Wright, Erik Olin, 1997: Class Counts. Comparative Studies in Class Analysis. Cambridge, UK: Cambridge University Press.

Wright, Erik Olin, 2002: The Shadow of Exploitation in Weber's Class Analysis. American Sociological Review 67: 832-853.

Wright, Erik Olin (Hg.), 2005: Approaches to Class Analysis. Cambridge: Cambridge University Press.

Wynne, Derek und Justin O'Connor, 1998: Consumption and the Postmodern City. Urban Studies 35: 841-864.

Zerger, Frithjof, 2000: Klassen, Milieus und Individualisierung. Eine empirische Untersuchung zum Umbruch der Sozialstruktur. Frankfurt: Campus.

Zingg, Walter und Gisela Zipp, 1979: Soziale Ungleichheit. Opladen: Westdeutscher Verlag.

Zukin, Sharon, 1987: Gentrification: Culture and Capital in the Urban Core. Annual Review of Sociology 13: 129-147.